Die neue Praxis im Musikbusiness

- Label und Musikverlag
- Promotion | Booking | Management
- Urheberrecht und Verträge
- GEMA | GVL
- Online-Business

PPVMEDIEN

2. Auflage 1990, 3. Auflage 1992, 4. Auflage 1993,
5. Auflage 1995, 6., erweiterte Auflage 1998,
7., überarbeitete Auflage 2001, 8. Auflage 2002,
9., überarbeitete Auflage 2003, 10. Auflage 2007,
11., überarbeitete Auflage 2011
12., überarbeitete Auflage 2014

ISBN 978-3-95512-059-7

Titelbild: Paul Ehrenreich
Covergestaltung: Vierthaler&Braun, München
Redaktion: Susanne Guidera, concepts4u, München
Layout & Satz: Bora-dtp, München
Druck: fgb freiburger graphische betriebe

Inhalt

Über dieses Buch

Die „Praxis im Musikbusiness" ist der erste Überblick über das gesamte Musikgeschäft, der in deutscher Sprache verfasst wurde. Seit der ersten Auflage 1989 ist in dieser Branche kaum ein Stein auf dem anderen geblieben. Die digitale Revolution und das Internet, der Aufstieg und der Niedergang des Mediums CD sind die technischen Wegbereiter für die fundamentalen Umwälzungen, die auch die Ökonomie der Musikwirtschaft ins Straucheln gebracht haben.

Die „Praxis im Musikbusiness" stellt die Strukturen dieser Branche in leicht verständlicher Sprache vor allem für diejenigen dar, ohne die es die Branche nicht gäbe: Den Nachwuchs, und zwar sowohl unter den „Kreativen", also den Musikern, Komponisten und Produzenten, als auch im Business-Bereich, sei es in Tonträgerfirmen, Musikverlagen, Veranstaltungsagenturen oder bei Internet-Anbietern. Diese völlig neu bearbeitete Auflage berücksichtigt die Entwicklungen der Musikbranche der letzten Jahre unter Einbeziehung der strukturellen Veränderungen wie auch der gravierenden Neuerungen im Urheberrecht.

Über die Autoren

Robert Lyng (1946 – 2006)
hat als erster in Deutschland in Artikelserien, Vorlesungen, Seminaren und Fachbüchern die Funktionsweise der Musikwirtschaft für Einsteiger und Profis aufbereitet und unzählige Künstler und Unternehmen bei der Gestaltung ihrer wirtschaftlichen und vertraglichen Beziehungen zueinander beraten. Hierfür brachte er ideale Voraussetzungen mit: eine tiefe Leidenschaft für die Musik, einen kühlen analytischen Verstand, Hartnäckigkeit bei Verhandlungen und die Maxime der Fairness als wichtigstes Motiv.

Oliver Heinz und Michael v. Rothkirch
sind Rechtsanwälte und zählen zu den ersten Fachanwälten für Urheber- und Medienrecht in Deutschland. In ihrer Tätigkeit haben sie sich auf das gesamte Recht des geistigen Schaffens spezialisiert und sind seit langem intensiv im Bereich des Musikrechts tätig. Sie beraten Autoren, Musiker, Produzenten, Tonträgerfirmen und viele andere, die als „Kreative" oder „Verwerter" im Entertainment-Bereich tätig sind.

Vorwort zur 12. Auflage

Bob Lyng war es ein wichtiger Wunsch, dass dieses – sein erstes – Buch zum Thema „Musikindustrie" überarbeitet wird. Es entstand aus einer Serie von Artikeln für die Zeitschrift „Soundcheck", in denen Bob seit Mitte der 80er Jahre monatlich schwerpunkthaft aktuelle Themen aufgriff, die vor allem für Musiker, Urheber und Produzenten relevant waren und in denen er die Strukturen, die Funktionsweise und die Regeln der Musikindustrie erklärte. Das Buch ist über einen langen Zeitraum gewachsen und immer wieder um aktuelle Aspekte ergänzt worden.

Bob hatte sich eine vollständige Erneuerung des Werks für die 10. Auflage gewünscht, mit der wir im Januar 2006 gemeinsam mit ihm begonnen haben.

Leider hat seine rasch voranschreitende Krankheit ihm hierfür bis zu seinem Tod im September 2006 nicht mehr viel Zeit und Kraft gelassen. Unser Mitgefühl gilt denen, die heute noch am meisten um ihn trauern, nämlich Marianne und Sonja Lyng.

Unser Anliegen war es, Bobs Buch in seinem Geist zu erneuern und fortzuschreiben. Wir haben dabei einen großen Schwerpunkt auf die Umwälzungen der Musikindustrie seit der Jahrtausendwende gelegt. Das Fortschreiten der „digitalen Revolution", die Verschiebung der Kräfteverhältnisse zwischen Tonträgerwirtschaft, Musikverlagen und Veranstaltern, neue Methoden der Produktion, der Promotion und des Marketings haben ebenso wie die Anpassungen des Urheberrechts eine neue „Geographie der Musikwirtschaft" geschaffen, für deren Erkundung dieses Buch einen Kompass und einige Landkarten liefern soll.

In den 3 Jahren seit dem Erscheinen der Vorauflage hat sich das Musikbusiness-Karussell weiter gedreht – der Konzentrationsprozess hat mit dem Verkauf der EMI einen weiteren der vormaligen „Big Four" nach Jahrzehnten Geschichte werden lassen. Gleichzeitig schreitet auch die Suche nach Vermarktungsformen weiter voran und hat mit den Streaming-Angeboten von Spotify u.a. einen ernst zu nehmenden neuen Vertriebsweg zu Tage gefördert, der inzwischen auch in Deutschland schon bei der Wertung der Single-Charts berücksichtigt wird. Im Bereich des Urheberrechts hat sich unter anderem mit dem Vormarsch der viel diskutierten creative commons-Lizenzen und der Verlängerung der Schutzfrist für Leistungsschutzrechte ebenso wie bei den Verwertungsgesellschaften – man denke an die spektakulären Auseinandersetzungen der GEMA mit Veranstaltern und Clubbetreibern, ihren fortdauernden Streit mit YouTube und die Gründung der Verwertungsgesellschaft C3S – viel Berichtenswertes ereignet. Der Titel „Die Praxis im Musikbusiness" schließlich kehrt auch zu seinen Ursprüngen zurück: inzwischen erscheint wieder eine Artikelserie in SOUNDCHECK, in der wir über aktuelle Trends aus der Musikbranche berichten und Basis-Wissen über Musikrecht und Musikverträge vermitteln.

Fleißige Helfer haben uns wieder mit Rat und Tat unterstützt: Wir danken Daniel Pöhlke, Universal Music Group und Jens Rose, Macc Media Accounting für ihre Beiträge zu den Themen „Promotion" und „Lizenzabrechnungen", Frau stud. iur. Maria Chernysheva für ihre Recherche- und Korrekturarbeit und Herrn Friedrich v. Rothkirch für sein treffsicheres Lektorat..

Besonders danken wir unseren Familien für ihre Geduld.

Bremen, im Januar 2014

Oliver Heinz
Michael v. Rothkirch

1

Eine kurze Geschichte der Musikindustrie

Musik ist Kunst, und mit dieser Kunst werden Geschäfte gemacht. Dies ist notwendig, denn sonst bliebe Musik ein privates Erlebnis. Die meisten Leute bekämen die Musik anderer nie zu hören. Die Geschäfte rund um die Musik stellen die Existenzgrundlage für alle diejenigen dar, die von ihren musikalischen Talenten und Fähigkeiten leben. Wer sich für eine Karriere als Musiker entschieden hat, muss sich notgedrungen mit den manchmal schwer nachvollziehbaren geschäftlichen Aspekten des Musikschaffens auseinandersetzen.

Wer als Künstler das System der Musikwirtschaft durchschaut und die Spielregeln beachtet, kann davon profitieren. Deshalb sollte er eine nüchterne, konstruktive Einstellung zur geschäftlichen Seite seiner Tätigkeit haben. Vielen Musikern fällt das aber schwer. Um auf die richtige Spur zu kommen, sollte man nicht nur die aktuelle Struktur der Musikindustrie kennen, sondern auch zumindest in groben Zügen wissen, wie sich dieser Industriezweig entwickelt hat.

1.1 Es war einmal ...

Eine genaue Geburtsstunde der heutigen Musikindustrie lässt sich kaum bestimmen. Wenn wir z.B. die 50er Jahre, in denen Künstler wie Elvis Presley oder Bill Haley auf dem Markt erschienen, als die „Stunde Null" betrachten würden, wäre das vielleicht zutreffend – wenn wir nur über die Geschichte der Rock- und Popmusik sprechen wollten. Schon in den Jahrzehnten zuvor gab es aber zahlreiche Entwicklungen in den Bereichen der Instrumenten-, Tonträger- und Medientechnologie und auch des Urheberrechts, die die Rock- und Pomusik als Massenphänomen und damit als Wirtschaftszweig erst ermöglicht haben.

Zwischen 1850 und 1920 gab es eine Reihe von Ereignissen, die die technischen und strukturellen Grundlagen für eine breite kommerzielle Verwertung von Musik schufen. Vorher hatten die meisten Menschen nur sehr eingeschränkte Möglichkeiten, Musik zu hören. Ihnen blieb hierfür fast ausschließlich die von Mund und Instrument zu Ohr überlieferte Volksmusik und die Kirchenmusik. Nur die Angehörigen der oberen Klassen und manche von Mäzenen subventionierte Künstler konnten es sich leisten, zu reisen und Konzerte zu besuchen.

Um 1850 signalisierte die wachsende Beliebtheit der sogenannten Minstrel-Shows in Amerika und des Music-Hall-Variétés in England ein steigendes Publikumsinteresse an Unterhaltungsmusik. Diese „Großstadtmusik" drang aber nur langsam zur ländlichen Bevölkerung vor, denn es gab zu jener Zeit noch keine Tonträger. Der erste Zylinderphonograph wurde erst 1877 von Thomas Alva Edison in Amerika erfunden. Zur gleichen Zeit bereitete der Deutsche Emil Berliner mit der Erfindung einer neuen Art Scheibe aus Schellack, dem Vorläufer der Schallplatte, den Weg zur modernen Musikindustrie. Diese neue Scheibe war wesentlich stärker und stabiler als die alten Zylinder. Die Platten mussten nicht mehr wie rohe Eier behandelt werden. 1894 wurden die ersten kommerziellen Scheiben auf dem amerikanischen Markt vorgestellt. Musik wurde zu dieser Zeit immer noch hauptsächlich live aufgeführt, oder man kaufte sich Noten und spielte sie zu Hause nach. Etwa zeitgleich entstand mit den sogenannten „Piano Rolls" auch die Möglichkeit, Musik mechanisch zu reproduzieren: Diese gelöcherten Papierrollen wurden von speziell konstruierten Klavieren (Orchestrion, Pianola) „gelesen" und erzeugten damit nach dem On/off-Prinzip Musik. Sie waren damit Vorfahren der heute noch verwendeten MIDI-Technologie und der Sequencer.

Doch Pianolas waren nicht weit verbreitet, Instrumente und Notenblätter waren teuer und das Angebot begrenzt. Erst in seinem Katalog aus dem Jahre 1900 bot Sears & Roebuck, ein amerikanisches Versandhaus, zum ersten Mal dem ländlichen Publikum – damals das zahlenmäßig stärkste – billige Instrumente an (Geigen, Gitarren und Pianos). Plötzlich schossen die Verkaufszahlen von Notenblättern in die Höhe. Musikverlage verdienten plötzlich gutes Geld, die Komponisten hingegen nicht. Plattenspieler wurden ab etwa 1901, dem

Gründungsjahr der Victor Talking Machine Co., breit vermarktet. Zwar dominierte bei den ersten Veröffentlichungen noch das Opernrepertoire, doch dauerte es nicht lange, bis auch Tanzmusik an Popularität gewann. Erste Jazz-Platten wurden ab 1917 veröffentlicht.

Zu dieser Zeit waren die Komponisten in Europa schon besser organisiert als ihre amerikanischen Kollegen. Als Giacomo Puccini, der mit „La Bohème", „Tosca" und „Madame Butterfly" schon ein Vermögen verdient hatte, 1910, also im Jahr nach der Verabschiedung des amerikanischen Copyright Act, die USA besuchte, staunte er darüber, dass die Komponisten und Verleger noch immer keine Organisation hatten, um Vergütungsansprüche aus der Aufführung ihrer Werke geltend zu machen. Infolge der Bemühungen von Komponisten wie z.B. Richard Wagner gab es in Europa nämlich bereits seit Jahren Vorläufer der modernen Verwertungsgesellschaften wie der GEMA.

Unzufrieden mit ihrer wirtschaftlichen Lage, setzten sich viele amerikanische Komponisten für die Gründung einer derartigen Organisation ein, darunter Victor Herbert und John Philipp Sousa. 1920 wurde schließlich die American Society of Composers, Authors and Publishers (ASCAP) gegründet. Dies war zwar ein wichtiger Schritt für die Komponisten – änderte allerdings nichts daran, dass es bis in die 60er Jahre hinein noch immer üblich war, schwarze Komponisten und Autoren für ihre immer populärer werdende Arbeit nur mit Kleinstbeträgen abzuspeisen, selbst wenn ihre Blues-Songs von weißen Künstlern gecovert und sehr erfolgreich vermarktet wurden.

1924 entwickelten die Bell Laboratories ein neues elektrisches Aufnahmeverfahren, das endlich die Reproduktion von Tönen zwischen 100 und 5.000 Hz ermöglichte. Diese und andere Verbesserungen in der Aufnahme- und Wiedergabetechnik waren wichtige Voraussetzungen für die Popularisierung und Verbreitung von Musik als Konsumgut. Erst hierdurch konnte mechanisch vervielfältigte Musik einem Massenpublikum zugänglich gemacht werden. Zu Beginn der 20er Jahre wurden in den USA schon Schallplatten für mehr als 100 Mio. US-Dollar umgesetzt.

1.2 Die Ära des Rundfunks

Doch schon 1922 erlebte die Plattenindustrie in Amerika ihren ersten großen Schock: Mit der Columbia Broadcasting System (CBS) und der Radio Corporation of America (RCA) nahmen zwei große Radioanbieter ihren Betrieb auf: Das Rundfunkzeitalter war angebrochen. In kürzester Zeit wurde das Radio so beliebt, dass der Tonträgerumsatz einbrach und bis 1933 insgesamt nur noch 6 Mio. US-Dollar erreichte. Trotz wachsender Einnahmen aus dem Rundfunk waren auch die damaligen Verleger gegen dieses neue Medium eingestellt. Das Radio hatte den Verkauf von Notenblättern praktisch zum Anachronismus gemacht. So tauchten um diese Zeit die ersten Anzeichen von Payola auf, also Bestechungszahlungen, mit denen die Aufführung eines Liedes erkauft wurde:

Um den Notenblattumsatz zu fördern, setzten die Verleger sogenannte „Songplugger" ein, die bekannte Kabarettsänger aufsuchten und ihnen erhebliche Summen zahlten, damit sie ein bestimmtes Lied in der Öffentlichkeit sangen. Wurde das Lied auf diese Weise bekannt, stieg der Notenblattumsatz der Verleger. Später spielten hauptsächlich die Plattenfirmen die Rolle des „bösen Buben" in der Musikindustrie. Vor allem in Amerika, aber in jüngster Vergangenheit auch in Deutschland, wurden in den letzten 30 Jahren viele Plattenfirmen und unabhängige Promoter wegen der Bestechung von Rundfunk-DJs vor Gericht zitiert, ein Problem, von dem immer wieder in der Musikpresse berichtet wird.

Die wirtschaftliche Talfahrt, die die Industrie in den 20er Jahren erlebt hatte, wurde 1929 vom Börsenkrach noch beschleunigt. Zwar fanden sich die Verlage wegen der wachsenden Einnahmen aus Filmsynchronisationsrechten mit der Situation relativ schnell ab, doch die Plattenfirmen verzeichneten in den 30er Jahren einen Umsatzrückgang um 90 Prozent. Die Tonträgerhersteller sahen sich gezwungen, neue Produktkonzepte zu entwickeln. So erschien um 1935 das erste „Album", das mehrere 78-UpM-Scheiben in einer Packung enthielt, und das Decca-Label begann, von Big Bands und Sängern wie Bing Crosby, den Mills Brothers etc. die billigeren Singles herzustellen. Auch neue Vertriebswege, z.B. über Warenhäuser, wurden erprobt.

Ein Lichtblick war das durch das neue Single-Format ermöglichte Aufkommen der Jukebox. Überall dort, wo Menschen zusammenkamen, begegnete man diesen „Musikmaschinen“. Ende der 30er Jahre verkauften die Tonträgerhersteller über 13 Mio. Scheiben nur an Jukebox-Betreiber.

Zu Beginn der 40er Jahre spielte der Rundfunk für die Promotion noch keine Rolle. Neue Hits wurden durch die Jukebox bekannt. Die Radios übertrugen ausschließlich Live-Musik. Big Bands nahmen bei Kriegsbeginn eine Spitzenstellung ein. Die Menschen gaben immer mehr Geld für Instrumente, Noten und Platten aus.

1942 rief James Petrillo, der damalige Vorsitzende der amerikanischen Musikergewerkschaft American Federation of Musicians (AFM), deren Mitglieder zu einem allgemeinen Streik gegen Plattenaufnahmen und Jukeboxes („recording ban“) auf, nachdem die damaligen „Big Four“ der Tonträgerhersteller (*Columbia*, *Decca*, *Capitol* und *Victor*) Mindestlohnforderungen für Session-Musiker abgelehnt hatten. Da Vokalkünstler zu dieser Zeit nicht in der AFM organisiert sein mussten, um an Auftritte zu gelangen, konzentrierten sich die Plattenfirmen aus der Not heraus auf Vokalensembles. Vielen von ihnen gelang es dadurch, ihre Karriere massiv voranzutreiben.

Die Aufmerksamkeit des Publikums galt nun nicht mehr den Bands, sondern den solistischen Sängern und Sängerinnen, die jetzt die meisten neuen Songs auf den Markt brachten. Etablierte Plattenstars und Instrumentalisten litten hingegen am meisten unter dem Streik. Die Plattenfirmen versuchten, ihre Position mit illegalen Mitschnitten und Auslands-Aufnahmen ihrer Stars zu behaupten. Die Schallplattenindustrie in Deutschland war schon zu Beginn des Dritten Reichs durch die Enteignung zahlreicher jüdischer Fabrikanten und das Verbot von Swing und anderer „entarteter Musik“ erheblich geschwächt worden.

1.3 Die Nachkriegszeit

Nach dem Kriegsende 1945 gab es in Amerika und einige Jahre später auch in Europa neuen Wohlstand und neue Freiheit. Die sozialen Strukturen hatten sich radikal geändert: Frauen in der Arbeitswelt, ein neu erwachtes Selbstbewusstsein der Minderheiten, eine existentialistisch geprägte Jugend, der Baby-Boom. Auch die Plattenindustrie explodierte – zunächst vielleicht nicht, was die absoluten Verkaufszahlen anging, aber in der Vielfalt ihrer Angebote. Kleine unabhängige Labels wie Atlantic (Ahmet Ertegun, Herb Abramson, Jerry Wexler), Chess (Leonard und Phil Chess), Sun (Sam Phillips), King (Syd Nathan) und Imperial (Lew Chudd) schossen wie Pilze aus dem Boden. Mit ihrer Vorliebe für Blues, R&B und Country machten diese Labels und ihre Manager die schwarze Musik bekannt, eine Entwicklung, die die Musikwelt revolutionierte.

1948 stellte das Columbia-Label die erste Vinyl-LP vor. Statt des schweren, bruchgefährdeten Materials Schellack kam nun Polyvinylchlorid, bis heute liebevoll „Vinyl" genannt, zum Einsatz. Die neuen Platten mussten nicht mehr mit 78 Umdrehungen pro Minute rotieren, sondern nur noch mit 33 1/3; außerdem konnte die Rille enger geschnitten werden, so dass neben einer deutlichen Verbesserung des Klangs auch die Spieldauer erheblich verlängert werden konnte. Auch die Verlage profitierten von dieser Neuerung. Jetzt verdienten sie an zehn oder zwölf Songs pro Platte statt an nur einem. Diese zusätzlichen Einnahmen stiegen den Verlegern zu Kopf, so dass sie über die ASCAP besonders an den Rundfunk immer höhere Forderungen stellten. Als Reaktion darauf gründete die National Association of Broadcasters (NAB) eine neue Verwertungsgesellschaft, die BMI. In Deutschland begann Prof. Dr. Erich Schulze gleich nach dem 2. Weltkrieg, die GEMA aufzubauen.

Mit dem Entstehen des Schallplattengroßhandels und regionaler Vertriebsorganisationen war dann die Szenerie fast fertig. Das i-Tüpfelchen setzte das Fernsehen. TV schlug ein wie eine Bombe. Die Radio-Einschaltquoten und damit die Werbeeinnahmen gingen radikal zurück, was praktisch das Ende der Live-Musik im Funk bedeutete. Auch auf den Plattenverkauf wirkte sich das Fernsehen negativ aus.

Auf der anderen Seite wurden nun statt Live-Musik mehr Platten im Rundfunk gespielt, was sich als eine hervorragende Promotion für den Schallplattenverkauf erwies. Auch die Rundfunksender konnten mit Künstlern, die „neue" Musik machten, viele Zuhörer vom Fernsehen zurückgewinnen. Die DJs waren jetzt die Hitmacher und der Rock 'n' Roll, im Grunde genommen nur ein für weißes Publikum verharmloster Rhythm & Blues, begann, die Welt zu erobern.

1.4 Die 60er und 70er Jahre

Vielleicht die wichtigste strukturelle Umwälzung für die Plattenindustrie in dieser Zeit war die zunehmende Bedeutung der Produzenten. Arrangements und Sound wurden beim Publikum immer wichtiger und junge Songschreiber, wie z.B. die legendären Jerry Leiber und Mike Stoller, bestanden immer mehr darauf, ihre Songs selbst zu produzieren. Möglicherweise haben Leiber und Stoller auch den ersten „unabhängigen Produktionsvertrag" unterschrieben: Sie hatten die schwarzen Coasters aus Kalifornien als Interpreten für ihre Songs zusammengebracht und gestalteten den Produktionsvertrag mit Atlantic so, dass sie, die Weißen Leiber & Stoller, die Gesamtverantwortung für die Plattenkarriere der „The Coasters" trugen.

Dies war der Beginn eines massiven Exodus von Produzenten aus den Plattenfirmen, in denen sie bis dato angestellt gewesen waren. Die Lücke, die sie hinterließen, wurde nach und nach mit Marketingexperten gefüllt. Die Auswirkungen sind heute noch in vielen A&R-Abteilungen zu sehen (und zu hören). In England und Europa setzte diese Entwicklung etwas später ein. Als etwa George Martin die ersten Beatles-Platten produzierte, war er noch fest bei der EMI angestellt.

Was die folgenden, turbulenten Jahre an technischem Fortschritt hervorbrachten, füllt Bände: Verbesserungen im Aufnahmebereich (Mehrspuraufnahmen, Stereo, Computer etc.), neue Ton- und Bildträgertechnologien (Videocassetten, MusiCassette), Neuerungen bei den Instrumenten (Synthesizer, Sampling), in der nationalen und internationalen Gesetzgebung (neues Urheberrechtgesetz der Bundesrepublik Deutschland von 1965, internationale Vereinbarungen über rechtliche Maßnahmen gegen Piraterie etc.), neue Nutzungsmöglichkeiten von Musik (Werbung, Soundtracks, „Fahrstuhlmusik" etc.).

In den 60er und 70er Jahren hatte es den Anschein, als ob musikalisch fast alles möglich wäre. Alle denkbaren Stilrichtungen von Country, Blues, Rock und Pop bis hin zu Jazz und Klassik wurden miteinander vermischt. Jede denkbare Aussage, die von Musik transportiert werden konnte, fand ihr Publikum. 1965 waren 52 Prozent aller Amerikaner unter 25 Jahre alt. Sie hatten genügend Geld und suchten eine eigene Identität. Musik wurde ebenso zum Symbol für ein Lebensgefühl wie Kleidung und lange Haare.

Junge Leute konnten mit der Musik, die sie hörten, eine deutliche Aussage machen. Ob Hippie, Rocker oder Mod: Musik wurde Bestandteil des Stylings, und das Geld saß locker. In den 60er und 70er Jahren nahmen amerikanische Plattenfirmen unzählige Gruppen unter Vertrag.

1.5 Die 80er und 90er Jahre

Am 7. September 1979 – sozusagen als musikalischen Auftakt für die 80er Jahre – veröffentlichten die Buggles den programmatischen Titel „Video killed the Radio Star". Knapp zwei Jahre später wurde der Titel als erstes Musikvideo im amerikanischen Musikfernsehsender MTV ausgestrahlt und läutete damit die Ära des Musikfernsehens ein. Zwar sollte sich der programmatische Titel nicht ganz bewahrheiten, aber die Zulassung privater Rundfunk- und Fernsehanstalten führte zur Entstehung des Musikfernsehens, das sich auch in Deutschland seit den späten 80er Jahren mit den Sendern MTV, viva, viva 2 und VH-1 zu einem sehr populären Medium und zu einer großen Konkurrenz für die Radiosender entwickelte.

Das Musikvideo wurde hierdurch für die Musikindustrie ein sehr wichtiges Marketing-Werkzeug und konnte sich zu einer eigenen Kunstform entwickeln, die eigene populäre Regisseure wie Chris Cunningham und Spike Jonze hervorbrachte.

Die Vinyl-Schallplatte war zu Beginn der 80er Jahre ungebrochen der erfolgreichste Tonträger. 1981 wurden weltweit 1,14 Mrd. Schallplatten verkauft. Aber das nächste erfolgreiche Format war schon auf dem Weg: Die von Philipps und SONY entwickelte Compact Disc. Mit der CD gelang es den Plattenfirmen etwa ab Mitte der 80er Jahre, sich mit einem neuen Tonträgerformat über Wasser zu halten. Mit ihr hatte die Digitalisierung einen ersten Höhepunkt erreicht. Zwar erholten sich die Umsätze bei Neuveröffentlichungen im Allgemeinen und bei neuen Künstlern im Besonderen nie richtig, doch dafür war die Auswertung des Backkatalogs (also alter Veröffentlichungen) auf CD mehr als befriedigend: Die CD-Umsätze stiegen von 0,9 Mio. Stück im Jahr 1983 auf 36,6 Mio. Stück 1988. 1993 konnten die Mitglieder-Plattenfirmen des Bundesverbandes der Phonografischen Wirtschaft e.V. (BPW) 142,9 Mio. Exemplare über Handel und Clubs absetzen. Damals erzielte die CD einen Anteil am Wertumsatz (1993 insgesamt 4,515 Milliarden Mark) in Höhe von 79 Prozent. Entgegengesetzt verlief die Entwicklung bei den anderen Tonträgern, wie aus der Statistik des BPW ersichtlich wird: Die gesamten LP-Umsätze sanken von 1979 (98,2 Mio. Stück) auf 52,2 Mio. Exemplare 1988 und bis 1993 weiter auf 1,5 Mio. Einheiten. Die MC-Umsätze stiegen zwischen 1978 (47,3 Mio. Stück) und 1991 bis auf 73,3 Mio. Stück, doch der MC-Boom, der mit der Wiedervereinigung einsetzte, hielt nicht lange an. 1993 wurden nur noch 43,5 Mio. Exemplare abgesetzt. Auch die Single hatte in den 90er Jahren auf dem Markt erheblich an Bedeutung verloren. 1986 wurden 43,4 Mio. Singles und Maxis verkauft. 1991 waren es nur 25,4 Mio. Stück, davon 14,8 Mio. CD-Singles. Ein weiterer wichtiger Neuzugang in der Palette der Formate war die VHS-Cassette, auf der Musikfilme, Konzertmitschnitte und Musikvideos vermarktet wurden.

Insgesamt ging es der Musikindustrie in den 80er und 90er Jahren nicht schlecht. Aber der nächste große Einbruch zeichnete sich am Horizont schon ab.

1.6 Das neue Jahrtausend und die digitale Revolution

Ernsthafte Gründe zur Sorge hat die Tonträgerwirtschaft seit kurz vor der Jahrtausendwende, denn einige bahnbrechende Erfindungen haben ihr Erscheinungsbild in den letzten Jahren komplett verändert: Der CD-Recorder („Brenner"), das MP3-Komprimierungsverfahren und vor allem das Internet und die kostenlose Verbreitung von Musik in sogenannten Peer-to-Peer-Tauschbörsen, Sharehosting-Plattformen usw. Diese Faktoren haben innerhalb von 10 Jahren zu einer beispiellosen Welle von Entlassungen, Beendigungen von Lizenzverträgen und Labelpleiten geführt. Am stärksten betroffen sind die CD-Singles – von 56 Mio. Stück 1998 ist die Zahl mittlerweile auf weniger als 10 Prozent (5,7 Mio. 2009) eingebrochen.

Genau genommen war der erste Mosaikstein in dieser Entwicklung bereits die Erfindung der CD gewesen. Mit der industriellen Vervielfältigung digitaler Daten auf – im Vergleich zur Vinyl-Schallplatte – preisgünstigen Medien und der flächendeckenden Verbreitung von Heimcomputern wurde der Weg für die hausgemachte verlustfreie Kopie bereitet. Als die ersten CD-Brenner um 1997 weniger als 1.000,- DM kosteten und den Massenmarkt erreichten, gab es kein Halten mehr; bald wurde das Kopieren von einzelnen CDs und ganzen Sammlungen zum Volkssport. Das „Knacken" von Kopierschutztechnologien wurde zum sportlichen Wettbewerb in der Hackerszene, ein ausdrückliches Verbot gab es nicht und als das Urheberrechtsgesetz 2003 Klarheit schaffte, war der Zug schon abgefahren.

Der nächste Mosaikstein war die massenhafte Nutzung des Internet, die etwa um 1997 einsetzte und über verschiedene Dienste und Protokolle den Transfer von Daten ermöglichte. Mit der Erfindung des MP3-Komprimierungsverfahrens konnten nun die Datenmengen von Audiodateien ohne nennenswerten Klangverlust erheblich reduziert werden. Weitere Technologien wie MP4 haben die Dateigrößen weiter reduziert und die Qualität verbessert. Da sich gleichzeitig die Datenübertragung durch neue Technologien – in Europa vor allem die Digital Subscription Line (DSL) – bei sinkenden Verbraucherpreisen zunehmend beschleunigt, kommt es auf die Größe mittlerweile immer weniger an. Im Ergebnis wird es immer billiger, immer größere Datenmengen digital zu speichern, zu transportieren, zu versenden und – zu tauschen.

Die Peer-to-Peer-(P2P)-Tauschbörse Napster, in deren Gefolge sich Dutzende weitere entwickelten, setzte der technischen Entwicklung die Krone auf: Millionen von Nutzern auf der ganzen Welt, deren Computer über das Internet ohnehin schon vernetzt waren, digitalisierten ihre Musikarchive und gewährten einander den ungehinderten Zugriff auf ihre Festplatten, so dass jeder Nutzer dieser Tauschdienste nahezu kostenlos – freilich aber auch ohne die Genehmigung und wirtschaftliche Beteiligung der Rechteinhaber – Musik „zapfen" konnte wie Wasser aus dem Hahn. Dies war der bisher schwerste Schlag für die Tonträgerindustrie, die sich bis zu diesem Zeitpunkt zwar schon immer in Auf- und Abwärts-Zyklen, aber doch unter dem Strich erfolgreich entwickelt hatte: Wenn der Kunde sein eigener Fabrikant wird, braucht es bald keine Fabriken mehr. Das Cover, bei Vinyl-LPs noch ein erstrangiger wertbildender Faktor, wird leicht als überflüssig angesehen, wenn man nur die Musik umsonst bekommen kann. Parallel dazu sinkt der Gebrauchswert der einzelnen CD, weil durch das billige Kopieren in technikaffinen Haushalten längst mehr Musik vorhanden ist, als ihre Bewohner je hören können. Umso weniger sind die Menschen bereit, für neue CDs Geld auszugeben.

Die Tonträgerindustrie reagierte verunsichert und zögerlich auf diese Phänomene. Zwar wurden schon seit 1999 eigene kostenpflichtige Download-Portale konzipiert. Diese gingen aber in fruchtlosen Debatten um die Vergütung aller Beteiligten unter. Der vom damaligen Bundeskanzler Gerhard Schröder im März 2004 auf der CeBit in Hannover eröffnete Phonoline-Shop „Popfile" musste noch im September des gleichen Jahres den Betrieb wieder einstellen. „So schreibt man Musikgeschichte", hatte die Telekom noch im Frühjahr geworben. Wie wahr.

Währenddessen florierten die illegalen Tauschbörsen fröhlich weiter. Die Tonträgerindustrie schlägt seit einigen Jahren zurück, lässt Tauschbörsen schließen und initiiert weltweit abertausende von Straf- und Zivilverfahren – die meisten gegen „Privatpiraten", um den illegalen Musiktausch einzudämmen. Immerhin hat sich seither in

Deutschland die Zahl der illegalen Downloads beinahe halbiert (von rund 600 Mio. Downloads 2003 auf 258 Mio. 2010). Trotzdem ist die Formel, wonach der Tonträgerwirtschaft durch die Tauschbörsen und das CD-Kopieren ein Umsatzpotential in Milliardenhöhe entgehe, zu simpel, da der größte Teil dieser Musikdateien wohl nur deshalb gesammelt wird, weil er kostenlos zu haben ist.

Erst mit der Eröffnung des iTunes Music Store in den USA durch Apple im April 2003 wurde eine ernst zu nehmende legale Alternative zu den Tauschbörsen geschaffen. Mittlerweile wächst und gedeiht die Online-Vermarktung von Musik auf zahlreichen weiteren Plattformen (Musicload, Napster/Rhapsody, Amazon Cloud Player, last.fm, spotify, Deezer, Google Music, Xbox music usw.) und mit unterschiedlichen Vermarktungssystemen (Track- und Albumdownload, „Volumenflatrate", Streaming-Abos etc.) und hat im Jahr 2006 erstmals die Marke von 10 Prozent der gesamten Wertschöpfung mit „recorded music" überschritten. 2007 haben die Download- und Mobile-Umsätze bereits rund 15 Prozent der weltweiten Musikverkäufe ausgemacht. Mit den nicht-physikalischen Formaten wurden 2007 weltweit etwa 2,9 Milliarden Dollar Umsatz erzielt. Im August 2010 vermeldete der Bundesverband Musikindustrie, dass die Umsätze mit Musikdownloads im ersten Halbjahr im Vergleich zum gleichen Zeitraum des Vorjahres um 40 Prozent gestiegen waren. Im Juni 2008 hatte der iTunes store 5 Milliarden Songs verkauft, im Juni 2012 waren es 15 Milliarden Songs. Das Rückgrat der Musikverkäufe in Deutschland bilden aber nach wie vor die Verkäufe physischer Tonträger, die 2012 immer noch einen Anteil von 80 % ausmachten, wogegen die Formen der „electronic delivery" insgesamt 20 % ausmachten. Hiervon entfielen auf Downloads 18 % und auf Streaming 2%, wobei insbesondere die Streaming-Zahlen kräftig wachsen.

Neben den neuen Shops haben neue Anbieter die Märkte erobert, die die für den digitalen Vertrieb notwendigen Knotenpunkte besetzen („Content Aggregatoren") und die Daten für die neuen Vertriebsformen aufbereiten. Mit dem Aufkommen des Internet hat sich neben dem Vertrieb auch die Marketing- und Promotion-Tätigkeit in dieser technikaffinen Branche grundsätzlich gewandelt.

1.7 Ausblick

Von einem „Ende der Musikindustrie" zu sprechen, ist sicherlich verfrüht. Zwar ist der Umsatz der Tonträgerwirtschaft in den letzten 10 Jahren um mehr als 30 % zurückgegangen. Auch ist es üblich, dass einzelne Tonträgerformate an Bedeutung verlieren, so z.B. aktuell die DVD mit einem Umsatzrückgang von 17,6 % von 2011 auf 2012 und die noch vor wenigen Jahren so beliebten Klingeltöne mit einem Rückgang von 49,8 % (Realtones) und 80,5 % (Ringback Tunes). Neben den illegalen „Markt" in Tauschbörsen etc. tritt aber in der jüngeren Vergangenheit ein immer potenterer, schneller wachsender legaler Markt mit Musikdownloads und Musikstreaming. 2012 wurde schon jeder fünfte Euro digital erwirtschaftet. Erheblich angestiegen sind dabei sowohl die Zahlen im Bereich des Streaming (38,7 %) als auch im Bereich der à la carte-Downloads (26,3 % bei Singletracks und 23,7 % bei Download-Bundles). 2011 haben rund ¼ der Deutschen Medieninhalte (Musik und Film) aus dem Internet heruntergeladen, davon 19 % illegal. Insgesamt, so vermutete die Gesellschaft für Konsumforschung (GfK) in ihrer Brenner-Studie von 2008, hatten die Deutschen 2007 312 Millionen Songs illegal aus dem Netz heruntergeladen und damit 10mal mehr als legal über Downloadshops gekauft. Seitdem die Industrie gegen Internetpiraterie vorgeht, weisen ihre Statistiken einen erheblichen Rückgang der illegalen Downloads aus.

Vor allem aber hat sich das Angebot legaler Quellen erheblich verbessert, was sich für die Industrie auch auszahlt. Gab es 2002 genau 2 legale Online-Download-Angebote, waren es 2012 bereits 68. Der Umsatz der nicht-physischen Tonträgerformate hat sich in Deutschland von 2008 bis 2012 von 144 Mio. Euro auf 294 Mio. Euro mehr als verdoppelt. Weltweit gibt es (Stand 2010) etwa 400 legale Musik-Online-Shops, die von den Konsumenten zunehmend in Anspruch genommen werden. 2012 hat der Umsatzanteil der online vertriebenen Produkte den des Offline-Handels erstmals überholt. Demgegenüber verblasst der stationäre Tonträgerhandel nach und nach zu einer Randerscheinung: Die großen Elektrofachmärkte wie Saturn und Media Markt hatten 2012 nur mehr einen Anteil von etwa

25 Prozent am gesamten Tonträgerabsatz. Die wenigen verbliebenen klassischen Schallplattenläden sind längst aus den Fußgängerzonen in die Vorstädte vertrieben worden; in ihnen werden trotz „Rettungsmaßnahmen" wie dem Record Store Day inzwischen gerade noch 1 Prozent aller Tonträger verkauft – viel weniger als in Drogerien und Lebensmittelgeschäften (zusammen 14 Prozent). Mittlerweile schrumpft auch in den Elektrofachmärkten die für Tonträger reservierte Regalfläche immer weiter zusammen. Dennoch ist die CD nach wie vor stark – in Deutschland wurden 2012 etwa 93 Millionen Album-CDs verkauft und mit dem Verkauf von CDs etwa eine Milliarde Euro erwirtschaftet, damit nimmt die CD mit einem Anteil von 71 Prozent an den Gesamtumsätzen immer noch die Hauptrolle ein. Und selbst die „gute alte" Vinyl-LP erfreut sich zunehmender Begeisterung (Umsatzanstieg 2011/2012: 38 Prozent), auch wenn ihr Anteil am Gesamtumsatz mit 1,5 Prozent verschwindend gering ist.

Der Abwärtstrend der Tonträgerindustrie erfasst nicht alle Bereiche der Musikwirtschaft. Der Live-Branche geht es, jedenfalls im Vergleich zur Tonträgerwirtschaft, recht gut; im 10-Jahres-Vergleich von 1995 bis 2005 kann ein Zuwachs des Umsatzvolumens verzeichnet werden. Musikveranstaltungen in Deutschland brachten 2008 einen Umsatz von 2.566 Mio. Euro. Insgesamt wurden 74,5 Mio. Tickets bei einem Durchschnittspreis pro Ticket in Höhe von 34,45 Euro verkauft (Quelle: GfK-Studie 2008, Branchenanalyse zum Konsumverhalten der Konzert- und Veranstaltungsbesucher in Deutschland). Die Eintrittspreise für die Konzerte von Weltstars erreichen enorme Höhen, Konzerte und Festivals verzeichnen ständig neue Besucherrekorde und der Musikkonsum wird mehr und mehr zum Gemeinschaftserlebnis.

Investitionen in neue Technologien erfordern Risikobereitschaft und Kapital. An beidem herrscht heute in der Musikindustrie Mangel. Andererseits ist das Publikum von der Musikindustrie so erzogen, dass es ständig neue Produkte fordert. Und auch die digitale Revolution frisst ihre Kinder: Das Produkt „recorded music" verliert immer weiter an Wert. Schuld daran sind Produkte, die von anderen Zweigen der gleichen Industrie entwickelt wurden. Aber auch die klassische Tonträgerindustrie denkt nicht daran, auszusterben. Ob wir an Petrillos Kampf gegen Platten im Radio, die Reaktion der Verlage auf den Rundfunk oder an die heutige Verfolgung der Tauschbörsennutzer denken: Die Industrie hatte von Anfang an ein stürmisches Hass-Liebe-Verhältnis zur Technologie, zum Gesetzgeber und den Konsumenten von Musik. Die Musikindustrie fürchtet(e) immer um ihre Existenz. Und dennoch gilt: Mit Musik kann man nach wie vor Geld verdienen, aber heute mehr denn je muss man originell sein, um in dieser Branche Erfolg zu haben – ob als Künstler oder als Verwerter künstlerischer Leistungen.

2 Die Akteure im Musikbusiness

Nicht nur für Außenstehende wirkt die Musikindustrie kompliziert und undurchsichtig. Die Personallisten von Plattenfirmen, Musikverlagen, Verwertungsgesellschaften, Agenturen, Management, Produktionsfirmen, Veranstaltern etc. sind lang und ständig im Wandel. Neue Formate erzeugen laufend neue Anbieter und neue Dienstleistungsunternehmen. Sogar denen, die schon seit einiger Zeit in der Branche arbeiten, sind die Rollen, die die verschiedenen Industriezweige spielen, manchmal nicht ganz klar. Darum gibt dieses Kapitel zunächst einen allgemeinen Überblick darüber, wer für was verantwortlich ist.

In der Musikindustrie muss ein Künstler, der etwas erreichen will, viele verschiedene Leute kennenlernen. Es gibt in dieser Branche wie überall viele ernsthafte Geschäftsleute, aber auch „Schlitzohren". Gefährlich können auch Amateure sein, die es zwar gut meinen, sich aber nicht mit den Gesetzmäßigkeiten der Branche auskennen und dann manchmal mehr schaden als nützen. Wer keine Erfahrung hat, kann selten richtig beurteilen, wer die Partner im Geschäft sind und was sie machen. Deshalb sollte sich der Künstler über Funktion und Position der wichtigsten Akteure – und damit der potentiellen Geschäftspartner – im Klaren sein. In diesem Kapitel werden sie kurz vorgestellt, im weiteren Verlauf des Buches kommen wir zu den Details.

2.1 Der Produzent

Der Begriff des Produzenten ist so schillernd wie vielfältig. Allein in der Musikwirtschaft hat er mehrere ganz unterschiedliche Bedeutungen. Als „wirtschaftlicher Produzent" kann derjenige gemeint sein, der die finanzielle und organisatorische Verantwortung für Tonträgeraufnahmen trägt. Er ist hauptsächlich verantwortlich dafür, wie die Musik aufgenommen wird und sorgt auf diktatorische oder demokratische Weise für den „optimalen" Sound. Er kann auch beim Arrangieren und sogar beim Komponieren behilflich sein. In manchen Fällen lernt der Künstler den Produzenten kennen, wenn er ein Konzert gibt oder in ein Studio geht, um Demos zu machen. Manchmal trifft er sich auch erst mit ihm, wenn er bei einer Plattenfirma unterschrieben hat. Produzenten waren früher Angestellte der Plattenfirmen. Heute ist das nur noch selten der Fall. Übernimmt ein Produzent eine Produktion im Auftrag einer Plattenfirma, bekommt er meist einen bestimmten Prozentsatz vom Plattenerlös.

Ein Top-Produzent verlangt nicht nur 3 bis 6 Prozent vom Händlerabgabepreis, sondern zusätzlich auch noch eine einmalige Summe, oftmals im fünfstelligen Bereich, damit er an einem Projekt arbeitet.

Der Produzent kann aber auch als Inhaber einer eigenen Produktionsfirma auftreten. Dann nimmt er Gruppen oder Künstler selbst unter Vertrag (sogenannter Künstlervertrag), produziert auf eigenes Risiko Demos oder das fertige Produkt und versucht, das Ergebnis bei einer Plattenfirma unterzubringen – gegebenenfalls in Zusammenarbeit mit Verlag und Management. Solche Künstlerverträge bieten Plattenfirmen häufig auch direkt an.

Als „künstlerischer Produzent" wird dagegen bezeichnet, wer im Tonstudio im Auftrag einer Plattenfirma, eines wirtschaftlichen Produzenten oder auch des Künstlers selbst für die künstlerische Koordination und Produktion von Musikaufnahmen zuständig ist.

2.2 Die Plattenfirma

Eine Plattenfirma vervielfältigt, verbreitet, promotet und verkauft Tonaufnahmen. Der Begriff ist eigentlich nicht mehr zeitgemäß. Zwar lassen CDs von ihrer Form her noch ahnen, was einmal mit „Platte" gemeint war – die „gute alte" Vinyl-Schallplatte, die über Jahrzehnte der wesentliche Umsatzträger der Branche war. Aber spätestens bei elektronischen, unkörperlichen Musikdateien passt der Begriff nicht mehr. Wir werden ihn trotzdem verwenden, weil es keinen besseren gibt – auch „Tonträgerhersteller" trifft es nicht genauer.

Plattenfirmen waren in den vergangenen Jahrzehnten die dominierende Macht im Musikmarkt. Sie stellen Tonaufnahmen her und verbreiten sie in allen denkbaren körperlichen und nichtkörperlichen Formaten. Im Idealfall entdecken sie unbekannte Künstler und bauen sie zu Weltstars auf. Die Wirklichkeit sieht aber meist anders aus: Rund 90 Prozent der Tonträger, die veröffentlicht werden, spielen die Kosten, die die Aufnahme und Veröffentlichung verursacht haben, nicht wieder ein. Mit anderen Worten: Wenige erfolgreiche Weltstars erhalten das gesamte System am Leben.

Neben den zurzeit noch drei großen, weltweit tätigen Tonträgerfirmen, den sogenannten „Majors" Sony, Universal Music Group, Warner Music (der ehemals Vierte im Bunde, die EMI, wurde 2011/2012 größtenteils von der Universal Music Group übernommen) mit ihren jeweiligen Labels, die zusammen für etwa 75 Prozent der weltweiten Tonträgerumsätze verantwortlich sind, gibt es auf der Welt tausende von Independent-Labels („Indies"), die über eine knappere Infrastruktur verfügen und in aller Regel musikalisch sehr spezialisiert sind. Die Plattenfirmen haben seit dem Ende der 90er Jahre durch die private und illegale Vervielfältigung von Tonträgern und das Filesharing im Internet erhebliche Umsatzeinbußen hinnehmen müssen. Um ihre Position im Gesamtgefüge der Musikwirtschaft zu halten, übernehmen sie derzeit stärker als in der Vergangenheit auch andere Funktionen im Live-, Merchandising- und Musikverlagsbereich, um sich zusätzliche Einnahmequellen zu erschließen.

2.3 Der Vertrieb

Vertriebe sind als Bindeglieder zwischen Plattenfirmen und Verkaufsstätten für die Verteilung des Tonträgers zuständig. Große Plattenfirmen arbeiten mit eigenen Vertrieben, kleinere Labels arbeiten mit unabhängigen Vertriebsfirmen (z.B. Rough Trade, Indigo, Groove Attack) oder aber auch mit den Vertriebsabteilungen der großen Firmen zusammen. Oft übernehmen Vertriebe neben der Verbreitung auch die Aufgabe, die Tonträger herzustellen („press and distribution").

2.4 Der Content Aggregator/Digitalvertrieb

Content Aggregatoren sind eine Erfindung des neuen Jahrtausends. Sie sorgen dafür, dass die Musik von den Plattenfirmen in die Musikportale und Internet-Shops gelangt. Dafür sammeln („aggregieren") sie das Repertoire von Plattenfirmen, häufig gleich den vollständigen Label-Katalog, bereiten ihn technisch für Download und Streaming etc. auf und vermitteln ihn dann weiter an die virtuellen Verkaufsstätten im Internet. Hierfür behalten sie einen Teil der mit den Aufnahmen erzielten Verkaufserlöse für sich. Die Rolle der Content Aggregatoren kann noch am ehesten mit der von Vertrieben verglichen werden, daher spricht man auch von Digitalvertrieben. Mittlerweile übernehmen sie oft auch noch den Vertrieb anderer digitaler Produkte, die in den gleichen Internet-Shops verkauft werden, wie z.B. eBooks (Zebralution).

2.5 Der Tonträgerhandel (On- und Offline)

Er ist das traditionell letzte Glied in der Kette der Wertschöpfung mit Musik. Der Tonträgerhandel verkauft die Musik, verkörpert in CDs, Schallplatten und anderen Formaten, an den Endabnehmer. Der stationäre Tonträgerhandel hat sich in den letzten 10 Jahren massiv verändert:

Die traditionellen kleinen Plattenläden verschwinden nach und nach, den größten Teil des Umsatzes erzielt eine Handvoll Elektro-Fachgroßhändler (Media Markt, Saturn, ProMarkt u.a.), außerdem werden in Drogerien und Tankstellen, aber auch im Kaffeegeschäft und im Flugzeug Tonträger verkauft. Als Folge der Digitalisierung der Musik haben sich nach großen Anfangsschwierigkeiten mittlerweile zahlreiche, wirtschaftlich mehr oder minder erfolgreiche Internet-Handelsportale entwickelt (z.B. itunes store, 7digital und musicload), teils auch im Gefolge bereits erfolgreicher Online-Shops (amazon mp3, saturn.de).

Von einem „Handel" zu sprechen, wird der Vielfalt der mittlerweile vorhandenen Geschäftsmodelle nicht gerecht: Neben den klassischen „À-la-carte"-Händlern, bei denen einzelne Titel oder Alben als Dateien gekauft werden und beim Käufer verbleiben, gibt es z.B. auch Abonnement-Modelle, bei denen der Nutzer für die Dauer seiner Mitgliedschaft einen beinahe unbegrenzten Katalog nutzen darf – aber eben nur so lange er Mitglied ist (z.B. Napster, simfy). Auch gibt es Mischmodelle, die gegen Zahlung einer monatlichen Gebühr eine begrenzte Anzahl von Titeln zum dauerhaften Verbleib („Download-to-Own") anbieten, wie z.B. eMusic.com.

2.6 Der Musikverlag

Der Musikverlag ist der Partner der Texter und Komponisten. Während sich die Plattenfirma um die Verwertung von Aufnahmen, also um „recorded music" kümmert, ist der Musikverlag für die hinter diesen Aufnahmen stehenden Kompositionen zuständig. Seine Aufgabe ist es daher, die Komposition – und nicht den Tonträger – zu promoten, indem er Songs kommerziell verwertet. Dafür gibt es viele Möglichkeiten, z.B. die, einen Interpreten für den Song zu finden. Auf diese Weise kann der Verlag für einen Künstler, der keine eigenen Songs schreibt, auch eine wertvolle Materialquelle sein. Dieses „Song Plugging" ist eine der zentralen Aufgaben eines Musikverlags.

Auch kann ein Verlag für Verwertungen der Kompositionen in Spielfilmen und Werbespots, für Cover-Versionen, fremdsprachige Versionen und Veröffentlichungen im Ausland sorgen und die Einkünfte des Urhebers von der GEMA und von ausländischen Verlagen und Verwertungsgesellschaften verwalten.

Der Verlag kann einen Komponisten oder Texter in allen Stadien seiner Karriere fördern. So werden oftmals neue Künstler den Plattenfirmen direkt vom Verlag angeboten.

2.7 Der Veranstalter

Der Veranstalter (im englischen Sprachraum „Promoter") veranstaltet Konzerte, Festivals, Tourneen und Galas, d.h. er ist für die Durchführung dieser Veranstaltungen auf eigene Rechnung verantwortlich. Ein Veranstalter kann ein Unternehmen sein wie Global Concerts/DEAG und MLK, die vor allem Tourneen organisieren, ein Club wie Frankfurts Batschkapp, der Einzelkonzerte im Club und in anderen Hallen veranstaltet – oder ein risikofreudiges Individuum. Begrifflich unterschieden wird je nach dem geographischen Wirkungskreis zwischen den örtlichen Veranstaltern, die für eine oder mehrere Spielstätten verantwortlich sind und die örtliche Durchführung der Veranstaltung übernehmen, und Tourneeveranstaltern, die für die Koordination ganzer Tourneen zuständig sind und dabei mit den örtlichen Veranstaltern zusammenarbeiten.

2.8 Die Booking-Agentur

Agenturen vermitteln Auftrittsmöglichkeiten an Künstler in Form von einzelnen Konzerten, Tourneen, Galas usw. Es gibt zahlreiche große internationale (z.B. The Agency, Live Nation), nationale (Creative Talent, ASS Concerts, KKT) und kleine Agenturen, die – oftmals für einen bestimmten Zeitraum exklusiv – mit Künstlern zusammenarbeiten und im besten Fall den Künstler zum richtigen Zeitpunkt auf die richtige Bühne bringen.

2.9 Der freie Promoter

Freie Promoter im deutschen Sinn haben die gleiche Aufgabe wie die angestellten Promoter der Plattenfirmen: Sie sorgen für Funk- und Fernseheinsätze, Beiträge in Printmagazinen usw. zu einem bestimmten Produkt. Die Promoter der Plattenfirmen sind zum Teil überlastet, weil sie oft noch für die Künstlerbetreuung, d.h. die Begleitung der Künstler auf Promotionreisen und zu Promotionauftritten eingesetzt werden. Zur Unterstützung des zu verkaufenden Produkts engagieren die Plattenfirmen daher immer häufiger freie Promoter. Diese sollen insbesondere den Funk- und Fernseheinsatz der Produkte erhöhen. In den USA wurden die Überzeugungsmittel der Promoter immer dreister – bis Promotion einfach Bestechung hieß. Zuletzt 2005/2006 machte wieder ein Payola-Skandal in ganz Amerika Schlagzeilen. Nachdem der damalige New Yorker Generalstaatsanwalt in einem Payola-Verfahren gegen die großen Plattenfirmen ermittelt hatte, musste SONY BMG im Juli 2005 im Rahmen eines Vergleiches 10 Mio. US Dollar zahlen, im November 2005 zog die Warner Music Group mit 5 Mio. Dollar und im Mai 2006 die Universal Music Group mit 12 Mio. US Dollar nach.

2.10 Der Manager

Es gibt grundsätzlich zwei Arten von Managern: Personal und Business Manager. Der Business Manager kümmert sich nicht um die persönliche Entwicklung des Künstlers, sondern sorgt für die Entwicklung seines Bankkontos, indem er ihn in finanziellen Angelegenheiten betreut. Diese Funktion wird häufig auch von Unternehmensberatern, Steuerberatern oder Rechtsanwälten wahrgenommen. Der Personal Manager ist hingegen oft die Schlüsselfigur im Leben eines Künstlers. Er plant den künstlerischen und wirtschaftlichen Lauf der Karriere. Eine Plattenfirma, einen Verlag, eine Agentur usw. zu finden, ist nur ein Teil seiner Arbeit. Er konzipiert die Geschäftsstruktur des Künstlers, organisiert und kontrolliert die Zusammenarbeit aller Geschäftspartner und ist für den Künstler oft auch noch Freund, Beichtvater und Mutter zugleich.

2.11 TV-Sender

Mit dem Deutschland-Start von MTV begann 1986 die Ära des Musikfernsehens. Schnell etablierten sich daneben auch VIVA und im Gefolge auch noch Zweitsender (VIVA 2, MTV 2, VIVA Plus) und Spartensender (VH 1). Seither werden Millionen und Abermillionen in die Produktion von Musikvideos investiert, von denen nur ein verschwindend geringer Teil ausgestrahlt wird. Dennoch wird das Risiko oft eingegangen, weil die Chancen auf gute Verkäufe durch ein Video in der Rotation erheblich erhöht werden. Der Niedergang der Tonträgerindustrie hat auch die Musiksender gebeutelt, in denen die Musik mehr und mehr durch andere jugendnahe Programme verdrängt wird.

Auch normale, „nichtmusikalische" Fernsehsender können beim Aufbau eines Künstlers eine wichtige Rolle spielen. Gerade die quotenstarken Privatsender RTL, Sat 1 und Pro 7 haben in den vergangenen Jahren häufig bei der Promotion von neuen Künstlern aktiv mitgewirkt. Hier werden oft Kompensationsgeschäfte durchgeführt: Eine Plattenfirma kauft bei einem TV-Sender Werbezeiten zu einem vergünstigten Preis ein, dafür präsentiert der Sender den Künstler an hervorgehobener Stelle und bezieht ihn auch in die redaktionellen Beiträge ein. Im Erfolgsfall erhält er dann zusätzlich oft auch eine Beteiligung an den Einkünften des Projekts. Auch haben sich die Privatsender seit Beginn des neuen Jahrtausends durch Casting-Shows („Popstars", „Deutschland sucht den Superstar") mit oft peinlichen Präsentationen und pöbelnden Juroren einen zweifelhaften Ruf als Talentschmieden erworben – zweifelsfrei dabei aber auch enorme Umsätze für sich und die Platten- und Produktionsfirmen generiert. Auch bei den öffentlich-rechtlichen Sendern ist dieses Konzept inzwischen angekommen, wie als bestes Beispiel der überragende Erfolg der Kooperation zwischen Pro7 und der ARD beim Format „Unser Star für Oslo" gezeigt hat, der zum beeindruckenden Sieg der deutschen Kandidatin Lena Meyer-Landrut beim Grand Prix d'Eurovision 2010 geführt hat.

2.12 Merchandiser

Neben Tonträgern und Konzertkarten hat sich verstärkt seit den 70er Jahren ein lukratives Zusatzgeschäft mit Fanartikeln entwickelt, die das Abbild, den Namen und ggfs. das Logo bekannter Musiker und Bands tragen. Die Produktpalette ist riesig und reicht von Aufklebern, Tourpostern und Badges über die verschiedensten Kleidungsstücke bis hin zu Plastikfiguren und Nippesartikeln. Der Vertrieb erfolgt hauptsächlich bei Tourneen, über den Versandhandel und über Internet-Shops. Bei den Tourneen von Weltstars werden allein in diesem Bereich bisweilen hohe Millionenbeträge umgesetzt.

2.13 Die GEMA

Die GEMA (Gesellschaft für musikalische Aufführungs- und mechanische Vervielfältigungsrechte) ist ein Verband von Komponisten, Textern und Musikverlagen, der die Vergütungsansprüche seiner Mitglieder gegenüber Musiknutzern durchsetzt und die Einkünfte an die Rechteinhaber weiterleitet. In der Praxis heißt das, dass die GEMA die Vergütung nach einem ausdifferenzierten und ständig aktualisierten Tarifwerk von den Musiknutzern erhebt, kassiert und das Geld an die Komponisten, Texter und Verlage ausschüttet. Für das sogenannte „mechanische Recht" auf Vervielfältigung und Verbreitung müssen die Tonträgerhersteller festgelegte Beträge bezahlen. Für Aufführungs- und Senderechte und die öffentliche Zugänglichmachung in Online- und Mobilmedien zahlen die Nutzer der Tonträger – also Funk- und Fernsehsender, Kinos, Kneipen, Internetanbieter etc., die die Werke live, vom Band oder von Tonträgern öffentlich wiedergeben, Beträge an die GEMA. Um diesen Rechten auch international Geltung zu verschaffen, hat die GEMA mit vergleichbaren Organisationen in aller Welt Abkommen geschlossen.

2.14 Die GVL

GVL steht für „Gesellschaft zur Verwertung von Leistungsschutzrechten". Während sich die GEMA mit den Rechten der Urheber befasst, nimmt die GVL die Rechte der ausübenden Künstler und der Tonträgerhersteller wahr. Jeder ausübende Künstler hat ein Recht auf Vergütung, wenn seine Leistung öffentlich verbreitet wird. Auch Tonträgerhersteller profitieren von diesem Recht. Da es für die Berechtigten unmöglich ist, diese Rechte selbst wahrzunehmen und die zentrale Einziehung und Auskehrung der Vergütungen zu organisieren, haben sich Tonträgerhersteller und ausübende Künstler in der GVL zusammengeschlossen. Die GVL nimmt jedoch nur Rechte aus Zweit- und Drittverwertung wahr – Einzelheiten in Kapitel 7.

2.15 Die Künstlersozialkasse (KSK)

Die KSK verhilft selbständigen Künstlern und Publizisten, die in den meisten Fällen kein regelmäßiges Einkommen haben, zu Sozialversicherungsleistungen, die mit denen Angestellter vergleichbar sind. Zusätzlich zu den Versicherungsbeiträgen der Künstler wird daher ein Teil der Versicherungsleistungen von den Nutzern künstlerischer Leistungen über die sogenannte Künstlersozialabgabe finanziert; außerdem zahlt der Bund einen Zuschuss. Die Künstlersozialversicherung betrifft die Kranken-, Renten- und Pflegeversicherung. Sie erbringt die Versicherungsleistungen nicht selbst, sondern zahlt einen Zuschuss an die Versicherungsträger.

3 Der Produzent

3.1 Aufgaben und Bedeutung von Produzenten

Produzenten sind Schlüsselpersonen in der Musikindustrie. Ein guter Produzent kann für einen unbekannten Künstler den Durchbruch bringen. Produzenten prägen den Klang einer Band, eine Stilrichtung und manchmal den Sound einer ganzen Epoche. Hierzu zählen Legenden wie Phil Spector und der „Wall of Sound" der Beatles, Rick Rubin und seine Bedeutung für die Karriere der Red Hot Chili Peppers und unzähliger anderer Künstler sowie für die Wiederentdeckung von Johnny Cash.

Beispiele für äußerst erfolgreiche Produzenten in der jüngeren Vergangenheit sind Timbaland, Mark Ronson oder die Neptunes, die es im August 2003 fertigbrachten, dass 20 Prozent der in England und 43 Prozent der in den USA im Radio gespielten Songs aus ihrer Feder oder ihrem Mischpult stammten. Auch in Deutschland gibt es neben den allseits bekannten „Altmeistern" dieser Zunft wie Dieter Bohlen und Frank Farian auch junge herausragende Produzenten, die vielen Projekten ihren musikalischen Stempel aufdrücken und ihnen damit zu Erfolg verhelfen, wie z.B. Andreas „Boogieman" Herbig, der für seine Erfolge als Produzent schon mehrfach mit den Branchenpreisen „Comet" und „Echo" ausgezeichnet wurde, oder David Jost, der mit Tokio Hotel und Keri Hilson auch beachtliche internationale Erfolge verbuchen konnte.

Ein Produzent hat die Aufgabe, die verschiedenen Elemente einer Produktion – Künstler, Song, Arrangement, Studio, Toningenieur, Studiomusiker – so aufeinander abzustimmen, dass ein möglichst gutes Demo oder Masterband dabei herauskommt. Jeder Produzent arbeitet auf seine Weise; letztlich zählt jedoch nur das Ergebnis. Einen Produzenten sollte man nach folgenden Kriterien beurteilen: Erfahrung, Erfolge und seine Fähigkeit, mit dem Künstler kreativ zu arbeiten und auf dessen musikalischen Stil einzugehen. Ein guter Produzent kann einem Musiker, mit dem er einen Künstlervertrag geschlossen hat, sehr dabei helfen, sein Songmaterial und seinen Sound optimal zu entwickeln. Auch bei der Suche nach einem Plattenvertrag kann ein Produzent wertvolle Dienste leisten. Schon der Ruf des Produzenten beim Publikum kann entscheidend zum Erfolg beitragen. Leider bestimmen jedoch auch der musikalische Geschmack, Arbeitsstil und „Kurswert" des Produzenten den Erfolg eines Künstlers. Ist der Produzent im Augenblick nicht „heiß", so entgehen dem Künstler möglicherweise schon deshalb viele Kontakte. Hat der Produzent Krach mit der Plattenfirma, wird diese auch den neuen, „frischen" Act des Produzenten kaum unter Vertrag nehmen.

Wie man sieht, nimmt der Produzent in der Mannschaft, die rund um einen Künstler an der Entwicklung des musikalischen Produkts arbeitet, einen wichtigen Platz ein. Deshalb ist die Wahl eines Produzenten eine ernste Sache. Zweifelt ein Künstler an den Fähigkeiten eines Produzenten, sollte er nicht voreilig – nur um des Deals willen – einen Vertrag abschließen. Das endet meist in einer Sackgasse.

3.2 Der wirtschaftliche und der künstlerische Produzent

Produzenten treten, wie wir schon in Kapitel 2 gelernt haben, in zwei grundsätzlich unterschiedlichen Funktionen auf, nämlich als „wirtschaftliche" und als „künstlerische" Produzenten. Für ihre Tätigkeit und die Struktur im Gefüge der Musikproduktion hat dies eine unterschiedliche Bedeutung. Als „wirtschaftlichen Produzenten" bezeichnet man denjenigen, der für die Tonträgerproduktion die wirtschaftliche und organisatorische Verantwortung trägt. Das kann der Inhaber eines Tonstudios, ein unabhängiger Produzent oder auch eine

Plattenfirma sein, aber auch der bzw. die Künstler selbst. Dies klingt zunächst widersprüchlich, aber an den Begriff des „wirtschaftlichen Produzenten" knüpft ein weiterer Begriff an: der des Tonträgerherstellers. Dem Tonträgerhersteller entstehen an den Aufnahmen eigene Rechte. Er muss die Rechte aller anderen an der Aufnahme Beteiligten erwerben, damit die Aufnahmen später verwertet werden können. Der künstlerische Produzent hingegen ist derjenige, der im Tonstudio für die künstlerische Aufnahmeleitung zuständig ist, also für den richtigen Sound sorgt, das Arrangement der einzelnen Instrumente und die musikalische Koordination der Solisten und Begleitmusiker verantwortet. Der Tonträgerhersteller – sei es ein wirtschaftlicher Produzent, eine Plattenfirma oder der Musiker selbst – muss auch von ihm Rechte erwerben und schließt mit ihm einen sogenannten Produzentenvertrag. Die Funktionen des wirtschaftlichen und des künstlerischen Produzenten sind oftmals in einer Person vereint.

3.3 Verträge mit wirtschaftlichen Produzenten

Aus verschiedenen wirtschaftlichen, strategischen und symbolischen Gründen würden viele Musiker am liebsten direkt mit einem „Major" – also einer der großen Plattenfirmen – einen Vertrag schließen. Dies ist heute wegen der veränderten Bedingungen in der Tonträgerindustrie aber immer seltener geworden. In dieser Situation versuchen Musiker oft bei Independent Labels und Produktionsfirmen ihr Glück. Die Inhaber dieser Firmen sind meistens Produzenten oder andere „Plattenleute", die „den Rohdiamanten eures Talents" entdecken. Der Vertrag mit einer solchen Firma oder „Produktionseinheit" ist einem Künstlervertrag mit einer großen Firma sehr ähnlich.

Es gibt mehrere Gründe, warum ein Musiker möglicherweise einen solchen Vertrag unterschreibt. Dies kann daran liegen, dass er sein Repertoire besser bei einer Independent Company unterbringen möchte, da er dieser mehr Verständnis für die eigene Musik und mehr Fingerspitzengefühl in der Vermarktung zutraut. Möglicherweise findet sich auch niemand anderes, der den Künstler unter Vertrag nehmen will. Im besten Fall kann es auch sein, dass die Produktionseinheit einem Produzenten gehört, der durch seine Erfolge viel Einfluss hat. Dann kann seine Unterstützung von erheblichem Wert sein.

Ein weiterer Vorteil eines Vertrags mit einer Produktionseinheit kann darin bestehen, dass der Künstler die gleichen Abrechnungsbedingungen (also beispielsweise die gleichen Lizenzreduzierungen für Verkäufe im Ausland oder funk- und medienbeworbene Tonträger usw.) erhält, die der Produzent mit seinem Lizenzpartner (in der Regel eine Plattenfirma) ausgehandelt hat. Dies funktioniert allerdings nur, wenn der Produzent dem Künstler auch die für ihn relevanten Auszüge aus seinem Vertrag mit dem Lizenzpartner und natürlich die dazugehörigen Abrechnungen zeigt. Leider ist es aber nicht selten, dass Produzenten die günstigen Abrechnungskonditionen nicht an die Künstler weiterreichen – also im genannten Beispiel selbst für Auslandsverkäufe 75 Prozent der Lizenzen erhalten, dem Künstler aber, bezogen auf seinen Anteil, lediglich 66 Prozent auszahlen. Abhilfe kann geschaffen werden, indem in einer derartigen Konstellation eine andere Lizenzbasis mit dem Produzenten vereinbart wird, nämlich die Beteiligung an dessen Nettoeinnahmen („Net-split"-Regelung). Dies bedeutet, dass der Künstler den Vertrag und die Abrechnungen des Produzenten einsehen kann und einen vereinbarten festen Anteil seiner Einkünfte erhält, ohne dass durch komplizierte Lizenzmathematik weitere versteckte Abzüge erfolgen können. Oft sind allerdings Produzenten zu einer solchen Vereinbarung nicht bereit, da kaum jemand freiwillig auf mögliche Mehreinnahmen verzichtet.

Ein übliches Lizenzbeteiligungsmodell kann wie folgt aussehen: Der wirtschaftliche Produzent erhält im Rahmen des mit der Firma geschlossenen Bandübernahmevertrags eine Beteiligung von 20 Prozent am Händlerabgabepreis. Der Künstler, der mit dem Produzenten einen Künstlerexklusivvertrag geschlossen hat, erhält 8 Prozent vom HAP. Damit verbleiben dem wirtschaftlichen Produzenten 12 Prozent.

Steht ein wirtschaftlicher Produzent zwischen dem Künstler und der Plattenfirma, ist es dem Künstler dringend zu empfehlen, auch einen direkten Draht zu den A&R-, Marketing- und Promotion-Abteilungen der auswertenden Firma aufzubauen und zu unterhalten.

Dies führt im besten Fall dazu, dass sich die Firma auch in Krisensituationen noch für den Act begeistert und bereit ist, ihn weiter zu unterstützen, auch wenn die Zahlen eigentlich dagegen sprechen.

Eine Produktionseinheit oder kleine Plattenfirma wird häufig darauf bestehen, neben den erforderlichen Tonträger-Leistungsschutzrechten (also den Rechten an den Aufnahmen) auch die Verlagsrechte (also die Rechte an den Kompositionen) oder gar das Management des Künstlers eingeräumt zu bekommen. Obwohl auch die großen Firmen sich freuen, wenn der Künstler seine Verlagsrechte einem der Firma angeschlossenen Verlag einräumt, ist dies dort üblicherweise nicht Gegenstand des Künstlervertrages. Bei kleinen Firmen, die durch eine derartige Mischkalkulation versuchen, ihr Risiko zu verringern, ist dies aber häufig der Fall und auch im Zusammenhang mit den sogenannten 360°-Verträgen, mit denen sich die Verwerter möglichst umfangreiche Rechte sichern wollen, zählen die Verlagsrechte zu den begehrten Rechten.

In einigen aktuelleren SONY-Verträgen behält sich die Firma schon das Recht vor, den Künstler an einen Verlag zu vermitteln. Für diese „schwierige Aufgabe" soll der Künstler immerhin 25 Prozent seiner Verlagseinkünfte hergeben. Hiervon ist abzuraten: Wer einen Major-Plattenvertrag bekommen kann, für den ist es in aller Regel ein Leichtes, auch ohne Provisionszahlungen einen Musikverlagsvertrag zu erhalten.

Wenn es denn überhaupt sinnvoll ist, Verlagsrechte zu vergeben (siehe hierzu Kapitel 5), räumt man diese im Allgemeinen besser einem erfolgreichen Verlag ein, der mehr als nur ein Inkasso-Büro ist und das Repertoire des Urhebers wirklich verwerten und nicht nur verwalten kann und will. Unter Umständen verhelfen dem Künstler die ausländischen Kontakte eines Verlags, sein Einfluss bei erfolgreichen Künstlern und Produzenten und seine Unterstützung bei der Promotion zum Durchbruch.

3.4 Künstlerentwicklungsverträge/ Optionsverträge

Seit einigen Jahren gehen immer mehr Produzenten bzw. Produktionsfirmen das Risiko ein, Künstler oder Projekte zu „entwickeln". Dies klingt selbstverständlich und ist doch eine Aufgabe, die die Major-Unternehmen in den letzten Jahren erheblich vernachlässigt haben. Besonders im Dance- und Popbereich sind Produzenten bzw. Produktionsfirmen inzwischen wichtige kreative Zellen für die Tonträgerhersteller geworden und haben einen großen Teil der Arbeit, Künstler und Repertoire zu suchen und zu entwickeln, von den Plattenfirmen übernommen.

Diese Entwicklungsarbeit stellt hauptsächlich ein wirtschaftliches Risiko für den Produzenten dar. Er muss passende Künstler finden, was auch mit erheblichen Castingkosten verbunden sein kann, wenn er z.B. mit Künstleragenturen zusammenarbeitet. Hat der Künstler kein eigenes Repertoire, muss der Produzent es heranschaffen, d.h. entweder selbst Songs schreiben oder Autoren finden, die zum Künstler passende Titel liefern können. Dann folgen die Aufnahmen mit dem entsprechenden Zeit- bzw. Kostenaufwand. Oft müssen auch andere Ausgaben für Outfit, Fotos, Styling, elektronisches Press-Kit (EPK), Internet-Auftritt usw. getätigt werden, bevor der Produzent sich auf den Weg zu den Plattenfirmen machen kann. Günstigstenfalls hat der Produzent schon gute Beziehungen zu den A&R-Managern bei mehreren Firmen. So kann sein Aufwand, einen Lizenznehmer zu finden, relativ niedrig gehalten werden. Ansonsten können die vielen Reisen nach Hamburg, Berlin, Köln, München usw. ziemlich teuer werden. Es ist also verständlich, dass der Produzent seine Investition mit einem Vertrag absichern will.

Diese Vereinbarungen variieren stark in Benennung, Umfang und Inhalt – von vage bis sehr detailliert. Besonders wichtig ist die Dauer des Künstlervertrages mit dem Produzenten. Ein Jahr mit zwei Optionen auf Verlängerung sollte genügen. Außerdem sollte der Künstler dafür sorgen, dass er kostenneutral wieder aus dem Vertrag herauskommt, wenn der Produzent die Aufnahmen bis zu einem festgelegten Zeitpunkt nicht bei einer Plattenfirma untergebracht hat oder keine weiteren Aufnahmen gemacht werden. Wenn möglich, sollte der Künstler den Produzenten auch dazu verpflichten, eine bestimmte Mindestanzahl von Aufnahmen zu produzieren (z.B. zehn Titel pro Jahr).

3.5 Verträge mit künstlerischen Produzenten/ Auftragsproduzenten

Eine Alternative zum Künstlerexklusivvertrag zwischen Künstler und Plattenfirma kann die Arbeit mit einem künstlerischen Produzenten/ Auftragsproduzenten sein. Hierbei fungiert der Künstler selbst als Auftraggeber – wenn er oder sein Management die Produktion des Demos oder Masterbandes selbst finanzieren. Die Rechte an der Produktion werden in dieser Konstellation bei den Künstlern gebündelt, die sie dann zur Auswertung an einen Bandübernahmepartner – z.B. Major-Firma oder -Vertrieb – lizensieren. Der Auftragsproduzent bekommt für seine Tätigkeit in der Regel ein Fixum und 2 bis 5 Prozent von den Einnahmen. Künstler, die mit einem Auftragsproduzenten arbeiten, verfügen über wesentlich mehr Freiraum und können den Lauf der eigenen Karriere besser kontrollieren. Auf der anderen Seite tragen sie eine größere Verantwortung für die Produktion. Hinzu kommt ein erheblich höheres Kostenrisiko, das sich aber im Erfolgsfall auch in höheren Einkünften bezahlt machen kann.

4 Die Plattenfirma

4.1 Aufgaben von Plattenfirmen früher und heute

Plattenfirmen haben viele Gesichter. Die Bandbreite reicht von Ein-Mann-Büros im Hinterzimmer über mittelständische, unabhängige Labels bis hin zu wenigen verbliebenen riesigen Multinationals (SONY Music, Universal Music Group, Warner Music) mit vielen verschiedenen Abteilungen und entsprechend spezialisiertem Personal.

Der Begriff „Plattenfirma" beschreibt schon längst nicht mehr, was diese Unternehmen genau machen. Am Anfang war die Schallplatte.

So hießen die Firmen, die für deren Herstellung und Vertrieb verantwortlich waren, auch Schallplattenfirmen.

Spätestens mit Einführung der CD war diese Bezeichnung also eigentlich veraltet. Aus heutiger Sicht ist dementsprechend selbst der Begriff Tonträgerfirma auch nur mehr die halbe Wahrheit bzw. nur ein hilfloser Versuch, dem Kind einen Namen zu geben. Die Träger, auf denen Musik und bewegte Bilder verbreitet werden, sind längst nicht mehr nur die Schallplatten, CDs oder DVDs, sondern zunehmend virtuell, namentlich Dateien, die in allen möglichen Formaten wie MP3, AAC, FLAC, WAV usw. als Download zur Verfügung gestellt werden. Auch der häufig verwendete Begriff „Label" bezeichnet eigentlich nur einen Aufgabenbereich der „klassischen" Plattenfirma bzw. eine von oft mehreren Marken, unter denen die Firma Musikaufnahmen verbreitet. Auch bezeichnen sich vor allem die großen Unternehmen der Branche in jüngster Zeit immer häufiger als „Entertainment-Konzerne".

Da sich die Bezeichnung Plattenfirma aber durchgesetzt hat und hartnäckig hält, wollen auch wir diesen Terminus beibehalten. Die Aufgaben der Plattenfirma sind zahlreich. Sie beschäftigt sich mit der Entdeckung, der Entwicklung, der Produktion, der Vermarktung, der Promotion und dem Vertrieb von Musik und der dahinter stehenden Künstler. Der Reihe nach:

4.2 Die A&R-Abteilung

Die Artist & Repertoire-Abteilungen (A&R-Departments) und die in ihnen beschäftigten A&R-Manager kümmern sich um die Entdeckung neuer Talente, nehmen sie unter Vertrag und begleiten ihren Aufbau – im besten Fall von den ersten Demos über die Auswahl der Titel für einen Tonträger bis hin zum fertigen Produkt. Sie besuchen nicht nur fleißig Konzerte und hören sich die (unzähligen) Demos noch unbekannter Künstler an, sondern sichten auch die Masterband-Angebote freier Produzenten.

Das Berufsbild des A&R-Managers hat sich in den letzten Jahren erheblich gewandelt. Neben den kreativen Dingen sind die technischen und vor allem wirtschaftlichen Aspekte der Produktion zunehmend in den Fokus gerückt. Die Budgetierung von Produktions-, Marketing- und Promotionkosten sowie das regelmäßige Reporting hinsichtlich der Verkaufserwartung der Produkte der vom jeweiligen A&R betreuten Künstler (Previews) gehört zum täglichen Geschäft.

Die Verantwortung für das Repertoire fällt ebenfalls in den Aufgabenbereich des A&R-Managers. Er wird nur Künstler unter Vertrag nehmen, die auch ins „Label-Konzept" passen. Er muss daher prüfen, ob es ähnliche Acts bereits im Labelkatalog gibt, ob Musik und Image des Künstlers in die Markttrends passen.

Die meisten veröffentlichten Tonträger spielen nicht einmal die Investitionskosten ein. Nur einige wenige erfolgreiche Veröffentlichungen müssen alle anderen finanzieren. Die Produktion neuer Künstler birgt ein hohes Risiko.

Viele A&R-Manager gehen daher lieber auf Nummer Sicher. Ein A&R-Manager ist nur so gut wie der letzte Hit, den er auf den Markt gebracht hat. Ein Künstler oder sein Manager sollten sich vor Einsendung des Demos über das Repertoire eines Labels, seine Zielgruppe und Vertriebsstruktur und, wenn möglich, über den verantwortlichen A&R-Manager gründlich informieren. Je realistischer das Bild ist, das der Künstler von sich selbst hat, desto sicherer kann er später im Gespräch mit dem A&R-Manager argumentieren und desto konstruktiver kann Kritik geübt werden: Was hat der Künstler eigentlich anzubieten? Wie individuell sind seine Performance und sein Material in Wirklichkeit? Gibt es Anzeichen dafür, dass die Songs außer dem Künstler, seinem Freundeskreis und seiner Familie auch noch anderen gefallen? Kann er diszipliniert arbeiten? Ist er flexibel oder starrköpfig? Hat er ein konkretes Konzept, das sich vermarkten lässt? Ist er offen für Vorschläge?

Kreative Zusammenarbeit zwischen A&R-Manager, Künstler und Manager setzt Vertrauen voraus. Dieses leidet bisweilen, wenn der A&R-Manager die groben Eckdaten des Vertrags mit dem Künstler aushandelt, denn nun vertritt er als Geschäftsmann die Interessen der Firma, obwohl ein oder zwei andere Leute aus der Rechts-, Marketing- und A&R-Abteilung an den Verhandlungen teilnehmen und diesen Part übernehmen könnten.

A&R-Manager benötigen für derartige Gespräche ausgeprägte diplomatische Fähigkeiten.

Manchmal betreuen A&R-Leute auch die technische Abwicklung einer Produktion. Im Gegensatz zu früher sind aber immer weniger A&R-Manager erfahrene oder gar erfolgreiche (Co-)Produzenten. Die meisten A&R-Leute hören, ob ein Song ein Hit wird, achten aber nicht unbedingt auf Frequenzen oder die Feinheiten eines Arrangements – obwohl sie auch oft darüber reden. Viele A&R-Manager laufen ständig Gefahr, abzustumpfen: Sie hören auf, den Finger am Puls des Musikgeschehens zu halten. Sie fixieren sich auf „ihre" Musik, genau wie das Publikum, besuchen keine Konzerte Unbekannter mehr und gehen kaum noch in innovative Clubs. Hat sich jemand erst so weit von der Szene entfernt, ist es sicher Zeit für einen Karrierewechsel. In den A&R-Abteilungen, vor allem bei den Major Companies, herrscht daher traditionell eine hohe Fluktuation. A&R Manager sitzen ständig auf dem Schleudersitz: Meist haben sie, gerade als junge Einsteiger, nur einen oder zwei Versuche, einen Act zu etablieren oder zumindest dafür zu sorgen, dass die Company nicht draufzahlen muss. Schlägt das fehl, bedeutet dies häufig auch den Rausschmiss. John Nivens Roman „Kill your friends" stellt die bunte Welt der A&Rs sehr schillernd und allenfalls „ein wenig" zu drastisch dar.

4.3 Die Marketing-Abteilung

Im letzten Kapitel haben wir uns auf die Arbeit der A&R-Abteilung konzentriert. Was aber passiert, wenn das Album steht und nun die Käufer begeistern muss? Neben der Entdeckung und Entwicklung des Produkts ist es nämlich die Hauptaufgabe einer Plattenfirma, die Musik auch gut zu vermarkten und damit erfolgreich zu verkaufen.

In Zeiten rückläufiger Verkaufszahlen haben es Künstler, die noch darum kämpfen, sich zu etablieren, doppelt schwer. Die großen Tonträgerfirmen haben seit der Jahrtausendwende verstärkt Verträge mit Künstlern beendet, die nicht hinreichend erfolgreich waren. Das Tonträger kaufende Publikum scheint immer öfter nur nach den Superstars bzw. Casting-Stars und den Hit-Kompilationen zu greifen. Auf der anderen Seite trägt auch eine häufig nur schwer für das jeweilige Produkt nutzbar zu machende Medienlandschaft zu den Verkaufsschwierigkeiten vieler Acts bei. Abgesehen von Dancefloor und Hard Rock/Heavy Metal, die, abgesehen von einigen Ausnahmen, praktisch keinen Funkeinsatz bekommen, sind Radio, Print, TV und Internet die einzigen Möglichkeiten für Plattenfirmen, neue Musik einem breiten Publikum vorzustellen. Dieser Marketing-Engpass kann verheerend sein, besonders, weil das Publikum heutzutage selten Musik kauft, die es vorher nicht gehört hat. Aufgrund der Programmpolitik vieler Radiosender, die kaum Neuigkeiten spielen, und der dem entgegenstehenden Flut an neuen Produkten wird es immer schwieriger, neue Titel oder Titel von Newcomern in den Hörfunkprogrammen zu platzieren. Ein neuer Künstler muss mit Madonna, Rihanna, Lady Gaga und Co. um die Einsätze direkt konkurrieren.

Der Marketing-Manager und sein Promotionstab entscheiden bei einer geplanten neuen Veröffentlichung wesentlich mit. Wird eine Platte neu auf den Markt gebracht, sorgt der Marketing-Manager dafür, dass alle seine Leute – von den Chefs der verschiedenen Abteilungen bis zu ihren Assistentinnen – die Musik intensiv anhören und sich für sie begeistern. Möglichst früh beginnt diese Mannschaft, ein Marketing-Konzept zu entwickeln. Sie sucht einen „Hook", einen Aufhänger, der der Art der Musik und dem Stil der Performance entspricht und auf dem die ganze Kampagne basieren soll. Diese Gruppe besteht meistens aus dem Marketing-Manager, Managern der Grafik-, Werbe-, Presse- Funk- und Onlineabteilungen sowie Produkt- und Label-Managern (z.B. für das Marketing von ausländischen Labels, die bei der Firma vertrieben werden, wie Motown bei Universal), dem Produzenten und dem Künstlermanager. In dieser Phase kann der Künstler bzw. sein Manager bei der Gestaltung des Konzepts entscheidend mitwirken.

In dieser Planungsphase legt der Product Manager konkrete Aktionen und ein Budget fest. Im Interesse des Künstlers ist es wichtig, dass er oder sein Manager hier sehr eng mit dem Product Manager zusammenarbeiten. Konnte sich der Künstler von Anfang an bestimmte Marketingmaßnahmen vertraglich nicht zusichern lassen, so muss er jetzt unter anderem Gelder für eine Videoproduktion,

Tournee-Unterstützung, Homepage, Werbung, Senderreisen und dergleichen aushandeln. Der Manager des Künstlers sollte keine konzeptionell und wirtschaftlich unrealistischen Forderungen stellen. Besonders neue Künstler sollten mit dem Product Manager so gut wie möglich zusammenarbeiten.

Die Neuveröffentlichungen etablierter Stars werden in der Regel fast automatisch und frühzeitig vom Funk übernommen und von hohen Werbe-Budgets begleitet. Bei unbekannten Gruppen sieht das zumeist anders aus. Anscheinend heißt das Marketing-Konzept in solchen Fällen leider nur zu oft: „Warte ab, was mit minimalem Aufwand passiert." Wenn ein Produkt auf Anhieb oder wenigstens mit wenig Aufwand läuft, wird mehr Geld investiert, wenn nicht, wird es bald abgeschrieben. Bei einer Quote von bis zu 90 Prozent unrentabler Veröffentlichungen müssen Firmen natürlich möglichst kosteneffizient arbeiten. Aber sogar bei Stars kann es schief gehen. Amerikanische Firmen behaupten, gelegentlich sogar bei vergoldeten Platten Geld zu verlieren, weil das Promotionbudget mehr frisst als der Plattenverkauf einbringt.

Andere Mitarbeiter der Plattenfirmen planen die Gestaltung von Verkaufsförderungen für die Verkaufsstellen – auf Englisch: POS (Point of Sale) – Advertising. Solche Kaufanreize sind Plakate, Transparente, Aufsteller, spezielle Display-Regale, Fensterdekorationen usw. Ist das Budget groß genug, werden auch Promotiongeschenke (Caps, T-Shirts usw.) vorbereitet. Jede dieser POS-Aktionen sollte mit dem Marketing-Konzept in Einklang stehen. Vor der offiziellen Veröffentlichung schicken die Funk- und Presseabteilungen Vorab-Promo-Pressungen und die TV-Abteilungen die Electronic press kits (EPKs), inzwischen fast nur noch via Internet in digitaler Form, an ihre Medienkontakte. Ist der Tonträger auf dem Markt und/oder die Musik Online veröffentlicht, sind die Promoter gefordert: Plattenfirmen-Angestellte und manchmal freie Promoter. Sie sollen für die neuen Veröffentlichungen einen maximalen Einsatz in Funk, Fernsehen, Print- und Onlinemedien erreichen.

Bei Superstars ist das meist einfach. Bei weniger bekannten Künstlern ist es schon hart, und bei unbekannten Gruppen gleicht es manchmal einer Herkulesarbeit. Wegen begrenzter Sendezeit und regem Andrang von Promotern sämtlicher Firmen – jeder mit einem

Stapel von Neuerscheinungen – können die Sender nur einen Bruchteil aller Neuveröffentlichungen bringen. Nur Promoter, die sich für das neue Produkt begeistern, sind in der Lage, die Redakteure zu überzeugen. Kommen die Promoter zu oft nur mit Hypes, werden sie ihre Glaubwürdigkeit verlieren. Aber Redakteure suchen auch den neuesten Hit, und wenn ein Promoter ihre Aufmerksamkeit auf einen neuen Künstler und seine Veröffentlichung lenkt, die dann tatsächlich ein Hit wird, kann sich auch ein vertrauensvolles Verhältnis entwickeln, das dann dabei helfen kann, dass auch einmal weniger sichere Titel gespielt werden. Auf dieser Vertrauensbasis kommt es dann auch durchaus vor, dass neue Themen gemeinsam aufgebaut werden. Der Marketing-Manager wirft (hoffentlich) ein wachsames Auge auf die ersten Funkeinsätze. Seit September 2013 werden die offiziellen Deutschen Airplaycharts von MusicDNA ermittelt. Dieser oder auch ein anderer Radio Monitoring Service wie Musictrace kann von der Plattenfirma (oder auch dem Künstler selbst) damit beauftragt werden, den oder die relevanten Titel (zumeist die aktuelle Single) im Funk zu überwachen. Auf den Bericht von MusicDNA gestützt sieht er, wo sich ein möglicher regionaler Hit entwickelt oder wo der Kontakt mit Redakteuren intensiviert werden muss.

Natürlich wird man sich auch um Fernsehauftritte für den Künstler bemühen. Hier gibt es aber noch knappere Sendezeiten und unflexiblere Konzepte und deshalb wesentlich weniger zielgerichtete Möglichkeiten, einen vernünftigen Einsatz zu erreichen. Die Presseabteilung versorgt die Druckmedien mit Hintergrundmaterial wie Interviews, Fotos, Klatschgeschichten, Tonträgern und Gutscheinen für kostenlose Downloads für die Musikkritiker.

4.4 Die Promotion-Abteilung

In der Promotion-Abteilung sind die Kompetenzen der Mitarbeiter der wesentlichen Promotionbereiche TV, Funk, Print und Online (siehe auch Kapitel 13, Promotion) gebündelt. Die Promotion-Abteilung versucht, die Pläne der Marketingabteilung und des A&Rs nun bei den Medien umzusetzen. Einige der Instrumente, die den Promotion- Abteilungen zur Verfügung stehen, sind:

- Senderreisen, bei denen der Künstler durch das ganze Land reist, um mit Redakteuren (Funk, Fernsehen, Presse, Online), freien Journalisten, DJs und Moderatoren über sich und seine aktuelle Produktion bzw. anstehende Veröffentlichung zu sprechen.
- Medienreisen/Showcases, bei der Redakteure zu einem Live-Konzert einer Gruppe eingeladen werden
- Veranstaltungen von Sonderpräsentationen, in denen ein neuer Tonträger vor der Auslieferung an den Handel vorgestellt wird. Sie reichen von einfachen Empfängen mit Catering, bei denen die Songs und möglicherweise das Video vorgespielt werden, bis hin zur üppigen Multimedia-Show.

Ob die Plattenfirma Videoproduktionskosten bezahlt bzw. vorschießt oder ob die Verantwortlichkeit dafür an den Künstler oder seine Produktionsfirma fällt, hängt meist vom Vertrag ab, den man mit der Plattenfirma abschließt. Hat man einen Künstlervertrag abgeschlossen, wird sie eher bereit sein, ein Video zu finanzieren, als wenn sie mit einer Produktionsfirma einen Bandübernahmevertrag hat, für den sie möglicherweise schon einen erheblichen Vorschuss bezahlen musste. Gute Videoproduktionen sind in der Regel teuer, ihre Einsatzmöglichkeiten im TV heutzutage gering und das Zielpublikum (Videozuschauer) ist relativ klein und demographisch begrenzt. Also wird der Marketing-Manager sich überlegen, ob es nicht sinnvoll ist, das verfügbare Geld anderweitig zu investieren.

Eine denkbare Investitionsmöglichkeit ist die finanzielle Unterstützung einer Live-Tournee eines Newcomers. Neben den normalen Werbemöglichkeiten bieten sich Plattenfirmen noch andere Wege, Tourneeunterstützung zu leisten. Sie bezahlen die oft beträchtliche Summe, die der Headliner einer Tournee dafür verlangt, dass eine andere Band als Vorgruppe auftreten darf (sogenannter „buy on"). Alternativ kann die Plattenfirma auch die Gesamtkosten einer eigenständigen Tournee des Neulings decken, indem sie für alle Verluste bürgt (die Kosten, die nicht durch Kartenverkauf, Sponsorships usw. gedeckt werden). Diese Art Ausfallbürgschaft kann für eine Gruppe

– sei es ein etablierter Act mit hohen Einnahmen, aber auch entsprechend hohen Kosten, oder ein Newcomer mit bescheidenen Einnahmen und geringem Kostenapparat – entscheidend sein. Vor allem neue Gruppen können sich sonst einen Live-Auftritt oft nicht leisten.

Die Charts, jede Woche von Media Control ermittelt, sind eines der wichtigsten Messinstrumente eines Marketingleiters. Nichts ist erfolgreicher als der Erfolg: Der Song in den Single-Charts, oder besser das Album in den Album-Charts, wird sowohl von den Händlern verstärkt geordert als auch im Rundfunk und in den Clubs öfter gespielt. Es entsteht ein Schneeball-Effekt, der sich auf die Marktpräsenz des Künstlers auswirkt, da sich potentielle Käufer an den Charts orientierten und der Künstler auch für die Presse interessanter wird. Die offiziellen deutschen Musikcharts werden seit 1977 im Auftrag der deutschen Musikindustrie von der Firma Media Control erhoben und veröffentlicht. Seit 2004 werden in den Top-100-Media-Control-Charts Downloads berücksichtigt, seit 2007 auch Digital-Only-Releases, also reine Online-Veröffentlichungen. Eine bedeutende Rolle für die Verkäufe spielen mittlerweile auch die in die Shopsysteme wie z.B. den iTunes Store integrierten Download-Charts.

4.5 Der Vertrieb – physisch und digital

Jeder, der genügend Geld hat, kann Songs aufnehmen und mit den Aufnahmen einen Tonträger herstellen lassen. Die wahre Kunst besteht aber wie eh und je darin, das Produkt zu verkaufen. Ob auf Konzerten, über Mailorder, als Download oder Stream im Internet, im Tonträgereigenvertrieb oder über den Handel – „das Ding muss raus!"

Welche Möglichkeiten gibt es also, die investierten Beträge wieder einzuspielen und natürlich auch die Popularität und den Bekanntheitsgrad des Künstlers zu maximieren? Der mühseligste Weg für eine noch unbekannte Gruppe oder einen Künstler ist sicherlich der Eigenvertrieb. Was sich für viele Musiker anfangs noch Erfolg versprechend anhört, erweist sich häufig schon bald als mühsame und unbefriedigende Arbeit. Eigenvertrieb heißt nicht nur, Tonträger auf Konzerten zu verkaufen, sondern auch selbst dafür zu sorgen, dass die relevanten Handelsketten und die wenigen verbliebenen unabhängigen Plattenläden und andere Verkaufsstellen sie ins Regal stellen.

Während der Verkauf auf den Live-Konzerten durchaus für die ein oder andere Band noch ein erträgliches Geschäft sein kann, ist der sonstige Vertrieb meist eine unwirtschaftliche Sisyphusarbeit.

Ist erst einmal die lokale und regionale Nachfrage nach dem Tonträger aufgebaut und befriedigt, hat man also alle lokalen Plattenläden, Szenekneipen und Clubs mit seinem Tonträger (zumeist auf Kommissionsbasis) in harter Arbeit bestückt, erfährt man sehr schnell, das es geradezu unmöglich ist, seine CDs, allein auf sich gestellt, landesweit in den Handel zu bekommen.

Während man seine Preise bei Konzertverkäufen in der Regel nach eigenen Vorstellungen bestimmen kann, hat man diese Freiheit beim Vertrieb an andere Verkaufsstellen natürlich nicht. Hier will auch der Händler mitverdienen und ein Händlerabgabepreis muss ermittelt werden.

Was für Alternativen gibt es dann für die Band bzw. ihr Eigenlabel? Überlegt man sich das, wird schnell klar: Ein professioneller Vertrieb muss her. Bevor wir jedoch ins Detail gehen, nehmen wir die gewöhnlichen Aktivitäten eines Vertriebs unter die Lupe. Ob ein Vertriebszweig eines Majors oder Independent-Vertriebe wie Groove Attack/Rough Trade, Indigo oder Edel, das Gerüst des Vertriebs wird immer aus A&R-/Label- und Product Managern und Außendienstverkäufern bestehen.

Während sich die A&R-/Label- und Product Manager um den Inhalt des Kataloges kümmern und etwa Entscheidungen darüber treffen, welche Titel ins Programm genommen oder welche aus den Katalogen gestrichen werden, sind die Verkäufer „an der Front", bei den Händlern. Ausgerüstet mit Marketing-Informationen und Promotionergebnissen ist es ihr schwieriger Auftrag, die eher zurückhaltenden Händler zu überzeugen, einige Exemplare der Veröffentlichung zu nehmen – oft mit besonderen Rückgaberechten und anderen Vergünstigungen. Seit der traditionelle Plattenladen beinahe vollständig verschwunden ist, finden diese Verhandlungen mit den flächendeckend operierenden Elektrofachmärkten, Drogerien, Lebensmittelketten usw. statt.

Dem Außendienstverkäufer wird ein Gebiet zugeteilt, in dem er regelmäßig die Kunden (Händler) besuchen muss. Die Händler, die „zu klein" sind, um besucht zu werden, weil sie einen bestimmten jährlichen Mindestumsatz mit der Firma nicht erreichen, werden allenfalls noch durch Telefonverkäufer betreut. Der Außendienstler, der oft die Verkaufsvorgaben der Vertriebszentrale erfüllen muss, hat einen der schwierigsten Jobs in diesem überfluteten Markt. Es ist dadurch auch einigermaßen verständlich, dass er sich auf die Tonträger konzentriert, die mehr oder weniger sicheren Umsatz einbringen. Warum sollte er eine halbe Stunde lang versuchen, den Händler zu überzeugen, zwei Exemplare der CD eines unbekannten Künstlers zu ordern, wenn er in zwei Minuten 100 CDs eines etablierten Stars an den Kunden bringen kann? Dazu muss man allerdings sagen, dass der Vertreter eines kleineren Vertriebs sich mehr mit dem jeweiligen Produkt identifizieren wird als sein Kollege bei einem großen Vertrieb mit Weltstars im riesigen Katalog.

Für eine Gruppe oder einen Künstler ohne Plattenlabel im Hintergrund besteht kaum eine Chance, einen professionellen Vertriebspartner zu finden. Kaum einer der mittleren oder großen Vertriebe möchte das Risiko eingehen, mit dem eigentlichen Künstler der Aufnahmen direkt zu arbeiten. Es gibt natürlich immer Ausnahmen, aber wenn er nicht weiß, ob ein Marketing- und Promotionapparat im Hintergrund arbeitet und vor allem ob ein entsprechendes Budget vorgehalten wird, wird der Vertrieb sich fragen, wie potentielle Käufer von dem Tonträger erfahren sollen. Der Künstler muss bedenken: Es liegt grundsätzlich nicht in der Verantwortlichkeit des Vertriebs, Marketing, Promotion und Publikumswerbung für die Labels zu machen – geschweige denn, dem Künstler oder Label hierfür ein Budget zur Verfügung zu stellen.

Als Label kann man allenfalls auf der Händlerebene Hilfe vom Vertrieb erwarten. In einigen Fällen (vor allem, wenn es sich eher um die Vermarktung eines Labelkatalogs und nicht um Einzeltitel handelt) wird der Vertrieb z.B. in der Lage sein, eine Deko- oder Sonderverkaufsaktion zu arrangieren. Allerdings wird man meistens erwarten, dass das Label die Kosten dafür trägt. Also muss man den Vertrieb eher als ein „Verkaufs-Organ" betrachten und nicht als Marketinginstrument.

Sollte eine Veröffentlichung doch größeren Erfolg erzielen, sind die meisten Vertriebe aber bereit, durch unterstützende Verkaufskampagnen die Möglichkeiten des Produkts auszuschöpfen. Von diesem Moment an werden die Kosten nicht mehr unbedingt auf das Label abgewälzt – was bis dahin der Fall ist. Ausnahmen von diesem Standpunkt der Vertriebe bilden auch die Vertriebsfirmen, die bereit sind, ihre angeschlossenen Labels durch die Kreditierung von Presskosten sowie durch Vermittlung von günstigeren Anzeigenpreisen mittelfristig zu entlasten und so den oft vorhandenen Geldmangel des Labels zu überbrücken. Diese Kreditierung ist selbstverständlich verrechenbar und rückzahlbar. Der Vertrieb geht dabei ein größeres Risiko ein und wird sich natürlich genau überlegen, wen er in dieser Form unterstützen will.

Grundsätzlich ist es möglich, mit einem Vertrieb entweder einen „reinen" Vertriebsvertrag (distribution deal) oder aber einen Herstellungs- und Vertriebsvertrag (press & distribution deal) abzuschließen, in dem der Vertrieb neben dem Vertrieb der Produkte auch für deren Herstellung verantwortlich zeichnet. Steigt man als Künstler bei einem auch selbst Tonträger herstellenden Vertrieb ein (zumeist über dritte angeschlossene Presswerke), kann man in den Genuss der Konditionen des GEMA-Herstellervertrags des Vertriebs kommen. Für viele Labels ist es verlockend, über diesen Herstellungsvertrag zu fertigen bzw. zu pressen, da sie so die sogenannten GEMA-Freieinheiten für Promotionzwecke haben und nur für die effektiv verkauften Tonträger GEMA-Gebühren zahlen müssen. Im Allgemeinen kann ein Label für Inlandsverkäufe mit einem Großhandelspreis zwischen 6,- und 8,- € für eine neue Hochpreis-Kategorie-CD-Veröffentlichung rechnen. Erscheint dem Vertrieb das Risiko zu groß, wird er die Ware wahrscheinlich aber auch nur auf Kommissionsbasis in sein Lager und seinen Katalog aufnehmen. Bei Festabnahmen (ohne Rückgaberecht) muss man jedoch mit noch niedrigeren Erlösen rechnen.

Für Auslandsverkäufe (Export) reduzieren sich diese Erlöse meist um etwa 20 bis 35 Prozent. Die Höhe ist von Land zu Land unterschiedlich und berücksichtigt die Aufschlagsmarge des ausländischen Partnervertriebs und selbstverständlich auch den durchschnittlichen Verkaufspreis im jeweiligen Exportland. So liegt der Erlös beim Export in die USA, wo sich die Detailpreise deutlich unter dem hiesigen Durchschnitt befinden, zwangsläufig wesentlich niedriger als bei einem Export-Verkauf in ein skandinavisches Land. Wenn der Vertrieb x-beliebige Exemplare eines Tonträgers kauft, hat man als Künstler im Prinzip sofort sein Geld. Nimmt der Vertrieb die Ware auf Kommissionsbasis, sollte man mindestens eine monatliche Abrechnung verlangen. Ist ein Label in den Vorzug der Kreditierung und anderer Vergünstigungen gekommen, so wird meist auch monatlich eine Abrechnung von Vertriebsseite erstellt, aus der der Kontostand des Labels ersichtlich ist. Sollte ein Überschuss zugunsten des Labels vorhanden sein, wird dieser oft innerhalb von 90 Tagen nach Abrechnungsfälligkeit ausgezahlt – also fast genau wie bei der Abrechnung und Auszahlung einer Plattenfirma.

Neue Perspektiven für Künstler und kleine Labels ergeben sich durch den digitalen Vertrieb im Internet. Mittlerweile gibt es hunderte von Internet-Stores, über die Musik vertrieben wird. Die Stores funktionieren nach unterschiedlichen Prinzipien: Es können einzelne Tracks oder Alben gekauft werden (z.B. im iTunes Music Store, bei 7digital oder bei Musicload) oder aber auch ganze Kataloge im Wege des Abonnements gesammelt werden, die der Nutzer zur Verfügung hat, solange er Abonnent bleibt (z.B. simfy und Napster). Für Künstler und Labels ist es, anders noch als vor wenigen Jahren, mittlerweile leicht, ihr Repertoire im Internet anzubieten. Spezialisierte Dienstleister wie tunecore in den USA oder fuego.de in Deutschland bieten Künstlern die Möglichkeit, sich gegen die Zahlung einer Servicegebühr auf den gängigen Verkaufsplattformen zu präsentieren. Sie erwerben keine Rechte an den Titeln, sondern stellen die Titel in die Online-Shops, betreiben das Inkasso und leiten die Einnahmen an die Rechteinhaber weiter. Für größere Kataloge von Rechten hat es sich hingegen etabliert, dass, ähnlich wie im physischen Tonträgerbereich, ein Vertrieb sich exklusiv um die digitale Vermarktung des Repertoires bekannter Künstler oder ganzer Labelkataloge kümmert und parallel auch Bereiche der Verkaufsförderung abdeckt (z.B. Kontor New Media, Zebralution). Daneben besteht auch die Möglichkeit, über eine eigene Website des Künstlers Musik selbst zu vertreiben. Wichtig ist es allerdings, hierfür auch geeignete Zahlungssysteme zu finden. Vor allem aber gilt, genau wie im physischen Bereich: Es nützt wenig, dass der Tonträger nur im Laden steht – das Publikum muss dies auch wissen!

4.6 Der „Plattenvertrag" – ein Beispiel

Verträge sind die Basis aller Geschäfte und müssen genau und kritisch gelesen werden. Basierend auf Verhandlungen für einen Künstlerexklusivvertrag mit einer Major Company wird der konkrete Fall eines solchen Vertrags hier näher beleuchtet.

Obwohl die meisten Plattenfirmen heute standardisierte Verträge verwenden, die von Künstler zu Künstler im Wesentlichen nur noch hinsichtlich der wirtschaftlichen Eckdaten angepasst werden, müssen der Künstler oder sein Rechtsanwalt sich heute mehr denn je mit sämtlichen Vertragspunkten auseinandersetzen. Dies liegt daran, dass die Plattenfirmen inzwischen in aller Regel in zunehmendem Maße, statt einfach nur einen Künstlervertrag über die Verwertung der Tonaufnahmen vorzulegen, dem Künstler gleich ein ganzes Vertragspaket präsentieren. Diese sogenannten „360°-Verträge" sind auf dem Vormarsch und sollen den Plattenfirmen, die heutzutage lieber „Entertainment-Unternehmen" genannt werden möchten, neben den exklusiven Rechten an den Ton- und Bildaufnahmen auch entsprechende Rechte in den Bereichen Merchandising, Werbung, Live, Verlag und zum Teil auch Managementbefugnisse zusichern. Die Bedingungen der Verträge können also nicht mehr für sich betrachtet werden, sondern sind im Rahmen dieses Gesamtpakets zu bewerten.

Doch schauen wir uns zunächst das folgende Beispiel an: Eine Major Company hört eine technisch sehr schlechte Live-Aufnahme von einigen ziemlich rumpeligen Instrumentalversionen der Songs eines Künstlers. Der A&R reagiert höflich, zeigt mildes Interesse und empfiehlt dem Künstler freundlich, an sich und dem Material weiter zu arbeiten und der Company später neues Material zuzusenden. Einige Monate später ist der Künstler tatsächlich in der Lage, ein neues Studio-Demo mit ganz neuen, pop-orientierten Fassungen seiner Songs aufzunehmen und die A&R-Leute des Majors zu motivieren, eines seiner Konzerte zu besuchen. Die A&Rs sind beeindruckt und nehmen das Demo mit, um es einigen Produzenten vorzuspielen. Eine Woche später ruft der A&R der Firma an und bietet an, dass man sich eine Zusammenarbeit vorstellen könne, wenn der Künstler mit dem von der Company ausgewählten Produzenten einverstanden sei. Ein Termin für das erste Vertragsgespräch wird vereinbart.

Weil die Investition der Company, um eine Platte aufzunehmen, herzustellen und zu promoten, relativ groß ist, wird eine Plattenfirma in den allermeisten Fällen einen Vertrag von längerer Dauer anbieten. In unserem Fall geht es um einen Einjahresvertrag mit drei Vertragsverlängerungsoptionen – eine lange, aber branchenübliche Dauer für einen unbekannten Künstler. Der Künstler verpflichtet sich, in dieser Zeit ausschließlich für die Plattenfirma Aufnahmen zu machen. Die Firma bestimmt bei Künstlerverträgen in aller Regel auch, wo, wann und wie dies geschehen soll. Außerdem räumt der Künstler der Firma das Recht ein, diese Aufnahmen in allen denkbaren physischen (Tonträger) und non-physischen (z.B. MP3-Dateien oder Klingeltöne) Formaten und Konfigurationen herzustellen und zu verbreiten.

Die Firma ist aber in diesen Verträgen oftmals nicht verpflichtet, die Aufnahmen auch tatsächlich als Tonträger zu veröffentlichen, das heißt auf den Markt zu bringen und zu verbreiten oder aber dies allenfalls als weniger kostenintensive digitale Veröffentlichung zu tun. Da es häufig zunächst um eine Single-Veröffentlichung geht, verpflichtet sich der Major zumeist auch nur zur Produktion einer solchen Single und einem, vielleicht zwei Remixen. Es ist aber natürlich gut möglich, dass der Major im ersten Jahr mehr als die Single-Aufnahmen macht. Sollte die Arbeit flott gehen oder die Single erfolgreich sein, beginnt meistens gleich die Arbeit an einem ersten Album.

a) Exklusivität

Dem Begriff „Exklusivität" begegnet man in vielen Arten von Verträgen – von Künstler- und Bandübernahmeverträgen mit Plattenfirmen über Autorenverträge mit Musikverlagen oder Managementverträge bis hin zu Merchandising- und Gastspielverträgen mit Agenten oder Tourneeveranstaltern. Zwar sind die Bedingungen dieser Exklusivität von Vertragstyp zu Vertragstyp anders formuliert, aber dahinter steckt immer der gleiche Gedanke: Sollte der Künstler erfolgreich sein, will der Vertragspartner natürlich sicher stellen, dass er seinen Anteil an diesem Erfolg und die daraus entstehenden geschäftlichen Vorteile möglichst lang und allein – eben exklusiv – behält.

In Verträgen mit Plattenfirmen und Produzenten, das heißt in Künstler- und Bandübernahmeverträgen, begegnet man grundsätzlich zwei Arten von Exklusivität: der persönlichen und der Titel-Exklusivität. Die Titel-Exklusivität, wie der Name schon andeutet, lässt sich die Plattenfirma einräumen, um gewährleisten zu können, dass der Künstler innerhalb eines bestimmten Zeitraums die gleichen Songs nicht auch für einen anderen Produzenten oder eine andere Plattenfirma aufnimmt. Die Firmen wollen also Konkurrenz mit den von ihnen vertriebenen Titeln vermeiden. In vielen Vertragsangeboten wird diese Periode auf zehn Jahre, entweder beginnend mit Veröffentlichung der entsprechenden Tonträger oder mit Beendigung des Vertrages oder einer Verlängerung davon, beschränkt. In der Regel sind diese zehn Jahre aber auch noch verhandelbar. Erfolge sind das Kapital für die Zukunft, und es ist durchaus im Interesse des Künstlers, dafür zu sorgen, dass er möglichst bald neue Aufnahmen von erfolgreichen früheren Songs machen darf.

Die persönliche Exklusivität ist allumfassend, das heißt, dass der Künstler während der Vertragslaufzeit ausschließlich dem Vertragspartner für Aufnahmen zur Verfügung steht und für niemanden anders aufnehmen darf. Ist die Arbeitsbeziehung zwischen dem Künstler und seiner Plattenfirma gut, entstehen selten Probleme wegen der persönlichen Exklusivität des Künstlers. Geht die Zusammenarbeit aber schief, sei es wegen mangelnden Erfolgs, der Nichterfüllung vereinbarter Leistungen oder Meinungsunterschieden, kann die Exklusivität zusammen mit der Dauer des Vertrages oder den Optionen zu einem wahren „Gefängnis" für den Künstler werden.

Für noch nicht etablierte Künstler, die in jeder Weise Geld verdienen müssen, oder für Musiker, die schon erfolgreich als Studiomusiker arbeiten, kann oft eine Art eingeschränkte persönliche Exklusivität dergestalt ausgehandelt werden, dass sie sich vertraglich vorbehalten, zum Geldverdienen z.B. für die Studioarbeit für Dritte freigestellt zu werden mit einem Credit für die Produktions- oder Plattenfirmen (Künstler „appears by courtesy of" Firma).

Schwieriger bis unmöglich gestaltet es sich, „freigestellt" zu werden, wenn man in mehreren Gruppen spielt (Projektexklusivität). Es ist verständlich, dass die Firma es nicht möchte, dass ein Musiker in zwei oder mehr (womöglich sogar stilistisch ähnlichen) Gruppen spielt und Tonträger bei verschiedenen Plattenfirmen veröffentlicht. Dann steht der Künstler in direkter Konkurrenz mit seinen eigenen Platten, die bei der anderen Firma erschienen sind. Hier fragt die Firma verständlicherweise genau nach und ist zu Kompromissen nur bereit, wenn sich keine Konkurrenzsituation zu den Vertragsprodukten ergeben kann.

b) Vertragslaufzeit

Oft sind für die Laufzeit eines Vertrags zahlreiche Klauseln im Vertrag vereinbart, die miteinander in Wechselwirkung stehen. Die Plattenfirma will sämtliche Eventualitäten abdecken und je nach Erfolg oder Misserfolg des Künstlers die Laufzeit möglichst selbst bestimmen können. Ein solches Vertragsdickicht kann allerdings so undurchdringlich werden, dass es praktisch im Belieben der Firma steht, wann der Vertrag endet – im Extremfall läuft er unendlich. Das kann z.B. geschehen, wenn die Firma vertraglich berechtigt ist, zusätzlich zu den fest vereinbarten Aufnahmen immer noch weitere Aufnahmen anzuordnen, zugleich aber nicht verpflichtet ist, die Aufnahmen auch zu veröffentlichen, andererseits aber die Laufzeit an die Veröffentlichung geknüpft ist (z.B. „der Vertrag endet frühestens 12 Monate nach Veröffentlichung der letzten vertragsgegenständlichen Aufnahmen").

Zum Glück für den Künstler hat hier das deutsche Recht dieser Praxis einen Riegel vorgeschoben. Lässt sich nämlich aus einem Vertrag die Laufzeit nicht berechnen oder liegt sie allein im Belieben einer Vertragspartei, so wird aus dem Vertrag ein Dauerschuldverhältnis mit unbestimmter Laufzeit. Im Gegensatz zu Verträgen mit bestimmter Laufzeit sind solche Vertragsverhältnisse aber immer kündbar. Eine Klausel, die eine Kündigung ausschließt, ist unwirksam. Gut für den Musiker: Er kann den Vertrag kündigen und neue Bedingungen aushandeln oder in Zukunft mit einem anderen Vertragspartner zusammenarbeiten. Doch auch selbst dann, wenn es sich nicht um ein Dauerschuldverhältnis auf unbestimmte Zeit handeln sollte, lässt sich über das Urheberrechtsgesetz ein Kündigungsrecht herleiten: § 40 Abs. 1 sieht eine Kündigungsmöglichkeit für Verträge über künftige Werke vor. Wenn diese Bestimmung auch eigentlich nur auf urheberrechtliche Verwertungsrechte zielt, wird sie auf Leistungsschutzrechte, die hier betroffen sind, entsprechend angewandt (siehe Kapitel 18.4).

c) Die Beteiligung

Genaues Lesen eines Vertrages und eine gewisse Vertrautheit im Umgang mit einem Taschenrechner sparen unter Umständen nicht nur jede Menge Geld, sondern auch Ärger und Enttäuschung in der Zukunft. Ein Horrorszenario einer Abrechnung stellte Bob Donelly 1999 in der US-Musikzeitschrift Billboard auf. Unter Berücksichtigung einiger amerikanischer Spezialitäten bildet es durchaus die Realität ab, mit der sich junge Künstler beim ersten Vertrag konfrontiert sehen. Als Ausgangsfall dient ein Vertrag zwischen Künstler und Plattenfirma mit folgenden Eckdaten: 50.000 Dollar Vorschuss, 200.000 Dollar Produktionsbudget (von denen 20.000 an den Künstler fließen) und 12 Prozent Beteiligung. Der Musiker erhält am Ende also 70.000 Dollar und, nach Abzug von 3 Prozent für einen externen Produzenten, 9 Prozent Beteiligung.

Wird der gleiche Vertrag nicht zwischen dem Künstler und der Plattenfirma direkt abgeschlossen, sondern (wie absolut üblich), unter Einschaltung einer Produktionsfirma mit 50 Prozent Anteil, so bleiben dem Künstler nur noch 35.000 Dollar und 6 Prozent Beteiligung. Enthält der Vertrag wie oben auch die Klausel, dass der Anteil des externen Produzenten allein von der Beteiligung des Künstlers abgezogen wird, so reduziert sich diese auf magere 3 Prozent. Fügen wir nun noch hinzu, dass alle Kosten inklusive der Produktionskosten allein mit dem Künstleranteil verrechenbar sind, so müssen diese 3 Prozent erst einmal die gesamten 250.000 Dollar durch Verkäufe decken, bis der Künstler Geld aus seiner Beteiligung sieht.

Um diese Bedingungen zu verbessern, schaltet unser Musiker einen Anwalt ein. Um nicht die in den USA üblichen horrenden Anwalthonorare bezahlen zu müssen (was er sich nicht leisten kann), vereinbart er eine Beteiligung des Anwalts mit 10 Prozent an allen Zahlungen aus dem Vertrag. Der Anwalt verhandelt hart mit der Produktionsfirma und erreicht eine hälftige Beteiligung an dem Anteil des externen Produzenten, also 1,5 Prozent. Somit verbleiben dem Künstler von seinen ursprünglichen 6 Prozent noch 4,5 Prozent, abzüglich des Anwaltsanteils von 1,2 Prozent (10 der ursprünglichen 12 Prozent), bleiben 3,3 Prozent. Leider reduziert sich sein Vorschuss von 35.000 Dollar auch um den Anwaltsanteil (10 Prozent von 250.000), und so schaut er traurig auf 10.000 Dollar, die ihm bleiben.

Nun hat natürlich die Produktionsfirma Kosten vor Vertragsschluss mit der Plattenfirma, nehmen wir an, 10.000 Dollar. Eine Klausel im Vertrag weist diese Kosten dem Künstler zu. Nun steht der Künstler mit seinen 3,3 Prozent und null Vorschuss da.

Soweit Donellys Rechnung. Kombiniert man nun die Abrechnungsmodalitäten aus dem Künstlervertrag, wie vorher in diesem Kapitel beschrieben, mit dieser Rechnung, so könnte dies für einen Titel auf einer in Deutschland erscheinenden Doppel-CD-Compilation mit insgesamt 40 Titeln in Zahlen heißen:

Händlerabgabepreis	= 15,00 €
./. 19 Prozent MwSt.	= 12,61 €
davon 1/20	= 0,32 €
./. 25 Prozent technischer Abzug	= 0,24 €
./. 10 Prozent Retourenpauschale	= 0,24 €
Hiervon erhält der Künstler 3,3 Prozent	= 0,0078 €

Er erhält also etwa 0,7 Cent. Die CD wird einer der Topseller des Jahres, erreicht vierfach Platin (800.000 Stück). Der Künstler erhält 6.240,- €, die mit dem Vorschuss verrechnet werden.

Die folgenden Punkte werden die Klauseln in verschiedenen Verträgen, die direkt und indirekt mit Geld zu tun haben, unter die Lupe nehmen.

Die Beteiligungsbasis: Im Allgemeinen gibt es vier branchenübliche Kalkulationsgrundlagen für Künstlertantiemen für verkaufte Tonträger:

Der Händlerabgabepreis, der oft HAP oder PPD (price published to dealers) genannt wird, ist der Preis, den der Händler pro Einheit an die Plattenfirma oder an den Vertrieb bezahlt. Diese Preise exklusive Umsatzsteuer unterscheiden sich von Firma zu Firma. Sie liegen bei neuen Veröffentlichungen im High-Price-Segment etwa zwischen 10,- und 14,- €. Der Händlerabgabepreis ist der Detailpreis oder auch Endverbraucherpreis (EVP) exklusive MwSt., reduziert um den handelsüblichen Mark-Up.

Der bereinigte Nettodetailpreis ist der Endverbraucherpreis (EVP) abzüglich 19 Prozent Umsatzsteuer und möglicher Kostenpauschalen (Benefizgelder, Spendenbeiträge, Taschenabzug, Technikabzug, sonstige andere Steuern). Da es in Deutschland keinen empfohlenen Verkaufspreis für die meisten Veröffentlichungen gibt, kann es schwierig sein, den Nettodetailpreis zu ermitteln. Um die Ermittlung dieser Berechnungsbasis zu vereinfachen, wird oft ein Aufschlag in Höhe des Mark-Up (die Summe, die der Händler auf seinen Einkaufspreis aufschlägt) auf den HAP addiert, um einen „fiktiven Durchschnittsendverbraucherpreis" zu erfassen. Der Durchschnitt dieses Endverbraucheraufschlags für CDs beträgt zur Zeit etwa 30 Prozent. Das heißt, der „Durchschnitts-Plattenhändler" schlägt etwa 30 Prozent auf seinen Einkaufspreis auf. Für eine CD mit dem Nettohändlerabgabepreis von 8,40 € (zuzüglich der Mehrwertsteuer von 1,60 € erhält man einen Bruttopreis von 10,- €) bedeutet dies ein Durchschnitts-Mark-Up von 3,- €. Das wiederum ergibt eine Nettodetail-Lizenzbasis von 13,- €, wovon noch ein sogenannter Taschenabzug subtrahiert wird, bevor die Tantiemen berechnet werden können.

Der Vertriebsabgabepreis st heutzutage eher bei Independent-Labels zu finden, die ihre Produkte nicht selbst vertreiben. Hierbei handelt es sich um den Händlerabgabepreis reduziert um die jeweilige Vertriebspauschale von etwa 20-30 % und um Boni, Skonti und Rabatte.

Die Fixsumme (net receipt): Um ihre Verträge zu vereinfachen und übersichtlicher zu machen, legen manche Indie-Labels eine Fixsumme pro verkaufter Einheit vertraglich fest. Damit weiß jeder, was er zu bekommen oder zu bezahlen hat, ohne sich durch endlose Listen von Abzügen und reduzierten Lizenzen wühlen zu müssen. Da diese

Firmen häufig keinen eigenen Vertrieb haben, sind sie bei Indie-Vertrieben (Groove Attack/Rough Trade, Indigo usw.) oder bei größeren Firmen in Vertrieb, die die Produkte dann an Händler zu normalen Händlerabgabepreisen weiterverkaufen. Von diesen Vertriebsfirmen bekommen sie zwischen 6,14 und 7,67 € pro CD. Für unseren Fall gehen wir davon aus, dass das Label 6,65 € pro CD bekommt und dem Künstler eine Tantieme von 0,77 € pro verkaufter CD anbietet.
Die Beteiligung, die jeder Künstler in einem Künstlervertrag für sich mit einer Tonträger- oder Produktionsfirma aushandeln kann, hat hauptsächlich mit seinem individuellen Marktwert zu tun. Wie gut eine Beteiligung tatsächlich ist, hängt von der Lizenzbasis ab. Der Künstler muss nicht nur fragen: „Wie viel?“, sondern besser „Wie viel wovon?“. Wenn eine Firma basierend auf dem Händlerabgabepreis abrechnet, kann ein „normal sterblicher“ deutscher Künstler im Künstlerexklusivvertrag eine Beteiligung von 8 bis etwa 10 Prozent erwarten. Mit einer Nettodetail-Abrechnungsbasis sollte der Künstler weder unter 7 Prozent akzeptieren – obwohl das oft vorkommt –, noch mehr als 10 Prozent erwarten (es sei denn, er ist bereits erfolgreich am Markt etabliert und sorgt für gute Umsätze).

d) Technische Abzüge

Technische Abzüge, auch Taschen- oder Verpackungsabzüge genannt, sind immer wieder ein Thema. Die Logik hinter diesen Abzügen ist nachvollziehbar: Da ein erheblicher Teil der Kosten eines Tonträgers auf dessen Herstellung und die des Artworks und der Hülle oder auf sonstige Technik entfällt, soll der Künstler hieran nicht partizipieren. Also zieht man einen Teil der Lizenzbasis ab. Das ergibt die Nettolizenzbasis. Von dieser Zahl ausgehend wird die Beteiligung des Künstlers ausgerechnet. In den meisten Verträgen verlangen die Firmen einen höheren Abzug als das, was von den wahren Kosten her gerechtfertigt wäre. Der übliche Abzug beträgt im Bereich der CD ca. 15-25 Prozent.

Jetzt sind wir in der Lage, Tantiemen für den Verkauf einer neu veröffentlichten CD in der „Normalpreis-Kategorie“, also im High-Price-Segment auszurechnen: Gehen wir davon aus, dass wir die von der

Indie-Firma angebotenen 0,77 € pro verkaufter CD als fair betrachten. Welche Beteiligung (mit einem fiktiven Händlerabgabepreis für CDs von 10,- €) muss man bekommen, um mit der gleichen Summe, basierend auf der anderen Lizenzbasis, nach Hause gehen zu können?

Brutto-Händlerabgabepreis:	10,00 € – 1,60 € (19 % Umsatzsteuer)
	= 8,40 €
Lizenzbasis	8,40 € – 1,40 € (20 % Taschenabzug)
	= 7 €.

Um 0,77€ zu bekommen, muss der Musiker also eine Beteiligung von 11 Prozent des bereinigten HAP aushandeln: (7 € x 11 Prozent = 0,77 €).

Anders sieht es aus, wenn der Nettodetailpreis maßgebend ist.

Nettodetailpreis:	8,40 € (Netto-HAP) + 2,52 € (30 % Mark-Up)
	= 10,92 €.
Lizenzbasis	10,92 € – 2,73 € (25 % Taschenabzug)
	= 8,19 €.

Um in diesem Fall auf seine 0,77 € zu kommen, muss der Künstler eine Beteiligung von 9,4 Prozent des Nettodetailpreises erzielen: (8,54 € x 9,4 Prozent = 0,77 €).

Wie wir jetzt sehen können, sichert das Indie-Angebot in Höhe von 0,77 € Fixsumme eine für den Künstler anständige Beteiligung, egal mit welcher Abrechnungsbasis. In den meisten Fällen werden Künstlern aber solche günstigen Bedingungen nicht angeboten.

Die oben berechneten Tantiemen sind der Idealfall dessen, was der Künstler theoretisch verdienen könnte. Doch hat eine Platten- oder Produktionsfirma mehrere Möglichkeiten, um ihre Einnahmen zu erhöhen.

e) Abrechnungsmenge

In fast allen Künstler- und/oder Bandübernahmeverträgen basieren die Abrechnungen auf tatsächlich verkauften Tonträgern. Das heißt, alle beschädigten oder unverkauften Rücksendungen vom Handel sowie sämtliche Promotionexemplare werden von der ausgelieferten Menge abgezogen. Auch Tonträger, die als Naturalrabatt unentgeltlich abgegeben werden, unterliegen meist nicht der Umsatzbeteiligung. Was dann übrig bleibt, die Nettomenge, wird abgerechnet.

Früher war es üblich, zum Ausgleich für Fehlpressungen und beschädigte Tonträger von der abgerechneten Menge pauschal 10 Prozent abzuziehen („abzurechnen sind 90 Prozent der Lagerabgänge" – aus einem Vertrag von 1985). Heute spielen solche Mängel kaum noch eine Rolle und zumindest die großen Plattenfirmen rechnen 100 Prozent aller tatsächlich verkauften Tonträger ab.

Für Verkäufe in den USA werden manche Firmen für sich beanspruchen, auf nur 80 bis 85 Prozent der Verkäufe Lizenzen zu zahlen. Dagegen kann ein Künstler kaum etwas tun. Wegen besonderer Markteigenschaften und einer langen Tradition von „firmengünstigen" Verträgen werden manche amerikanische Firmen Künstler, die diese Bedingungen nicht akzeptieren, einfach nicht für eine Veröffentlichung in Amerika in Betracht ziehen.

Tonträger, die ausverkauft werden, sogenannte „Ausverkaufswaren", sind von der Umsatzbeteiligung ausgeschlossen oder werden jedenfalls zu deutlich schlechteren Konditionen an den Künstler abgerechnet. Hier ist es am besten, gleich im Vertrag festzulegen, was genau Ausverkaufswaren sind – z.B. Tonträger, die für weniger als ein Drittel des normalen Händlerabgabepreises verkauft werden. Natürlich ist es im Interesse des Künstlers, diese Preisgrenze möglichst hoch auszuhandeln – wenn die Plattenfirma hierüber überhaupt mit sich reden lässt.

f) Retourenreserve

Retouren sind Tonträger, die an den Handel ausgeliefert, aber nicht verkauft wurden und deshalb an den Vertrieb zurückgesandt werden.

Da mit Retouren naturgemäß kein Umsatz gemacht wird, soll der Künstler an diesen Tonträgern auch nicht beteiligt werden. Die meisten Plattenfirmen verlangen daher das Recht, „angemessene" Reserven aufzubauen, um potenzielle Retouren zu berücksichtigen. Wenn in einer Abrechnungsperiode 1.000 Tonträger abzurechnen wären, rechnet die Firma beispielsweise nur 850 (also 85 Prozent) ab. Die restlichen 15 Prozent Rückstand (Retourenpauschale) werden dann nach Abzug der tatsächlichen Retouren in der nächstfolgenden Abrechnungsperiode abgerechnet.

Weil sie doch im Laufe der Zeit aufgelöst werden, gibt es nicht viel gegen solche Rückstände (Retourenpauschalen) zu sagen. Andererseits ist das Wort „angemessen" immer problematisch. Während in Deutschland ein Rückstand von 10 bis 20 Prozent durchaus angemessen ist, ist die Firma aufgrund der Formulierung „angemessen" eigentlich frei, auch wesentlich größere Rückstände aufzubauen, und in den USA sind Rückstände von 25 Prozent nicht außergewöhnlich. Man sollte sie daher möglichst genau prozentual beschränken.

g) Reduzierte Lizenzen

Der Künstler bekommt nicht immer seine volle Beteiligung. Die volle Beteiligung erhält er nur auf Produkte im High-Price-Segment. Im Mid-Price-Segment (75-51 Prozent des High Price) und im Low- oder Budgetprice (unter 50 Prozent des High Price) erfolgt üblicherweise eine Reduzierung der Lizenz. Es gibt eine ganze Reihe von Fällen, bei denen die Firma nach den meisten Verträgen berechtigt ist, nur einen Teil der Beteiligung auszuzahlen. Bei Auslandsverkäufen muss der Künstler meist auf 25 bis 50 Prozent seiner Beteiligung verzichten. Er erhält also nur 50 oder 75 Prozent seiner vollen Beteiligung. Basiert die Beteiligung auf dem Nettodetailpreis, wird die Abrechnungsbasis für Auslandsverkäufe in Ländern ohne unverbindliche Preisempfehlungen so errechnet, dass ein Händleraufschlag (Mark-up) zu dem hiesigen Händlerabgabepreis addiert wird. Es ist logisch, dass der Künstler versuchen sollte, diesen Aufschlag möglichst hoch (30 bis 49 Prozent) zu halten. Eine Reduzierung der Lizenz auf 50 Prozent der normalen Beteiligung gibt es auch üblicherweise für:

- Verkäufe von Mid- und Low-Price-Produkten
- Verkäufe als Special-Product
- Verkäufe über Schallplattenclubs
- Verkäufe über Mailorder-Vertriebe
- Verkäufe von Benefizveröffentlichungen
- Verkäufe von anderen Kopplungen
- Verkäufe von funk- und fernsehbeworbenen Tonträgern

In den meisten Fällen bekommt der Künstler weniger, weil die Plattenfirma auch weniger bekommt. Besonders bei funk- und fernsehbeworbenen Produkten ist das aber nicht der Fall. Hier geht es eher darum, einen Teil der erhöhten Werbungskosten an den Künstler weiterzureichen. Obwohl nur die verkaufskräftigsten Künstler sich vielleicht gegen diese Bedingung einigermaßen durchsetzen können, sollte jeder Künstler sich darum bemühen, diese Lizenzreduzierung zu begrenzen. Man sollte versuchen, den Anfang der Reduzierung festzulegen und ihre Dauer zu begrenzen. Zum Beispiel: „Die Reduzierung der Umsatzbeteiligung bei TV- und/oder radiobeworbenen Tonträgern beginnt mit dem Beginn der jeweiligen Kampagne oder, wenn ein Tonträger von Anfang an in Radio und/oder TV beworben wird, mit der Veröffentlichung des betreffenden Tonträgers und sie endet nach Ablauf der vollen halbjährigen Abrechnungsperiode, die auf die Abrechnungsperiode folgt, in der das Ende der jeweiligen Kampagne liegt."

Auch besteht die Möglichkeit, die Reduzierung zeitlich zu beschränken, wenn die Kosten der Kampagne oder ein wesentlicher Teil davon wieder eingespielt wurden. Dies kann etwa so aussehen:

„Die Reduzierung bei regulären Veröffentlichungen gemäß § (...) im Falle einer Rundfunk- und/oder Fernsehpromotion gilt nur für Verkäufe bis zum sogenannten „Break-Even-Punkt". Der „Break Even" gilt als erreicht, wenn 50 Prozent des in die Werbung investierten Betrages mit der Reduzierung für diese Rundfunk- und/oder TV-Bewerbung aus Handelsverkäufen des beworbenen Tonträgers eingespielt sind, längstens jedoch bis zum Ende des

Abrechnungshalbjahres, das nach dem Ende einer solchen Kampagne beginnt."

Im Onlinebereich erhält der Künstler inzwischen üblicherweise die gleichen Beteiligungssätze wie im physischen Bereich, allerdings sehr häufig auf Basis des Netto-Erlöses je Download der Tonträgerfirma.

h) Verrechenbarkeit

Ein weiterer Mechanismus, mit dem die Firmen ihre Investitionen bzw. ihr Risiko besser decken können, ist die Verrechnung von Kosten. Verrechenbar heißt, dass die Firma die Vorschüsse, die sie an Künstler oder Produzenten auszahlt sowie gewisse Kosten und Ausgaben, die sie für den Künstler trägt, von den Tantiemen des Künstlers zurückholt. In diesen Fällen ist es für den Künstler sehr wichtig, vertraglich festzulegen, dass alle Vorschüsse und Darlehen zwar verrechenbar, aber auf keinen Fall rückzahlbar sein sollen. Das heißt, dass zwar – wenn Umsätze erzielt werden – die Firma ihr Geld aus den dem Künstler zustehenden Anteilen des Umsatzes zurückholen darf. Für den Fall jedoch, dass nicht genügend Einkommen für den Künstler generiert wird, um die von der Firma gezahlten Vorschüsse komplett abzudecken, hat der Künstler der Firma gegenüber nicht einzustehen. Er muss die Restsumme nicht zurückzahlen.

In Deutschland kommt es in Künstlerverträgen von Produktionsfirmen oder kleineren Indie-Tonträgerfirmen allerdings vor, dass der Künstler letztendlich auch Teile der Produktionskosten aus seinen Lizenzeinnahmen mittragen soll. In einer solchen Konstellation beginnt der Künstler erst dann Geld zu sehen, nachdem er die von ihm zu tragenden Kosten aus seinem Anteil zurückbezahlt hat. Ob der Künstler die Verrechenbarkeit von Produktionskosten akzeptieren sollte, kann nur von den Betroffenen selbst entschieden werden. Man sollte aber diese Frage gründlich überlegt haben, bevor man den Vertrag unterschreibt und anderen etwas schenkt. Es ist sicherlich ratsam, diese Art von Bedingung nicht zu akzeptieren.

Manchmal ist es aber unmöglich, den künftigen Vertragspartner davon zu überzeugen, die Produktionskosten voll selbst zu tragen. Man möchte aber trotzdem mit ihm zusammenarbeiten. Da bleibt eigentlich nur übrig, andere Vertragsbedingungen z.B. so zu ändern, dass – nachdem die Kosten doch verrechnet werden – die übertragenen Rechte an den Künstler zurückfallen. Für Erfolgsfälle, in denen die Produktionskosten in kurzer Zeit wieder eingespielt werden, kann man der Firma eine Mindest-Rechtsübertragungsdauer von fünf oder zehn Jahren zugestehen.

Mit einer solchen Regelung hätte der Künstler die Chance, neue, bessere Bedingungen auszuhandeln – mit der gleichen Firma oder einer anderen.

5 Der Musikverlag

5.1 Warum Musikverlag?

Braucht ein Urheber, der GEMA-Mitglied ist, überhaupt einen Musikverlag? Die GEMA nimmt, wie wir im 7. Kapitel sehen werden, einen großen Teil der Rechte wahr, die ein Urheber einem Verwerter gegen Bezahlung einräumen kann. Hierzu zählen das Vervielfältigungs- und Verbreitungsrecht (zusammen auch „mechanisches Recht" genannt) das bei der Veröffentlichung einer CD betroffen ist, ebenso wie das Recht der öffentlichen Aufführung und Sendung und das in letzter Zeit immer bedeutsamere Recht der öffentlichen Zugänglichmachung, das z.B. bei Musiknutzungen im Internet betroffen ist. Die an die GEMA für diese Nutzungen gezahlten Gebühren stehen dem Urheber zu, nachdem sich die GEMA zur Deckung ihrer Verwaltungskosten einen Teil abgezogen hat.

Es ist aber nicht Aufgabe der GEMA, sich aktiv um die Verwertung des Repertoires zu kümmern, sondern sie vergibt als Verwertungsgesellschaft auf Anfrage Lizenzen zur Nutzung und wacht zugleich im Rahmen der kollektiven Rechtewahrnehmung darüber, ob alle hierzu verpflichteten Verwerter auch die hierfür anfallenden Lizenzgebühren bezahlen. Ein Musikverlag steht hier zwischen der GEMA, den Urhebern und den Verwertern. Im Unterschied zur GEMA ist es seine Aufgabe, die Verwertung des Repertoires aktiv zu fördern, indem er z.B. einen bei ihm verlegten Song als Erkennungsmelodie für ein neues Auto-Modell anbietet, der dann in den Werbespots im Kino und Fernsehen zu hören ist. Außerdem nimmt der Verlag für den Urheber Rechte wahr, in denen das Urheberpersönlichkeitsrecht betroffen ist. Hierzu zählt z.B. das Bearbeitungsrecht. Es eignet sich nicht zur kollektiven Wahrnehmung durch die GEMA, weil es hier um Werkveränderungen geht, die den Urheber mehr betreffen, als wenn das Werk genau so wiedergegeben wird, wie er es komponiert hat.

Damit so etwas nicht passiert, kann ein Musikverlag darüber

wachen, dass das Werk nur in einer Weise verändert wird, die mit den Interessen des Urhebers vereinbar ist. Eine wichtige Erscheinungsform der Bearbeitung von Musikwerken waren zu Beginn des letzten Jahrzehnts die Handy-Klingeltöne.

Für seine Tätigkeit bekommt der Verlag Geld. Hier sind verschiedene „streams of income" zu unterscheiden, die wiederum mit der Art der Rechtewahrnehmung zusammenhängen: Hinsichtlich der von der GEMA wahrgenommenen Rechte erhält er einen Anteil am Lizenzaufkommen, der im sogenannten GEMA-Verteilungsplan festgelegt ist und sich nach den unterschiedlichen Rechtekategorien (mechanisches Recht, Aufführungsrecht, Senderecht, öffentliche Zugänglichmachung) unterscheidet. So bekommt der Verlag z.B. für die „mechanischen Rechte" 40 Prozent und für das Aufführungsrecht 4/12 der nach Abzug der GEMA-Kosten verbleibenden Tantiemen. Hinsichtlich der Rechte, die nicht kollektiv wahrgenommen werden, wie z.B. die Vergabe von Synch Rights für Kino- und Fernsehfilme, die Nutzung in der Rundfunk- und Fernsehwerbung oder auch die Einbindung in eine kommerzielle Internet-Seite, treffen Verlag und Urheber eine Vereinbarung über die Aufteilung der Einkünfte im Musikverlagsvertrag. Hinsichtlich der Klingeltöne haben Vertreter von Urhebern und Musikverlegern gegen die Klingeltonhändler und Gerätehersteller vor dem OLG Hamburg durchgesetzt, dass für deren Verbreitung doppelt kassiert werden darf: zum einen über einen eigens geschaffenen GEMA-Tarif, zum anderen über eine mit dem Verlag oder Urheber direkt auszuhandelnde Vergütung, die er erhält, damit er die Beeinträchtigung seiner Persönlichkeitsechte durch die „Verstümmelung" seines Werks zum Klingelton besser ertragen kann. Geld heilt alle Wunden.

5.2 Aufgaben von Musikverlagen früher und heute

Der Verlag ist der wichtigste Geschäftspartner für Komponisten oder Texter (soweit in der Folge von „Komponist" oder „Autor" die Rede ist, sind sämtliche an einem Musikwerk beteiligten Komponisten und auch der oder die Textdichter gemeint). Jedes Mal, wenn eine CD verkauft, ein Song im Rundfunk, Fernsehen oder Kino gespielt wird, im Mobiltelefon oder einer Telefonwarteschleife dudelt oder Noten davon verkauft werden, verdienen Verlage und Komponisten. Vielen Künstlern erscheint das Verlagswesen als der komplizierteste und am wenigsten durchschaubare Zweig der Musikbranche. Das liegt hauptsächlich an dem Labyrinth von Verlagen, Subverlagen, Lizenznehmern, Verwaltungsfirmen, Editionen, Mutterfirmen, Multinationals etc. und an den komplexen Verträgen, auf denen ihre Beziehungen untereinander basieren. Verlagsarbeit erfordert also sehr spezielles Wissen und nur die wenigsten Künstler kennen sich mit dem Urheberrechtsgesetz aus.

a) Die Suche nach Autoren und Songs

Vereinfacht gesagt hat ein Musikverlag die Aufgabe, geistiges Eigentum, z.B. einen Song, zu entdecken und zu verwerten. Das Verhältnis des Verlegers zum Song ähnelt dem des Managers zum Künstler: Er muss dafür sorgen, dass der Song als Wirtschaftsgut erfolgreich wird und mit ihm Geld verdient werden kann. Hier gibt es viel Licht und viel Schatten.

Manche Verleger lassen sich Verlagsrechte von einem Künstler nur einräumen, um über die im Falle einer Veröffentlichung des Songs garantierten Einnahmen der GEMA-Tantiemen mitzukassieren, kümmern sich aber in keiner Weise aktiv um die Auswertung des ihnen anvertrauten Repertoires. Dies ist umso ärgerlicher, als die Übertragung der Verwertungsrechte an einer Komposition in der Regel für die gesamte Dauer des Urheberrechtsschutzes – also bis 70 Jahre nach dem Tod des Urhebers – erfolgt. In den Archiven vieler großer, mittlerer und kleiner Verlage schlummern daher ungeahnte Schätze in Form von Abertausenden von Kompositionen, die nie veröffentlicht werden. Heute wird so viel Musik veröffentlicht wie nie zuvor und der Markt für die Nutzung von Musikwerken ist dennoch begrenzt – jedenfalls, wenn jemand dafür zahlen soll. Auf der anderen Seite gibt es Verlage, die sich intensiv darum kümmern, die ihnen anvertrauten Werke in allen erdenklichen Formen zu verwerten und die „ihre" Urheber fördern und ihnen viel notwendigen Freiraum – auch in finanzieller Hinsicht – für die Entwicklung ihres kreativen Talents einräumen.

Wie sieht also die Tätigkeit eines Musikverlags konkret aus? Zunächst einmal muss der Verlag Songs und Urheber ausfindig machen, die vielversprechend oder im besten Fall sogar schon erfolgreich sind. Die A&R-Tätigkeit in einem Musikverlag ähnelt heutzutage durchaus der eines A&R-Managers in einer Tonträgerfirma: Er hört Demos, besucht Konzerte, klickt sich durch facebook- und MySpace-Accounts und Künstler-Webseiten auf der Suche nach neuen Songwriter-Talenten. Hierbei können folgende Kriterien eine Rolle spielen:

- Reißt das Lied den Hörer mit? Hat es eine eingängige Hookline? Schon die ersten acht Takte sollen Interesse wecken.
- Wie sieht die Erfolgsbilanz des Komponisten aus? Wurden schon von ihm komponierte Titel veröffentlicht, sei es von ihm selbst oder von anderen Künstlern? Kann er erfolgreiche Veröffentlichungen vorweisen?
- Welcher Künstler könnte die Songs aufnehmen? Auch wenn der Songschreiber seine Songs selbst aufnimmt, gilt es, Interpreten für Coverversionen, Fremdsprachenversionen etc. zu finden.
- Füllt das Material eine Lücke im Katalog? Ein Verlag will ein gewisses Gleichgewicht im Katalog halten.
- Wie vielseitig ist der Autor? Ist er auf ein Genre festgelegt oder auch in der Lage, in unterschiedlichen Stilrichtungen und für unterschiedliche Zwecke (z.B. Werbung, Film) zu komponieren?
- Hat das Material einen langfristigen Wert? Werden auch kommende Generationen diese Musik hören wollen?
- Wie sieht der Markt im Moment aus? Gibt es besseres Material? Wie stehen die Chancen zur kommerziellen Verwertung?

Erfüllt ein Komponist all diese Anforderungen und bekommt er von einem Musikverlag ein Vertragsangebot, muss er für sich entscheiden, ob es sinnvoll ist, mit dem Verlag zusammenzuarbeiten. Erst wenn er weiß, was der Verlag für ihn bzw. seine Songs tun kann, ist er in der Lage, zu beurteilen, ob der angebotene Vertrag seine Unterschrift verdient. Verlagsverträge werden häufig im Zusammenhang mit Tonträgerverträgen angeboten. Die Erklärung hierfür ist einfach: Werden Werke eines Künstlers auf einem Album veröffentlicht, so kann der Verlag sicher sein, dass er seinen Anteil an den mechanischen Vervielfältigungsgebühren, die auf der Basis der tatsächlich hergestellten Tonträger berechnet werden und daher unabhängig vom Verkaufserfolg anfallen, auf jeden Fall erhalten wird. Auf dieser Grundlage fällt es ihm leichter, sein wirtschaftliches Engagement und Risiko zu kalkulieren.

b) Entwicklung von Autor und Repertoire

Hat der Verlag einen geeigneten Autor gefunden, bindet er dessen Werke und gegebenenfalls auch den Autor selbst vertraglich an sich. Der Verlag erwirbt vom Autor Verwertungsrechte an einem oder mehreren Musikwerken. Dafür verpflichtet er sich, dem Autor ein Honorar zu zahlen.

Die Berechnungsgrundlage bilden die Brutto-Einnahmen aus der Verwertung des Materials. Hierbei kann es entweder nur um einzelne Werke gehen (Einzeltitelvertrag) oder um den gesamten bisherigen und künftigen Werkekatalog des Komponisten (Autorenexklusivvertrag). Ein engagierter Verleger arbeitet mit dem Autor zusammen, um dessen Songs und seinen Stil zu verbessern. Hierfür gibt es vielfältige Möglichkeiten – der amerikanischen Welterfolgskomponistin Carole King stellte ihr Verleger zu Beginn ihrer Tätigkeit ein Klavier in die Ecke des Flurs im Verlagsgebäude, Dieter Bohlen bekam beim Hansa Musikverlag einen teuren Synthesizer – der Rest ist Geschichte. Manche Verlage veranstalten „Writer-Camps" oder ähnliche Treffen, bei denen Urheber zusammenkommen, um gemeinsam zu komponieren oder einander Tipps zu geben. Hierdurch kann der Output qualitativ und quantitativ erhöht werden.

Sind die Werke komponiert, kümmert sich in der Regel der Verlag um die Anmeldung des Werks für sich und den Komponisten bei der GEMA. In manchen anderen Ländern sind aufwändigere Anmeldungsformalitäten erforderlich.

c) Verwertung des Repertoires

Die Verwertung der Werke ist die eigentliche zentrale Aufgabe eines Musikverlags – das sogenannte „Song Plugging". Der früher wirtschaftlich wichtigste Musikverlagsbereich, der Notendruck, ist schon durch die Erfindung des Rundfunks und der Schallplatte in den Hintergrund getreten und spielt heute fast keine Rolle mehr. Heute geht es darum, Werke hörbar zu machen. Ist der Komponist selbst nicht ausübender Künstler oder hat er keinen eigenen Plattenvertrag, wendet sich der Verleger an Plattenfirmen oder bietet den Song einem marktstarken Interpreten an. Fast jeder Interpret, ob Star oder Newcomer, kann bei Verlagen nach neuen Hits suchen. Hierbei bietet das Internet mit Plattformen wie Songs Wanted, music2deal oder SongLink und anderen Repertoirekatalogen eine große Hilfe. Hier können gezielte, nach Genre, Künstler, Major- oder Indie-Company differenzierende Suchanfragen bzw. Anzeigen geschaltet und auch Songmaterial angeboten werden. Das Unterbringen von Songs für alle denkbaren Verwertungen erfolgt heute zunehmend auch im Wettbewerb zwischen verschiedenen Musikverlagen, die sich dann, ähnlich wie Werbeagenturen, an einer Ausschreibung, einem so genannten Pitch, beteiligen.

Eine enorm wichtige Einnahmequelle ist die Vergabe von Synch Rights (im „Branchen-Denglish" auch „Synching" genannt) – dem Recht zur Verbindung von Werken mit Filmen für Kino und TV und die Einbindung von Werken in Funk-, Kino- oder TV-Werbespots. Die Rechte für diese Verwertungsformen haben Urheber, die GEMA-Mitglieder sind, an sich schon mit dem Berechtigungsvertrag an die GEMA zur kollektiven Wahrnehmung eingeräumt (siehe Kapitel 7). Da die GEMA aber hier keine Einzelrechte vergibt, ist es üblich und vom Gesetz vorgesehen, diese Rechte von der GEMA zurückzurufen und selbst wahrzunehmen. Dies geschieht, indem die Urheber bzw. ihre Verlage mit den Filmproduzenten oder einem dazwischen geschalteten „Music Supervisor" die

Lizenzbedingungen aushandeln (meist im Wege einer Pauschalzahlung oder, seltener, einer Erlösbeteiligung).

Daneben spielt auch die Vergabe zahlreicher anderer Rechte eine zunehmend große Rolle. Musik wird zur Aufwertung vieler kommerzieller und privater Internet-Auftritte verwendet. Auch hierfür hat die GEMA eigene Tarife geschaffen.

Weitere wichtige Aufgaben eines Verlags können darin bestehen, bei der Promotion für ein Album oder eine Tournee Unterstützung zu leisten, ob mit Arbeit, Sachmitteln oder Geld. Hat ein Verlag ein entsprechendes Netzwerk, kann er seine Kontakte auch bei Rundfunk und Fernsehen spielen lassen, um aktuelle Veröffentlichungen zu promoten.

d) Abrechnung, Einziehung und Auszahlung von Tantiemen

Nachdem die Werke erfolgreich untergebracht wurden, geht es ans Kassieren. Der Verlag übernimmt, sofern er Rechte direkt wahrnimmt, für den Urheber auch das Inkasso gegenüber den Verwertern und rechnet die Erlöse an den Komponisten und den Texter ab. Das Einkommen eines Verlags und dadurch auch das des Komponisten besteht u.a. aus:

- Abgaben von Plattenfirmen für mechanische Vervielfältigungsrechte an die GEMA
- GEMA-Abgaben von Funk, Fernsehen, Veranstaltern, Kneipen, Kinos, Internet-Anbietern etc. für die Rechte der Aufführung, Sendung, öffentlichen Wiedergabe und Zugänglichmachung
- Einkünfte aus der Vergabe von Rechten für die Verwertung in Filmen und Werbung
- Einkommen aus ausländischer Verwertung
- Verkauf oder Vermietung von Noten

Die Einkünfte aus den beiden erstgenannten Quellen schüttet die GEMA meist direkt an den Komponisten aus. Ist dieser bei keiner Verwertungsgesellschaft Mitglied, so bekommt er dieses Geld ebenso wie die Vergütung für die nicht von der GEMA wahrgenommenen

Verwertungsrechte vom Verlag ausgezahlt, nachdem der es von den Verwertern eingezogen hat. Der Verlag überprüft die Abrechnungen der GEMA und von den Verwertern, da er ein eigenes Interesse daran hat, dass sämtliche Verwertungen abgerechnet werden.

e) Zahlung von Vorschüssen

Eine wichtige Rolle für die Frage, ob ein Urheber einen Verlagsvertrag für einzelne Titel, ein Album oder gar einen Autorenexklusivvertrag unterzeichnet, spielt ein im Verlagsbereich bewährtes Verhandlungsargument der Verleger – die Aussicht auf eine Vorschusszahlung. Hier gibt es viele unterschiedliche Modelle, die aber im Wesentlichen dem gleichen Grundmuster folgen: Der Urheber erhält vom Verlag einen Vorschuss auf zu erwartende Lizenzeinnahmen, die mit den später (hoffentlich) eingehenden Einnahmen verrechnet werden. Man spricht hier daher von einem „verrechenbaren Vorschuss". Der Verlag kalkuliert die Höhe des Vorschusses anhand der zu erwartenden Einahmen, wobei ein Autor, der bereits erfolgreich ist oder eine Tonträgerveröffentlichung bei einer Major-Company fest in Aussicht hat, aus Sicht des Verlags eine „sichere Bank" für die Wiedereinspielung des ausgezahlten Vorschusses bildet.

Zur Sicherung des Rückflusses dieser Vorauszahlung tritt der Urheber seine Vergütungsansprüche gegen die GEMA in der Höhe des Vorschusses an den Verlag ab (GEMA-Zession). Dies bewirkt, dass die GEMA auch die dem Urheber zustehenden GEMA-Tantiemen an den Verlag auskehrt. Erst wenn der Vorschuss mit diesen Zahlungen verrechnet worden ist, erhält der Urheber wieder Zahlungen direkt von der GEMA. Läuft die Zusammenarbeit besonders gut oder hat der Urheber eine starke Verhandlungsposition, dann wird der Vorschuss häufig auch als so genannter „rolling advance" ausgezahlt: Jedes Mal, wenn der jeweils ausgezahlte Vorschuss durch entsprechende Tantiemeneinnahmen innerhalb eines bestimmten Zeitrahmens abgedeckt ist, erhält der Künstler einen weiteren Vorschuss in gleicher oder sogar größerer Höhe. Für Urheber ist die Vorschusszahlung oft das zentrale Argument für die Unterzeichnung eines Verlagsvertrages, denn: „Bargeld lacht".

Eines sollte man als Urheber im Hinblick auf Autorenvorschüsse unbedingt beachten: Der Vorschuss sollte im Fall ausbleibenden Erfolgs auf keinen Fall rückzahlbar sein. Dies würde nämlich bedeuten, dass der Urheber, wenn sich die Zusammenarbeit nicht als erfolgreich herausstellt, Schulden beim Verlag hätte. Verlage versuchen in den letzten Jahren häufig, an dieser Branchenpraxis zu rütteln. Aus unserer Sicht sollte das nicht akzeptiert werden, denn wenn es der Verlag nicht geschafft hat, das Repertoire zu verwerten, hat er selbst auch versagt, sei es bei der Auswahl des Urhebers, bei der Vermarktung des Repertoires oder in beider Hinsicht.

Viel wichtiger noch als die Bereitschaft eines Verlags, einen Vorschuss zu zahlen, ist seine Fähigkeit, das Repertoire des Künstlers intensiv zu vermarkten. Tut er dies nicht, dann ist der Verlag nichts anderes als eine Bank mit besonders hohen Zinsen, da der Urheber ihm ja schließlich einen beträchtlichen Anteil der ihm zustehenden Tantiemen abgibt. Feste Indizien dafür, ob ein Verlag fleißig sein wird oder nicht, gibt es nicht. Ein Major-Verlag ist sicherlich gut vernetzt, säuft aber im Zweifel schlicht im Repertoire ab. Einem kleinen Verlag kann es, selbst wenn er das Repertoire seiner Künstler gut kennt und sich stark damit identifiziert, am erforderlichen Netzwerk fehlen, um die verwalteten Kompositionen erfolgreich unterzubringen. Ein Verlag schließlich, der z.B. von einem Produzenten oder Manager als reine „Nebeneinnahmenquelle" ohne irgendwelchen Aufwand betrieben wird – womöglich noch ohne Vorschusszahlung – ist für den Autor eine echte Falle.

f) Edition und Administrationsvereinbarung

Als Künstler mag man sich nun fragen: Wenn das Verlagsgeschäft so lukrativ ist, sollte man dann nicht gleich einen eigenen Verlag gründen? Die Antwort hängt vom Einzelfall ab. Kann man als Künstler all diese Aufgaben eines Verlages wirklich selbst übernehmen? Wer schon erfolgreich ist, wird wahrscheinlich nicht die Zeit haben, sich selbst um Verlagsaufgaben zu kümmern, findet aber vielleicht jemanden, der sich kompetent damit befassen kann. Zwei Formen der Kooperation mit bestehenden Musikverlagen bieten sich hierfür an:

Zum einen die Edition. Diese wird häufig als Zusammenschluss eines Musikverlags mit einem Außenstehenden gegründet, z.B. mit einem Produzenten, dem einige Aufgaben des Verlags übertragen werden. Hierbei handelt es sich um Aufgaben, die mehr aus dem „kreativen Bereich" des Verlagswesens stammen: Der Editionär „sammelt" wie ein A&R Repertoire und Autoren zur Bindung an den Verlag, der Verlag hingegen übernimmt die Auswertung des Repertoires und administrative Aufgaben wie GEMA-Anmeldung, Inkasso etc. Beide gemeinsam werden Inhaber des Verlagsanteils der urheberrechtlichen Verwertungsrechte.

Dem „Urheber-Editionär" sind dabei oft umfassende Befugnisse eingeräumt, und er erhält einen Zuschuss zum Aufbau einer betrieblichen Infrastruktur. Er übernimmt es, Autoren zu akquirieren, der verlegerische Editionär übernimmt regelmäßig die Vertragsverhandlungen und -abschlüsse.

Eine andere häufige Kooperationsform ist die Administration eines Verlages durch einen anderen. Kleinere Musikverlage sind oft nicht in der Lage, sich neben der Suche nach neuen Talenten und dem Erwerb von Rechten hinreichend um die vielfältigen administrativen Aufgaben zu kümmern, die eine erfolgreiche Verlagsarbeit bedingen, wie z.B. die Kontrolle und Verwertung des Repertoires und die Zusammenarbeit mit ausländischen Verlagen. Hierbei erwirbt der administrierende Verlag, anders als die Edition, aber keine eigenen Verwertungsrechte am verwalteten Repertoire.

5.3 Internationale Verlagstätigkeit

Historisch gesehen verlief der Austausch von Pop-Copyrights zwischen Deutschland und dem Rest der Welt immer recht einseitig. Songs kamen massenhaft aus England und Amerika und bis zu einem gewissen Grad auch aus Frankreich und Italien nach Deutschland. Deutsche Copyrights fanden demgegenüber nur wenig Verwertung im Ausland. In der Regel waren die ausländischen Songs in Deutschland schon im Original erfolgreich, manchmal mussten die Verlage auch noch für eine deutschsprachige Version sorgen, bevor sie einen Titel erfolgreich verwerten konnten (z.B. „Never On Sunday" – „Ein Schiff wird kommen").

Dieses wirtschaftliche Ungleichgewicht besteht noch immer, doch es hat sich in den letzten Jahrzehnten spürbar verringert dank der internationalen Erfolge von Komponisten wie Harold Faltermeyer und Jack White, Heavy-Metal-Gruppen wie den Scorpions und Warlock, international erfolgreichen Interpreten von Nena über Mr.President bis hin zu Rammstein und Tokyo Hotel sowie diversen Acts in den Bereichen Techno und Dance. Einer der derzeit erfolgsreichsten deutschen Komponisten im Ausland dürfte übrigens Hans Zimmer sein, der mittlerweile für seine Filmmusik-Kompositionen einen Oscar, zwei Golden Globes, zwei Grammys und viele weitere Trophäen erhalten hat. Als Wahl-Amerikaner ist er nur leider kein GEMA-Mitglied.

Schon 1988 kassierte die GEMA etwa 36 Mio. DM (5,5 Prozent ihrer Gesamteinnahmen) im Ausland. Dieser Wert ist mit der Zeit angestiegen und hält sich in den letzten Jahren immer in einem Bereich zwischen 60 und 66 Mio. € (2009 = 65,397 Mio. €), was zwischen ca. 7 und 8 Prozent der GEMA-Gesamteinnahmen ausmacht. Dies zeigt, dass die Märkte im Ausland auch für deutsche Komponisten immer wichtiger und zugänglicher werden.

a) Rechtewahrnehmung im Ausland

Will eine ausländische Platten- oder Filmproduktionsfirma ein Werk (z.B. eine CD, einen Film-Soundtrack, Songbücher etc.) veröffentlichen, so muss sie sich die entsprechenden Nutzungsrechte einräumen lassen. Das geschieht meist über den Verleger des Werkes bzw. über die Verwertungsgesellschaft, deren Mitglied er ist. Der ursprüngliche (in unserem Fall) deutsche Verlag, dem der Urheber die weltweiten Nutzungsrechte überließ, muss dafür sorgen, dass seine eigenen Interessen und die des Urhebers im Ausland gut vertreten werden. Für den Verleger gibt es mehrere Möglichkeiten, sich eine gute Vertretung im Ausland zu sichern. Er kann sich z.B. von einem großen internationalen Verlag wie Warner/ Chapell, Peer Music, Sony/ATV Music Publishing (der 2012 auch den größten Teil des EMI

Music Publishing – Kataloges übernahm) weltweit vertreten lassen. Dies hat den Vorteil, dass er überall in der Welt präsent ist und es doch nur mit einer Anlaufstelle zu tun hat. Den gleichen Vorteil können sich auch Komponisten verschaffen, wenn sie ihr Werk bei einem dieser Multinationals zur weltweiten Verwertung in Verlag geben.

Wesentlich mehr Mühe erfordert die zweite Möglichkeit: Der Verleger sondiert die ausländischen Verlage und Märkte selbst und schließt separate Subverlagsverträge für jeweils nur ein begrenztes geographisches Gebiet. Auf diese Weise kann er seine Interessen im Ausland selbst und damit engagierter und manchmal besser vertreten. Ein weiterer Vorteil dieser „Do-it-yourself"-Methode ist, dass der Verleger durch separate Vertragsabschlüsse, bei denen er die Nutzungsrechte nur geographisch beschränkt einräumt, in jedem einzelnen Land bzw. jeder Ländergruppe (z.B. Großbritannien und Commonwealth, GSA-Länder, usw.) selbständig Vorschüsse aushandeln kann, die nur gegen die Einnahmen im jeweiligen Gebiet verrechnet werden können. Die Summe dieser Vorschüsse ist oft deutlich größer als der Vorschuss für eine weltweite Einräumung von Rechten.

Andererseits ist es aber sehr aufwändig und auch kostspielig, mit den ausländischen Verlagen in Kontakt zu treten, mit ihnen zu korrespondieren und die unumgängliche Rechtsberatung einzuholen. Ein Verleger braucht nicht nur ausländische Geschäftspartner, die für ein Werk neue Verwertungsmöglichkeiten anbieten, sondern auch solche, die zuverlässig abrechnen. Für Komponisten gerät das mitunter zum großen Problem.

Heute ist es üblich, dass der Verlag zwischen 50 und 85 Prozent der Einnahmen des Subverlags erhält und davon in der Regel wiederum 50 Prozent an den Komponisten abführt. Eine Quellen-Klausel („computed at source") besagt, dass alle Kosten nur an der Quelle abgezogen werden dürfen. Damit verhindert man, dass miteinander verflochtene Subverlage zweimal oder noch öfter für ihre Tätigkeit kassieren.

Filmsynchronisationsrechte räumt ein Verlag nur ungern einem ausländischen Subverlag ein. Falls aber ein Subverlag diese Rechte bekommt, dann darf er sie nur für Filme, die in seinem Land entstehen, als Soundtrack verwenden. Die Rechte für Filme aus anderen Ländern bleiben beim ursprünglichen Verlag. Für diese Rechte erhält der Verlag 50 Prozent oder mehr von den Einnahmen des Subverlags. An den Einnahmen eines Subverlags aus dem Druck von Noten ist der Verlag in der Regel mit 10 bis 15 Prozent beteiligt. Oft versucht er, sich bei der Veröffentlichung von Songalben ein Mitspracherecht vorzubehalten.

b) Der Subtexter

Bei fremdsprachigen Versionen eines Songs erhält der Verfasser des fremdsprachigen Textes einen sogenannten Subtextervertrag entweder vom ursprünglichen oder vom Subverlag, je nachdem, ob er z.B. vom deutschen Komponisten oder vom ausländischen Verleger beauftragt wurde. In Deutschland steht dem Subtexter dann in der Regel die Hälfte des Texteranteils der Einnahmen aus der fremdsprachigen Version zu (GEMA-Regelung). Die Beteiligung des Subtexters an den Verlagsrechten folgt allerdings nicht automatisch aus der Zustimmung des Urhebers zum Subtext. Hierfür ist eine gesonderte Vereinbarung notwendig. In anderen Ländern gilt häufig ein anderer Verteilungsschlüssel. In Amerika z.B. bekommt der fremdsprachige Texter meist 12,5 Prozent der Verlagseinnahmen aus mechanischen und Synchronisations-Rechten, 25 Prozent des Texteranteils aus Aufführungs- und Senderechten im Verlagsgebiet und 50 Prozent des Texteranteils für im Verlagsgebiet verkaufte Notendrucke seiner Version.

c) Der Subverlag

Beim Subverlagsvertrag sollte der ursprüngliche Verlag auf Beteiligungen an allen Kompositions- oder Katalogeinnahmen bestehen, auch aus jenen Nutzungsarten, die nicht eigens im Vertrag genannt werden. Ein solcher Passus ist in Amerika und England von besonderer Wichtigkeit.

Der ursprüngliche Verlag will die Laufzeit eines Subverlagsvertrags natürlich möglichst kurz halten. Trotzdem beträgt sie meist drei Jahre, da manche Verwertungsgesellschaften einen Subverlagsvertrag nicht anerkennen, wenn seine Dauer ein bestimmtes Minimum unterschreitet. Der Subverlag dagegen möchte die längste mögliche Dauer aushandeln – also die des gesetzlichen Urheberrechtsschutzes in seinem Land. Will ein Subverlag eine fremdsprachige Version veröffentlichen, liegt ihm an einer langen Vertragsdauer.

Ein guter Subverlag kann einem Verlag – und damit auch dem Urheber – zu einer beträchtlichen Steigerung seiner Gesamteinnahmen verhelfen. Es ist also nicht immer weise, bei den Verhandlungen allzu streng zu sein. Oft tritt auch der ursprüngliche Verlag wiederum als Subverlag für den ausländischen Verlag auf. Angesichts dieser Verflechtungen sollte man nur das verlangen, was man auch selbst zugestehen würde.

5.4 Die wichtigsten Regelungen in Musikverlagsverträgen

Bietet ein deutscher Musikverlag einem Künstler einen Einzeltitel-Autorenvertrag an, basiert dieser meist auf einem der einander recht ähnlichen Standardverträge, die im Umlauf sind (z.B. vom Deutschen Musikverlegerverband und vom Deutschen Komponistenverband). Dies bedeutet aber nicht, dass man als Künstler Verlagsverträge ungeprüft unterschreiben sollte. Vor allem bei Autorenexklusivverträgen gibt es in der Praxis erhebliche Unterschiede, die für die Autoren gravierend sein können.

Im Folgenden haben wir einige zentrale Punkte zusammengestellt, weitere Erläuterungen finden sich in dem Vertragsmuster im Anhang. Die wichtigsten Punkte, auf die zu achten ist, sind:

Einräumung von Rechten

Welche Rechte werden dem Verlag eingeräumt? Im Allgemeinen fordert ein Verlag sämtliche Verwertungsrechte, sonst wären Verwertung und Verwaltung zu kompliziert und lohnten sich nicht. Dagegen ist nichts einzuwenden – allerdings darf man dann auch Leistung vom Verlag erwarten. Wenn man es als Autor durchsetzen kann, ist es sinnvoll, Zustimmungserfordernisse einzubauen, damit man als Künstler z.B. bei Vergaben in den Bereichen Werbung und Samples gefragt werden muss.

Achten muss man auch darauf, welches Repertoire dem Verlag übergeben wird: War der Autor zuvor bereits an einen Musikverlag gebunden oder hat er dort Werke eingebracht, so wird er in der Regel nicht in der Lage sein, seinem neuen Verlag Rechte am alten Repertoire einzuräumen, weil dieses für den vereinbarten Zeitraum oder bis zum Ende der gesetzlichen Schutzfrist (siehe Kapitel 16) beim früheren Verlag verbleibt.

Vertragsdauer

Dieser Punkt darf nicht mit der eben erläuterten Dauer der Rechteübertragung (Auswertungsdauer) verwechselt werden. Die Vertragsdauer betrifft im Rahmen des Autorenexklusivvertrags den Zeitraum, während dessen der Urheber die Rechte an neuen Kompositionen exklusiv an den Verlag vergeben muss. Hier gibt es eine gesetzliche Grenze (vergleiche Kapitel 16, Urheberrecht): Nach fünf Jahren hat der Autor ein gesetzliches Kündigungsrecht. Die Dauer der meisten Autorenexklusivverträge ist daher auf fünf Jahre beschränkt. Dies bedeutet natürlich nicht, dass in der Praxis Autorenexklusivverträge nach dem Ablauf von fünf Jahren nicht verlängert werden, wenn die Vertragspartner erfolgreich zusammengearbeitet haben. Alles bis zu dieser Grenze hingegen ist verhandelbar und hängt mit vielen anderen Aspekten zusammen: Gibt es schon einen Plattenvertrag oder muss erst ein Interpret für die Werke des Autors gefunden werden? Wird ein Vorschuss bezahlt? Werden dem Verlag Optionen eingeräumt, den Vertrag zu verlängern? Für einen Autorenexklusivvertrag mit einem aktiven Verlagspartner sind drei Jahre nicht zu viel. Ein Jahr ist meist zu kurz, besonders dann, wenn der Komponist noch unbekannt ist, ein Interpret noch nicht gefunden wurde und ein hoher Vorschuss gezahlt wurde. Verlängerungsoptionen sollten an erneute Vorschusszahlungen gebunden werden.

Weltweite Rechte?

Für welches geographische Gebiet räumt man als Künstler die Rechte ein? Die meisten Verlage wollen die Rechte weltweit. Dann können sie diese an ausländische Verlage als Subverlage lizenzieren. Bei einem Subverlag verdient der Komponist allerdings weniger. Wenn z.B. ein deutscher Verlag die weltweiten Rechte an einem Song besitzt und einem amerikanischen Verlag die Rechte für Amerika und Kanada einräumt, bekommt er 50 bis 85 Prozent der Einkünfte des amerikanischen Verlags. Davon fließen wieder um die 50 Prozent dem Komponisten zu. Beispiel: Der amerikanische Subverlag nimmt 10.000 Dollar ein; davon werden etwa 5.000 Dollar an den deutschen Verlag gezahlt, der seinerseits jeweils 1.250 Dollar an den Komponisten und an den Texter weitergibt. Erwartet der deutsche Komponist allerdings mehr Erfolg in Amerika und geht deshalb direkt zu einem amerikanischen Verlag, der seinerseits einem deutschen Verlag die Rechte für Deutschland, die Schweiz und Österreich (GSA) einräumt, so bekommen Komponist und Texter in unserem Beispiel zusammen 5.000 statt nur 2.500 Dollar aus den Einkünften des amerikanischen Verlags. Dafür erhalten sie aber nur 50 Prozent der Abrechnung des deutschen Subverlags an den amerikanischen Verlag. Eine dritte Möglichkeit wäre es, zwei separate Verträge abzuschließen, wobei die Rechte nur jeweils für ein begrenztes Gebiet eingeräumt werden. Der Autor muss sich also Gedanken darum machen, in welchem Territorium er voraussichtlich seinen Haupterfolg landen wird. Es gibt keine pauschale Antwort auf die Frage, welche Konfiguration wirtschaftlich die beste ist.

Verteilung der Lizenzeinnahmen

Sind sowohl die Urheber als auch der Verlag GEMA-Mitglieder, dann ist für die wesentlichen Einkünfte der Urheber und der Musikverlage die Aufteilung der Tantiemen schon durch den GEMA-Verteilungsplan vorgegeben (siehe Kapitel 7, Verwertungsgesellschaften). Hat der Komponist/Texter eine starke Verhandlungsposition, kann er unter Umständen mit dem Verlag eine sogenannte „Refundierung" aushandeln, also eine vom GEMA-Verteilungsplan abweichende Aufteilung zugunsten einer Partei (hier: zugunsten des Urhebers). Bei einer Refundierung von 25 Prozent des Verlagsanteils zahlt der Verlag an den Autor zusätzlich zu den 60 Prozent, die dem Autor aufgrund des Verteilungsplans zustehen, 25 Prozent vom Verlagsanteil (ein Viertel von 40 Prozent, also weitere 10 Prozent des von der GEMA ausgeschütteten Gesamtertrags). Mit anderen Worten: Der Verlag bekommt dann nur noch 30 Prozent, die Gesamtheit der Autoren und Texter aber zusammen 70 Prozent. Bei Refundierungsvereinbarungen ist allerdings dringend zu beachten, dass der Refundierungsanteil nur im Bereich des mechanischen Vervielfältigungsrechts direkt von der GEMA an den Autor ausgekehrt werden kann. Für den Bereich des Aufführungs- und Senderechts ist der Autor auf die Auskehrung des Refundierungsanteils durch den Verlag direkt (der seinen Anteil nach wie vor gemäß dem GEMA-Verteilungsschlüssel von der GEMA direkt ausgezahlt bekommt) angewiesen.

Für den Verkauf von Notendruckausgaben bekommt der Komponist meistens etwa 10 Prozent vom Verlag, für Songalben etwa 8 Prozent. Beide Verwertungsformen spielen heute keine wesentliche Rolle mehr – oft wird sogar im Vertrag vereinbart, dass Druckausgaben von Musikwerken gar nicht erstellt werden. Für Lizenzerträge aus der Vergabe von Filmherstellungsrechten (Synch-Right-Vergabe) und Werbung sowie aus der Einzelvergabe von Online-Nutzungen sind 50 Prozent branchenüblich. In Einzelfällen kann hiervon abgewichen werden. Wenn z.B. der Autor eine solche Auswertung selbst akquiriert, ist es nur fair, dass er von den Erträgen mehr bekommt.

Für die Einräumung von Subverlagsrechten sind 50 Prozent (Komponist 25 Prozent, Texter 25 Prozent) der Verlagseinnahmen branchenüblich.

Abrechnungstermine und Zahlungsmodalitäten

Die meist halbjährlichen Abrechnungstermine richten sich in der Regel nach den festen Abrechnungszeiten der GEMA. Man könnte zwar auch vierteljährliche Abrechnungen vereinbaren, aber darauf lassen sich die Verlage in der Regel nicht ein, weil dadurch die Kosten steigen und Zinsen verloren gehen. Man könnte aber durchaus kürzere

Intervalle oder Sonderzahlungen vereinbaren, wenn ein großer Anteil der Einkünfte aus Pauschalvergaben stammt, die unabhängig von den GEMA-Abrechnungs- und GEMA-Zahlungszyklen sind. Auf keinen Fall sollte man jährliche Abrechnungen akzeptieren.

Überprüfung der Bücher

Der Komponist sollte sich das Recht vorbehalten, die Bücher des Verlags prüfen zu lassen, soweit seine Kompositionen betroffen sind. Übliche Klauseln, die im Übrigen genauso auch für Tonträgerverträge, Managementverträge und alle anderen Verträge gelten, in denen eine Partei für die andere Lizenzeinkünfte vereinnahmt, sehen vor, dass eine Buchprüfung nur durch einen Experten (Wirtschaftsprüfer, Steuerberater, Rechtsanwalt) und nur in den Geschäftsräumen der jeweiligen Partei vorgenommen werden kann. Wenn eine Abweichung festgestellt wird, muss die Partei die (meist erheblichen) Kosten der Prüfung tragen. Hierfür wird oft eine Bagatellgrenze von 5 bis 10 Prozent Abweichung der tatsächlich geschuldeten von den abgerechneten Beträgen vereinbart.

Vorschuss

Soll ein Vorschuss gezahlt werden, so muss dies schriftlich festgelegt werden; das gleiche gilt für die Zahlungstermine und die Art und Weise, in der der Vorschuss mit den künftigen Einnahmen verrechnet werden darf. Im Vertrag sollte auch stehen, dass der Vorschuss verrechenbar, aber nicht rückzahlbar ist. Falls das geistige Eigentum keinen Gewinn abwirft, muss der Komponist den Vorschuss nicht zurückzahlen. Der Verlag sollte auch nicht berechtigt sein, vereinbarte Vorschusszahlungen für Optionszahlungen zu unterlassen, weil frühere Vorauszahlungen noch nicht eingespielt wurden. Häufig werden in Autorenexklusivverträgen wiederkehrende Vorschusszahlungen („rolling advances") vereinbart, bei denen die Zahlung einer neuen Vorschusssumme fällig wird, sobald die Lizenzeinnahmen den zuvor gezahlten Vorschuss erreicht haben – also der Vorschuss „recouped" ist.

Auswertungsdauer

Dieser Punkt ist nicht zu verwechseln mit der Dauer des Vertrags. Im Standardvertrag räumt der Komponist dem Verlag die Nutzungsrechte zeitlich unbegrenzt ein, also für sein gesamtes Leben und noch 70 Jahre darüber hinaus. Dies ist zwar üblich, aber nicht zwingend. Es gibt zunehmend Verlage, die bereit sind, Repertoire nur für einen begrenzten Zeitraum zu verwerten, um sich in dieser Zeit umso intensiver um die Vermarktung zu kümmern. So könnte man z.B. versuchen, im Vertrag festzulegen, dass alle Rechte nach z.B. zehn Jahren an den Komponisten zurückgehen. Nach dieser Zeit kann man dann einen günstigeren Vertrag aushandeln oder das Material bei einem anderen oder sogar beim eigenen Verlag unterbringen.

Befreiungsklausel

Muss der Verleger einen Interpreten oder eine Plattenfirma suchen, um den Song kommerziell verwerten zu können, so sollte der Komponist versuchen, eine Befreiungsklausel in den Vertrag einzubauen – dergestalt, dass alle Rechte an ihn zurückgehen, falls dem Verlag die Verwertung bis zum Ende einer bestimmten Frist nicht gelingt. Für unbekannte Komponisten sind zwei Jahre als Frist angemessen.

6 Das Management

Eine Binsenweisheit der Musikindustrie lautet: „Kein Management ist besser als ein schlechtes Management". In den meisten Fällen stimmt das. Zunächst, weil der Künstler – in der falschen Erwartung, dass sein unerfahrener Manager etwas bewegen werde – sich zu oft zurücklehnt und abwartet, bis etwas passiert. Ein unbekannter Manager hat die gleichen Schwierigkeiten, an die entscheidenden Partner heranzukommen wie ein unbekannter Künstler. Außerdem fehlt dem Manager-Neuling die notwendige Erfahrung und die Kenntnis der Industrie und ihrer Gebräuche. Ein Manager, der sich selbst noch beweisen muss oder der unrealistische Erwartungen hegt, kann auch der Beziehung zwischen Künstler und Plattenfirma oder Verlag, Agent und anderen Geschäftspartnern schaden.

Andererseits ist es nicht unbedingt einfacher, einen erfahrenen Top-Manager zu gewinnen als eine Plattenfirma für die eigene Musik zu begeistern. Der erfolgreiche Manager versteht sich als Geschäftsführer eines Unternehmens (sprich: des Künstlers) und interessiert sich dafür erst dann, wenn es Geschäfte zu führen gibt. Deshalb sollte ein Künstler so lange wie möglich sein eigener Manager sein. Auch weiß er dann besser, welche Maßstäbe sein künftiger Manager erfüllen muss.

Die Beziehung zwischen Künstler und Manager gleicht in vielem einer Ehe: Eine offene und ehrliche Atmosphäre ist sehr wichtig. Da eine solche Beziehung hauptsächlich auf Vertrauen basiert, sollte die Auswahl des Managements nicht „übers Knie gebrochen werden". Sie sollte, ebenso wie es die anschließenden Verhandlungen mit einem Management erfordern, mit Vorsicht und Sorgfalt erfolgen.

6.1 Die „Ausbildung" zum Manager

Obwohl es in Deutschland keine spezielle Berufsausbildung für Musikmanager gibt, hat das Angebot an Informationen, Fachbüchern, Seminaren und sogar Hochschul- und Universitätsprogrammen für Manager in den letzten 20 Jahren enorm zugenommen. Einige Beispiele hierfür sind:

- die Popakadamie Baden-Württemberg in Mannheim, die auch einen Studiengang im Bereich Musikbusiness anbietet (www.popakademie.de);
- die University of Salford in England (in der Nähe von Manchester), die ein Internet-Magisterprogramm im „Music and Media Management" durchführt;
- Kurse an Musikhochschulen und Universitäten;
- die ebam Business Akademie für Medien, Event & Kultur, die neben einschlägigen Einzelseminaren auch ganze Lehrgänge zum „Music Business Manager" anbietet (www.ebam.de);
- Berufsorganisationen wie das International Music Managers Forum(www.immmf.net) und der Interessenverband Musikmanager und Consultants (IMUC) (www.imuc.de), die gerade Anfängern neben zahlreichen Informationen und Hilfestellungen auch den Kontakt mit bereits etablierten Kollegen bieten.

Der wohl überwiegende Teil der deutschen Musikmanager sind aber Autodidakten, die vor dieser Tätigkeit in anderer Funktion in der Musikindustrie gearbeitet und sich dort – hoffentlich – den notwendigen Überblick über die Funktionsweise der Branche verschafft und die so unentbehrlichen Kontakte geknüpft haben.

6.2 Die Aufgaben des Managers

Wie viele Aspekte der Musikbranche münden auch die Fragen um das Management häufig in einen Teufelskreis: Ist der Künstler noch unbekannt und hat weder Plattendeal noch nennenswerte Live-Erfahrung, findet er nur schwer ein effektives, professionelles Management – das er aber benötigt, um an Plattenfirmen und Veranstalter heranzutreten. Der erfahrene Manager wählt sich seine Künstler sorgfältig aus. Er muss wissen, ob er den Künstler und sein Produkt über seine Kontakte und Beziehungen bei Plattenfirmen, Verlagen und Veranstaltern unterbringen kann, ob er mit dem Künstler persönlich zurechtkommt (das muss er unbedingt!) und ob er die Zeit und Arbeitskraft hat, einen unbekannten Künstler aufzubauen. Konnte ein Künstler mittels Eigeninitiative (kommerziell) erfolgreich werden, wird er sich hingegen fragen, warum er einen Manager teuer bezahlen soll, der das Schiff nur noch klar auf Kurs halten muss. Andererseits droht der Künstler ohne Management in organisatorischen Kleinigkeiten zu ersticken.

Die Antwort auf die Frage, wer ein Management braucht, ist trotzdem einfach zu beantworten: Jeder, dem die richtigen Geschäftsbeziehungen fehlen oder der eine Kontaktperson, einen Vermittler bzw. einen „Puffer" zwischen sich und den verschiedenen Geschäftspartnern, Bittstellern, Medien und Fans braucht; jeder, der die Übersicht über die Ausführung der Arbeit der Vertragspartner behalten und jeder, der neue Geschäfte angehen und brachliegendes Potential zum Einsatz bringen will. Mit anderen Worten: Jeder, der sich nicht als Organisationsgenie versteht und der lieber Musik machen möchte als Bücher zu führen und die Karriere allein in die richtigen Bahnen zu lenken. Manchmal muss der Manager ein Babysitter, manchmal ein Freund sein. Immer aber ist der Manager als kreativer Geschäftsmann gefordert. Ein klar umrissenes Berufsbild „Manager" existiert nicht. Deshalb möchten wir anhand amerikanischer Beispiele eine Art Phantombild zeichnen.

In Amerika und vielen anderen Ländern findet man hauptsächlich zwei Arten von Managern in der Musikbranche. Ihre Funktionen überschneiden sich bisweilen, und in vielen Verträgen bietet ein Manager an, sämtliche Tätigkeiten zu übernehmen. Der bekannteste Prototyp eines Managers ist der „Personal Manager". Er kümmert sich um alle Facetten des Geschäftslebens. Oft nimmt er auch großen Einfluss auf künstlerische Bereiche wie Styling und Repertoire und auch auf das Privatleben des Künstlers, besonders bei unbekannten Künstlern. Der Manager muss wissen, was auf dem Markt gefragt ist und wie man dies möglichst kompromisslos erreicht. Seine Aufgabe ist oft undankbar: Geht es mit der Karriere bergauf, liegt es am Talent des Künstlers; geht es bergab, trägt der Manager die Schuld. Er muss oft harte Entscheidungen treffen und in die Personalstruktur einer Gruppe eingreifen.

Was der Manager in der Regel nicht ohne weiteres gleichzeitig sein sollte, ist wirtschaftlicher Produzent, Verleger oder Agent des Künstlers. Abgesehen von der Tatsache, dass der Manager, wenn er seine Arbeit richtig macht, ohne ein großes Team keine Zeit für die professionelle Ausführung dieser Tätigkeiten hat, führen solche Mehrfachfunktionen häufig zu Interessenkonflikten. Der Manager sollte aber nur die Interessen des Künstlers wahrnehmen. Als Produzent oder Agent laufen seine Interessen denen des Künstlers wenigstens im wirtschaftlichen Sinne oft entgegen. Verliert der Manager in der Rolle als Produzent o.ä. durch den Misserfolg einer Platte oder einer Tournee sein Interesse an dem Künstler, kann er kaum noch mit der notwendigen Hingabe und Energie die Karriere des Künstlers als sein Manager fördern. Dann hat der Künstler niemanden mehr auf seiner Seite, der sich mit Engagement für ihn einsetzt. Auch kann der Misserfolg natürlich ein Indiz dafür sein, dass der Manager sich mit einer oder mehreren seiner Aufgaben schlicht übernommen hat. Ist der Künstler aber durch mehrere, womöglich langfristige Verträge an den Manager in seinen verschiedenen „Zusatzfunktionen" gebunden, wird es umso schwieriger, die gescheiterte Geschäftsbeziehung wieder zu lösen. Solche Konstellationen sollten daher nur in Ausnahmefällen angestrebt werden. Allerdings ist es so, dass die seit einigen Jahren populären „360°-Verträge" häufig zwar im Kern Tonträgerverträge sind, aber häufig auch Elemente von Management-Verträgen enthalten.

Obwohl Verträge im Detail erst später besprochen werden, ziehen wir hier sechs wichtige Fragen vor, die sich jeder Künstler stellen sollte, wenn ihm ein Personal Manager einen Vertrag anbietet:

- Wozu verpflichtet sich der Manager im geschriebenen Vertrag, wer sind seine anderen bzw. früheren Klienten und was ist sein beruflicher Hintergrund?
- Was kann der Künstler tun, wenn der persönliche Manager seine Aufgaben nicht erfüllt?
- Wie lange läuft der Vertrag? Wenn etwas schief geht, können drei Jahre eine Ewigkeit sein.
- Welche Kosten muss der Künstler tragen? Darf der Manager im Namen des Künstlers Kosten verursachen?
- Was muss der Künstler dem Manager zahlen? Weniger als 15 Prozent sind absolut unüblich, alles über 20 Prozent kann man als teures Management verstehen und 30 Prozent grenzen an Sittenwidrigkeit, jedenfalls wenn sie auf alle Brutto-Einnahmen kalkuliert werden.

Die andere Manager-Gattung ist der Business Manager. Er sorgt für das rein Geschäftliche. Er führt die Bücher, kalkuliert Tour-Budgets, kümmert sich um Rechnungen, verwaltet das Vermögen des Künstlers, kassiert einkommende Gelder, prüft Abrechnungen und führt Buchprüfungen durch. Der Business Manager ist oft Buchhalter, Steuerberater oder Wirtschaftsprüfer. Für seine Tätigkeiten erhält er in der Regel etwa 5 Prozent der Bruttoeinnahmen des Künstlers. In vielen Fällen, besonders bei neuen Künstlern, ist es wirtschaftlich noch nicht sinnvoll, neben dem Personal Manager noch einen Business Manager einzuschalten. Übernimmt der Personal Manager zunächst auch die Aufgaben des Business Managers, wird er die entsprechenden Aufgabenbereiche regelmäßig auf Dritte delegieren. In diesem Fall sollte schon im Vertrag geregelt werden, wer die Kosten dafür trägt und dass beim Erreichen eines bestimmten Umsatzes der Personal Manager diese Verantwortlichkeit an einen qualifizierten Business Manager abgibt – möglicherweise auch mit einer entsprechenden Verringerung seiner Beteiligung.

6.3 Was darf der Manager vom Musiker erwarten?

Bevor ein Manager entscheidet, ob er einen Künstler „unter Vertrag nimmt", braucht er eine Reihe von Informationen über ihn. Der erste Eindruck entscheidet meistens, ob man überhaupt miteinander klarkommt; am aufschlussreichsten ist jedoch das ausführliche Gespräch. Der Künstler muss daher professionell auftreten, ob am Telefon, auf der Bühne, bei einer Party oder im Büro. Der Manager muss spüren, dass der Künstler zielstrebig arbeitet und seine Arbeit ernst nimmt. Das drückt sich im Auftreten und auch im Verhalten des Künstlers aus. Wie man etwas sagt, ist fast so wichtig wie das, was man sagt. Unsicherheiten, Schwindeleien oder Angeberei entgehen einem erfahrenen Manager sicherlich nicht.

Spätestens für das erste persönliche Gespräch sollte der Künstler ein Info-Paket für den Manager zusammenstellen. Dieses kann so aussehen wie das, das man vielleicht schon für Plattenfirmen oder Veranstalter erstellt hat. Auf jeden Fall sollte es folgendes enthalten:

- Ein Anschreiben, in dem der Künstler kurz und bündig erzählt, wer er ist, warum er den Manager anspricht und wie er auf ihn gekommen ist. Natürlich dürfen Kontaktdaten wie Adresse, Telefonnummer und Email-Adresse des Künstlers nicht fehlen.
- Einige Fotos (18 x 24). Ob schwarz/weiß oder farbig ist nicht wichtig, es sollten aber keine Schnappschüsse sein. Technisch und ästhetisch gute Fotos müssen nicht unbedingt teuer sein, sind aber fast immer eine gute Investition. Wichtig ist, dass sich der Künstler hier auch so darstellt, wie er sich selbst sieht.
- Eine Biographie – knapp geschrieben und ohne Übertreibungen. Eine kurze Beschreibung des Künstlers und seiner Musik, seiner bisherigen Entwicklung/Karriere (etwaige Veröffentlichungen, Live-Gigs) und seiner Ziele genügen.
- Alle verfügbaren Rezensionen aus Print- und Onlinemedien etc.
- Eine Demo-CD mit den besten Songs des Künstlers oder natürlich auch ein fertiges Album (wenn schon vorhanden). Die meis-

ten Musiker haben heute auch schon zu einem frühen Zeitpunkt Internet-Seiten und Profile in Communities wie facebook oder MySpace – solche Angaben gehören natürlich auch in das Paket.

Am wichtigsten aber sind die persönlichen Gespräche, die der Künstler mit einem Manager führt. Auf dessen Fragen sollte er gut vorbereitet und von vornherein auf alles gefasst sein. Ist das Erstgespräch positiv verlaufen und zeigt sich der Manager am Künstler interessiert, schließen sich weitere Gespräche an, in denen die mögliche Zusammenarbeit erörtert wird. Diese können sich über mehrere Wochen hinziehen. Sie werden erst abgeschlossen, wenn alle Fragen des Managers und des Künstlers beantwortet sind. Erst dann wird der Manager einen Vertrag unterschreiben wollen. Hat er es eilig und möchte auf derartige Gespräche verzichten, ist Vorsicht geboten. Parallel zu den Gesprächen informiert sich der Manager bei anderen über den Künstler. Im Verlauf der weiterführenden Gespräche bietet sich dem Künstler die Gelegenheit, dem Manager selbst Rede und Antwort zu stehen. Wie vollständig und ehrlich er antwortet und wie realistisch er seine Karrierechancen einschätzt, bestimmt das Urteil des Managers. Gute Vorbereitung ist unerlässlich.

Checkliste: Neun Fragen an den Künstler

Die wichtigsten Fragen, die der Manager stellt, lauten in der Regel:

1. Welchen Ruf und welches Image genießt der Künstler in der Industrie? Die Meinung von Veranstaltern, A&R-Managern, Verlegern und anderen Managern bestärkt oder entmutigt den Manager. Gilt der Künstler als schwierig, muss dies nicht immer nachteilig sein, es kann auch als Zeichen für Genauigkeit und Zielstrebigkeit interpretiert werden. Lautet das Urteil aber „unzuverlässig" oder „schlampig", so wird der Manager sich zurückziehen. Dies gilt übrigens auch umgekehrt.
2. Über welche Marktpräsenz verfügt der Künstler? Der Manager kennt sich sicherlich mit den aktuellen Charts aus und verfolgt die Musik- und Publikumspresse genau. Auch die Airplay-

Charts und -Playlisten kennt er hoffentlich. Sollte der Künstler noch keine Marktpräsenz entwickelt haben, wird die Arbeit des Managers schwieriger und meistens auch teurer, was möglicherweise sein Interesse mindert. Die meisten Profi-Manager suchen keine neuen risikobehafteten Investitionsgelegenheiten. Man sollte also nicht auf einen Manager warten, um die eigene Karriere zu starten. Die Verantwortung liegt beim Künstler, und je weiter er es selbst bringt, umso positiver reagiert der Manager auf ihn.

3. Wie passt der Künstler in die aktuellen Trends? Diese Frage wird eher einen Pop- oder Rock-Künstler als einen Konzertpianisten oder Opernsänger betreffen. Gibt es einen Markt für seine künstlerische Darbietung? Gibt es dafür eine Nachfrage oder kann diese geschaffen werden? Ist der Künstler in der Vergangenheit hängen geblieben oder sind sein Repertoire und Image aktuell? Wie steht er im Vergleich mit anderen, um dasselbe Publikum konkurrierenden Acts da? Zeichnet er sich durch Originalität aus oder kopiert er einfach andere Stars? Bringt er etwas Neues?
4. Warum wendet sich der Künstler ausgerechnet an diesen Manager? Steht ein unbekannter, aufstrebender Künstler vor ihm, weiß der Manager, welches Anliegen der Künstler hat. Aber er will auch wissen, warum er sich ausgerechnet an ihn als Manager wendet – aus Verzweiflung oder aus informierter und gezielter Planung? Folgt er einer Empfehlung, und kennt der Künstler den Ruf des Managers?
5. Wie sieht der Künstler sich selbst? Wie beurteilt er sein Image, sein Repertoire und sein Können, welche Ziele und Träume hat er, was will er in welchem Zeitraum erreichen? Hat er das Zeug dazu? Oft zählt die Willensstärke, also das unwiderstehliche Bedürfnis „es zu schaffen", mehr als das eigentliche Können. Will ein Künstler unbedingt ein Star werden, entwickelt er auch die nötige Ausdauer und ein dickes Fell. Der Manager muss die wahre Persönlichkeit des Künstlers kennen lernen.
6. Über welche Erfahrung verfügt der Künstler? Der Manager will alles über die Live- und Studio-Erfahrung des Künstlers wissen. Mit wem hat er gearbeitet, wo, wie, wann und warum?

Er will hören, was der Künstler daraus gelernt hat und wie er die Erfahrung bewertet. Auch das musikalische Repertoire will er natürlich kennenlernen. Ist es Eigenmaterial? Wer in der Gruppe komponiert, wer textet? Welche fremden Songs wurden aufgenommen?

7. Bestehen schon Verträge? Hat der Künstler schon andere Vereinbarungen unterschrieben, sei es mit einem anderen Manager, einer Plattenfirma, einem Produzenten, einem Verlag oder einem Sponsor, sollte er den Manager darüber bereits im Erstgespräch aufklären. Auch für bereits abgelaufene bzw. beendete Verträge interessiert sich der Manager, weil sich aus ihnen oft über die Vertragslaufzeit hinaus noch Pflichten ergeben.
8. Wie sieht die rechtliche Situation des Künstlers/der Gruppe aus? Gibt es einen Gesellschaftsvertrag? Was passiert, wenn Mitglieder ausscheiden? Wie wird das Vermögen bei Ausstieg oder Auflösung verteilt? Wem gehört der Name der Gruppe? Ist er als Marke eingetragen? Ist der Künstler bzw. die Gruppe ausreichend versichert (Künstlersozialversicherung)? Ist der Künstler Mitglied in Verwertungsgesellschaften (GEMA, GVL)? Betreibt er eigene Unternehmen – Verlag, Produktionsfirma, Plattenlabel? Wenn ja, wie sind diese strukturiert? Arbeitet der Künstler mit bezahlten Begleitmusikern? Zu welchem Preis? Sind sie an den Einkünften des Künstlers beteiligt?
9. Wie sieht die wirtschaftliche Situation des Künstlers aus? Der Manager will in erster Linie wissen, über welche Aktiva der Künstler verfügt. Dazu zählen nicht nur Geld, sondern auch Instrumente, PA, Studiogeräte und dergleichen. Außerdem fordert der Manager natürlich auch Klarheit hinsichtlich etwaiger geschäftlicher und privater Schulden des Künstlers. Führt der Künstler seine Bücher sorgfältig? Wahrscheinlich fordert der Manager Einsicht in die Buchhaltung und die Steuerbescheide der letzten Jahre, um die Zusammensetzung und Entwicklung seiner Einkünfte zu analysieren. Kann sich der Künstler den gewünschten Manager überhaupt leisten?

6.4 Was darf der Musiker vom Manager erwarten?

Gehen wir also davon aus, dass ein Künstler oder eine Gruppe einen professionellen Manager engagieren will. Egal aus welchem Grund der Künstler diese Entscheidung trifft, ob als etablierter Superstar oder als namenloser Unbekannter, es gibt gewisse Anzeichen für die Professionalität und Seriosität eines Managers. Den besonders eiligen „Managern" sollte man mit größter Vorsicht begegnen. Oft sprechen derartige Manager den Künstler nach einem Konzert an und ziehen sogleich einen Vertrag aus der Tasche. Einem Anfänger, noch „high" von seinem Bühnenerfolg, erscheint solch ein Angebot oft sehr verlockend. Leider bringt dies in der Regel nichts als Ärger und birgt zudem die Gefahr krasser Übervorteilung oder, schlimmstenfalls, regelrechten Betrugs. Ein unlauterer Manager drängt den Künstler zu umgehendem Vertragsabschluss und verspricht schnelle Erfolge. Er verharmlost bestehende Probleme und schlägt unrealistische, geradezu traumhafte Strategien vor („Ich bring` dich ganz groß raus!") und entpuppt sich dann früher oder später doch als Reinfall. Hier gibt es viel Unrühmliches zu berichten, wie z.B. den Fall einer erfolgreichen deutschen Gruppe, deren Manager die Auftrittsgagen vom Veranstalter kassierte, den Künstlern hinterher manipulierte Verträge präsentierte, ihnen einen Kleckerbetrag auszahlte und sich den größten Teil der Künstlergage selbst in die Tasche steckte.

So schlimm muss es nicht kommen. Aber für den Künstler ist es wahrlich schon schlimm genug, wenn der Manager die angeblichen guten Beziehungen, die ihn für den Künstler so attraktiv gemacht haben, tatsächlich gar nicht hat.

Ein seriöser Profi dagegen lässt Vorsicht walten. In aller Ruhe studiert er den Künstler. Er schenkt seinen Bedürfnissen besondere Aufmerksamkeit. Natürlich berichtet der Manager auch über sich selbst und seine Erfahrungen, garantiert aber nicht den schnellen Erfolg, sondern bietet seine Mitarbeit an einem langfristigen und strukturierten Aufbauprozess an. Und die Hauptsache: Er verlangt keine Unterzeichnung des Vertrags, bevor der Künstler nicht alle Punkte mit einem Rechtsanwalt abgeklärt hat, denn wenn die Zusammenarbeit nicht von vornherein vertrauensvoll beginnt, wirkt sich das später oftmals verheerend aus.

Bevor der Künstler mit einem potentiellen Manager ernsthafte Gespräche aufnimmt, sollte er über einige Punkte mit sich im Reinen sein: Er muss seine eigenen Ziele fest vor Augen haben. Will er Konzertpianist werden oder Erfolg in den Popcharts haben? Strebt er nach künstlerischer Anerkennung oder nach möglichst großem Umsatz? Will er überhaupt live arbeiten oder nur in Studios? Die Antworten auf diese Fragen bestimmen die Erwartungen des Künstlers an den Manager. Anderenfalls ist es nicht sinnvoll, in ernsthafte Verhandlungen einzusteigen. Aus welchen Gründen möchte der Künstler ausgerechnet diesen Manager engagieren? Aufgrund seines Rufes in der Branche, einer persönlichen Empfehlung oder einfach durch Zufall? Verfügt dieser Manager tatsächlich über die Fähigkeiten und Verbindungen, nach denen die besondere Situation des Künstlers verlangt?

Steht der Künstler endlich mit einem potentiellen Manager in Verhandlung, darf er nicht aus Freude hierüber den Kopf verlieren. Fühlt man sich dem potentiellen Manager auch nahe: Emotionen dürfen bei der Entscheidung keine Rolle spielen. Das Hauptkriterium ist vielmehr, ob der Manager der Richtige für die gegebene Situation ist.

Checkliste: Sieben Fragen an den Manager

Ein Künstler sollte sich nicht genieren, auch die folgenden Fragen zu stellen. Ein seriöser Manager verweigert solche Auskünfte in der Regel nicht:

1. Welche Ausbildung hat der Manager? Zwar muss ein guter Manager nicht unbedingt Akademiker sein, doch eine höhere Bildung erweist sich oft als sehr hilfreich. In der angelsächsischen Welt z.B. finden sich unter den Top-Managern zunehmend Rechtsanwälte und Psychologen. Die Zahl der „Self-made-Manager“, die ihre Ziele durch Charme, Bluff und Drohungen erreichen, geht zunehmend zurück. Ein hoher Bildungsgrad weist auch auf einen gewissen Grad von Kommunikationsfähigkeit hin, die heute im Umgang mit sensiblen

Künstlern, ausgekochten Gaunern und verbissenen Rechtsanwälten absolut notwendig ist. Natürlich gibt es aber auch zahlreiche Ausnahmen, denn ein Diplom oder Examen allein bietet noch keine Garantie für Qualität.

2. Über wie viel Erfahrung verfügt der Manager? Erfahrung kann ein wesentlich besserer Indikator sein als Ausbildung. Dem frischgebackenen Rechtsanwalt mangelt es höchstwahrscheinlich genau wie dem besten Freund des jungen Künstlers an den notwendigen Kontakten. Der erfahrene Manager sollte über diese Kontakte verfügen. Welche Künstler hat er bisher betreut? Welche Erfolge konnten sie mit seiner Hilfe erzielen? Betreut er aktuell auch erfolgreiche Künstler? Ein Manager, der zuletzt vor vielen Jahren einem Künstler zu vorübergehendem Erfolg verhelfen konnte, kämpft auch um sein eigenes Comeback. Will er den neuen Künstler nur dafür benutzen? Kennt er trotz der hohen Personalfluktuation in der Musikindustrie noch die richtigen Leute? Ob ein Superstar einen Berater und Koordinator seiner verschiedenen künstlerischen Aktivitäten engagiert oder ob eine junge Gruppe jemanden sucht, der ihr zu Gigs verhilft: In beiden Fällen ebnen hauptsächlich Erfahrung und Kontakte des Managers den Weg.
3. Welche Persönlichkeit hat der Manager? Obgleich für eine gute Zusammenarbeit Sympathie und Vertrauen notwendig sind, darf er nicht zu verständnisvoll reagieren oder Konflikten aus dem Weg gehen. Um sich in der Musikindustrie durchzusetzen, bedarf es einer gewissen Härte und Skrupellosigkeit. Gibt er klare Antworten? Macht er falsche Versprechungen? Verhält er sich dem Künstler gegenüber loyal? Genießt er Respekt in der Branche? Ein Manager muss aufdringlich sein. Als unerschöpfliches Energiebündel und Workaholic muss er sich gegen viele sehr egozentrische Leute durchsetzen. Also realistisch sein! Man sollte keinen Engel suchen, den man sowieso nicht findet. Aber auch mit dem Teufel muss man keine Geschäfte machen.
4. Wie sieht der Manager den Künstler? Das Bild, das ein Manager vom Künstler hat, sollte einigermaßen mit dem des Künstlers von sich selbst übereinstimmen. Sieht der Künstler sich als den nächsten Marilyn Manson, während der Manager die

Karriere eines neuen Heino vorbereitet, bleibt die Katastrophe natürlich nicht aus. Hatte der Manager schon die Chance, den Künstler live zu sehen und zu hören, fragt man ihn am besten nach seinem Urteil und nach Verbesserungsvorschlägen.

5. Wie kann ein Manager dem Künstler zu Erfolg verhelfen? Ein Manager verspricht oft viel: Gigs, einen Plattenvertrag, Fernsehauftritte und Reichtum. Die Erreichbarkeit dieser Ziele hängt vom Talent des Künstlers, aber auch vom Einfluss und der Macht des Managers und nicht zuletzt vom Glück ab. Trotzdem muss ein durchdachter Plan, eine konkrete Strategie vorliegen. Bei allen Versprechungen des Managers muss der Künstler nach dem genauen Realisierungskonzept fragen. Je genauer die Antwort ist, desto größer sind die Erfolgschancen. Dadurch lernt er auch den Arbeitsstil des Managers kennen. Wird der Künstler mit diesem Stil leben und arbeiten können?
6. Gibt es mögliche Interessenkonflikte? Die Dienste eines Managers sind selten exklusiv. Er wird fast immer für mehrere Künstler gleichzeitig arbeiten. Wird er für den neuen Künstler genug Zeit haben? Arbeitet er womöglich parallel für einen direkten Konkurrenten des Künstlers oder betreut er einen anderen Künstler, der so erfolgreich ist, dass ihm für andere Aufgaben realistischerweise nicht genügend Zeit bleibt?
7. Wie sieht die Bezahlung des Managers aus? Bei neuen Künstlern muss ein Manager mit erheblichen Investitionen rechnen. Ist er bereit, auf sein Geld zu warten, bis der Künstler ein vernünftiges Einkommen hat? Die meisten Manager verlangen für ihre Dienste zwischen 15 und 25 Prozent des Bruttoeinkommens (Gesamtbrutto abzüglich Umsatzsteuer) des Künstlers. Nicht wenige wollen möglichst bald ihr Geld sehen. Ein Zeichen für Souveränität – und damit eine gute Eigenschaft für einen Manager – ist es, wenn der Manager bereit ist, für eine bestimmte Probezeit umsonst oder für einen geringen Fixbetrag zu arbeiten und sich in dieser Zeit zu bewähren.

In der Regel wollen Manager ihre Prozente vor Abzug der Kosten (z.B. im Livegeschäft: Tourmusiker, Kfz Miete etc.). Hier bedeutet „Alles" das ganze Einkommen aus den künstlerischen Aktivitäten und aus der Unterhaltungsindustrie. Ob und zu welchem Anteil z.B. Verlags- und/oder GEMA-Einkünfte dazu gezählt werden, hängt von mehreren Faktoren ab: Muss der Künstler dem Manager auch einen Anspruch auf eine Beteiligung an dem Einkommen einräumen, das er ohne Hilfe des Managers verdient? Betreibt der Künstler ein eigenes Plattenlabel, dann hat zwar der Business Manager in der Regel hiermit zu tun, aber auch der Personal Manager? Wenn dem Künstler aufgrund seiner Musik-Karriere Schauspielrollen angeboten werden: Soll der Manager sich auch um diese Aktivitäten kümmern und an ihnen mitverdienen? Es gibt unzählige Möglichkeiten, die Vergütung auf die jeweilige Situation hin richtig zu definieren. Man darf nicht erwarten, dass der Manager leicht nachgibt, denn auch er will möglichst viel verdienen.

7 Verwertungsgesellschaften

7.1 Die GEMA

Die GEMA (Gesellschaft für musikalische Aufführungs- und mechanische Vervielfältigungsrechte) ist ein Verein kraft staatlicher Verleihung, der den Schutz des Urhebers und die Wahrnehmung seiner Rechte als Vereinszweck in ihrer Satzung festgeschrieben hat. Mit anderen Worten: Die GEMA arbeitet im Auftrag für Komponisten, Textdichter, Bearbeiter und Verleger, die ihre Mitglieder sind. Sie tut dies, indem sie die Rechte an Musikwerken treuhänderisch verwaltet, die ihr von ihren Mitgliedern und Dritten zur Verwertung übertragen wurden. Das heißt, die GEMA nimmt das Inkasso für alle Arten von Aufführungs-, Sende- und mechanischen Vervielfältigungsrechten, Online-Rechten usw. wahr und verteilt die vereinnahmten Gelder nach Abzug ihrer Verwaltungskosten auf Basis des GEMA Verteilungsplans als Tantiemen an die Berechtigten.

In Ländern mit Urheberrechtsgesetzen gleichen sich diese Organisationen. 51 von ihnen aus 54 Ländern (Stand 2010) haben sich in dem Dachverband BIEM (Bureau International des Societés gerant les Droits d`Enregistrement et de Production Mecanique) mit Sitz in Neuilly-Sur-Seine, Frankreich, zusammengeschlossen. In Amerika gibt es unterschiedliche Gesellschaften für die Wahrnehmung von mechanischen Vervielfältigungsrechten (AMRA, American Mechanical Rights Agency, Inc. und Harry Fox Agency) und Aufführungsrechten (ASCAP, American Society of Composers, Authors and Publishers und BMI, Broadcast Music Inc.), in England die PRS (Performing Rights Society), in Holland BUMA und STEMRA, in Polen ZAIKS usw. Sie verfolgen überall das gleiche Ziel: für ihre Mitglieder möglichst viel Geld von denen zu sammeln, die die Musik verwerten. Ohne die GEMA und ihre Schwestergesellschaften müsste jeder Komponist, Textdichter oder Musikverlag seine Rechte selbst wahrnehmen und einzeln dafür sorgen, dass er das Geld, welches ihm rechtmäßig zusteht, von Plattenfirmen, Rundfunk- und Fernsehsendern, Internet-Anbietern, Konzertveranstaltern etc. auf der ganzen Welt erhält. Dies ist aber selbst mit der Hilfe der GEMA oft schwierig genug.

2012 konnte die GEMA Gesamterträge von 820,2 Mio. € aus allen Einnahmequellen sammeln. Auf den Bereich Rundfunk und Fernsehen entfielen hiervon 260,8 Mio. €, mechanische Musik 129,69 Mio. €, lebende Musik 89,1 Mio. €, Tonträger- und Bildtonträgervervielfältigung gesamt 127,78 Mio. € Hinzu kamen noch Erträge aus Vermietung, Verleih, Online- und Ruftonauswertung.

Für die Nutzung deutscher Copyrights im Ausland zahlten die ausländischen Verwertungsgesellschaften 2012 etwa 67,46 Mio. € an die GEMA. Für die Finanzierung ihres Verwaltungsaufwandes und der Gehälter ihrer Angestellten benötigte die GEMA 2011 rund 65 Mio €. 56.690 berechtigte Komponisten, Texter und Bearbeiter, 5.139 Verleger und 3.893 Rechtsnachfolger waren im Jahr 2011 Mitglieder der GEMA.

Die GEMA ist teuer und in vielen Punkten kritikwürdig. Wegen der aktuell vorläufig beigelegten Streitigkeiten um drastische Erhöhungen der Tarife im Veranstaltungsbereich wurde sie unlängst als „Totengräberin der Musik" apostrophiert (Welt Online). Der über Jahrzehnte immer weiter gewachsene GEMA-Apparat verschlingt einen erheblichen Anteil der von der GEMA vereinnahmten Tantiemen. Der alte Streit um die Verteilungsgerechtigkeit zwischen den unterschiedlichen Mitgliederkategorien und aktuelle Negativschlagzeilen wegen massiver Abrechnungsbetrügereien, an denen GEMA-Mitarbeiter mitgewirkt haben sollen, können aber in diesem Rahmen nicht ausführlich behandelt werden. Uns interessieren hier hauptsächlich die Grundsätze: Wie gelangt die GEMA an ihr Geld und was passiert mit den Einnahmen?

a) Die GEMA - Mitgliedschaft

Wer sich dafür entscheidet, die Wahrnehmung seiner Verwertungsrechte von der GEMA vornehmen zu lassen, muss erst einmal einen Aufnahmeantrag stellen, um Vereinsmitglied zu werden. Der Aufnahmeantrag kann im Internet unter www.gema.de heruntergeladen werden. Die GEMA unterscheidet für Komponisten, Textdichter und Verleger zwischen verschiedenen Arten der Mitgliedschaft, an die unterschiedliche Mitspracherechte geknüpft sind:

- angeschlossene Mitglieder (2013: rund 54.000)
  Voraussetzung hierfür ist nur die Unterzeichnung des Berechtigungsvertrag, die Übersendung der notwendigen Anmeldeunterlagen und die Zahlung der Gebühr. s u. Die angeschlossenen Mitglieder sind keine echten Mitglieder und dürfen daher auch nicht an der Mitgliederversammlung teilnehmen, werden dort aber genau wie die außerordentlichen Mitglieder durch gewählte Delegierte vertreten.

- außerordentliche Mitglieder (2013: über 6.000)
  Voraussetzungen:
  - Komponisten müssen fünf Originalmanuskripte oder deren Ablichtungen von bereits öffentlich aufgeführten, gesendeten oder auf Ton- oder Bildtonträger vervielfältigten und verbreiteten Werken in Form von Partituren, Klavierauszügen oder anderen geeigneten Unterlagen einreichen
  - Textdichter müssen fünf ausschließlich selbst verfasste Texte einreichen

- ordentliche Mitglieder 2011: 3.448
  Voraussetzungen: fünfjährige außerordentliche Mitgliedschaft; Komponisten und Textdichter müssen in fünf aufeinanderfolgenden Jahren sowohl ein Mindesteinkommen von insgesamt 30.000 als auch jährlich in vier aufeinanderfolgenden Jahren mindestens 1.800 € erreicht haben. Sie sind stimmberechtigt in der Mitgliederversammlung. Auf die ordentlichen Mitglieder entfielen 2009 63 Prozent der Beteiligung an den GEMA-Ergebnissen.

Die Mitgliedschaft berechtigt Komponisten, Textdichter und Verleger dazu, Tantiemen von der GEMA zu beziehen. Die Aufnahmegebühr beträgt 51,13 € für Künstler. Der Beitretende verpflichtet sich auch, einen jährlichen Kostenbeitrag von 25,56 € zu zahlen. Er ist während der Dauer seiner Mitgliedschaft verpflichtet, sämtliche von ihm komponierten Werke bei der GEMA anzumelden.

b) Der Berechtigungsvertrag und die Rechtewahrnehmung

Um Mitglied zu werden, müssen Antragsteller den Berechtigungsvertrag in der aktuellen Fassung unterschreiben. Die GEMA darf wegen ihrer Monopolstellung niemandem die Aufnahme verwehren.

Der wichtigste Gegenstand des Berechtigungsvertrages ist die umfassende Übertragung von Verwertungsrechten, die die GEMA dann treuhänderisch für den Urheber wahrnimmt. Dies bedeutet, dass die GEMA frei über die Rechte verfügen kann und den Urhebern gegenüber nur zur Weiterleitung der Tantiemen verpflichtet ist. Übertragen werden vor allem die in den §§ 16 ff. UrhG genannten Verwertungsrechte – mit einigen bedeutenden Ausnahmen. Jedes Mal, wenn eine neue Nutzungsart hinzutritt, muss der GEMA-Berechtigungsvertrag angepasst werden, da die Rechte ansonsten nach dem Zweckübertragungsgrundsatz (vergleiche Kapitel 18.4 b) beim Urheber verbleiben würden. Die wirtschaftlich bedeutendsten Rechtewahrnehmungen betreffen das Senderecht, das Aufführungsrecht und das für die Tonträgererstellung erforderliche „mechanische Recht", also das Vervielfältigungs- und Verbreitungsrecht. In jüngster Zeit gewinnen die Rechte im Zusammenhang mit dem Internet und mobilen Endgeräten stark an Bedeutung, was sich aber bisher in der Vergütung der Rechteinhaber noch kaum niederschlägt.

Einige Rechte werden von der GEMA nicht wahrgenommen. Hierbei handelt es sich z.B. um das „große Recht" der bühnenmässigen Aufführung dramatisch-musikalischer Werke. Hiermit sind z.B. Opern gemeint. Hier ist eine kollektive Rechtewahrnehmung nicht notwendig, weil der Kreis der Nutzer überschaubar ist und der Urheber bzw. sein Verlag diese Rechte direkt vergibt. Auch ist die GEMA nicht zuständig für die Vergabe von Bearbeitungsrechten. Da bei der Bearbeitung das Werk verändert wird, ist das Urheberpersönlichkeitsrecht betroffen und es muss im Einzelfall die Zustimmung des Urhebers bzw. seines Verlages eingeholt werden. Eine Doppelrolle spielen hier die Klingeltöne. Für diese gibt es zwar einen GEMA-Tarif, daneben muss aber zusätzlich auch noch der Urheber bzw. sein Verlag zustimmen – was diese sich natürlich bezahlen lassen. Die massenhafte Verwendung von Musikwerken auf Internet-Plattformen wie YouTube hat zum Streit zwischen den Betreibern dieser Plattformen und der GEMA geführt. Nachdem man sich nach langen Verhandlungen nicht auf ein Vergütungsmodell für das Abspielen von Videos einigen konnte, hat die GEMA die Verhandlungen im Mai 2010 abgebrochen. Auch trotz mehrerer gerichtlichen Auseinandersetzungen und eines Urteils vor dem Landgericht Hamburg im April 2013 ist ein Ende der Debatte derzeit (Herbst 2013) noch nicht in Sicht. Dies ist die Hauptursache dafür, dass in Deutschland derzeit 61 % aller Youtube-Videos nicht erreichbar sind.

Im Berechtigungsvertrag mit übertragen ist auch das Filmherstellungsrecht. Allerdings besteht die – regelmäßig genutzte – Möglichkeit, dieses Recht, sobald eine entsprechende Anfrage eingeht, binnen vier Wochen zurückzurufen und es selbst wahrzunehmen (vergleiche § 1 (1) des GEMA-Berechtigungsvertrages).

Auch vertragliche Ausnahmen von der umfassenden Rechtewahrnehmung sind möglich – so hat z.B. der Musikverlag Freibank in Hamburg das Recht der mechanischen Vervielfältigung und Verbreitung für einige seiner Autoren aus dem Berechtigungsvertrag ausgeklammert und nimmt diese Rechte gegenüber den beteiligten Tonträgerfirmen selbst wahr. Auch haben sich in den letzten Jahren zahlreiche Urheber geweigert, bestimmte neue Verwertungsformen z.B. im online- oder Klingeltonbereich der GEMA im Rahmen der Vertragsergänzungen einzuräumen, weil sie diese Rechte lieber selbst wahrnehmen möchten.

c) Die Werkanmeldung

GEMA-Mitglieder sind verpflichtet, sämtliche von ihnen verfasste Werke anzumelden. Eine Auswahl dürfen sie nicht treffen. Ansonsten bestünde die Gefahr, dass Komponisten für einzelne Werke direkt mit den Verwertern an der GEMA vorbei bessere Bedingungen aushandeln könnten. Für die Werkanmeldung gibt es auf der Internetseite der GEMA Formulare zum Download. Seit 2008 können Mitglieder ihre Werke auch völlig papierlos online anmelden.

Die Anmeldung von Pop-Kompositionen ist unkompliziert. Es müssen die zentralen Informationen über den Titel, die ungefähre Spieldauer, den Komponisten und Textdichter und ggfs. den Musikverlag eingetragen werden. Haben mehrere den Titel gemeinsam komponiert bzw. den Text gemeinsam verfasst, muss man die Aufteilung der Urheberanteile auf einer Anlage zur Werkanmeldung notieren. Wird eine Bearbeitung angemeldet, muss vom Rechteinhaber eine Bearbeitungsgenehmigung eingeholt und der Anmeldung beigefügt werden.

d) Lizenzierung und Tarife

Wie oben schon erwähnt, sind viele Nutzungsformen von Musik „erlaubnispflichtig", das heißt, der Nutzer muss den Urheber um seine Genehmigung bitten, bevor er die Musik verwendet. Das Prinzip der Verwertungsgesellschaften funktioniert so, dass die Urheber ihnen diese Rechte zur Wahrnehmung einräumen, so dass sie diese dann an die Nutzer weiterreichen können. So ist es möglich, dass die Nutzer Zugriff auf ein sehr umfassendes Repertoire haben und zugleich durch die treuhänderische Geltendmachung der Vergütungsansprüche durch die GEMA eine effiziente Beitreibung der Gelder gesichert ist. So jedenfalls die Theorie.

Die Nutzer müssen für die Verwendung des GEMA-Repertoires eine Vergütung zahlen. Diese wird nicht willkürlich und im Einzelfall festgesetzt, sondern die GEMA hat für die einzelnen Nutzungsarten ein komplexes Tarifgeflecht ausgearbeitet, das ständig um neue Nutzungsarten ergänzt wird (so z.B. in den letzten Jahren die Online-Tarife). Die Tarifgruppen bilden die Nutzungsformen der in den §§ 16 ff. aufgezählten Verwertungsrechte ab.

Spiegelbildlich dazu wird auch der Wahrnehmungsvertrag regelmäßig um diese Nutzungsarten ergänzt. Einige der wichtigsten (und wirtschaftlich bedeutendsten) Nutzungsformen sind:

Abspielen und Aufführen
Hierunter fallen sämtliche Abspielvorgänge von Musik, sei es in Arztpraxen, Fitnessstudios oder im Kaufhaus, im Club oder vor einem Konzert. Die Berechnung erfolgt nach stark abgestuften Kriterien.

In einer Diskothek wird z.B. danach differenziert, ob die Musik live aufgeführt wird oder vom Band kommt, ob sie im Bistrobereich als Hintergrundmusik gespielt oder zur Beschallung der Tanzfläche verwendet wird. Bei Live-Veranstaltungen kommt es auf die Größe der Location in Quadratmetern und auf den Eintrittspreis an.

Die GEMA unterscheidet außerdem zwischen Veranstaltungen, die vor 22 Uhr, nach 22 Uhr und nach 24 Uhr stattfinden. Daneben gibt es bislang auch die Möglichkeit, über Jahrespauschalverträge abzurechnen. Hierbei sind je nach der Anzahl der Veranstaltungen Nachlässe von bis zu 50 Prozent auf die jeweiligen Vergütungssätze möglich. Allerdings müssen die Vergütungen dann im Voraus entrichtet werden (jährlich, halbjährlich oder vierteljährlich).

Auch für die Nutzung von GEMA-registrierter Musik auf Tonträgern muss der Veranstalter bzw. Kneipier, Boutique-Inhaber usw. eine Gebühr an die GEMA sowie an die GVL entrichten. Für ein Geschäftslokal bis 100 m2 Gast- oder Verkaufsraum sind bei Abschluss eines Jahresvertrages 125,10 € zu zahlen, wenn dort vervielfältigte CDs, MP3- Dateien u.ä. wiedergegeben werden. Bei der Wiedergabe von Orginal-CDs sind es nur 215,40 €. Die Wiedergabe von Hörfunk kostet 262,07 €.

Die GEMA veröffentlichte im April 2012 eine umfassende Reform der Aufführungstarife , die zum Januar 2013 in Kraft treten sollte. Geplant war eine Reduzierung von bislang elf Tarifstufen für Musikveranstaltungen auf künftig nur noch zwei: Es sollte nur noch zwischen Livemusik und Tonträgerwiedergabe unterschieden werden. Die Berechnung sollte ausschließlich anhand der Größe des Saals und des Eintrittspreises erfolgen. Hierdurch sollten, so die GEMA, 60 % der Veranstaltungen im Vergleich zu den bisherigen Gebühren entlastet werden. Außerdem sollte eine „Linearisierung" der Tarife an Stelle des bisherigen degressiven Systems treten. Dies betraf jedoch vornehmlich die Basistarife. Tatsächlich jedoch waren bei den neuen Tarifen erhebliche Zuschläge für Veranstaltungen mit Überlänge geplant: Für Veranstaltungen von mehr als fünf Stunden Dauer 50% und weitere 50% für Veranstaltungen von zusätzlichen 3 Stunden Dauer. Diese Tariferhöhungen hätten daher insbesondere Diskotheken und Clubs empfindlich getroffen. Nach Berechnungen des Deutschen Hotel- und Gaststättenverbandes DEHOGA wären gegenüber der Ausgangssituation Tarifsteigerungen um bis zu 2839 % möglich gewesen.

Die geplante Reform brachte der GEMA die wohl massivsten Proteste in ihrer Geschichte ein: Für eine Online-Petition wurden mehr als 200.000 Unterschriften gesammelt. In 14 Städten fanden Demonstrationen gegen die Tarifreform statt. Der niedersächsische Ministerpräsident David McAllister drohte damit, dass die Aufsicht über die GEMA dem DPMA entzogen und auf ein politisches Gremium übertragen werden könne.

Die GEMA verteidigte sich damit, dass die für Clubs geltenden Pauschaltarife oft viel zu niedrig gewesen seien, so dass durch die Tarifanpassung eine gerechtere Vergütung der Urheber und Verlage ermöglicht werden solle.

Auf die massiven Proteste hin hat die GEMA nach zähen Verhandlungen mit Verbänden wie der Bundesvereinigung der Musikveranstalter e.V. die Neustrukturierung teilweise zurückgenommen. Das Deutsche Patent- und Markenamt hat im Rahmen eines Schiedsverfahrens die Tariferhöhungen zunächst ausgesetzt und bestimmt, dass es bei der bisherigen Vielzahl an Tarifen bleiben müsse. Derzeit (Ende 2013) gilt eine Übergangsregelung.

Konzerte

Bei Konzerten, bei denen GEMA-Repertoire aufgeführt wird, sind an die GEMA nach Zuschauerzahl gestaffelte Prozentsätze der Bruttoumsätze abzuführen, wobei Mindestsätze gelten (z.B. € 34,80 bei bis zu 300 Personen). Bei Veranstaltungen bis zu 2.000 Besuchern sind 5,0 %, bei zwischen 2.000 und 15.000 Besuchern 7,2 % und bei Veranstaltungen mit über 15.000 Besuchern 7,65 % der Bruttoeinnahmen an die GEMA abzuführen. Zu den Bruttoumsätzen zählen nicht nur die Konzertkartenumsätze, sondern auch „sonstige geldwerte Vorteile", also z.B. steuerpflichtige Einkünfte aus Werbung und Sponsoring. Über diesen Punkt hatte die GEMA bei der Einführung der neuen Tarife mit den beteiligten Konzertveranstalterverbänden gestritten. Die Schiedsstelle des Deutschen Patent- und Markenamtes hatte aber die Einbeziehung dieser Einkünfte ausdrücklich festgestellt.

Ab 16 Veranstaltungen pro Jahr gewährt die GEMA 10 % Nachlass, ab 31 Veranstaltungen 14,5 %. Bei Benefizveranstaltungen wird gegen Nachweis ein Nachlass von 10% auf den anzuwendenden Tarif gewährt.

Wichtig ist, dass Konzerte im Vorfeld angemeldet werden. Die GEMA ist ansonsten berechtigt, doppelte Gebühren zu verlangen. Konzerte, bei denen kein GEMA-Repertoire aufgeführt wird, sind nicht Gebührenpflichtig. Hierüber muss der Veranstalter Beweis erbringen, indem er die aufgeführten Werke mit Komponisten und Textdichtern, die eben nicht GEMA-Mitglieder sind, benennt.

Herstellung/Vervielfältigung

Damit ist die Vervielfältigung aller möglichen Arten von Ton- und Bildtonträgern mit GEMA-Repertoire gemeint. Bei der Herstellung von Audio-CDs beträgt die Gebühr, vorbehaltlich des nachstehenden Absatzes, 13,75 Prozent des vom Hersteller veröffentlichten höchsten Abgabepreises für den Detailhandel (HAP), abzüglich Umsatzsteuer für den betreffenden Tonträger oder 10 Prozent vom EVP bei Einzellizenzierungen.

Wendet der Hersteller im Inland gebundene oder empfohlene Detailverkaufspreise an und werden diese Preise allgemein von der Öffentlichkeit bezahlt, wird die Vergütung mit 10 Prozent von diesen Preisen (ohne Mehrwertsteuer) berechnet. Die veröffentlichten höchsten Abgabepreise für den Detailhandel und die gebundenen oder empfohlenen Detailverkaufspreise bestimmen sich nach den am Tage der Tonträgerauslieferung geltenden veröffentlichten Preislisten.

Wenn der Hersteller nicht in der Lage ist, Preislisten zur Verfügung zu stellen, wird die Vergütung auf der Grundlage des ganz allgemein von den anderen inländischen Herstellern für die jeweilige Tonträgerkategorie praktizierten Preises (abzüglich Umsatzsteuer) festgelegt, es sei denn, der Hersteller hat rechtzeitig eine Vereinbarung über die Berechnung der Vergütung mit der GEMA getroffen, die im Ergebnis den vorstehenden Absätzen entspricht. Diese Regelung, angewandt auf die CD-Veröffentlichung eines Künstlers, die er wiederum auf Konzerten oder an den Handel zu einem Preis von 12,50 € verkauft, bedeutet, dass 1,25 € pro hergestelltem Tonträger an Lizenzen fällig werden – vorausgesetzt, das veröffentlichte Material ist GEMA-lizenzpflichtig. Ansonsten berechnet sich der Lizenzbetrag prozentual anteilig im Verhältnis des lizenzpflichtigen Repertoires zum Gesamtrepertoire.

Diese Regelung gilt nicht, wenn der Hersteller eine Vereinbarung mit der GEMA über die Berechnung der Vergütungen getroffen hat (den sogenannten GEMA-Herstellervertrag). Nahezu alle großen Vertriebe – die auch Hersteller sind – haben solche Vereinbarungen getroffen, ebenso alle Agenturen, über die man Tonträger herstellen lassen kann. Diese haben über ihre Verbände (VUT, IFPI, VDM) Rahmenverträge mit der GEMA geschlossen.

Damit gelten für die Hersteller gesonderte Konditionen für die Lizenzberechnung (9,009 Prozent Basislizenz vom HAP bzw. einen auf das jeweilige Format (CD, Single, etc) bezogenen Mindestlizenzsatz und Regelungen für Promotion- und Freiexemplare. Eines gilt es noch zu beachten: Sogenannte Promotion-Freiexemplare, also Tonträger, die nicht lizenziert werden, können nur beantragt werden, wenn die Fertigung über einen Hersteller mit GEMA-Herstellungsvertrag in Auftrag gegeben wurde.

Sendung/Web–Radio/Podcast

Rundfunk und Fernsehen zahlen ebenfalls jährliche Pauschalbeträge für das Senderecht. Die GEMA stellt anhand der von den Rundfunkanstalten gelieferten Programme die Zahl der Aufführungen fest. Als Aufführung wird eine Sendung durch BR, HR, NDR, RB, SR, SWR, WDR, RBB, Deutschlandfunk Köln und ZDF sowie durch Privatsender ab einer bestimmten Größe (mehr als 0,5 Mio. € Werbeeinnahmen pro Jahr) gerechnet. Die Tarife für die Sendung betreffen auch Webradio und Podcast.

Öffentliche Zugänglichmachung/Online-Vertrieb

Auch für den Online-Bereich stehen mittlerweile einige Tarife zur Verfügung, die nach der Art der Übertragung unterschieden

werden. Hierunter fallen z.B. Hintergrundmusik auf Internet-Seiten, Ruftonmelodien, Audio- und Video-on-Demand und Pre-Listenings. Für die Bereitstellung von Music on Demand mit Download bemisst sich der GEMA-Gebührensatz beispielsweise mit 15 Prozent der Vergütungsgrundlage.
GEMA-Mitglieder, die ihr eigenes Repertoire via Streaming auf den eigenen Internet-Seiten präsentieren, können dies – nunmehr unbefristet – unter engen Voraussetzungen kostenlos tun. Hierzu zählt z.B., dass über die Seite keine Einkünfte erzielt werden und dass auf der Seite selbst oder einer verlinkten Seite kein E-Commerce betrieben werden darf.
Zahlreiche Lizenzen, z.B. für Webradio und Podcasts, aber auch für bestimmte Vervielfältigungsvorgänge, können mittlerweile im GEMA-Lizenzshop auch online erworben werden.

e) Die Verteilung der Lizenzeinnahmen

Entsprechend der Differenzierung bei den GEMA-Tarifen gibt es auch bei der Verteilung der Lizenzeinkünfte ein abgestuftes System. Es findet sich in dem auch online zugänglichen jeweils aktuellen GEMA-Verteilungsplan. Wo es einen Verteilungsplan gibt, da gibt es allerdings auch Verteilungskämpfe. Von den zahlreichen Einzeltarifen wollen wir zwei zentrale, die Vervielfältigung und Verbreitung („mechanisches Recht") und die öffentliche Aufführung, herausgreifen. In beiden Bereichen hat die GEMA 2005 einen Sieg in den Verteilungskämpfen verzeichnen können.

Die Höhe des Lizenzsatzes für die mechanische Vervielfältigung war Gegenstand eines mehrjährigen Streits zwischen der GEMA und der deutschen Landesgruppe der IFPI (International Federation of the Phonographic Industry). Die IFPI hatte versucht, eine deutliche Senkung der Gebühren für die mechanische Vervielfältigung zu erreichen, um die enormen Verluste im Tonträgergeschäft abzumildern. Die Schiedsstelle beim Deutschen Patent- und Markenamt entschied jedoch zugunsten der GEMA, dass der gültige Satz von 9,009 Prozent vom HAP immer noch angemessen sei.

Die Lizenzeinkünfte werden folgendermaßen aufgeteilt: Zunächst behält die GEMA eine Kommission von bis zu 25 Prozent. Dann erfolgt die Aufteilung unter den Rechteinhabern: Gibt es nur einen Komponisten, keinen Textdichter und keinen Verlag, erhält der Komponist 100 Prozent der vereinnahmten Tantiemen.

Tritt ein Textdichter hinzu, teilen sich Textdichter und Komponist die Tantiemen hälftig und erhalten jeder 50 Prozent. Wenn das Werk verlegt ist, erhält der Verlag 40 Prozent, den Rest teilen sich nach dem oben erläuterten Schlüssel Komponisten und Textdichter. In der Lizenzabrechnung eines Komponisten kann das dann folgendermaßen aussehen, wenn außer ihm noch ein Textdichter und ein Musikverlag beteiligt sind:

Werknummer:	(wird von der GEMA zugeteilt)
Titel:	Fishin' for Compliments
Komponist:	Rod N. Reel
Zeitraum: 1.	Halbjahr 2006
Plattenfirma:	Scales Records
Katalog-Nr.:	12345
Verkaufsland:	Deutschland
Anzahl Verkäufe:	70.000
Lizenzwert (Total in €):	12.100
Anteil des Berechtigten:	30 Prozent
Brutto-Betrag:	€ 3.630,00
Abzüge (10 Prozent GEMA- Kommission):	€ 363,00
Netto-Betrag:	€ 3.267,00
MwSt. (7 Prozent, wenn dazu berechtigt):	€ 228,69
Gesamtsumme:	€ 3.495,69

Die Abrechnungen für das Aufführungs- und Senderecht sind deutlich komplizierter. Bei der Live-Aufführung von Unterhaltungsmusik werden viele unterschiedliche Kriterien berücksichtigt. Ausschlaggebend für die Einnahmen des Urhebers ist grundsätzlich die Anzahl der Werkaufführungen.

Bei der Anmeldung einer Veranstaltung soll der Musikveranstalter einen Musikfolgebogen einreichen. Dies geschieht in der Praxis aber nur in einem Bruchteil der Fälle. Rechnet man diese auf die Gesamtzahl der Veranstaltungen um, wird allerdings das Ergebnis verzerrt, weil die Musikfolgebögen überdurchschnittlich häufig in den Fällen sorgfältig ausgefüllt werden, in denen Komponisten ihre eigenen Werke aufführen.

Die GEMA geht davon aus, dass nur etwa ein Siebtel bis ein Sechstel der Veranstaltungen ordnungsgemäß abgerechnet wird. Daher hat die GEMA 1998 ein neues Bewertungsverfahren, das sogenannte PRO-Verfahren (nach seinem Erfinder auch Arminger-Verfahren genannt) eingeführt. Mit diesem komplexen Hochrechnungsverfahren soll der Anteil der von einem Urheber aufgeführten Werke an der Gesamtzahl aller aufgeführten Werke möglichst genau abgebildet werden. Daher wird eine Matrix erstellt, die auch die saisonale und regionale Ausbreitung eines Titels berücksichtigt und damit eine fiktive Anzahl der Werkaufführungen abbilden soll. Das PRO-Verfahren ist seit seiner Einführung sehr umstritten; unter anderem deshalb, weil es im Verdacht steht, die Komponisten von Standardrepertoire über Gebühr zu begünstigen.

Auch führt der regionale Faktor zu Ungerechtigkeiten, weil hierbei die geographische Verteilung der Bezirksdirektionen mit zur Bemessung herangezogen wird. 2005 entschied der BGH dennoch, dass die GEMA das Verfahren in rechtlich zulässiger Weise eingeführt hatte.

An Stelle der Ermittlung nach dem PRO-Verfahren kann auch eine Direktverrechnung von Veranstaltungen erfolgen. Dies lohnt sich vor allem für Komponisten, die ihr eigenes Repertoire aufführen. Es setzt allerdings voraus, dass alle Urheber der Einzelverrechnung zustimmen und dass mindestens 80 Prozent der aufgeführten Werke eigene Kompositionen sind.

Ist nach der einen oder anderen Methode die Höhe der auszuschüttenden Lizenzen ermittelt worden, werden die Lizenzen von der GEMA nach dem folgenden Schlüssel an die Berechtigten verteilt:

Am Werk Beteiligte	Anteile
A. Komponist	12/12
B. Komponist Textdichter	8/12 4/12
C. Komponist Bearbeiter	11/12 (10/12) 1/12 (2/12)
D. Komponist Bearbeiter Textdichter	7/12 (6/12) 1/12 (2/12) 4/12
E. Komponist Verleger	8/12 4/12

Am Werk Beteiligte		Anteile
F.	Komponist Textdichter Verleger	5/12 3/12 4/12
G.	Komponist Bearbeiter Verleger	7/12 (6/12) 1/12 (2/12) 4/12
H.	Komponist Bearbeiter Textdichter Verleger	4/12 1/12 (2/12) 3/12 4/12 (3/12)

f) Abrechnungszyklen und -daten

Die von der GEMA vereinnahmten Tantiemen werden in unterschiedlichen Zyklen abgerechnet und an die Berechtigten ausgezahlt.

- Am 1. Januar erhält der Künstler eine Abrechnung für die mechanischen Vervielfältigungsrechte über die erste Hälfte des Vorjahres.
- Am 1. April folgt eine Abrechnung über alle Nachmeldungen und Rückläufe für diese Periode.
- Am 1. Mai bekommt er die Abrechnung für E- oder Kirchen-Musik für das gesamte Vorjahr.
- Am 1. Juli trifft die Abrechnung für die mechanischen Vervielfältigungsrechte für die zweite Hälfte des Vorjahres ein. Zu diesem Zeitpunkt erfolgt auch die Abrechnung für Rundfunk-Aufführungsrechte und Rundfunk-Vervielfältigung (z.B. eine Aufnahme für den SWR, die auch bei anderen Sendern gespielt wird) sowie die Fernseh-Aufführungsrechte und Fernseh-Vervielfältigung wie auch die jährliche Zahlung für Tonfilme.
- Am 1. Oktober kommen Nachmeldungen für die zweite Hälfte des Vorjahres sowie Abrechnungen für Film-Musik im Fernsehen.

Da das Zahlungssystem sehr kompliziert ist, haben wir die Darstellung vereinfacht und uns auf das Wesentliche beschränkt. Eine genaue Dokumentation findet sich in den online verfügbaren GEMA Jahrbüchern im Internet unter www.gema.de.

g) Auslands-Abrechnungen

Auslands-Abrechnungen über GEMA und z.B. ASCAP brauchen ihre Zeit. Die ausländische Verwertungsgesellschaft zahlt nur jährlich und die GEMA hält das Geld ein halbes Jahr zurück. Ohne die Rückendeckung eines starken Verlags allerdings kümmert ASCAP sich kaum um die Ansprüche des Künstlers. Der deutsche Verlag teilt seinen Verlagsanteil (Aufführungsrechte: Verleger 4/12, Komponist 5/12, Textdichter 3/12; mechanische Vervielfältigungsrechte: Verlag 40 Prozent, Komponist 30 Prozent, Textdichter 30 Prozent) mit dem ausländischen Verlagspartner. Üblich ist das Verhältnis 20:80. Der Verleger kann nur seinen Anteil, nicht aber den des Urhebers abrechnen. Der Urheber bezahlt an den ausländischen Verlag eine Provision von rund 15 Prozent, damit dieser seine Rechte wahrnimmt und direkt mit dem deutschen Verlag (also nicht über die GEMA) abrechnet.

h) GEMA-Beteiligung von Nichtberechtigten?

Zu Beginn ihrer Auftritts- und Tonträgerkarriere sind nur die wenigsten komponierenden Musiker schon GEMA-Mitglieder. Gehen wir davon aus, dass eine Gruppe mehrere Mitglieder hat, die alle in irgendeiner Form an den Kompositionen beteiligt sind: Solange man sich „unter Freunden" wähnt, kommt es häufig vor, dass man in der Freude über die eigene Musik auch bereit ist, alles miteinander zu teilen – auch die Ansprüche auf die Urhebertantiemen. Ein anderes häufiges Motiv ist es, eine möglichst einfache Regelung zu finden. Das erfolgreichste Beispiel dürfte das Autorenduo Lennon/McCartney sein, die vereinbarten, alle in der gemeinsamen Zeit komponierten Songs „halbe/halbe" zu teilen. Dann kann man sich auf das kreative Schaffen konzentrieren und muss nicht überlegen, ob z.B. die Hookline 20 oder 30 Prozent des urheberrechtlichen Gehalts des jeweiligen Songs ausmacht. Schließlich gibt es aber auch noch die Variante, dass ein Nichturheber trotzdem an den GEMA-Einkünften beteiligt wird, weil auf diese Weise irgendeine Leistung kompensiert werden soll – ein kostenloser Probenraum, Studiozeit oder Ähnliches. Selbst Vermittler – z.B. im Bereich Soundtracks und Werbung – schrecken oft nicht davor zurück, es zur Bedingung zu machen, dass sie als Miturheber bei der GEMA registriert werden.

Mit Ausnahme der „Lennon/McCartney-Variante" können wir zu dieser Vorgehensweise nicht raten. Die Einkünfte aus der Autorentätigkeit sollten ausschließlich den wahren Urhebern zustehen. Nicht von ungefähr knüpft das Gesetz an die Urheber-Eigenschaft die stärksten Rechte und erhält diese – und auch die Möglichkeit, mit ihrer Verwertung Geld zu verdienen – bis 70 Jahre nach dem Tod des Urhebers aufrecht. Es gibt andere Möglichkeiten, jemanden z.B. für eine Vermittlungstätigkeit zu belohnen – in jedem Fall muss dies zeitlich oder der Höhe nach befristet werden. Beides ist nicht möglich, wenn der Vermittler wie ein Urheber beteiligt ist. Auf solche Deals sollte man sich daher nicht einlassen.

Etwas anderes kann dafür gelten, dass man innerhalb einer Band die nicht komponierenden Mitglieder für einen begrenzten Zeitraum an den GEMA-Einkünften beteiligen möchte. Wenn dies beabsichtigt ist, sollte man es aber auch ausschließlich „im Innenverhältnis" der Gruppe vereinbaren und nicht durch eine falsche GEMA-Anmeldung.

i) Alternative „GEMA-frei"?

Auch wenn es oft den Eindruck macht: Die GEMA ist keine Behörde. Der frühere langjährige Vorstandsvorsitzende Reinhold Kreile hat gesagt: „Die GEMA ist ein ganz normales Wirtschaftsunternehmen – nur ganz anders". In vieler Hinsicht macht die GEMA auf Kreative und vor allem Verwerter den Eindruck, es handle sich bei ihr um einen schwerfällig-bürokratischen Selbstbedienungsladen für reiche Komponisten. Viele Musiker entscheiden sich daher, die GEMA später wieder zu verlassen oder ihr erst gar nicht beizutreten. Es ist seit einiger Zeit in bestimmten Musiksegmenten Mode, dass man nur dann den eigenen Titel auf einer Underground-Compilation unterbringen oder als Musiker nur dann in einem bestimmten Club auftreten kann, wenn man nicht GEMA-Mitglied ist. Die Verwerter – Live-Veranstalter oder Label – können auf diese Weise einiges Geld sparen. In beiden Fällen wird oftmals nicht ganz sorgfältig mit der Wahrheit umgegangen, was viel Ärger und hohe Nachzahlungen mit sich bringen kann. Andererseits ist aber kein Musikschaffender verpflichtet, GEMA-Mitglied zu werden. Im Internet wird mittlerweile auf vielen Seiten kostenpflichtige GEMA-freie Musik zur Verfügung gestellt, z.B. zur Beschallung von Geschäftsräumen, für Telefon-Warteschleifen oder als Hintergrund für Internetseiten. Für wen kommt GEMA-freie Tätigkeit in Frage? Welche Vor- und Nachteile bringt das mit sich?

Wer als Musiker allein oder mit einer Band von einer Karriere als Rockstar träumt, im Stadion 50.000 Festivalbesuchern die eigenen Songs entgegenschreien und mit Edelmetallschallplatten überhäuft werden möchte, der wird um eine GEMA-Mitgliedschaft nicht herum kommen. Wer andererseits zuhause ein paar Tracks am Computer zusammenschraubt und nachher die so produzierten Werke an den eigenen Zahnarzt verkauft, damit der sie künftig in der Praxis beim Bohren leise im Hintergrund dudeln lassen kann, muss dafür nicht GEMA-Mitglied werden. Schwieriger wird die Beantwortung dieser Frage für die Normalfälle, die irgendwo in der Mitte zwischen diesen beiden Extrembeispielen liegen. Das Besondere an der GEMA ist die kollektive Rechtewahrnehmung – also das Lizenzieren von Musikrechten und das Inkasso für eine Vielzahl von Urhebern bei einer Vielzahl von Nutzern. Wer einen erfolgreichen Song geschrieben hat, der viel in Diskotheken und im Radio gespielt wird, möchte nicht mit der Sammelbüchse durch das Land ziehen und von den Diskothekenbetreibern und Radiostationen den Lohn für sein Schaffen persönlich einsammeln. Die GEMA hat für jede Form der erlaubnispflichtigen Musiknutzung differenzierte Tarife und Abrechnungsvarianten entwickelt und verfügt über eine Vielzahl von Bezirksdirektionen und Außendienstmitarbeitern, die den Urhebern und Musikverlagen viel Arbeit abnehmen. Es wäre für den Urheber schlichtweg unmöglich, diese Rechte selbst wahrzunehmen, und an dem Beispiel mit der Sammelbüchse zeigt sich auch, dass es allemal unwirtschaftlich wäre, hinter einer kleinen Einzelfallvergütung mit großem Aufwand herzulaufen.

Daher kann man sagen, dass es jedenfalls für diejenigen Urheber, die sich für den Massenmarkt interessieren und deren Songs im

Handel oder über das Internet verkauft und öffentlich aufgeführt, womöglich im Radio und Fernsehen wiedergegeben oder als Klingelton genutzt werden, sicherlich sinnvoll ist, GEMA-Mitglied zu werden. Hier stellt sich daher weniger die Frage nach dem „Ob" als vielmehr nach dem „Wann", also nach dem richtigen Zeitpunkt für den GEMA-Beitritt. Wer als Komponist dagegen Werke schafft, die typischerweise nur von einer ganz begrenzten Anzahl von Nutzern verwendet werden und gleichzeitig die Möglichkeit hat, diese Verwendungen zu überblicken, für den kann es sich lohnen, auf die GEMA komplett zu verzichten. Das kann z.B. bei den oben genannten Anwendungsformen GEMA-freier Musik von Internet-Anbietern der Fall sein: Diese Portale haben sich darauf spezialisiert, Nutzern häufig zu einmal zu zahlenden Pauschalpreisen ihre Werke zu lizenzieren. Damit sind sie nicht an die GEMA-Tarife gebunden, sondern können diese regelmäßig deutlich unterbieten und müssen von ihren Einkünften auch nichts an die GEMA abgeben.

Nun könnte man auf die Idee kommen, der GEMA nur das „Massengeschäft" zu überlassen und diejenigen Songs, die sich nur für die Telefon-Warteschleife oder den Porno-Soundtrack eignen, nicht bei der GEMA anzumelden und als „GEMA-frei" zu deklarieren. Ein solches „cherry picking" ist aber nicht zulässig. Die GEMA-Mitgliedschaft ist personengebunden, nicht werkgebunden. Wer den GEMA Berechtigungsvertrag unterschreibt, überträgt damit „der GEMA als Treuhänderin alle ihm gegenwärtig zustehenden und während der Vertragsdauer noch zuwachsenden (...) Urheberrechte (...) zur Wahrnehmung". Hier muss man präzise sein. Wer GEMA-Mitglied ist und gegenüber seinem Lizenznehmer das Gegenteil behauptet oder einzelne Werke nicht anmeldet, macht sich damit gegenüber dem Lizenznehmer und auch gegenüber der GEMA schadensersatzpflichtig.

Wer sich für die Variante „GEMA-frei" entschieden hat, muss dies kommunizieren. Es gibt eine gesetzliche Vermutung, nach der die GEMA und auch die Nutzer im Prinzip davon ausgehen können, dass alle Rechte an Werken durch eine Verwertungsgesellschaft, z.B. die GEMA, wahrgenommen werden. Hier gilt eine Beweislastumkehr: Wer behauptet, GEMA-freies Repertoire zu nutzen, muss dies nachweisen.

Im Ergebnis muss jeder für sich selbst entscheiden, welcher Weg der richtige ist. In manchen Bereichen kann man als Urheber auch gut ohne die GEMA erfolgreich sein, im Massengeschäft kommt man an ihr kaum vorbei.

Im Herbst 2013 wurde in Hamburg die Gründung die „Cultural Commons Collecting Society SCE mbH" (kurz: C3S) als deutsche Sektion einer neuen europäischen Verwertungsgesellschaft gegründet. Der Gründung vorausgegangen war das Einloben von über € 150.000 in einer Crowdfunding-Kampagne. Erklärtes Ziel der C3S ist es, eine Alternative zur GEMA zu bilden. Hierfür setzt sich die C3S in ihren Zielen in zahlreichen Punkten deutlich von der GEMA ab. Eine Auswahl der programmatischen Aussagen: Vor allem soll es möglich sein, in Europa grenzüberschreitend unkompliziert musikalische Werke zu lizenzieren. Es sollen alternative Lizenzmodelle geschaffen werden, die von denen der GEMA abweichen. Mitgliedsbeiträge sollen von den erwirtschafteten Lizenzgebühren abgezogen werden und nicht unabhängig von den Lizenzeinkünften geschuldet sein. Alle Mitglieder sollen gleiche Stimmrechte haben.

Mitglieder werden sollen anders als bei der GEMA ausschließlich die Urheber, nicht auch die Musikverlage. Die GEMA steht der C3S nach eigenem Bekunden „offen und konstruktiv" gegenüber. Sie hält aber das der C3S zugrunde liegende Creative Commons-Lizenzmodell für unflexibel und das Konzept der C3S für eine kommerzielle Nutzung der Werke der Mitglieder noch für nicht ausgereift.

Voraussetzung für eine Tätigkeit als Verwertungsgesellschaft ist ein Zulassungsverfahren beim Deutschen Patent- und Markenamt. Dies wird die C3S aber nach eigenem Bekunden erst im Jahr 2015 initiieren. Bis zu diesem Zeitpunkt werden Absichtserklärungen von Komponisten gesammelt, die ihre Bereitschaft erklären, der C3S beizutreten.

7.2 GVL – Mitspielen und kassieren

In Deutschland und zahlreichen anderen Ländern wird das Leistungsschutzrecht als ein dem Urheberrecht verwandtes Schutzrecht anerkannt. Ausübende Künstler und Tonträgerhersteller besitzen hiernach einen Anspruch auf die angemessene Vergütung ihrer Leistungen.

1959 gründeten die Deutsche Orchestervereinigung e.V. und die Deutsche Landesgruppe der IFPI e.V. (International Federation of Phonogram and Videogram Producers) die Gesellschaft zur Verwertung von Leistungsschutzrechten mbH (GVL), um diese Leistungsschutzrechte für ihre Mitglieder wahrzunehmen. Inzwischen sind annähernd 120.000 ausübende Künstler und 7.000 Ton- und Bildtonträgerhersteller der GVL beigetreten.

a) Die GVL-Mitgliedschaft

Jeder ausübende Künstler muss der GVL individuell beitreten. Er braucht nur einen Wahrnehmungsvertrag zu unterschreiben, durch den er der GVL beitritt und seine Rechte der GVL zur Wahrnehmung überträgt. Die GVL vertritt die Rechte all ihrer Mitglieder, auch wenn sie z.B. als Orchester- oder Chormitglieder anonym an einer Plattenproduktion mitwirken. Sinnvoll ist eine Mitgliedschaft für alle, die für die Erstauswertung von Leistungsschutzrechten Honorare erzielt haben, sei es als Mitglied einer Band oder als Studiomusiker. Anders als bei der GEMA ist die Mitgliedschaft kostenlos.

Für Tonträgerhersteller ist die Mitgliedschaft in der GVL unvermeidbar, da sie Voraussetzung für die Vergütung der öffentlichen Nutzung von Tonträgern ist. Die GVL vergibt seit 1977 einen sogenannten Labelcode (seit den 90er Jahren fünfstellig), der zur Erfassung der Sendeminuten bei der Rundfunkwiedergabe verwendet wird und damit die Grundlage für die Zuordnung der Einnahmen zu den Labels bildet. Um einen Labelcode zu erhalten, muss ein Label dokumentieren, dass es als gewerblicher Hersteller von Tonträgern tätig ist (z.B. durch die Vorlage eines Handelsregisterauszugs) und dass es bereits einen Tonträger veröffentlicht hat (Vorlage eines Fertigungsscheins bzw. einer Presswerkrechnung). Weiterhin muss der Erwerb der Rechte an den Tonaufnahmen (z.B. durch die Vorlage eines Bandübernahmevertrags) nachgewiesen und dokumentiert werden, durch wen die Tonträger vertrieben werden.

b) Die Rechtewahrnehmung durch die GVL

Die GVL nimmt nur ganz bestimmte Verwertungsrechte für die Inhaber von Leistungsschutzrechten wahr. Hierzu zählen z.B. das Recht auf die Sendung von Handelstonträgern und das Recht auf öffentliche Wiedergabe von Handelstonträgern oder Fernsehsendungen. All diese Verwertungsformen setzen voraus, dass es bereits einen Tonträger bzw. eine Aufzeichnung gibt. Daher werden sie als „Zweitauswertungen" bezeichnet. Die Erstauswertung findet zwischen dem ausübenden Künstler bzw. dem Tonträgerhersteller und dem Verwerter der Aufnahmen, also z.B. der Plattenfirma, statt. Hier ist, anders als bei der GEMA, eine kollektive Rechtewahrnehmung nicht notwendig, denn der ausübende Künstler ist frei darin, zu vereinbaren, mit wem bzw. für wen er Tonaufnahmen herstellt. Außerdem schließt er hierüber regelmäßig nur einen (exklusiven) Vertrag ab und muss seine Rechte selbst wahrnehmen. Der Urheber kann hingegen kaum selbst ermitteln, wer seine Werke aufzeichnet. Bei den genannten Formen der Zweitauswertung ist es dagegen den Rechteinhabern nicht möglich, jede einzelne Verwertung zu überwachen. Daher werden diese Rechte der GVL zur kollektiven Wahrnehmung übertragen.

c) Zusammensetzung und Verteilung der Lizenzeinnahmen

Die Gesamteinnahmen der GVL betrugen 2006 mehr als 161,3 Mio. € und setzten sich aus den nachfolgenden Quellen zusammen:

Für die Verwendung des von der GVL wahrgenommenen Repertoires durch Hörfunk- und Fernsehveranstalter hat die GVL mit dem Verband Rundfunk und Telekommunikation (VPRT) und der Arbeitsgemeinschaft Privater Rundfunk (APR) Gesamtverträge ausgehandelt. Die Höhe der Vergütung richtet sich bei den öffentlich-rechtlichen Sendern nach der Höhe der Werbeeinnahmen und der Rundfunkgebühren, bei den privaten Sendern nach den Einnahmen (z.B. aus Werbung, Abonnements etc.) und dem Musikanteil des jeweiligen Senders. Die Einnahmen aus dem Bereich Senderecht machen etwa 60 Prozent der von der GVL zu verteilenden Einkünfte aus. Die GVL teilt sie im Verhältnis 50:50 an Künstler und Tonträgerhersteller auf.

Für den Komplex „öffentliche Wiedergabe" im Bereich Tonträger, Radio und TV-Wiedergabe hat die GVL das Inkasso an die GEMA übertragen. Die GEMA schlägt in den oben genannten Bereichen 20 Prozent (Tonträgerwiedergabe) bzw. 26 Prozent (Wiedergabe von Rundfunksendungen) auf den jeweiligen Tarif auf und führt dieses Geld dann an die GVL ab. Auch die von der GEMA vereinnahmten Gelder für die öffentliche Wiedergabe werden im Verhältnis 64:36 an Künstler und Hersteller verteilt.

Im August 2008 hat die GVL auch einen eigenen Tarif für Internetradio/Webcasting aufgestellt. Voraussetzung ist, dass sich das Programm ganz überwiegend an deutsche Hörer wendet. Die Betreiber müssen, um eine Webcasting-Lizenz von der GVL zu erhalten, unter anderem nachweisen, dass sie Maßnahmen zur Verhinderung von Tonträgerpiraterie ergreifen. So dürfen z.B. nicht die Titel eines Albums hintereinander gespielt werden und auch eine Programmvorschau ist nicht gestattet, um zu verhindern, dass Hörer mittels Stream Rippern und ähnlichen Programmen ganze Alben mitschneiden oder aus den Angeboten verschiedener Betreiber leicht zusammenstellen können. Hinsichtlich der Höhe der Vergütung wird zwischen kommerziellen und nicht-kommerziellen Angeboten differenziert. Nichtkommerzielle Anbieter müssen pro Jahr mindestens 500,- €, kommerzielle Anbieter mindestens 1.500,- € zahlen. Das komplexe Tarifwerk kann auf der Internet-Seite der GVL abgerufen werden.

Eine weitere Einnahmequelle der GVL sind die Vergütungen, die nach dem Urheberrechtsgesetz für private Überspielungsvorgänge zu zahlen sind. Um Einnahmen aus diesem Bereich zu erzielen, gründeten GVL, GEMA und VG Wort 1963 gemeinsam die „Zentralstelle für private Überspielungsrechte" (ZPÜ). Ihre Aufgabe ist es, mit den Geräte- und Leermedienherstellern Tarife für die hierdurch ermöglichten Nutzungsvorgänge des Repertoires der Verwertungsgesellschaften auszuhandeln. Während dies in der Vergangenheit Tonbandgeräte, Cassetten- und Videorecorder, Leercassetten etc. betraf, liegt das Hauptaugenmerk seit der Jahrtausendwende entsprechend dem geänderten Nutzerverhalten auf digitalen Speichergeräten und -medien. Seit dem Inkrafttreten des sogenannten „zweiten Korbs" der Urheberrechtsreform im Januar 2008 sind auch USB-Sticks, Festplatten und Speicherkarten abgabepflichtig. So betrug z.B. im Jahr 2010 der zwischen dem Bundesverband Computerhersteller e.V. und der ZPÜ ausgehandelte Vergütungssatz für Computer ohne eingebauten Brenner € 12,15, mit Brenner € 13,65. Derzeit (2011) wird über einen neuen Satz verhandelt. Von den Einnahmen aus privaten Überspielungen erhält die GVL von der ZPÜ im Bereich Audio 42 Prozent, im Bereich Video 21 Prozent. Die GVL teilt dieses Geld im Verhältnis 64:36 zwischen Künstlern und Tonträgerherstellern auf.

d) Anmeldung und Verteilung

Die Mitglieder der GVL beziehen nicht automatisch Geld. Bis zum Abrechnungsjahr 2009 mussten die Mitglieder mit Hilfe sogenannter Nachweisbögen dokumentieren, welche Einkünfte sie im vergangenen Kalenderjahr mit der Erstauswertung erzielt hatten. Dies stellte die Bemessungsgrundlage für ihren Verteilungsanspruch dar. Sie konnten unter anderem ihre Einkünfte aus Honoraren, Umsatzbeteiligungen und auch Lizenzvorauszahlungen anmelden.

2010 hat die GVL aufgrund eines Abkommens mit fünf anderen europäischen Verwertungsgesellschaften für Leistungsschutzrechte ihr Verteilungssystem tiefgreifend verändert. Ab der Verteilung 2010 gibt es keine Nachweisbögen mehr. Um an der Verteilung teilzunehmen, melden sich die Mitglieder in dem neuen Künstlerportal Artsys.gvl an. In diesem Portal werden die konkreten Mitwirkungen der Mitglieder an Musikproduktionen dokumentiert und damit Informationen generiert, die in der Zukunft eine nutzungsbezogene, nationale Verteilung ermöglichen. Bildeten bislang die von den Vertragspartnern für die Abgeltung der Leistungsschutzrechte gezahlten Vergütungen die maßgebliche Berechnungsgrundlage für die Ausschüttungen, so soll dies jetzt die tatsächliche Nutzung der Musikwerke sein. Dieses System soll für mehr Verteilungsgerechtigkeit sorgen, indem künftig auch Künstlern, die nur noch wenige Tonträger verkaufen, deren Musik aber noch oft im Radio gespielt wird, eine diesen tatsächlichen Nutzungen entsprechende Vergütung gezahlt wird. Da es sich hierbei um ein international verbreitetes System handelt und Deutschland insoweit eine Sonderrolle aufgibt, soll in Zukunft auch der internationale Vergütungsaustausch zwischen den Verwertungsgesellschaften erleichtert werden.

Die GVL verwendet bis zu 5 Prozent ihrer Gesamteinnahmen

für kulturelle, kulturpolitische und soziale Zwecke. Sozial schwache Künstler oder berühmte Künstler, deren Einnahmen stark geschrumpft sind, beziehen von der GVL finanzielle Unterstützung. Die Ausbildung für ausübende Künstler fördert die GVL ebenfalls. Außerdem können sie Zuschüsse für anerkannte künstlerische Wettbewerbe beantragen. Abrechnungstermin ist einmal jährlich Anfang Dezember.

Die Verteilungsansprüche für Tonträgerhersteller berechnen sich nach Sendeminuten. Die Rundfunksender listen alle gespielten Platten auf. Diese Sendelisten werden statistisch nach Labels ausgewertet, wobei ausgerechnet wird, wie viele Minuten auf den einzelnen Hersteller entfallen.

Dividiert man den an die Tonträgerhersteller zu verteilenden Gesamtbetrag durch die Gesamtzahl der Sendeminuten, erhält man den Wert pro Minute. Dieser variiert von Jahr zu Jahr, für das Jahr 2006 betrug er beispielsweise 1,93 Euro. Dieser Wert pro Minute ergibt, multipliziert mit der jeweiligen Sendedauer die auf die einzelnen Tonträgerhersteller entfallenden Tantiemen.

e) Wahrnehmung von Leistungsschutzrechten im Ausland

Grundsätzlich sind nur Entgelte für Auswertungen (Tonträgerverkauf, Sendung, Film- und Videovertrieb) anmeldefähig, die in der Bundesrepublik Deutschland erfolgt sind. Daneben hat die GVL aber mit einigen ausländischen Verwertungsgesellschaften Gegenseitigkeitsverträge abgeschlossen, so dass auch aus diesen Ländern empfangene Entgelte angemeldet werden können: Belgien, Dänemark, Estland, Finnland, Frankreich, Großbritannien, Irland, Island, Japan, Kroatien, Litauen, Norwegen, Österreich, Polen, Rumänien, Schweden, Schweiz, Slowakei, Spanien, Tschechien.

In Deutschland haben sich mittlerweile einige Dienstleister darauf spezialisiert, bei ausländischen Leistungsschutzrechts-Verwertungsgesellschaften die Lizenzeinkünfte im Auftrag deutscher Künstler geltend zu machen. Wer einer ausländischen Verwertungsgesellschaft beitreten und die Rechte selbst wahrnehmen möchte, muss allerdings zwingend darauf achten, die Rechte von der GVL zurückzurufen, da er ansonsten unberechtigt doppelt kassieren würde.

8 Das Live-Geschäft

8.1 Da ist Musik drin!

Im Gegensatz zu dem Abwärtstrend, der die Tonträgerindustrie und die Musikverlage in den letzten Jahren kennzeichnet, ist die Livebranche in einem stabilen Aufwind. Der Livebereich mit dem Kernbereich Tickets verzeichnet Jahr für Jahr deutliche Zuwächse, von denen auch die damit verzahnten Bereiche Merchandising, Konzert- und Tourneesponsoring profitieren. Für Großbritannien prognostizierte die Verwertungsgesellschaft MCPS/PRS für 2008 Einnahmen in Höhe von 167 Mio. Euro im Bereich des Tonträgerverkaufs und dem gegenüber 182 Mio. Euro im Bereich der Konzerteinnahmen.

In Deutschland ist das Bild ähnlich: So teilten z.B. die Veranstalter des bereits seit 25 Jahren stattfindenden Rock am Ring-Festivals bereits im März 2010, also drei Monate vor dem Beginn des Festivals mit: Ausverkauft mit 86.500 verkauften Tickets! Auch andere große Festivals, wie das Hurricane oder das Southside Festival, erfreuen sich ebenso wie die Konzerte weltbekannter Acts großer Beliebtheit. Dies gilt aber nicht für alle Segmente gleichermaßen: Insbesondere für unbekannte Künstler wird es eher schwerer, an gute oder gar gut bezahlte Livegigs zu gelangen. Die Möglichkeiten, als junge, unbekannte Band zumindest kostendeckend live zu arbeiten, liegen leider nicht auf der Strasse. Trotzdem bleibt Live-Arbeit für die künstlerische Entwicklung nach wie vor ein wichtiges Übungsfeld. Auf der Bühne kann ein Künstler das nötige Selbstbewusstsein entwickeln, seine Songs testen, den Geschmack seines Publikums genau kennen lernen und seine Marktpräsenz entwickeln. Kaum eine Plattenfirma wird heutzutage nachhaltiges Interesse an einer Band haben, die noch keine intensive Erfahrung auf dem Live-Sektor gesammelt hat und sich deshalb auch noch keine Fanbasis hat erarbeiten können.

Die Standardsituation: Eine neue Gruppe fühlt sich startklar. Die Mitglieder verstehen sich gut, proben fleißig in einem dunklen, kalten

Proberaum, schreiben und üben eine Reihe neuer Songs. Die Spannung ist groß, die Investitionen sind es auch. Zur Dokumentation des eigenen Könnens werden im Proberaum Aufnahmen gemacht. Die besser Betuchten leisten sich vielleicht sogar einen kurzen Studio-Aufenthalt. Sie warten ungeduldig. Mit den zukünftigen Hits muss endlich etwas passieren, sie müssen an den Mann gebracht werden! Doch: Aller Anfang ist schwer, besonders im Live-Business. Beispiele wie The Police, die jahrelang im Privatauto quer durch Amerika reisten und in jedem Club spielten, der sie nahm, oder Bruce Springsteen, der sein manchmal vier Stunden dauerndes Programm in jeder möglichen Stadt, jedem Dorf und jedem Kaff vorstellte, bis ein riesiger Springsteen-Kult entstand, verdeutlichen die Bedeutung von Live-Auftritten. Gerade für die Bands, denen es in früheren Zeiten bereits vergönnt war, „Charts-Luft" zu schnuppern, sind Live-Gigs wichtig, bringen sie doch Einnahmen, von denen eine Gruppe oft jahrelang leben kann, ohne ständig neue Hits liefern und astronomische Plattenverkaufserlöse erreichen zu müssen. 2007 haben The Police mit ihrer Revival-Tournee satte 212 Mio. Dollar eingespielt. Einen neuen Tonträger gab es noch nicht einmal.

8.2 Die ersten Schritte

Live-Gigs geben einer neuen Gruppe nicht nur die Gelegenheit, zu testen, welche Songs tatsächlich die erwartete Resonanz zeigen, sondern auch die Fähigkeit, mit dem Publikum zu kommunizieren und es zu begeistern. Besonders dann, wenn Künstler noch unbekannt sind, gleicht der Versuch, an diese Auftritte überhaupt heranzukommen, heutzutage einer wahren Herkules-Arbeit. Viele amerikanische Künstler sind durch Campus-Konzerte unter anderem der „National Association of Campus Activities" groß geworden, wie z.B. Billy Joel, Suzanne Vega, Toad the Wet Sprocket. Ein mit diesem angloamerikanischen High-School- und College-Circuit-Modell vergleichbares System fehlt in Deutschland leider. Hierzulande ist man hauptsächlich auf Clubs und Hallen angewiesen. Inzwischen zeigen Clubverwalter sowie kleinere und größere Veranstalter angesichts der immer höher kletternden Kosten nur noch wenig Risikobereitschaft.

Die ersten Schritte müssen meist von der Gruppe selbst unternommen werden. Veranstalter und Agenturen, ob groß oder klein, ob „DEAG", „Creative Talent" oder „ASS-Concerts", „Gastspielreisen Rodenberg" und „Target" – sie halten sich bei unbekannten Künstlern genauso zurück wie die einzelnen Club- und Lokalveranstalter. Sie müssen schließlich sicher sein, mit den Veranstaltungen ihre Kosten decken zu können. Für neue Bands bestehen daher nur geringe Chancen, in ihr Angebot aufgenommen zu werden. Erfolge hängen, wie bei praktisch allem in der Musikbranche, eher von persönlichen Beziehungen, Freundschaften und Durchhaltevermögen ab. Also lautet die Devise: Kontakt mit anderen Musikern aufnehmen. Anfänger sollten mit erfolgreichen lokalen Gruppen reden, mit den PA-Verleihern, die mit diesen Gruppen arbeiten, mit den Programmgestaltern der Clubs, in denen sie spielen, mit den Organisatoren von lokalen Festivals usw. Gespräche mit Verlagen und Plattenfirmen können warten. Ein schnell wachsendes Live-Publikum wiegt als Argument gegenüber der Plattenfirma mehr als der Versuch, mit einer Platte, aber ohne Live-Erfahrung, einen Veranstalter überzeugen zu wollen. Das beste aktuelle Beispiel hierfür sind die Arctic Monkeys, die schon vor vollen Häusern spielten, ehe sie überhaupt einen Tonträger veröffentlichten (siehe Kapitel 10).

a) Das Demo

Um die eigene Musik einem Veranstalter anbieten zu können, muss ein Newcomer zunächst für ein Demo sorgen. Es muss keine hochkarätige, aufwändig produzierte Studioaufnahme sein, wie sie vielleicht eine Plattenfirma erwartet. Der Veranstalter will vielmehr wissen, was die Gruppe live bringt, ob sie ein Publikum animieren kann oder nicht. Deshalb sollte man besser ein Live-Demo oder idealerweise ein Live-Video, z.B. auf DVD, vorlegen. Hierbei können persönliche Beziehungen eine große Rolle spielen. Man bittet eine befreundete lokale Gruppe um einen Auftritt als Vorprogramm bei einem gut besuchten Konzert. Immer wieder unterstützen erfolgreiche Acts unbekannte Bands auf diese Art. Bietet man sich für eine kostendeckende, niedrige Gage oder gar umsonst an, ist dies leicht zu erreichen. Man muss dann nur noch mit dem Tontechniker der Gruppe (oder vom PA-Verleih) einen Mitschnitt des Konzerts verabreden: Ein Mix aus dem Pult, zwei Mikrofone fürs Publikum und eine beim Pult installierte Videocam genügen fürs Erste. Wenn alles klappt, hat man ein technisch mäßiges, aber wirkungsvolles Live-Video-Demo, mit dem man Veranstalter bemustern kann. Dem Demo fügt man ein aktuelles Info-Schreiben und natürlich alle Internet- und Kontaktdaten bei. Ein Veranstalter interessiert sich weniger für das graphische oder poetische Talent einer Gruppe; vielmehr will er wissen, was für Musik sie macht, wie viel Publikum sie anzieht, welches Publikum sie anspricht, wie groß der technische Aufwand ist und nicht zuletzt, was er für einen Auftritt bezahlen muss.

b) PR-Möglichkeiten

Neben den Demo-Aufnahmen, der Gestaltung des Infos und den Überlegungen zum Zielpublikum kann man auch andere Auftrittsmöglichkeiten prüfen und sich um Promotion für die Gruppe kümmern. Man erstellt beispielsweise gezielte Listen von Venues, die unter anderem Stadtzeitungen und Musikzeitschriften wie Spex, Intro, Uncle Sally's, Rolling Stone u.a. zu entnehmen sind samt der Beschreibung ihres jeweiligen Programms. Man sollte Clubs auswählen, die passende Musik bringen, lokale Gruppen unterstützen oder vom gewünschten Zielpublikum besucht werden – am besten alles zugleich. Mit einem Anruf oder vielleicht einem Besuch sollte man sie kontaktieren und mit Demo und Info bemustern.

Was man alles tun kann, um Publizität und Promotion für eine Gruppe zu bekommen, behandeln wir in einem eigenen Kapitel. Ohne öffentliches Profil, sprich: Auftritte, lässt sich kaum die Aufmerksamkeit der Presse, der Medien und der Öffentlichkeit auf eine Gruppe lenken. Die Teilnahme an lokalen und regionalen Wettbewerben, ob von einer Brauerei, einem Radiosender oder der örtlichen Sparkasse veranstaltet, bietet eine gute Einstiegsmöglichkeit, denn die lokale Presse bespricht solche Veranstaltungen meist ausführlich und interessiert sich oft nicht nur für den Gewinner. Man muss nicht unbedingt gewinnen, um nach einem solchen Wettbewerb weitere Auftrittschancen zu bekommen. Auch sollte man nicht den Mut verlieren, wenn es nicht auf Anhieb klappt, denn die Konkurrenz ist groß und es dauert manchmal Jahre, bis man von seiner Musik leben kann. Die meisten – das muss gesagt werden – erreichen dieses Ziel nie. Aber darum geht es nicht. Dem Musiker geht es ums Spielen. Wer sicheres Geld verdienen möchte, sollte besser eine Banklehre machen.

c) Auftritte als Vorgruppe (Support Act)

Viele Musiker wissen aus eigener Erfahrung, wie schlecht die Bedingungen für Vorgruppen sind. Oft treten sie ohne Soundcheck und in schlechter Beleuchtung dem headliner-hungrigen Publikum gegenüber. Den Vogel schoss jedoch Shakin' Stevens in den 80er Jahren auf einer Tour ab: Da durfte die Vorgruppe nur – für das Publikum unsichtbar – hinter einem verschlossenen Vorhang spielen!

Die meisten Musiker wissen, dass eine Club-Tour viel Geld kostet. Aber auch eine Tour als Support Act ist nicht gerade billig. Die Vorgruppe braucht oft einen oder zwei Roadies, außerdem fallen Hotel- und Reisekosten an. Oftmals interessiert es den Headliner nicht, wer als Support Act fungiert – Hauptsache, er zahlt kräftig. Zwischen 10.000,- und 50.000,- € müssen oft für eine Tournee mit zehn bis 30 Auftritten als „Buy-On" hingeblättert werden.

Support Act und Headliner können durchaus bei verschiedenen Plattenfirmen unter Vertrag stehen, wenngleich es zumeist einfacher ist, als Newcomer an einen etablierten Act derselben Company „vermittelt" zu werden. Manchmal fragt eine internationale Band beim örtlichen Veranstalter nach einer Vorgruppe. Hermjo Klein, Tourneeveranstalter, kennt solche Fälle: „Wir haben dann oft eine passende Gruppe im Kopf und fragen bei der Schallplattenfirma nach, damit sie sich mit dem Management des Headliners in Verbindung setzt." Verbindungen zwischen den Managements erweisen sich in solchen Fällen als sehr nützlich.

d) Musikwettbewerbe

Der Mensch misst sich gern mit seinen Mitmenschen. Den Musikern der Welt geht es nicht anders. Aus musikalischen Wettbewerben geht jedoch meist der als Sieger hervor, dessen Darbietungen am populärsten, nicht unbedingt musikalisch am besten sind. Popularität bringt gewisse Vorteile mit sich, weshalb Musiker ihre Ansprüche und Ziele auf den Geschmack des Publikums ausrichten.

Die Musikbranche kennt zwei Arten von Wettbewerben: Zum einen gibt es solche, die den Besten (Drummer, Gitarristen, Sänger, Jodler usw.) ermitteln sollen. Sie dienen der Förderung talentierter Nachwuchsmusiker und beschränken sich meist auf ein Instrument oder die Interpretation eines Komponisten (im klassischen Bereich). Oft nehmen daran nur auf ihrem Gebiet bereits etablierte Künstler teil. Wie gut der Virtuose sein muss, um Gewinnchancen zu haben, hängt von der Bedeutung des Wettbewerbs (Höhe der Preisgelder, Prestige der Veranstaltung, Strenge der Zulassungskriterien) ab.

Die zweite Art von Wettbewerben besorgt sozusagen das „Futter" für die stets nach Neuem hungernde Unterhaltungsindustrie. Das Suchen und „Entdecken" von neuen Talenten mit kommerziellen Möglichkeiten kam in den 20er Jahren erst richtig auf. Das amerikanische Vaudeville (eine Art Varieté, das Künstler wie Al Jolson und Eddie Cantor berühmt machte) hatte einen Riesenbedarf an populären Unterhaltungskünstlern. Viele junge Künstler hatten in diesen schwierigen Jahren große Zukunftsträume und vielleicht ein bisschen Talent. In den Kinos ihrer Gegend traten sie wöchentlich auf. Einigen gelang es so, die Wirtschaftskrise zu überstehen, die meisten jedoch scheiterten. Eigentlich haben die Verhältnisse sich bis heute nicht wesentlich geändert. Egal, ob bei einem obskuren Fiddler-Wettbewerb irgendwo in den Bergen von Kentucky oder beim Eurovision Song Contest: Die Teilnehmer, das heißt die Musiker, Komponisten, Verlage, Plattenfirmen, Sponsor-Unternehmen und Funksender wissen, wie sie die Chance für gute Promotion, wenn auch oft nur für kurze Zeit, am besten nutzen können.

Aus der Sicht der Musikindustrie haben die kleinen, lokalen Nachwuchswettbewerbe durchaus Bedeutung. Eine viel wichtigere Rolle spielen allerdings Veranstaltungen in der Größenordnung des Eurovision Song Contest oder des Bundesvision Song Contest, weil es um den direkten (und großen) Umsatz geht. Kein anderer Wettbewerb hat so vielen Künstlern und Autoren zu nationalem und internationalem Ruhm – sprich: kommerziellem Erfolg – verholfen. Abba, Udo Jürgens, Dschingis Khan, Katja Ebstein, Max Mutzke und Lena Meyer-Landrut sind nur einige mehr oder weniger glänzende Beispiele. Ob national oder international: Manchem Eurovisions-Gewinner winken rosige Chancen. Von den meisten hat man aber weder vor dem Contest noch danach wieder etwas gehört.

Bei so viel Show und Glitter übersieht man leicht, dass der Eurovisions-Wettbewerb eigentlich ein Song- (das heißt Autoren-) Contest ist. Es geht nicht um den ausführenden Künstler, sondern vielmehr mischen in erster Linie Komponisten, Musikverlage und Plattenfirmen mit.

Vereinigt eine Person dies alles in sich, klingelt die Kasse besonders schön. Sogar mit einem drittklassigen Lied wie seinem „Children, Kinder, Enfants", das als luxemburgischer (!) Beitrag nur auf Platz 13 (unter 19 Teilnehmern) hochgepusht werden konnte, verdiente Schlagerschreiber Ralph „Mr. Middle of the Road" Siegel bei einem solchen Contest Geld. Er hatte das Lied komponiert und im eigenen Verlag herausgebracht. Außerdem besaß er noch für wenigstens drei weitere Titel des Wettbewerbs Subverlagsrechte. Zwei davon wurden auch auf seinem Label veröffentlicht. Im umsatzträchtigen Schlagergeschäft muss man mit solchen Verflechtungen rechnen. Ein Imagewechsel für diesen oft etwas betulichen Wettbewerb ist 2010 gelungen, als die 19jährige Lena Meyer-Landrut erst aufwändig auf Pro7 gecastet wurde und dann schließlich mit überragendem Erfolg den Wettbewerb gewann.

Obgleich manche Nachwuchs-Wettbewerbe ein erheblich höheres musikalisches Niveau besitzen als etwa der Eurovisions-Wettbewerb, werden die Teilnehmer wesentlich weniger wahrgenommen und promotet. Ist die Musik nicht „populär" genug, bleiben die Aufmerksamkeit der Industrie und der große Erfolg aus, egal, wie viele Wettbewerbe gewonnen werden. Ein Künstler muss in erster Linie die Phantasie des Publikums und nicht ein Gremium ansprechen.

Es gibt mittlerweile viele Wettbewerbe (z.B. Beck's on Stage Experience, John Lennon Talent Award, F6 Award, Bundesrockpreis,

Popcamp des Deutschen Musikrats), die auch Promotion für den Veranstalter sind. Manche deutschen Sender suchen Demo-Bänder von neuen Gruppen. Die Guano Apes etwa wurden international bekannt, nachdem sie bei dem niedersächsischen Privatsender radio ffn den Wettbewerb „Local Heroes" gewonnen hatten. Eine solche Karriere ist allerdings die große Ausnahme.

Aus PR-Gründen veranstalten inzwischen viele Unternehmen regionale und überregionale Wettbewerbe. Angesichts der begrenzten Möglichkeiten für Live-Auftritte sollten vor allem Nachwuchsmusiker auf die Gelegenheit, vor einem Publikum zu spielen, nicht verzichten. Diese Chance ist heute manchmal wertvoller als Sachpreise und übereilte Produktionsverträge.

8.3 Die Booking-Agentur

Die Agenturbranche hat in den letzten 20 Jahren einige gravierende Veränderungen durchgemacht. Ehemalige Größen, die zumindest auf dem deutschen und europäischen Markt für Jahrzehnte vorherrschend waren wie Mama & Rau sind entweder kleiner geworden oder völlig verschwunden. An ihrer Stelle agieren Firmen wie die Deutsche Entertainment AG oder cts europaweit. Herausgebildet haben sich drei Kategorien, auf welche sich die Agenturen mehr oder minder spezialisiert haben: Konzerte und Tourneen werden entweder auf regionaler, nationaler oder internationaler Ebene geplant und durchgeführt. Daneben gibt es die Unterteilung nach Musikrichtungen.

Eine Agentur für klassische Konzerte wird sich naturgemäß nicht für Hip Hop engagieren. Auch für DJs in den unterschiedlichen Dance-Segmenten existieren längst spezielle Agenturen. Künstler müssen sich vor der ersten Kontaktaufnahme darüber informieren, ob die Agentur auch in dem jeweiligen Feld tätig ist. Die Agentur sollte sich in dem jeweiligen Musikgenre gut auskennen und vor allem gute Kontakte zu den dort relevanten Veranstaltern, Festivals, Clubs etc. haben. Neben diesen klassischen Feldern vermitteln und betreuen die Agenturen zum Teil auch Fernsehauftritte, Marketing-Events oder Starauftritte bei geschäftlichen oder privaten Anlässen.

Agenturen werden in zwei unterschiedlichen Formen tätig: Entweder treten sie als Vermittler von Künstlerauftritten auf. Dann erhalten sie vom Künstler oder auch unmittelbar vom Veranstalter eine Vergütung, meist eine prozentuale Beteiligung an der Gage der Künstler. Eine andere Variante ist die Tätigkeit einer Agentur als sogenannte Gastspieldirektion. Hier schließt sie zwei Verträge: Einen, mit dem sie die Leistung des Künstlers von ihm oder seinem Management einkauft und einen weiteren mit dem Veranstalter, an den sie den Auftritt dieses einen oder auch mehrerer Künstler verkauft. Beide Varianten gibt es in exklusiver Form, bei der der Künstler also nur von einer einzigen Agentur repräsentiert wird, aber auch nicht-exklusiv.

9 Das Internet-Geschäft

Mit dem Internet-Boom hat sich seit den 90er Jahren, parallel zur zunehmend elektronischen Produktion von Musik, auch deren Vermarktung und Nutzung auf das neue Massenmedium Computer und seine elektronischen Weggefährten wie Mobiltelefone und andere mobile Abspielgeräte verschoben. Hierfür spielen die immer schnelleren und gleichzeitig immer kostengünstigeren Dateiübertragungen ebenso eine Rolle wie die immer besser klingenden immer kleineren Audiodateien. Die jüngsten Dateiformate, die sich mit einem normal ausgestatteten und vernetzten Computer binnen weniger Sekunden herunterladen lassen, sind so gut, dass zur digitalen Originaldatei kein nennenswerter (und vor allem: kaum noch ein hörbarer) Unterschied besteht.

9.1 Die Krise der Tonträgerwirtschaft: Alles umsonst?

Die neuen Formate und Übertragungswege haben die Tonträgerindustrie in arge Bedrängnis gebracht. Vor allem das beliebte MP3-Format hat über die Entstehung von Filesharing-Plattformen, insbesondere P2P-Tauschbörsen, dazu beigetragen, dass Musikinteressierte sich Tonträger erst titel-, dann alben- und mittlerweile gleich „künstler- oder labelweise" oder als Top-100-Compilations kostenlos und illegal aus dem Netz saugen oder aber den virtuellen Gegenwert ganzer CD-Sammlungen auf taschenbuchgroße Festplatten speichern können. In der seit 2002 jährlich von der Gesellschaft für Konsumforschung (GfK) im Auftrag der International Federation of the Phonographic Industry (IFPI) erhobenen „Brenner-Studie" ist festgestellt worden, dass die Zahl der gebrannten Tonträger die der verkauften längst deutlich überflügelt hat. Die Umsätze mit CDs gehen seit 1997 kontinuierlich zurück. Selbst wenn die Talfahrt mittlerweile gebremst ist – eine Erholung des Marktes mit physischen Tonträgern jedenfalls ist nicht in Sicht. Gerüchteweise vernimmt man aus Major-Kreisen immer häufiger die Äußerung, dass es schon in wenigen Jahren womöglich nur noch „Online-only" Veröffentlichungen geben wird. In der Krise der Tonträgerwirtschaft hat der Konzentrationsprozess auf Major-Ebene weiter zugenommen. Die Zahl der Beschäftigten ist immer weiter gesunken. Auch die Zahl der den Major Labels exklusiv vertraglich verpflichteten Künstler ist kontinuierlich gesunken. Auf der anderen Seite steigt die Anzahl der im Internet verkauften Songs ständig. Der Marktführer, der iTunes Store, konnte im Frühjahr 2010 vermelden, bis dato 10 Milliarden Songs verkauft zu haben. Parallel dazu zeigen aktuelle Studien, dass Musik und Videos zunehmend über Streaming-Angebote genutzt werden, so dass die „physische Vorratshaltung" von Entertainment-Inhalten sich womöglich auch bald zum Auslaufmodell entwickeln könnte.

9.2 Pirateriebekämpfung – mit dem Staatsanwalt gegen Musikfans?

Die Tonträgerindustrie hält wacker dagegen. Nach der Änderung des Urheberrechtsgesetzes im September 2003, mit der klargestellt wurde, dass das Kopieren urheberrechtlich geschützter Werke ohne Genehmigung der Rechteinaber unzulässig ist, begann man 2004 damit, gezielt Jagd auf Tauschbörsen-„Intensivtäter" zu machen. Im Sommer 2007 hatten Anwälte für die damaligen „Big Four" (Universal, SonyBMG, Warner, EMI) und einige kleinere Firmen bereits 40.000 Strafverfahren gegen Tauschbörsennutzer initiiert, 16.000 davon allein 2007. Ins Gefängnis ist deshalb aber niemand gekommen. Die Strafanzeigen hatten nur den Zweck, an die Adressen der Nutzer zu gelangen, was nach alter Rechtslage nur über den Umweg eines Auskunftsersuchens der Staatsanwaltschaft gegen den Internet-Provider des Tauschbörsennutzers möglich war. Inzwischen haben die Rechteinhaber unter engen Voraussetzungen einen direkten Auskunftsanspruch. Einer Schätzung der „Interessengemeinschaft gegen den Abmahnwahn" zufolge – die seinerzeit nicht von der Tonträgerindustrie kommentiert wurde – wurden alleine im Jahr 2010 in Deutschland 575.000 dieser Abmahnungen verschickt. Im Jahr 2011 seien es noch mehr als 218.000 Abmahnungen gewesen, so der Verein. Die Gesamtforderung der Abmahnungen habe in diesem Jahr 165 Millionen Euro betragen; 40 % der Abgemahnten würden bezahlen. 2012 seien noch 110.420 Abmahnungen ausgesprochen worden.

Der Bundesverband der Musikindustrie BVMI wartet mit anderen Zahlen auf: 2011 seien „nur" etwa 60.000 und 2012 22.000 Abmahnungen verschickt worden. Den Rückgang wertet der BVMI als Beleg für den Erfolg des Prinzips der massenhaften Abmahnungen zur Bekämpfung der Musikpiraterie. Die Statistiken der Tonträgerindustrie weisen einen erheblichen Rückgang der Tauschbörsen-Transaktionen aus, den die Industrie der Pirateriebekämpfung zuschreibt. Es ist allerdings daneben auch ziemlich wahrscheinlich, dass sich der Bezug von Musikdateien auf andere, „sicherere" Kanäle (z.B. die Nutzung von Sharehosting-Diensten wie Rapidshare etc., das Mitschneiden von Streaming-Dateien, den Offline-Tausch mittels Festplatten) verlagert hat oder dass Tauschbörsennutzer auf Systeme ausgewichen sind, bei denen die IP-Adresse nicht erkennbar ist. Ein wachsender Teil der Musikkonsumenten nutzt inzwischen Streaming-Dienste – dies deutet sicherlich auch einen Paradigmenwechsel im Musikkonsum an: Es ist - jedenfalls für die kaufkräftige Schnittmenge der an Technik und Musik Interessierten - immer weniger wichtig, Musik auf CDs, Festplatten usw. zu besitzen, wenn man sie über Streamingdienste ständig zur Verfügung haben kann.

Im September 2013 verabschiedete der Gesetzgeber als Abschiedsgeschenk der FDP-Justizministerin Leutheusser-Schnarrenberger das „Gesetz gegen unseriöse Geschäftspraktiken", mit dem unter anderem auch dem oben beschriebenen „Abmahnwahn" begegnet werden sollte. Der Streitwert erster Abmahnungen wegen „einfacher Urheberrechtsverletzungen" wurde auf € 1.000 gedeckelt und soll damit künftig keine höheren Anwaltskosten als € 155,30 auslösen. Ausgenommen hiervon sind nur die Fälle, in denen dieser Wert „nach den besonderen Umständen des Einzelfalles unbillig" ist. Der BVMI sieht hierin eine Bagatellisierung der massenhaften Urheberrechtsverletzungen und seine Bemühungen zum Aufbau eines legalen Downloadmarktes gefährdet. Ob durch die Gesetzesänderung ein erneuter Anstieg der illegalen Downloadzahlen ansteht, wird sich zeigen.

9.3 Going online – alternative Vertriebsmodelle, neue Player

Nach erheblichen Startschwierigkeiten zeichnet sich seit 2003 ab, dass mit digitaler Musik im Internet aber auch Geld verdient werden kann. Allen voran hat der iTunes Music Store des Computerherstellers Apple vorgeführt, dass mit einer benutzerfreundlichen Bedienungsoberfläche und durchdachten Features Kunden gewonnen und gebunden werden können. Mittlerweile gibt es eine Vielzahl virtueller „points of sales" (in Deutschland derzeit etwa 70), bei denen Musik gekauft werden kann. Im Folgenden wollen wir die wichtigsten Neuerungen und die zentralen neuen Berufsgruppen, die bei der Wertschöpfung im digitalen Musikmarkt eine Rolle spielen, kurz vorstellen.

Wenn das Masterband fertig ist, muss es für den Vertrieb in den Shops und Download-Portalen vorbereitet werden. Dazu gehört, dass die Daten in unterschiedliche Dateiformate und Auflösungen umgerechnet werden müssen. Hierauf haben sich manche Unternehmen spezialisiert. Wieder andere haben Kopierschutztechnologien und Digital-Rights-Management-Systeme entwickelt, die den Musikdaten hinzugefügt werden, auch wenn dieser Trend inzwischen stark rückläufig ist. Außerdem gehört zu den digitalen Daten zwingend ein Satz sogenannter Metadaten, die Informationen enthalten, die notwendig sind, damit das Label die Autoren und Interpreten der Titel richtig erfasst und die Songs zum leichteren Auffinden dem richtigen Genre zugeordnet werden können. Diese Daten zu erstellen, ist komplex und fehlerträchtig. Wenn sich ein Fehler einschleicht, kann das dazu führen, dass der Titel im Shop nicht gefunden werden kann (wenn z.B. im Namen oder Titel ein Schreibfehler enthalten ist) oder – mindestens genauso schlimm – dass er nicht abgerechnet werden kann, wenn er mit einer falschen ISRC-Bezeichnung (International Standard Recording Code) gespeichert wird.

Die Labels nehmen diese Aufgaben zumeist nicht selbst wahr. Stattdessen hat sich für die Vermittlung des Repertoires von den Labels an die Download-Portale eine neue Unternehmensgattung herausgebildet: der Content Aggregator. In Deutschland gibt es mittlerweile rund ein Dutzend dieser Betriebe, die dafür sorgen, dass die digital aufbereiteten Daten in die Internet-Verkaufsstätten iTunes und Co gelangen – und damit letztlich dann auch an die Kunden verkauft werden können. Zusätzlich zum reinen Vertrieb an die Shops übernehmen diese Dienstleiser oft auch noch die Aufbereitung der Daten, die in unterschiedlichen Dateiformaten (MP3, AAC, FLAC usw.) und in unterschiedlicher Qualität (Auflösung, Bitrate) benötigt werden.

9.4 facebook, YouTube und Konsorten – neue Promotionkanäle

Besonders interessant ist das Internet als Werbeplattform. Noch vor wenigen Jahren war es ausschließlich großen Unternehmen mit dicken Promotion-Etats möglich, eine flächendeckende Kampagne für Künstler und ihre Produkte zu veranstalten. Dies hat sich mit dem Internet grundsätzlich geändert. Jede Band, die etwas auf sich hält, hat mittlerweile eine Künstlerhomepage, eine facebook-Fanpage, einen eigenen YouTube-Channel oder etwas Ähnliches. Hier können Künstler eigene Musiktitel, Videos, Künstlerbiografien und Konzerttermine veröffentlichen. Und das Beste ist: Diese Art der Werbung muss noch nicht einmal teuer sein. Jeder Musiker hat heutzutage im Bekanntenkreis mindestens eine Person, die die nötigsten Grundbegriffe des Programmierens beherrscht und einen halbwegs passablen Internet-Auftritt gestalten kann. Auch das Hochladen von eigenen Musikvideos in Videoportale wie YouTube.com oder myVideo.com ist unkompliziert. Damit sind jedenfalls erst einmal die Voraussetzungen dafür geschaffen, dass man als Künstler oder Band im Internet gefunden werden kann. Das bedeutet natürlich noch lange nicht, dass man auch gefunden wird. MySpace, die dereinst erfolgreichste Community mit musikalischem Schwerpunkt, hatte im Juni 2008 235 Mio. Mitglieder. Die Plattform verpasste aber den Anschluss an die Entwicklung im social media-Bereich, wurde auch im Musikbereich von facebook verdrängt und war zwischenzeitlich in die Bedeutungslosigkeit abgerutscht. Derzeit (Mitte 2013) gibt es einen viel versprechenden Neustart. Zentrales Promotion-Tool ist aber nach wie vor die eigene Internet-Seite. In Deutschland waren im Juli 2013 mehr als 15 Mio. .de-Domains registriert. Natürlich sind dies nicht alles Seiten von Bands, die auf eine Plattenfirma warten, aber dennoch ist eine Stecknadel im Heuhaufen schneller zu finden als eine unbekannte Band im Internet. Um sichtbar zu werden, muss man also Werbung für die eigene Werbung machen. Hierfür ist es wichtig, dass man nicht nur auf der eigenen Internet-Seite „stattfindet", sondern dort, wo viele Menschen sind.

In den letzten Jahren gab es einige unglaubliche Erfolgsstories, in denen teils noch völlig unbekannte Künstler mit Hilfe des Internet zu großen Stars wurden – wenn denn die Legende immer stimmt. Gnarls Barkley's Single „Crazy" hatte mit Download-Verkäufen schon die Spitze der UK-Charts erreicht, bevor die CD-Single in den Läden erschien. Die Arctic Monkeys aus Sheffield erreichten durch eine von einem Bewunderer programmierte Fan-Seite, auf der Titel zum kostenlosen Download bereitgestellt wurden, in kürzester Zeit Kultstatus und füllten große Konzertsäle, noch bevor sie einen Plattenvertrag unterschrieben hatten. Der Titel „Gangnam Style" des südkoreanischen Rappers PSY wurde wegen des originellen Tanzstils im Jahr 2012 via YouTube zu einem der erfolgreichsten Musiktitel eines unbekannten Künstlers: In über 20 Ländern, verteilt rund um die Welt, erreichte der koreanisch gesungene Song die Spitze der Charts. Allein in den USA wurde der Song mehr als 4 Millionen mal verkauft, weltweit waren es bis Ende 2012 über 9 Millionen digitale Verkäufe. Der US-Chartsdienst Billboard änderte aufgrund von „Gangnam Style" Mitte Oktober 2012 sein Chart-Erfassungssystem und berücksichtigt seither neben Airplay und dem Abverkauf physikalischer Einheiten auch die Verkäufe digitaler Einheiten und Internet-Aufrufe bei der Ermittlung der Billboard-Charts.

Nicht jeder Künstler erfindet einen „Gangnam Style", aber wie man hieran eindrucksvoll sehen kann, bietet das Internet, anders als die bisherigen Promotion-Plattformen TV, Radio und Printmedien, die Möglichkeit, binnen kurzer Zeit Lawinen auszulösen. Die Internet-Nutzer sind es längst gewöhnt, einander via E-Mail oder über Services wie Skype, facebook, Google plus etc. interessante Links zuzuschicken oder auf Video-Plattformen die dort am häufigsten gespielten Titel abzuspielen. Diese „Klickpropaganda" reicht im Idealfall weltweit.

Den Trend zum Internet haben mittlerweile alle erkannt: Das Fernsehen verwertet interessante Internet- Angebote und stellt sein eigenes Programm teilweise im Internet zur Verfügung bzw. generiert eigene audiovisuelle Inhalte für das Internet. Auch die Musikzeitschriften bemühen sich mittels tagesaktueller Veröffentlichung von Inhalten in online-Ausgaben und Newslettern, mit dem schnellen Medium und den inzwischen hieran angepassten Gewohnheiten der Konsumenten Schritt zu halten. Mindestens genauso wichtig wie die Produktion einer guten Künstler-Website ist es also, dass man sich präsentiert. Hier gibt es keine Patentrezepte, aber der Fantasie sind nur wenige Grenzen gesetzt. Es gilt, die Aufmerksamkeit des Publikums zu erregen. Das schafft man mit einer gut inszenierten Geschichte oftmals besser als mit unverlangt verschickten Massen-Mailings, die bei den meisten Angeschriebenen dann doch nur ungelesen gelöscht werden.

Genau wie in der „Offline-Welt" gilt auch im Internet, dass der Aufbau und die Pflege einer guten Kunden- (sprich „Fan"-) Datenbank die zentrale Voraussetzung für den langfristigen Erfolg eines Künstlers ist. Das Internet ist dafür hervorragend geeignet. Im Internet insgesamt – nicht nur auf den facebook- und MySpace-Seiten – gibt es einige Regeln zu beachten:

- Langweilt nicht! Mit abgedroschenen Sprüchen, schlechten Fotografien und rotierenden Violinschlüsseln muss man nicht daherkommen – es sei denn, man liegt damit gerade einmal mitten in einem Retro-Trend.

- Seid aktuell! Nichts ist ärgerlicher als eine Seite mit drei Jahre alten Tourdaten, auf der aber die aktuellen Daten fehlen. Auch wenn man das Design und die Programmierung der Seite im Zweifelsfall auf Experten delegieren sollte, ist es sinnvoll, aktuelle Inhalte mittels eines Content-Management-Systems selbst einpflegen zu können – und dies auch zu tun!
- Seid informativ! Bei einem gelungenen Internet-Auftritt einer Band geht es eher darum, das Publikum mit Informationen zu versorgen, als dass hier der Web-Programmierer seine überragenden Flash-Kenntnisse beweisen müsste.
- Pflegt Freundschaften! Damit sind aber nicht die „Danke fürs Adden"-Freundschaften auf MySpace gemeint, sondern vor allem auch ein ständiger Kontakt zur eigenen Fan-Base z.B. über Newsletter, Fan-Aktionen, Tourberichte usw.
- Bietet etwas Besonderes! Eine Internet-Seite ist umso interessanter, je mehr dort angeboten wird. Das können z.B. Gratis-Downloads von Songs, Wallpapers etc. sein. Auch kann man z.B. die Fans über das Tracklisting für das neue Demo oder die Setlist für die nächsten Auftritte einbeziehen.

9.5 Musikvertrieb im Internet

Die gute Nachricht ist: Grundsätzlich kann jeder seine eigenen Tracks in Musik-Handelsplattformen einstellen, die auf der ganzen Welt zugänglich sind. Was für ein enormer Fortschritt im Vergleich zur Mühe früherer Jahrzehnte, wo es für unbekannte Bands kaum möglich war, beim Plattenhändler an der Ecke ein paar Exemplare der im Eigenauftrag gepressten LPs oder CDs unterzubringen! Die schlechte Nachricht ist: Keiner kann mehr davon leben, weil immer mehr Veröffentlichungen von immer weniger Kunden gekauft werden. Trotzdem ist dies kein Grund zum Verzweifeln. Die große Vielfalt an Repertoire, Downloadplattformen, Abonnement-Anbietern etc. und Promotion-Kanälen sorgt dafür, dass auch Nischenprodukte ihr Publikum finden und dass Künstler über Jahre hinweg ihr Repertoire direkt an ihre

Fans verbreiten können, ohne befürchten zu müssen, von der Plattenfirma „gedroppt" zu werden, wenn sich nicht der erhoffte schnelle Erfolg einstellt. Nach der „Long Tail"-Theorie des US-Journalisten Chris Anderson ist dies ein Geschäftsmodell mit Zukunft, weil sich der Markt immer mehr „in die Nischen" verlagert und es künftig immer mehr Artikel geben wird, die nur ein begrenztes Publikum erreichen werden. Hauptsache, man wird als Musiker trotzdem satt davon.

a) Unterschiedliche Angebote

Die Anbieter von Online-Musik arbeiten mit unterschiedlichen Geschäftsmodellen. Dem „klassischen" Tonträgerhandel entspricht am ehesten das sogenannte „À-la-carte"-Modell, welches z.B. von iTunes, Amazon und 7digital verwendet wird. Hierbei werden einzelne Songs oder Alben gegen eine einmalige Bezahlung dauerhaft erworben („download to own") und können auf der Festplatte des Nutzers gespeichert oder auf CDs etc. kopiert werden. Daneben gibt es Abonnement-Modelle wie z.B. Napster und eMusic, bei denen der Nutzer einen festen Betrag pro Zeiteinheit zahlt und dafür eine bestimmte Anzahl von Songs herunterladen kann.

Einen anderen Weg gehen Flatrate-Modelle: Auch hier zahlt man einen festen Betrag pro Zeiteinheit, aber man erwirbt dafür nur das Recht, während der Dauer der Mitgliedschaft den Katalog zu nutzen.

Dem oben erwähnten aktuellen Trend zum Streaming folgend etablieren sich inzwischen neben den „À-la-carte-Download-Anbietern" zunehmend Streaming-Plattformen wie spotify in Schweden oder simfy in Deutschland.

Daneben gibt es unterschiedliche Angebote, bei denen Musik kostenlos über das Internet verbreitet wird. Manche Anbieter veröffentlichen einzelne Songs gratis, um damit für ihre kostenpflichtigen Angebote zu werben, andere verschenken ihre Musik aus Idealismus, weil sie das traditionelle Prinzip des Bezahlens für geistiges Eigentum für nicht mehr zeitgemäß halten.

b) Musik online verkaufen

Wie kommt die Musik in den Store? Grundsätzlich muss hier unterschieden werden zwischen Plattformen, in die jeder sein Repertoire selbst einpflegen kann und solchen, die nur über einen Content Aggregator erreichbar sind. Content Aggregatoren erwerben üblicherweise den Katalog ganzer Labels, nicht aber den einzelner Künstler.

Am Beispiel des iTunes-Store wollen hier kurz den Weg nachzeichnen, auf dem man die eigene Musik an den Mann bringen kann.

Auf der Seite apple.com findet man ein Formular, mit dem man sich als „Kleinstlabel" um die Aufnahme in den Store bewerben kann. Wer dieses ausfüllt, bekommt in aller Regel von Apple eine Rückmeldung und dann einen Zugangscode zum Download des Programms „iTunes Producer". Dieses ähnelt von der Oberfläche her der des iTunes Stores, nur dass man hier etwas hoch- und nicht herunterladen kann. Mit diesem Programm kann man die eigene Musik dann „Step by step" in den Store befördern. Hierbei müssen die Metadaten eingepflegt, ein Veröffentlichungsdatum festgelegt, das Territorium definiert werden usw.

Zusätzlich bietet iTunes dann noch Tools zur Promotion des Repertoires an wie z.B. den „iTunes Link Maker", mit dem man dann vom eigenen Internet-Auftritt nicht auf die Startseite des iTunes-Store, sondern direkt auf die Seite des Künstlers gelangt. Und schon sind die Titel auf der ganzen Welt verfügbar.

In den letzten Jahren hat die Zahl der Content Aggregatoren, Netlabels und sonstigen Dienstleister, die es Künstlern ermöglichen, ihre Musik im Netz anzubieten, deutlich zugenommen. Dienstleister wie Finetunes, Backstage Pro, DooLoad, Believe Digital, Zimbalam und viele andere bieten Künstlern den Vertrieb über hunderte von weltweiten Downloadshops und Streamingportale. Dabei bestehen je nach Anbieter oft sehr flexible Vertriebsmöglichkeiten: Die Musiker können entscheiden, welche Titel oder Alben vermarktet werden sollen. Nicht exklusive Verkäufe sind möglich und die Verträge können oft auch kurzfristig wieder gekündigt werden. Häufig wird ein Aufnahmebetrag erhoben und dann ein Fixbetrag von etwa 30 – 40 Euro für das Integrieren eines Albums in den Shop und ein weiterer Betrag für die Zuteilung einer ISRC- und EAN-Nummer. Der Online-Vertrieb übernimmt die Abrechnung gegenüber der GEMA. Die Gewinnausschüttungen variieren je nach Anbieter und Angebot. Bei manchen Anbietern können die Nutzer zusätzliche Promotion-Angebote wie eigene Künstler-Websites, ein Newsletter-Tool und Plugin-Player für Internetseiten und Social Media-Webseiten nutzen. Viele Die Lizenzzahlungen variieren hierbei deutlich zwischen den einzelnen Online-Vertrieben und Aggregatoren. Einige Anbieter werben damit, dass sie 90 % der Verkaufserlöse an die Lizenzgeber auszahlen, bei anderen sind es 50%. Dies muss immer ins Verhältnis gesetzt werden mit den fixen und variablen Kostenbeiträgen, die man als Künstler oder Label bei den Online-Vertriebsplattformen aufwenden muss.

9.6 Streaming und die Cloud - Musik aus dem Wasserhahn

a) Hören statt haben

Noch vor wenigen Jahren löste die Vorstellung einer „Musikflatrate" bei vielen in der Musikbranche Tätigen nur Kopfschütteln und echte „Ausverkaufsängste" aus. Dass sich der legale Musikkonsum von Musikaufnahmen von den physischen Tonträgerformaten langsam, aber ganz sicher hin zum digitalen Download verlagern wird, zeigen die derzeitigen massiven Zuwachsraten. Online-Handelsplattformen wachsen in den letzten Jahren international und in Deutschland stetig, wenn auch derzeit die CD in Deutschland noch immer mit großem Abstand die Nase vorn hat.

Das Sammeln digitaler Dateien hat aber seine Tücken. Immer größere Musik-Libraries konkurrieren auf den Computern der Nutzer mit anderem digitalem content wie Filmen und Bildern und passen irgendwann nicht mehr auf die Festplatten, auf die sie ursprünglich heruntergeladen wurden. Sie müssen auf externe Speichermedien ausgelagert werden, sind aber auch hier nicht vor Datenverlust und Unordnung sicher. Das Bewahren und Administrieren der Daten setzt – zumindest bei Intensiv-Konsumenten– erheblichen Einsatz der Ressourcen Zeit und Geld voraus. Dem gegenüber bieten die Streaming-Plattformen aus Konsumentensicht einige reizvolle Vorteile: Die Nutzer erhalten sofortigen Zugang zu riesigen Datenbanken (20 Millionen Titel bei Spotify im Juli 2013) auf den Servern der Anbieter. Ohne lästiges Kopieren können die Daten auf dem eigenen Computer, auf mobilen Endgeräten und oft auch schon über direkt darauf vorbereitete Auto-Hifi-Systeme wiedergegeben werden. Die Angebote reichen von kostenfreien Abos (mit eingeschränkten Nutzungsmöglichkeiten) bis hin zu den „full access" bezahl- Abos. Bei den bezahlten Abonnements einiger Anbieter können die Dateien bei Bedarf auf mehrere eigene Geräte heruntergeladen und dann auch offline abgespielt, allerdings nicht auf CDs gebrannt werden. Garniert werden die Angebote mit Musikempfehlungssystemen (Recommendation Engines), kuratierten Themen-, Genre-, Künstler- und Label-Playlisten, Verknüpfungen mit der gewachsenen itunes-Library, zusätzlichem Content wie Plattform-exklusivem Content und anderen Anreizen. Im Filmbereich erfreuen sich parallel online-Videotheken mit großem Video on demand-Repertoire wie watchever und lovefilm wachsender Beliebtheit. Abonnenten stehen riesige Mediendatenmengen zur Verfügung, die keinen Platz im Wohnzimmerregal oder auf der Festplatte mehr beanspruchen und mit Abonnementkosten ab ca. 9 Euro pro Monat auch weniger kosten als eine einzelne CD oder DVD. Auch wächst der psychologische Anreiz, der Plattform treu zu bleiben, mit der Anzahl der eigenen Playlists und der zunehmenden Vernetzung der Nutzer mit anderen Nutzern, sei es direkt auf der Plattform oder über social media-Netzwerke wie facebook, das z.B. in Spotify integriert ist.

Cloud-Anwendungen gehen dagegen von einem eigenen Datenbestand des Nutzers aus, verlagern die Datenmengen aber von der heimischen Festplatte in das Internet, in die „Wolke". Anbieter wie Apple, Dropbox, Copy und viele andere bieten online-Datenspeicher an, der den Nutzern den Zugriff auf privat oder beruflich genutzte Daten von überall dort ermöglicht, wo sie eine Internet-Verbindung haben. Dies betrifft nicht nur Kontakt- und Kalenderdaten, sondern auch große Dateien wie Musik-, Bild- und Filmdateien.

Für die Konsumenten bedienen diese Angebote zugleich die auch in anderen Bereichen wachsende Bereitschaft zum „Nutzen statt Eigentum“. „Car sharing“, „book crossing“ und „couch surfing“ sind Modelle einer Ökonomie des Teilens, einer „shareconomy“, die inzwischen aus der digitalen Welt in der materiellen Wirklichkeit angekommen ist und daher als „hardware cloud“ tituliert wird. Für die jüngste Generation der „digital natives“ ist das Phänomen des „Jagens und Sammelns“ von Tonträgern ohnehin elterliche Nostalgie. Zugang ist wichtiger als Eigentum; auf „Haben wollen!“ folgt „Hören wollen!“. Beim Medienkonsum hat sich die Wandlung zur „access society“ in anderen Ländern – vor allem in Asien und Skandinavien – schon weit entwickelt. Aus Sicht der Nutzer ist dies komfortabel und im Vergleich günstig.

b) Der Streaming-Markt

Weltweit nutzen derzeit etwa 20 Millionen Menschen Streaming-Dienste. Spotify meldete bereits nach einem Jahr Tätigkeit sechs Millionen zahlende Abonnenten weltweit, die Konvertierungsrate von Kostenlos-Nutzern zu zahlenden Abonnenten liegt bei etwa 20 %. Am stärksten ausgeprägt ist Streaming in Schweden, dem Heimatland von Spotify. Erst 2008 gegründet, hat Spotify es dort geschafft, den Markt aufzurollen. Inzwischen werden in Schweden ¾ der Erlöse im Geschäft mit recorded music im digitalen Geschäft und davon 94 % über Streaming erzielt. In Norwegen sind die Einnahmen im Musikgeschäft vornehmlich durch Streaming im ersten Halbjahr 2013 um 17 % im Vergleich zum Vorjahreszeitraum gestiegen (Musikmarkt online vom 12.07.2013), allerdings zu Lasten der Downloadverkäufe. Diese Entwicklung lässt sich auf andere Territorien noch nicht unbedingt übertragen.

Etwa sechs Millionen Menschen streamen derzeit in Deutschland. Der Umsatz des Streaming-Marktes belief sich hierzulande im Jahr 2012 auf etwa 30 Mio. Euro, was 4,6 % des Gesamtmarktes entspricht. Knapp 40 Portale konkurrieren in Deutschland um die Gunst der Nutzer. Die frühere Tauschbörse Napster war die erste Streaming-Plattform in Deutschland. Marktführer ist inzwischen auch hierzulande Spotify. Weitere etablierte Services sind z.B. AMPYA, Deezer, Juke, Naxos, RARA, WIMP, Rdio u.a. Der Weltverband der Phonoindustrie (IFPI) wies im IFPI-Report 2013 Streaming als die die am schnellsten wachsende Umsatzquelle für die Musikindustrie aus, was manche Journalisten schon zu Jubelstürmen à la „Streaming rettet die Musikbranche" (Berliner Zeitung vom 4.10.2013) hinreißt. Noch arbeiten die Streaming-Dienste oft defizitär. Spotify hat zwar seinen Umsatz von 2011 bis 2012 von 190,4 Millionen Euro auf 434,7 Millionen Euro mehr als verdoppeln können, arbeitet aber wegen eines hohen Kostenanteils nach wie vor mit geliehenem Geld und sucht weitere Investoren. Es wird darauf ankommen, wie viele der Nutzer im Rahmen solcher „Freemium"-Dienste den Schritt vom kostenlosen „Free"- zum bezahlten „Premium"-Konto mitmachen werden. Kühne Wachstumsprognosen bescheinigen dem Streaming-Markt jährliche Zuwachsraten von 45%, so dass bis 2018 aus den derzeit ca. 20 Millionen zahlenden Abonnenten weltweit knapp 200 Millionen werden könnten.

c) Streaming und die Künstler: is sharing caring?

Bis hierhin hört sich alles sehr gut an. Aber die Medaille hat auch eine Kehrseite, und die betrifft – wie sollte es anders sein – die Künstler. Schon kurz nach der Markteinführung der Streaming-Plattformen tauchte im Internet eine Musterkalkulation auf, in der vorgerechnet wurde, dass es unmöglich sei, mit Streaming den Lebensunterhalt zu bestreiten. Im Sommer 2013 verkündeten mehrere Künstler, unter ihnen Thom Yorke, (Radiohead), Die Black Keys, Aimee Mann und andere, öffentlichkeitswirksam den Rückruf ihres Repertoires von Spotify. Zur Begründung gaben sie an, dass Spotify sich für Künstler nicht lohne. Das Repertoire vieler anderer etablierter Künstler (Die Ärzte, AC/DC, Led Zeppelin u.v.a.) wurde von vornherein gar nicht erst an Streaming-Portale lizenziert. Wieder andere wie z.B. Pink Floyd, Bob Dylan und Metallica haben ihre Werke den Portalen erst spät zur Verfügung gestellt. Bei vielen aktuellen Major-Neuerscheinungen ist zu beobachten, dass zunächst dem Album-Abverkauf (physisch wie non-physisch) eine gewisse

Karenzzeit gewährt wird, um den ersten Ansturm zu bedienen, bevor das Album dann bei Spotify etc. landet.

Wie sieht es mit der Verteilungsgerechtigkeit also tatsächlich aus? Spotify zahlt nach eigenen Angaben 70 % seiner Einkünfte – also genau so viel wie der iTunes Store – an die Rechteinhaber aus. Bereits 500 Mio Euro seien von Spotify an Rechteinhaber ausgeschüttet worden; bis Ende 2013 soll es eine Milliarde werden.

Die Aussage: „Spotify zahlt zu wenig an die Künstler aus" muss daher sicherlich in mehrerer Hinsicht relativiert oder zumindest differenziert betrachtet werden: Zum einen zahlt Spotify nicht direkt an die Künstler, sondern an den Digitalvertrieb bzw. das Label aus. Das Label leitet dann an den Künstler die vertraglich vereinbarte Künstlerlizenz weiter. In den gängigen Künstler- oder Bandübernahmeverträgen gibt es aber riesige Unterschiede, was die Höhe der Künstlerbeteiligung an den Einnahmen im Allgemeinen angeht. Dies gilt in gleicher Weise auch für Streaming-Einkünfte. So können z.B. Künstlern, die ihre Musik unmittelbar über Dienste wie CD Baby vertreiben, bis zu 95 % der Streaming- Einkünfte ausgezahlt bekommen, während Künstler mit schlechten Lizenzkonditionen oft nur wenige Prozent dieser Einkünfte erhalten. In manchen Verträgen wird den Künstlern auch noch ein Abschlag für neue Technologien abverlangt. Zum anderen wird bei den ins Feld geführten Zahlenbeispielen oft nicht differenziert zwischen Einkünften der Urheber – also Komponisten und Texter - und denen der Leistungsschutzrechteinhaber (also ausübende Künstler und Tonträgerhersteller).

Die Streaming-Befürworter argumentieren wie folgt: Streaming verhindere keine Käufe, sondern sei zugleich eine Einnahmequelle und auch Promotion für die Künstler, ihre Konzerte und ihre Produkte. Außerdem basiere die aktuelle Diskussion noch auf alten Zahlen: Da sich die Nutzerzahlen und damit auch die Streaming-Vorgänge und die Einkünfte inzwischen beträchtlich erhöht hätten, seien künftig auch höhere Erträge zu erwarten. David Macias, der Präsident von Thirty Tigers (Nashville), einem Dienstleister für Labels und Künstler, erklärte Ende Juli 2013 im US-Branchenmagazin Billboard: Streaming lohne sich in denjenigen nationalen Märkten wie z.B. Schweden, in denen das Modell sich bereits etabliert habe, auch für Künstler. Am Beispiel des Newcomer-Hip Hop-Duos Macklemore and Ryan Lewis rechnet er vor: Die Titel des aktuellen Albums seien 300 Millionen mal gestreamt worden. Dies entspreche dem Verkauf von 30 Mio Alben. So viele Tonträger hätten die Künstler jedoch niemals verkaufen können. Bei von Macias angenommenen 0,005 USD pro Stream hätten Macklemore & Lewis –unterstellt, dass sie selbst Inhaber der Rechte an ihren Aufnahmen sind - 1,5 Mio. US-Dollar verdient und damit einen für den geringen Marktanteil des Streamings erfreulichen Schnitt gemacht. Das Kernargument der Befürworter lautet: Beim Streaming „zahlt" der Nutzer nicht nur einmal, sondern jeder neue Streaming-Vorgang wird erneut gezählt, so dass jeder einzelne Nutzungsvorgang – im Gegensatz zum Kauf, wo nur einmal Geld fließt - wiederkehrende Zahlungen auslöst. „Play ist die neue Währung", so Torsten Schliesche, CEO von Napster Deutschland. Erst wenn ein signifikanter Marktanteil erreicht sei, werde sich daher zeigen, dass es sich um ein faires Modell handle. Daher solle man nicht schon bei der Markteinführung das Konzept schlecht reden, sondern ihm die Chance geben, sich zu entwickeln.

Künstler und Produzenten begegnen Spotify oft mit gemischten Gefühlen: Zum Einen handelt es sich dabei aus der Sicht vieler um ein interessantes neues Promo-Tool, um die eigene Musik bekannt zu machen. Auch mit MySpace und Youtube verdienen die Künstler schließlich kein Geld, wollen aber trotzdem „da sein, wo die Nutzer sind", um sich bekannt zu machen. Wenn Streaming-Dienste die Tauschbörsen ablösen, würden Künstler zwar wenig, aber doch immerhin etwas Geld verdienen, was besser sei als das „unfreiwillige Verschenken" der Inhalte in Filesharing-Tauschbörsen.

Beschränkt sich aber der Konsumwunsch der Hörer auf das Anhören auf der Streaming-Plattform und zieht keinen Kauf des Titels bei iTunes, keinen Konzertbesuch oder Kauf von Merchandising-Artikeln nach sich, dann muss Künstler mit dem - und von dem - leben, was er dort an Einkünften erzielt.

Mit einer einer von der Rechnung von David Macias deutlich abweichenden Beispielrechnung weist daher David Byrne, der frühere Chef der Talking Heads in einem Artikel in „The Guardian" vom 11. Oktober 2013 auf: Der Erfolgstitel des Sommers 2013, die Single „Get Lucky" von Daft Punk sei bislang 103 Millionen mal gespielt worden, was für die Bandmitglieder Thomas Bangalter und Guy-Manuel de

Homem-Christo Einkünften von je € 13.000 entspreche. Davon könnten die Künstler nicht leben und noch nicht einmal ein Album produzieren. Andererseits summierten sich die (digitalen und physischen) Verkäufe des Albums „Random Access Memories" weltweit auf eine Million Einheiten bereits in der Veröffentlichungswoche – und es lässt sich kaum ermitteln, ob die Spotify-Streams hier als Verkaufskatalysatoren gedient haben oder ob ohne Streaming noch viel mehr Alben hätten verkauft werden können.

Wenn tatsächlich Streaming in Zukunft der Ersatz für alle übrigen Formen des kostenpflichtigen Musikkonsums sei, so David Byrne, dann müssten Künstler sich darauf einrichten, von den hierüber generierten Einkünften leben zu können. Dies würde, so seine Befürchtung, dazu führen, dass sich mit Ausnahme derjenigen, die sonstige Einnahmequellen wie den Live-Bereich hätten, Streaming für die meisten – und insbesondere junge Künstler – auch künftig nicht lohnen werde. Gewinner seien daher nur die Labels und die Konsumenten, die Zeche hätten die Künstler zu zahlen, die als Newcomer schon nach dem ersten Jahr der Selbständigkeit pleite wären. Das Modell sei „not sustainable", nicht nachhaltig. Byrnes beängstigendes Fazit: „The internet will suck all creative content out of he world".

Spotify und andere Streaming-Dienstleister arbeiten derweil an ihrem Image: Anlässlich des Reeperbahn-Festivals im September 2013 stellte der BVMI ein neues Gütesiegel namens „Fair Play – Fair Pay" vor. Dieses Siegel soll künftig Nutzern dabei helfen, legale von illegalen Musikangeboten im Internet zu unterscheiden. Spotify zählte zu den ersten Streaming – Diensten, die das Siegel unterstützen. Anfang Dezember 2013 hat Spotify unter spotifyartists.com neue Zahlen veröffentlicht und dargestellt, dass Künstler derzeit pro eine Million Streams rund 6.000 bis 8.400 Dollar – und damit deutlich mehr als die Betreiber von YouTube und anderen Video-Streaming – Plattformen - an die Rechteinhaber auszahle.

Ihrer wachsenden Bedeutung entsprechend werden seit Januar 2104 nun auch die Musikstreams in den deutschen Single Charts der media control GfK neben den Tonträger- und Download-Sales berücksichtigt. Gewertet werden nur Musikstreams ab 31 Sekunden Länge aus bezahlten Premium Angeboten, nicht aber werbefinanzierte Streams. Die zur Zeit bei der Wertung berücksichtigten Streaming

Anbieter sind Spotify, Musicload, Juke, Napster, Unlimited, Wimp, Simfy, Microsoft Streaming und Qobuz Streaming.

Noch sind Spotify und Co von schwarzen Zahlen weit entfernt. Das Geschäftsmodell kann sich trotz ständig wachsender Userzahlen noch nicht aus sich heraus finanzieren, da es noch zu wenige zahlungswillige Abonnenten gibt. Jüngste Gerüchte über ein Einsteigen der Telekom bei Spotify Deutschland deuten jedenfalls darauf hin, dass das Geschäftsmodell erst am Anfang steht. Ob es in ein paar Jahren von allen Beteiligten als fair empfunden werden wird oder ob viele Künstler und Labels dem Beispiel von Thom Yorke und David Byrne folgen werden, werden die nächsten Jahre zeigen.

10

Voraussetzungen des Erfolgs

10.1 Talent oder Kontakte?

Eigentlich sollte es keine Frage sein, ob der Erfolg in der Musikindustrie oder im Show-Business vom Talent eines Künstlers oder von den Kontakten herrührt, die er hat knüpfen können. Aber der mit Absicht provokativ gewählte Titel hat hoffentlich die kritische Neugier des Lesers geweckt. Talent und Kontakte sind oft gleichermaßen wichtig. Es fragt sich nur, wie man Beides einsetzt, koordiniert und verwertet. Kontakte entscheiden im Allgemeinen darüber, wie schnell man einen Vertrag bekommt und wie gut der Deal im Endeffekt ist, d.h. wie hart und konsequent die verschiedenen Geschäftspartner für den Künstler arbeiten. Talent bestimmt die Qualität des künstlerischen Schaffens und in beträchtlichem Maße Größe und Dauer des Erfolgs. Ein Blick in die Charts zeigt das breite Spektrum der Talente bzw. dessen, was das Publikum darunter versteht. Auch die Fähigkeit, eine Fremdkomposition überzeugend zu interpretieren, verlangt Talent, aber eines mehr „handwerklicher" Art. Wenn es um persönlichen Ausdruck und schöpferische Beiträge geht, reden wir über andere Dinge. Talent, egal welcher Art – sei es die Gabe, schön mit dem Po zu wackeln oder Songs komponieren, arrangieren, spielen und produzieren zu können – empfindet der damit Gesegnete als Geschenk. Es birgt für ihn eine Art moralischer Verpflichtung, es auch zu nutzen. Das heißt nicht, dass damit automatisch kommerzieller Erfolg einhergeht, vielmehr muss das Talent entwickelt werden. Mit anderen Worten: Ein Künstler darf nie aufhören, zu lernen und sich zu verbessern. Dies bedeutet ein Leben voller Arbeit. Nicht alle Talente werden genutzt. Hat der Künstler sich aber entschieden, mit seinen Begabungen Geld zu verdienen, muss er sich über einige Punkte klar sein:

- Wer auf der Bühne stehen will, nur um sich selbst zu unterhalten, sollte sich besser zu Hause vor den Spiegel stellen. Als Künstler ist man gleichzeitig „Entertainer", wie es so schön heißt. Das Publikum will Unterhaltung. Eine gute Show trägt erheblich zum Erfolg bei. Sie ist für die meisten musikalischen Spielarten (Genres) zwingende Voraussetzung für den Erfolg.
- Um Talent auf eine professionelle Basis zu stellen, braucht man Disziplin. Das gilt gleichermaßen für Sänger, Songwriter, Produzenten, Verleger, Manager usw. Diese Disziplin ist eng mit einer positiven Einstellung verbunden. Zunächst sollte man sich Ziele setzen – durchaus auch hohe Karriereziele wie z.B. eine goldene Schallplatte. Die Verwirklichung dieses Zieles erfordert konsequente und wirkungsvolle Arbeit, Selbstvertrauen und Realitätssinn. Am besten steckt man sich als Künstler arbeitsbezogene Zwischenziele, z.B. den Abschluss eines guten Plattenvertrags, die Professionalisierung der Live-Performance oder das Schreiben dreier neuer potentieller Hit-Songs. Diese Ziele sollte man an Termine binden. Erreicht man das Angestrebte zu spät oder überhaupt nicht, muss man sein Handeln kritisch analysieren. Warum wurde das Ziel nicht erreicht? Lag es an übersteigerten Erwartungen, hatte man sich selbst überschätzt oder nicht hart genug gearbeitet?
- Um sein Bestes geben zu können (und das Publikum merkt sofort, ob jemand dies tut), muss ein Künstler von dem, was er tut, überzeugt sein. Dieses Selbstbewusstsein kann allerdings auch zum Hindernis werden, wenn es ihn zu absoluter Perfektion zwingt. Vollkommen ist jedoch niemand. Also, Ihr angehenden Künstler, gebt Euer Bestes und macht Euch nicht zu viele Gedanken darüber, ob es perfekt war oder nicht!

10.2 Der Wert von Kontakten

Wie wichtig sind Kontakte, welchen Wert haben sie? Jeder kennt Irgendeinen, der ihm weiterhilft, z.B. die Schwester des A&Rs bei einer Plattenfirma, den engagierten Elektronik-Bastler, einen Boten für einen Veranstalter oder sonst jemanden. Vielleicht ist der Hobbyproduzent, der das Demo von der Gruppe im Proberaum nebenan gemacht hat, in fünf Jahren ein gefragter Profi. Der Gitarrist, der rumhängt und nur auf den Demos von anderen Gruppen spielt, könnte übermorgen ein gefragter Sessionmusiker sein. Vielleicht ist der nervige Bassist, der die Gigs für eine befreundete Gruppe bucht, in der er spielt, der Top-Veranstalter oder Manager von morgen. Man kann nie wissen, was passieren wird, aber man kann versuchen, die Talente anderer Leute zu erkennen und einzuschätzen. Beim Einstieg in die Musikbranche wird man mit vielen Leuten konfrontiert, die sich kompetent und informiert geben und mit Rat und Tipps nicht sparen. Allerdings sollte ein Newcomer nicht blindlings alles glauben, was ihm gesagt wird – er muss lernen, den Wert dessen, was ihm gesagt wird, zu erkennen. Einige Richtlinien dafür sind:

- Welche Kenntnisse und welchen professionellen Hintergrund hat die Person?
- Steht sie der Musik neutral gegenüber oder behindert ihr persönlicher Geschmack eine realistische und fachgerechte Aussage?
- Ist ihr Ratschlag uneigennützig oder von Interessen geleitet?
- Folgte man diesem Rat, was wäre das Ergebnis?
- Ist die vorgetragene Argumentation schlüssig oder klingt sie nur gut?

Die Meinungen anderer Leute können Wege weisen, sind aber selten verlässliche Informationen, denn die meisten halten ihr Fähnchen in den Wind. Ein A&R-Manager zeigt Euch vielleicht gleich die Tür, wenn Ihr ihm Euer neuestes Lied vorspielt. Spielt ihm ein bekannter und angesehener Manager oder Verleger das gleiche Lied vor, reagiert er aber möglicherweise ganz anders darauf.

Legt also nicht allzu viel Wert auf eine einzelne Meinung. Kontakte sind ein gutes Mittel, Ziele zu erreichen. Man muss sie aber auch nutzen können. Um gute Leute für Euch zu interessieren, müsst Ihr sie von Euch überzeugen.

Jungen Musikern fällt das oft schwer. Doch mit zunehmendem Selbstvertrauen bewältigt man dieses Problem immer leichter. Wer allerdings zu introvertiert, gehemmt oder schüchtern ist, um sich selbst zu promoten, sollte seinen Karrierewunsch als Pop-Star noch einmal gut überdenken.

In der Musikbranche scheitert die Förderung von Talenten oft an Geldmangel. Instrumente, Demos, Fotos, die Produktion, Promotion, Werbung und Vertrieb verschlingen große Summen. Wenn das Ziel heißt, Nr. 1 in den Charts zu werden, wende man sich erstmal an große, finanzkräftige Plattenfirmen. Ein kleines, aufstrebendes Indie-Label betreut den Künstler dagegen oft sehr persönlich und engagiert, verfügt aber häufig nicht über die wirtschaftlichen Möglichkeiten, eine Karriere in die Top 10 zu pushen. Natürlich gelingt der einen oder anderen Indie-Gruppe der Aufstieg in die Charts, doch geschieht dies oft nur dann, wenn die Promotionmaschinerie einer größeren Firma hinter dem Indie-Label steht. Einflussreiche Kontaktpersonen, die einem Künstler zu einer echten Chance verhelfen können, sind entweder selbst schon lange und erfolgreich in der Musikbranche unterwegs oder verfügen über viel Geld, um das notwendige Know-how Dritter hinzukaufen zu können. Wer ehrgeizige Karrierepläne verfolgt, kann auf derartige „Power-Kontakte" nicht verzichten.

Ergreift selbst die Initiative, Kontakte zu knüpfen! Wartet nicht darauf, entdeckt zu werden! Nehmt Euer Schicksal selbst in die Hand! Den Weg zur goldenen Schallplatte „blockieren" einflussreiche Leute. An die Top-Leute in Schlüsselpositionen gelangt ein unbekannter Künstler fast nur durch persönliche Empfehlungen und nur selten direkt. Ein Top-Manager kann binnen kurzer Zeit einen Plattenvertrag besorgen. Er weiß genau, was gerade wo gesucht wird. Aber er ist erst die letzte Station im Empfehlungskarussell. Vielleicht lernt Ihr z.B. einen A&R-Manager durch einen Verleger kennen, dem ein Produzent Eure Songs vorgespielt hat. Der Ball muss nur irgendwo ins Rollen kommen; alles Weitere folgt oft schneller, als man glaubt.

10.3 Wie wichtig ist das Image?

Mit einem Image wird man nicht geboren, sondern baut es langsam auf, als Ergebnis einer ehrlichen Selbstbetrachtung und einer wohl kalkulierten Planung. Bei manchen hinterlässt das Wort „Image" einen schalen Nachgeschmack. Gibt es nicht schon genügend Pop-Püppchen, die ihre meist kurze Karriere nur auf Äußerlichkeiten gründen? Trotzdem gehört das Image eines Künstlers zu den wichtigsten Bausteinen seiner Karriere. Sein Image lenkt die Wahrnehmung des Publikums. Eine effektive Karriereplanung bezieht Überlegungen zum Image mit ein. Der Künstler muss klare Ziel- bzw. Karrierevorstellungen entwickeln. Das Image eines Konzertpianisten unterscheidet sich erheblich von dem eines Rocksängers. Berufliche Ziele geben jedoch nicht allein den Ausschlag. Der Künstler muss sich in seinem Image wohl fühlen, um es ständig projizieren zu können. Mit anderen Worten: Das Image sollte möglichst mit dem privaten Lebensstil des Künstlers übereinstimmen. Dies unterstreicht deutlich seine Glaubwürdigkeit. Der Künstler (und gegebenenfalls sein Manager) muss das Image so aufbauen, dass Talent, Aussehen und Persönlichkeit einander ergänzen und konkurrenzfähig bleiben.

Es nützt nichts, wenn das Image eines Folksängers der 60er Jahre sehr gut zum Aussehen und zum Stil des Künstlers passt, es aber aktuell keinen Markt dafür gibt. Selbstverständlich muss der Künstler versuchen, innovativ und nicht nur als Modeerscheinung aufzutreten, denn Trends ändern sich rasch.

Es ist viel leichter, für einen neuen Künstler ein Image aufzubauen, als für einen bekannten Künstler, sein Image zu wechseln. Manchmal erscheint dieser Schritt dennoch unumgänglich. Ein Künstler kann aus seinem Image herauswachsen, sei es aus Altersgründen, gewandelter Weltanschauung oder wegen einer Weiterentwicklung seines Stils. Trotzdem muss er sich der Gefahren bewusst sein, die auf ihn zukommen. Mit seinem neuen Image schreckt er möglicherweise alte Fans ab, und wenn er Pech hat, gewinnt er kein neues Publikum.

Andererseits kann sich ein zu innovatives und progressives Image für einen jungen Künstler auch negativ auswirken, wenn es übertrieben, verfremdet oder der Zeit zu weit voraus erscheint. Die ausgefallensten Ideen verpuffen oft wirkungslos. Bei aller Perfektion in der Imagepflege folgen ein sensibler Künstler und sein cleverer Manager ihren Instinkten und agieren flexibel, so dass der Künstler nicht irgendwann in einem „Time Warp" hängen bleibt. Das heißt, sie informieren sich laufend über die Trends der Szene und die Anforderungen der Industrie. Ein erfolgreicher Künstler entwickelt seine Musik und seinen Stil allmählich weiter, und das möglichst marktgerecht. Stars wie z.B. Bon Jovi, Madonna, Robbie Williams oder auch Pink und Gwen Stefani ist dies hervorragend gelungen. Dieses Schritthalten des Künstlers mit den Erfordernissen der Zeit hängt von einer ganzen Reihe von Faktoren ab: von seinem Sound, seinen Songs, seinen Auftritten, seiner Kleidung und Sprache, der Form der Interviews, dem Inhalt und Stil der Werbung und nicht zuletzt von seinem Lebensstil. Alle diese Faktoren bedürfen einer ständigen Prüfung und Verbesserung und müssen vor allem konsequent aufeinander abgestimmt sein. Das Image darf nie dem Zufall überlassen werden. Darum sollte bei Verträgen mit Plattenfirmen etc. der Künstler bzw. sein Management möglichst viel Entscheidungsfreiheit in diesen Dingen beanspruchen. Die Gestaltung und der Inhalt von Werbung, Anzeigen, Interviews, Merchandising, Endorsements prägen und unterstreichen das Image des Künstlers.

Ein Element des Images, wenn nicht das Wichtigste, ist das Charisma, also die einzigartige Ausstrahlung des Künstlers, die ihn von Konkurrenten unterscheidet und Fans an ihn bindet. Das Charisma zeichnet den Superstar aus. In einem gewissen Umfang lässt sich dieses Charisma auch antrainieren oder geschickt aufbauen, indem der Künstler beispielsweise einen regionalen Dialekt, eine kleine Unvollkommenheit oder einen gewissen Hang zu Eskapaden betont. Ein öffentlich ausgelebter exzentrischer Lebensstil erzielt eine ähnliche Wirkung: Drogenexzesse und sexuelle Freizügigkeit waren in den 1960er Jahren (siehe Jim Morrisson, Janis Joplin, Jimi Hendrix u.v.a.) für Schlagzeilen gut und sind es noch heute (siehe Pete Doherty, Rihanna, Miley Cyrus u.v.a.). Sex und Drugs gehören zum Rock`n`Roll. Die auf diese Weise provozierten Skandale sind oft kalkuliert, aber die Grenzen zur Selbstzerstörung sind fließend.

Falls der Leser diesen Aspekt der Branche als etwas Negatives ansieht, sollte er daran denken, dass jeder Mensch ein Image hat.

Sogar „kein Image" ist ein Image. Dieses Image als Kommunikationsmittel zu polieren und zu gebrauchen, kann nur legitim sein. Leidet der Künstler aber unter seinem Image, dann hat er am Anfang die falsche Antwort auf wichtige Fragen gegeben und sich damit falsche Ziele gesetzt.

10.4 Der Wert der Kontinuität

Schauen wir einmal nach England: Von dort kommen immer wieder sogenannte Trends, die uns hier in Deutschland überraschen. Sehen wir genauer hin, stellen wir fest, dass englische Bands oft seit Jahren die gleiche Musik machen, ohne sich von vorangegangenen Strömungen irritieren zu lassen. Sie spielten stets ihre eigene Musik!

Trends sind im Allgemeinen wechselhaft und kurzlebig. Aber jeder Trendwechsel „spült" auch immer wieder bestimmte Gruppen hoch und zieht oft ganze Musikrevivals nach sich.

Gute Zukunftschancen für eine Band verspricht eine Konzeption, bei der sämtliche Gruppenmitglieder einen größtmöglichen gemeinsamen Nenner finden, sich mit der Band identifizieren und gegenseitig motivieren. Rückschläge lassen sich so leichter überwinden; haben doch alle Beteiligten ein Ziel vor Augen, von dem sie überzeugt sind. Das heißt natürlich nicht, dass ein einmal gefundener Stil nun über Jahrzehnte hinweg konserviert werden sollte. Musik und Musiker durchlaufen Wandlungen und Entwicklungen, die sich in Arrangements, Sounds und Ähnlichem äußern. Dass Bands aber auch mit ein und demselben Stil über Jahrzehnte konstant erfolgreich sein können, zeigen Beispiele wie AC/DC oder Motörhead.

Ein Blues, ein Pop-Song, eine Ballade oder eine Rocknummer klingen heute ganz anders als vor zehn Jahren. Trotzdem erlaubt jede Musikrichtung stets ihre recht eindeutige Zuordnung zu denen, die sie machen und zu denen, die sie hören, ganz gleich, welchen Zeitraum man betrachtet.

Es dauert immer eine gewisse Zeit, dem Publikum nahezubringen, dass eine bestimmte Band mit einem bestimmten Stil, einer bestimmten Idee gleichzusetzen ist. Dazu ist oft jahrelange Arbeit notwendig, also ein großes Maß an Kontinuität. Diese Kontinuität erwarten im Übrigen die Schallplattenfirmen (auch wenn sie sie selbst oft nicht haben) von den Musikern, die bei ihnen um einen Plattenvertrag nachfragen. Es zahlt sich häufig für eine junge Band aus, nach einer Absage ein neues Demo einzuspielen und einzuschicken. Es geht nämlich darum, den Beweis zu liefern, dass man in der Lage ist, den einmal gelegten Grundstock auszubauen und „dranzubleiben". Hat eine Band ihre Zielstrebigkeit und ihr Durchhaltevermögen überzeugend demonstriert, zeigen sich Verlag oder Plattenfirma auch eher bereit, in das Projekt zu investieren. Marketing-Chefs hoffen, ein neues musikalisches Markenzeichen zu kreieren. Denn auch in der Musikbranche geht es in erster Linie um erfolgreiche Vermarktung.

Erfreulicherweise ist das Publikum kritischer und klüger, als mancher vermutet. Es lässt sich zwar etwas, das gut vermarktet ist, leichter verkaufen, aber letztendlich zählt in Sachen Musik immer noch die Glaubwürdigkeit einer Band oder eines Interpreten. Musik und Gefühle sind eng miteinander verknüpft. Nur Musik, die ihr Publikum auch „erreicht" oder „berührt", setzt sich langfristig durch. Ein Musiker ist nie ausschließlich ein Produkt des Marktes. Von Anfang an kann er bestimmen, ob die Vermarktung seiner Musik zum Werkzeug seiner künstlerischen Aussage oder zum Selbstzweck wird.

10.5 Die Kunst des Verhandelns

Wenn endlich ein Vertragsangebot ins Haus flattert, fängt die richtige Arbeit erst an. Jetzt zählt kein Hype mehr. Ihr braucht niemanden mehr bei der Produktions- oder Plattenfirma davon zu überzeugen, dass Ihr eine Chance verdient habt. Jetzt geht es darum, einen möglichst fairen, realistischen und wirtschaftlich funktionsfähigen Deal auszuhandeln. In der Position, in der sich die meisten Musiker oder jungen Manager befinden – also ohne die Sicherheit vorheriger Erfolge und Erfahrung –, ist das sicherlich nicht immer einfach, aber je besser man die Techniken der Verhandlungskunst beherrscht, desto besser werden die Resultate sein. Diese Kunst ist erlernbar – egal wie schwer es zunächst zu sein scheint. Jede Kunst muss man üben, um ein Meister zu werden. Hier sind einige Punkte, die Euch dabei helfen sollen:

Auf dem Basar

Fast jedes Vertragsangebot, das ein Künstler von einem Verwerter, also einer Plattenfirma, einem Musikverlag oder einem Veranstalter bekommt, enthält zunächst einmal dessen Maximalforderungen. Dies ist nicht unbedingt mit dem Versuch gleichzusetzen, den Künstler übers Ohr zu hauen (doch auch das kommt vor!). Es bedeutet nur, dass derjenige, der das Angebot macht, es für sich selbst optimal gestaltet. Das ist das gute Recht aller Beteiligten. Kein seriöser Businesspartner erwartet aber, dass der Verhandlungspartner die erste Fassung eines Vertrages einfach „unverhandelt" unterschreibt. Jeder hat das Recht - und gegenüber sich selbst auch die Pflicht - wenigstens zu versuchen, den für sich bestmöglichen Deal auszuhandeln. Macht man von dieser Möglichkeit keinen Gebrauch, darf man sich hinterher über böse Überraschungen nicht wundern. Sollte es ein Vertragspartner ablehnen, die Bedingungen eines Angebots zu verhandeln, ist dies in der Regel ein Zeichen dafür, dass man vom Vertrag lieber die Finger lassen sollte. In aller Regel lassen sich, zumindest dann, wenn man weiß, welche Positionen eines Vertrages verhandelbar sind, doch noch einige wichtige Änderungen aushandeln. Details dazu findet Ihr in den Kapiteln 17 und 18.

Verträge verstehen

Verträge im Musikbusiness waren für Unkundige schon immer kompliziert, aber in der digitalen Welt sind sie noch komplizierter geworden. Zunächst sollte man sich klar darüber werden, welche Rechte Gegenstand des Vertrags sein sollen, um realistisch einschätzen können, was man letztendlich vom Verhandlungspartner verlangen und bekommen kann. Darüber hinaus muss man grundsätzlich auch ein Verständnis dafür entwickeln, dass es um mehr als nur Beteiligungen, Vorschüsse oder Verrechenbarkeit geht. Wichtig sind auch die vermeintlich „kleinen" Details über Abrechnungen, Abzüge, Mitspracherechte usw., die dem Künstler erhebliche Kontrollmöglichkeiten geben können. Solche „Kleinigkeiten" bestimmen oft, wie ein Deal ablaufen wird. Darum ist es auch dringend geboten, sich von branchenkundigen Rechtsanwälten oder erfahrenen Künstlerberatern Rat zu holen, wenn man einen Vertrag oder die Auswirkung seiner Bedingungen nicht hundertprozentig versteht.

Alle Unterlagen genau lesen

Obwohl es eigentlich eine Selbstverständlichkeit ist, neigt man leicht dazu, die etwas „langweiligen" Passagen eines Vertrages nur zu überfliegen. Das sollte man auf keinen Fall tun – auch der erfahrenste Verhandler nicht. In solchen Klauseln können bereits kleine Änderungen in der Auslegung negative Konsequenzen für den Künstler haben, wenn er davon ausgeht, dass eine bestimmte Passage „sowieso nur Standard" ist.

Listen erstellen

Die erste Liste sollte alle Punkte erfassen, die du als Künstler verhandeln willst – egal, wie unbedeutend diese scheinbar zunächst auch sein mögen. Nimm dir Zeit und schreibe jeden Punkt genau auf, von den groben Eckdaten (Vertragsdauer, Vertragsgebiet, Beteiligung usw.) bis hin zu den „Abrechnungsformalitäten" (Kosten einer Buchprüfung, Widerspruchsfristen etc.). Eine zweite Liste sollte dann die Punkte beinhalten, die man nicht versteht oder die zweideutig sind. Diese solltest du dir von deinem Verhandlungspartner erklären lassen. Das kann Ärger und Missverständnisse ersparen. Mit anderen Worten: Man sollte eine gemeinsame Sprache entwickeln, so dass die Gesprächspartner eine gleich definierte Terminologie benutzen.

Prioritäten setzen

Wenn die Liste mit allen zu verhandelnden Punkten vollständig ist, solltest du dir deine Verhandlungsstrategie zurechtlegen und dir zunächst eine Prioritätenliste erstellen. Es wird zum einen Punkte geben, in denen weder die eine noch die andere Seite nachgeben will, zum anderen Kleinigkeiten, die kompromisshalber gegen andere Punkte „in den Topf geworfen" werden können. In dieser Phase ist es mehr als ratsam, genau zu überlegen, wie wichtig die einzelnen Vertragspunkte im Verhältnis zueinander sind. Diese Prioritäten können von Fall zu Fall völlig unterschiedlich ausfallen und sind oft sehr subjektiv. Jedoch sollte man nie die möglichen Auswirkungen mancher „Kleinigkeiten" unterschätzen.

Eine eigene Strategie entwickeln
Wenn die Prioritäten, die sich während einer Verhandlung auch ändern können, feststehen, kann man realistische, erreichbare Alternativen und die dazu gehörenden Argumente zur Unterstützung der eigenen Forderungen entwickeln. Zwar hat der Verhandlungspartner mit dem längeren Hebel immer die besseren Karten – und das ist fast immer die Firma. Andererseits schließt das aber nicht aus, dass man mit einer guten Strategie einen wesentlich faireren Vertrag unterschreiben kann. Wie man verhandelt – ob hart oder weich – hat hauptsächlich mit der individuellen Persönlichkeit des Verhandelnden zu tun. Dass man die bestmöglichen Bedingungen für sich gewinnen will, gilt aber für alle. Wenn ein fairer Vertrag für beide Seiten das Ziel ist, gibt es jedoch immer einen Boden für Gespräche.

Argumente des Gegners vorhersehen
Mit der Erfahrung kommt auch eine gewisse Fähigkeit, Gegenargumente und Taktik des anderen vorauszusehen. Vor Überraschungen ist man aber nie sicher: Neue Argumente, ein unerwarteter Standpunkt, ungewöhnliche Forderungen usw. tauchen immer wieder auf. Darum ist es wichtig, sich ständig über wechselnde Branchenüblichkeiten zu informieren.

Nimm Teil an Gesprächen mit Kollegen, stelle Fragen, anstatt nur die eigene Meinung kundzutun. Versuche die Bedürfnisse der Gegenseite von ihrem Standpunkt aus zu verstehen etc.

Präsentation üben
Trainiere das bevorstehende Verhandlungsgespräch bereits zu Hause! Auch wenn es nur in Gedanken ist, sollte man rechtzeitig beginnen, die eigene Argumentation konkret in Worte zu fassen. Nur wenige Menschen können das instinktiv, deshalb sollte man solche Situationen unbedingt üben. Dann kommt es auch seltener vor, dass du dem Gesprächspartner schweigend gegenübersitzt, weil dir sprichwörtlich „die Worte fehlen".

Natürlich gibt es auch einige Regeln, die man während einer Verhandlung beachten muss, um die Verhandlungsatmosphäre zu optimieren und das erwünschte Image zu projizieren. So gibt es eine Reihe von Fähigkeiten und Talenten, die eingesetzt werden können, um das Image, das man ausstrahlt, besser zu kontrollieren und um den Verhandlungspartner geschickt dahin zu lenken, wo man ihn haben will. Viele dieser Punkte erscheinen selbstverständlich, sind es aber nicht. Aus der Praxis lernt man, dass viele schlechte Eindrücke und damit auch misslungene Verhandlungen dadurch entstehen, dass manche Leute sich ihrer Gewohnheiten einfach nicht bewusst sind. Durch häufiges Üben und bewusstes Agieren kann jeder seine Chancen verbessern, erfolgreich zu verhandeln.

Richtig zuhören

Dies bedeutet, Worte so zu verstehen, wie sie wirklich gemeint sind, jenseits der Wörterbuch-Definition, im Rahmen der Erfahrungen und Emotionen, die dahinter stecken. Zuhören ist somit ein Schritt in Richtung gemeinsamer Sprache. Es umfasst aber auch, das zu hören, was nicht gesagt wird – also „zwischen den Zeilen" zu lesen, das heißt: die Atmosphäre wahrzunehmen, die Absichten des Gesprächspartners zu erkennen usw. Ein Verhandlungsgespräch sollte man stets aufmerksam und konzentriert führen und nicht etwa, während der Gesprächspartner redet, noch eigene Argumente im Kopf vorformulieren. Wenn du gut vorbereitet bist, und deine Argumente bereits vorher geübt hast, wird dir dies nicht so schwer fallen. Die Fähigkeit „to think on your feet", also Antworten und neue Argumente spontan und präzise formulieren zu können, ist unbezahlbar. Wer dies beherrscht, ist oft der bessere Verhandler. Wenn man dieses Talent aber nicht besitzt, sollte das nicht entmutigen: Gut zuhören zu können ist fast immer ein adäquater Ersatz dafür.

Die Sprache beherrschen

In jedem Bereich gibt es Fachausdrücke, die man lernen muss. Je besser man über das entsprechende Fachvokabular verfügt, umso professioneller ist das Image, das man ausstrahlt. Aber Vorsicht: Manche Leute gebrauchen dieses Fachlatein, um dem Gesprächspartner mit „Wissen" zu imponieren oder ihn sogar einzuschüchtern.

Um den besten Eindruck zu hinterlassen, sollte man seine Sprache im Allgemeinen pflegen, d.h. unter anderem seinen Wortschatz ausbauen, um sich nicht immer wiederholen zu müssen, ein solides grammatikalisches Fundament besitzen, um Vielfalt und Genauigkeit in der Sprache gewährleisten zu können. Auf die eigene Sprache zu achten bedeutet aber auch, zu wissen, wie man redet. Hier wird man leicht Opfer seiner schlechten Sprachgewohnheiten. Deutliche Aussprache, dynamische Betonung und modulierte Lautstärke sind wichtige Werkzeuge der Sprache und üben einen starken Einfluss auf den Zuhörer aus. Diesbezüglich kann der Verhandelnde Einiges vom Schauspieler lernen.

Körpersprache verwenden

Sie ist genauso wichtig wie das gesprochene Wort. Ohne es überhaupt selbst zu merken, senden wir durch unsere Körperhaltung jede Menge Signale aus, die Aufschluss über unseren Charakter und unsere momentane Gefühlslage geben. Ob und wie man die Beine übereinander schlägt, die Sitzhaltung, was man mit seinen Händen und Füßen tut, dies alles sagt genauso viel – wenn nicht mehr – wie ein Gesichtsausdruck oder eine dramatische Geste. Daher ist es genauso wichtig, die Körpersprache seines Gegenübers richtig einschätzen zu können.

Nicht persönlich werden

Wenn ein Künstler seine Verträge selbst aushandeln muss, fällt es ihm oft schwer, die Sache nicht zu persönlich zu nehmen. Sein emotionaler Bezug ist einfach zu groß, um „in der Hitze des Gefechts" immer cool zu bleiben. Wenn man es aber vermeiden will, durch eigene Ängste und Unsicherheiten manipuliert zu werden, muss man bei Verhandlungen zumindest eine gewisse Distanz zur Sache entwickeln können. Auch sollte man seinem Gesprächspartner gegenüber sachlich bleiben. Wenn er beispielsweise bei einem Punkt nicht nachgibt, sollte man ihm das nicht persönlich vorwerfen. Lieber sollte man versuchen, eine für beide Seiten akzeptable Alternative zu finden, bei der alle Beteiligten ein bisschen nachgeben, anstatt den Partner als „Arschloch" zu bezeichnen, sei es auch nur im eigenen Kopf. Man sollte die gesamte Gesprächsatmosphäre entspannt und damit konstruktiv mitgestalten, was bei einem provozierenden Verhandlungspartner nicht immer einfach ist. Manchmal muss man aber auch stärkere Geschütze auffahren.

Mitschreiben

Man sollte sich von allen Gesprächen ausführliche Notizen machen. Sich auf sein Gedächtnis zu verlassen, ist immer riskant – besonders wenn es um Details und Abmachungen geht. Das Gedächtnis ist selektiv, d.h. man erinnert sich an das, woran man sich erinnern will – was nicht immer den Tatsachen oder der Wahrnehmung des Verhandlungspartners entspricht. Ist die Verhandlung am Ende eines Gespräches noch nicht beendet, so empfiehlt es sich, den Inhalt des Treffens in einem kurzen Protokoll zu erfassen und dem Verhandlungspartner eine Kopie zukommen zu lassen. Sollte es nämlich zu Missverständnissen gekommen sein, hat er die Gelegenheit, gewisse Punkte zu klären, und man hat zum anderen eine konkrete Gedächtnishilfe, wenn nicht sogar ein Beweisstück dafür, dass bei den bisherigen Gesprächen andere Verabredungen getroffen wurden.

11

Das Konzert

11.1 Die Planung und Durchführung einer Veranstaltung aus Veranstaltersicht

Aus der Sicht eines Veranstalters beginnt die Arbeit für ein Konzert schon lange bevor eine Gruppe engagiert wird. Egal ob Anfänger oder etablierter Tourneeveranstalter, der Veranstalter muss ein fundiertes Wissen über den Geschmack des in Frage kommenden Publikums und über die Markttendenzen besitzen. Er muss abschätzen, ob eine bestimmte Gruppe genügend zahlende Gäste anziehen wird, um wenigstens die Kosten zu decken. Das hängt nicht nur von der Gruppe und ihrem Bekanntheitsgrad ab. Auch andere Faktoren spielen eine wichtige Rolle, beispielsweise die allgemeine Situation auf dem Konzertmarkt, die demographische Struktur des Publikums und die zur Verfügung stehenden Möglichkeiten, den Umsatz zu maximieren.

a) Die ersten Schritte

Je nach Popularität des Acts und Umfang der Veranstaltung beginnt ein Veranstalter bereits sechs bis zwölf Monate vor dem eigentlichen Veranstaltungstermin mit seiner Planung. Falls ihm nicht selbst ein passender Veranstaltungsort zur Verfügung steht, sucht er nach einer passenden Location und checkt die Preise. Weiter müssen alle anfallenden Kosten, wie die von PA-, Licht- und Sicherheitsfirmen, sorgfältig kalkuliert werden. Die Location und weitere Partner müssen für den Veranstaltungstermin optioniert werden. Der Veranstalter stellt in aller Regel zunächst eine Break-Even-Kalkulation auf, um feststellen zu können, wie viele Tickets er verkaufen muss, um die Kosten gedeckt zu haben und in die Gewinnzone zu kommen. Zur Deckung sämtlicher unerwarteter Kosten empfiehlt es sich, auf die Gesamtkalkulation wenigstens 10 Prozent aufzuschlagen. Bei bekannten Bands, die entsprechend ihrem Bekanntheitsgrad hohe Gagen fordern, ist für den örtlichen Veranstalter häufig eine Auslastung der Location mit mindestens 95 Prozent notwendig, um überhaupt Gewinne zu erzielen.

In den Verantwortungsbereich des Veranstalters fällt neben der Buchung und Durchführung eines Konzerts auch die Promotion. Der Veranstalter muss das Publikum frühzeitig über die Veranstaltung informieren und Interesse für das Konzert wecken. Eine Gruppe sollte wenigstens drei Monate vor dem geplanten Veranstaltungstermin fest gebucht werden. Die Verträge inklusive technischer Riders (Vertragsanhänge, die die Auftrittsbedingungen im Einzelnen regeln und in denen sich bei bekannten Gruppen oft erhebliche Kosten verstecken) sollten mit der Gruppe oder Agentur ebenfalls möglichst frühzeitig ausgehandelt werden. Sobald die Buchung der Gruppe bestätigt ist, müssen die zunächst nur optionierte Halle sowie ggfs. PA, Licht und dergleichen ebenfalls fest gebucht werden.

b) Promotion und Sponsoring

Mit ein bisschen Glück bleiben dem Veranstalter jetzt noch acht bis zehn Wochen für die Konzertwerbung. Das ist dann wirklich auch der Mindestzeitraum für eine angemessene und Erfolg versprechende Promotion. Bei großen nationalen und internationalen Acts werden die Konzerte nicht selten bereits ein Jahr vor Durchführung beworben! Auch sollte der Veranstalter möglichst früh potentielle Sponsoren ansprechen. Oft beteiligt sich das Gruppenmanagement an solchen Verhandlungen.

In der Regel wird man für unbekannte Gruppen und Künstler jedoch nur selten Sponsoren finden, die die Veranstaltung mit ernstzunehmenden Geldbeträgen unterstützen. Zumeist werden sich hier Sponsoren – wenn überhaupt – lediglich an Plakatdruckkosten beteiligen.

Als Gegenleistung erwartet der Sponsor dann die Anbringung seines Logos auf den Werbemitteln. Bessere Chancen zur Promotion einer Konzertveranstaltung bestehen bei potentiellen Medienpartnern. Stadtzeitungen und die lokale Presse stellen in der Regel kein Bargeld für ein Konzert zur Verfügung, tauschen aber manchmal Anzeigen oder ähnliches für Eigenwerbung auf der Rückseite der Eintrittskarte ein. Artikel und Interviews sind zusätzliche Werbung für die Gruppe. Auch Rundfunksender (egal ob öffentlich-rechtliche oder private) sind gute Partner bei der Bewerbung von Live-Veranstaltungen; sie treten auch häufig als Präsentatoren von Veranstaltungen auf. Hat eine Musikredaktion an einer Gruppe Interesse, bestehen gute Chancen auf Interviews oder Ankündigungen im Eventkalender und manchmal, wenn auch immer seltener, zahlt ein Sender sogar für das Aufzeichnungs- und Senderecht.

Inzwischen gibt es aber auch genügend private Sender, die durch Konzertsponsorships ihr Image verbessern und ihren Marktanteil vergrößern wollen. Bargeld zahlen auch sie selten, aber einige stellen den Veranstaltungsort zur Verfügung. Die Wirkung der zusätzlichen Promotion ist erheblich: Die Platte wird gefeatured, das heißt mehrmals am Tag gespielt, das Konzert wird immer wieder angekündigt, Interviews werden gesendet. Nachdem der Veranstalter sein Promotionbudget festgelegt hat, muss er rechtzeitig die Vorlagen für Anzeigen und andere Druckwerbung vorbereiten.

Da die nationale Musik- und die lokale Stadtzeitungspresse Vorlaufzeiten von vier bis acht Wochen haben, muss der Veranstalter auch die Anzeigenplätze rechtzeitig reservieren. Ein Beispiel: Findet das Konzert Anfang Mai statt, muss man schon im April-Heft werben. Das April-Heft erscheint schon Ende März, also müssen alle Vorlagen dem Verlag schon Ende Januar bis Mitte Februar vorliegen. Sollen auch die Vorverkaufsstellen in der Werbung genannt werden, muss man demnach sehr früh mit ihnen Kontakt aufnehmen.

Ungefähr acht Wochen vor dem Konzert sollten auch alle Verträge mit Plakatierungs-, PA-, Licht-, Sicherheits-, Catering- und Versicherungsunternehmen abgeschlossen werden und sämtliche erforderlichen behördlichen Genehmigungen eingeholt sein. Sobald die Poster und Eintrittskarten fertig sind, liefert der Veranstalter sie an die Plakatierungsfirma und die Vorverkaufsstellen aus. Während bei großen Tourneen oder Konzerten (P!nk, Lenny Kravitz, AC/DC und Co.) Plakatierung, Werbung und Vorverkauf schon mal zwölf (!) Monate vor dem Konzert anlaufen, beginnen diese Aktivitäten im Normalfall sechs bis zehn Wochen vor dem Konzert.

Verfügt der Veranstalter oder der Vermieter der Halle nicht schon über eine eigene Mannschaft, muss er auch rechtzeitig vor dem Konzert das notwendige Kassen-, Auf- und Abbaupersonal engagieren. Mindestens einige Wochen vor dem Konzert sollte die ganze Promotionmaschine bereits auf Hochtouren laufen. Gegebenenfalls gibt die Gruppe den Medien jetzt Interviews. Ankündigungen an alle Funk- und Presseredakteure sowie Handzettel an das Publikum anderer Konzerte sollten spätestens jetzt verteilt werden.

c) Die Durchführung der Veranstaltung

Zwei Wochen vor dem Konzert bestätigt der Veranstalter nochmals die Termine, genaue Abläufe und Vertragsbedingungen für alle beteiligten Unternehmen (Transport, Caterer, Hotel, PA, Licht). Er sollte auch den täglichen Kartenvorverkauf gut im Auge behalten und sein Promotionbudget gegebenenfalls entsprechend anpassen. Dies erfordert Fingerspitzengefühl und Kreativität. Man muss sein Publikum kennen. Während viele Deutsche sich daran gewöhnt haben, Karten im Vorverkauf und zunehmend auch Online als E-Ticket zu erwerben, bevorzugen die meisten Amerikaner nach wie vor die Abendkasse. Der Veranstalter muss beurteilen, ob zusätzliche Promotionaktivitäten tatsächlich mehr Besucher ins Konzert ziehen; dies ist leider nicht immer der Fall.

Die aktuellen Vorverkaufszahlen werden im Übrigen mittlerweile von den großen Tickethäusern dem Veranstalter via Internet Log-In in Form von Web Reports zur Verfügung gestellt und stehen damit jederzeit zur Verfügung.

Eine Woche vor dem Konzert ist es empfehlenswert, ein Produktionsmeeting mit dem Hallenmanager, dem Bühnenmanager und dem Hauspersonal einzuplanen.

Drei Tage vor der Veranstaltung heißt die Devise: Alles nochmals bestätigen! Mit dem Roadmanager der Gruppe sowie mit allen anderen Lieferanten und Mitarbeitern werden die Ankunftszeiten von Ausrüstung und Personal abgestimmt. Die letzten Details können jetzt auch mit dem Stagemanager abgesprochen werden. Besonders wichtig ist weiterhin die Überwachung des Kartenverkaufs. Sollte der Vorverkauf nicht so laufen wie erwartet, muss der Veranstalter dafür sorgen, dass die Besucher an die Abendkasse kommen. Ein letzter kreativer Promotionschub, besonders in der Tagespresse und im Rundfunk, schadet nie.

Am Konzerttag hält der Veranstalter eine Stunde vor Ankunft der technischen Ausrüstung noch ein Produktionsmeeting ab. Alle kurzfristigen Änderungen und logistischen Probleme werden besprochen. Restkarten aus dem Vorverkauf gehen an die Abendkasse. Sollte das Konzert bestuhlt sein, ist es immer empfehlenswert, einige der besseren Plätze für unerwartete Prominenz freizuhalten. Pässe werden verteilt und das Sicherheitspersonal bekommt seine Anweisungen. Die technischen Mitarbeiter treffen ein und der Aufbau beginnt. Die Gruppe muss empfangen und verpflegt werden, ebenso die Techniker und die Roadcrew.

Stimmt die Planung, so sehen die Gruppe, die Crew und der Veranstalter dem Konzert entspannt entgegen. Sound- und Lichtchecks sind gelaufen, die Abendkasse ist geöffnet. Das Konzert kann beginnen. Aber damit ist die Arbeit noch nicht vorbei. Nach dem Konzert wird abgerechnet, die Bühne abgebaut und die Halle geputzt. Plant der Veranstalter auch in Zukunft eine Zusammenarbeit mit den verschiedenen Beteiligten, kann er in den nächsten Tagen einen Bericht über den gesamten Ablauf schreiben und an die jeweiligen Verantwortlichen schicken. Er sollte nicht nur Probleme andeuten, sondern auch gute Leistungen loben.

Der erfahrene Veranstalter weiß, dass es in der Realität manchmal unmöglich ist, die hier angegebenen Termine einzuhalten. Oft muss alles viel kurzfristiger passieren als geschildert und die Kooperation zwischen allen Mitarbeitern erfolgt nicht immer reibungslos. Diese Hinweise schildern den Idealfall und gelten als Richtlinien für diejenigen, die als Veranstalter einsteigen oder für ihre eigenen Gruppen buchen wollen.

11.2 Die Planung und Durchführung einer Veranstaltung aus Sicht der Künstler

Ist es einer unbekannten Gruppe ohne Tonträgerveröffentlichung mit ihrem Demo, mit informativer Biographie, guten Fotos und einer realistischen Einstellung gelungen, ein oder mehrere Konzerte in Clubs zu buchen, haben die Musiker normalerweise schon den größten Teil der Vorbereitung hinter sich. Die Songs und ihre Performance müssen sitzen. Auch die technische und wirtschaftliche sowie die organisatorische Planung, die das stressreiche Tourleben erträglich machen, sollten abgeschlossen sein.

a) Proben

Proben sind Arbeit. Sie bieten der Gruppe die Gelegenheit, neue Songs zu „polieren". Die Musiker sollten gut vorbereitet und pünktlich in den Proberaum kommen. Verspätungen eines oder mehrerer Musiker, lange Jams altbekannter Songs zum Aufwärmen und lange Pausen verschwenden die Zeit aller und führen oft zu einer ungünstigen Arbeitsatmosphäre. Außerdem sind Proben weder Partys noch Show. Also sollten dazu lieber keine Freunde, Freundinnen oder Gattinnen eingeladen werden. Man neigt dann dazu, viele schon geübte Songs zu spielen, um sein Können zu zeigen und beschwört allzu leicht Streitigkeiten herauf.
Übt die Gruppe speziell für ein Konzert oder eine Tournee, muss das Gesamtkonzept entwickelt und immer wieder geprobt werden, bis alles wie im Schlaf sitzt.

Einige Grundprinzipien für die Dramaturgie des Abends:

- Bereits der „Opener" des Konzerts muss das Publikum mitreißen. Da es zwei bis drei Songs dauern kann, bis man aufgewärmt ist und der Sound einigermaßen steht, sollte man nicht mit den besten Songs beginnen.

- Im Laufe des Abends sollten nicht zu viele langsame Songs gespielt, sondern es sollte abwechslungsreich auf einen Höhepunkt hingearbeitet werden.
- Da das Publikum Unterhaltung sucht, sollte der Auftritt auch ein optisches Erlebnis bieten. Eine teure Szenerie und/oder Lichtanlage und Effekte ersetzen eine gekonnte Choreographie und sichere Bewegungen aber nicht. Und, wie George Clinton sagt: „A good show starts in the dressing room and works its way to the stage". Je nach Musikrichtung spielt auch die Kleidung eine nicht zu unterschätzende Rolle. Am besten zeichnet man die Show auf Video auf. Und dann kommt der Augenblick der Wahrheit: Die kritische Betrachtung und Analyse der Videoaufzeichnung mag zwar peinlich sein, doch ein besseres, wirksameres Mittel gibt es nicht, um sich mit der Realität auseinanderzusetzen.

b) Die Künstlergage und die Kostenkalkulation

Eine unbekannte Gruppe muss die vom Veranstalter gezahlte Gage in der Regel akzeptieren. Normalerweise bekommt sie eine prozentuale Beteiligung (60 bis 80 Prozent) am Erlös aus der Abendkasse. Trotzdem sollte man als Künstler versuchen, ein festes Honorar auszuhandeln. Gängig sind auch Mischformen: relativ geringe Festgage plus „Türbeteiligung".

Oft genug deckt die Gage nicht einmal die Kosten der Gruppe. Erzielt das zahlenmäßig oder finanziell schwache Publikum keinen großen Getränkeumsatz, legt auch der (Club-)Veranstalter möglicherweise drauf.

Am besten legt die Gruppe im Vertrag fest, dass Catering (Getränke und kaltes oder warmes Essen) und Hotelkosten zu Lasten des Veranstalters gehen. Was immer auch vereinbart wurde: Es sollte sichergestellt sein, dass die Gage spätestens gleich nach dem Konzert gezahlt wird – und zwar in bar! Ein Scheck oder eine Überweisung lassen manchmal sehr lange auf sich warten. Eine Band sollte nie ein Konzert geben, bevor nicht alle Verträge unterschrieben sind. Es ist auch immer einen Versuch wert, mit dem Veranstalter auszuhandeln, dass 50 Prozent der Festgage vor dem Gig und der Rest im Anschluss ausgezahlt wird.

Was die Gruppe als Gage realistischerweise verlangen kann, steht leider nicht immer im Verhältnis zu dem, was sie leistet. Übernimmt die Gruppe PA-, Licht- und Crew-Kosten selbst, kann sie natürlich mehr verlangen, als wenn sie die Hausanlage und das Hauspersonal benutzt. Auf jeden Fall sollte man einen ausführlichen technischen Rider (Anhang) zum Vertrag vorbereiten, der zumindest einen Bühnenplan und die technischen Bedürfnisse detailliert auflistet. Die im Rider gestellten Bedingungen sollten in den Vertrag aufgenommen werden.

Für eine realistische Kalkulation muss die Gruppe natürlich zuerst einmal wissen, welche Kosten ihr selbst entstehen. Eine genaue Kostenrechnung sollte daher vorliegen. Wichtige Punkte neben der Musikergage sind unter anderem: Crewgage, Instrumenten-, PA- und Licht-Miete, Transportkosten, Versicherungen, Promotion, Essen, möglicherweise Hotels.

Für eine junge, unbekannte Gruppe geht die Rechnung meist nicht auf. Oft genug spielt sie die ersten lokalen Gigs sogar gratis, um überhaupt ein Publikum zu erreichen. Da derartige Gigs nur geringe Kosten verursachen, überleben die meisten Gruppen diese anstrengende Entwicklungsphase. Sobald eine Gruppe bewiesen hat, dass sie Publikum anzieht, steigt auch ihr Marktwert. Hat man eine Platte veröffentlicht, ändert sich diese Situation oft schlagartig, da nun auch die Tonträgerpromotion der allgemeinen Popularität der Gruppe zugutekommen kann.

Träume vom großen Nightliner mit Betten und Bar, DVD-Player, Play Station 3, fetter Musikanlage und Klimaanlage schlägt man sich als Anfänger tunlichst aus dem Kopf; ein klappriger Bus tut es zunächst auch – Ankommen lautet die Devise. Bei der Reiseplanung gilt es vor allem, die Transportkosten realistisch zu kalkulieren. Allein die Benzinkosten machen leicht bis zu 60 Prozent der laufenden Kosten aus.

Zusätzlich sollte man ruhig einige hundert Kilometer zur Summe der Entfernungen dazurechnen, da man in der Stadt zwischen Hotel und Veranstaltungsort pendelt. Da die Fahrt zwischen den Gigs oft lange dauert, sollte man Kissen und/oder Decken und ausreichend Verpflegung mitnehmen. Besser noch: Die Gruppe leistet sich ab und zu eine warme Mahlzeit. Eine Mitgliedschaft in einem Automobilclub ist unerlässlich, gerade bei älteren, pannenanfälligen Fahrzeugen, denn das Tourleben bietet auch ansonsten genügend Aufregung.

c) Die Vorbereitung des Gigs

Um alles für die Veranstaltung Erforderliche zu klären, ist es empfehlenswert, vorher ein ausführliches Gespräch mit dem Veranstalter bzw. dem Hallenmanagement zu führen. Folgende Punkte sind unverzichtbar:

- Veranstaltungsort: Adresse, Telefonnummer.
- Veranstalter: Adresse, Telefon (auch mobil), auch des örtlichen Veranstalters, sollte eine Tour von einem Tourneeveranstalter gebucht werden.
- Zeiten: Ankunft des Equipments sowie der Gruppe, Soundcheck, Öffnung, Konzertbeginn und Vorgruppe.
- Mannschaft: Locationmanager mit Schlüsselgewalt, Stagemanager, Elektriker, Arzt, Auf- und Abbauhilfe mit Telefonnummern.
- Arbeitsumstände: Treppen, Lift, Gabelstapler, Zufahrtswege.
- Hotel: Adresse, Telefon, Kategorie, Details für Crew: Entfernung und Fahrtzeit zum Veranstaltungsort.
- Halle: Kapazität bestuhlt/unbestuhlt, Position des Mischpults, Größe und Höhe der Bühne, Höhe vom Fußboden zur Decke, Lastenplan, Deckenlastplan.
- Hausequipment: Klavier inklusive Marke und Größe, PA und Monitore (wenn nötig).
- Sicherheit: Barrieren, Sicherheitspersonal, Schlösser zur Garderobe.
- Strom: Steckdosen, Licht, Spots.
- Catering: Essen für Crew und Band, Garderobe.
- Parkmöglichkeiten.
- Entfernung zum nächsten Veranstaltungsort.

Zehn praktische Tipps für Konzerte

1. Die Ausrüstung, von den Kabeln bis zu den Instrumenten und Flightcases, mit farbigem Klebeband und Schablonen markieren! Sollten mehrere Gruppen spielen, kann diese Maßnahme teure Verluste vermeiden.
2. Wenn der Frontmix von jemandem gemacht wird, der die Gruppe nicht kennt, sollte man ihm eine Liste der Titel mit Angaben von Instrumentierung und Soli geben. Das Gleiche gilt für den Lichttechniker, der dann Farbstimmungen, Spots und ggfs. Verfolgerspots entsprechend einrichten und bedienen kann.
3. Zum Soundcheck oder zum Konzert niemals zu spät kommen!
4. Auf der Bühne zusammenbleiben. Spielt man endlich auf einer großen Bühne, steht die Gruppe oft zu weit auseinander. Das Publikum will die Gruppe sehen, die möglichst in der Mitte der Bühne agiert. Auch kann das für eine unerfahrene Gruppe eine durchaus positive Wirkung haben.
5. Nutzt die Gelegenheit eines Konzerts, um das Publikum kennenzulernen und zu analysieren, aber nicht, um es zu beurteilen! Was für Leute sind das, die Eure Musik mögen oder nicht mögen? Wie kann man ein zunächst gleichgültiges oder gar feindseliges Publikum für sich gewinnen?
6. Die Ersatz-Drumfelle, -Saiten, -Röhren, -Gitarrengurte, Gaffa-Tape und Reservebatterien gehören auf die Bühne, in der Garderobe nützen sie nichts.
7. Fungiert man als Vorprogramm, hat man nur wenig Zeit für einen Soundcheck. Benutzt man Backline, PA und Licht der Hauptgruppe, muss man sich meist mit nur einem Bruchteil davon zufrieden geben. Auf keinen Fall sollte die Vorgruppe der Crew der Hauptgruppe auf die Nerven gehen. Herummeckern kann fatale Folgen haben, den Roadies ein paar Drinks spendieren wirkt dagegen oft Wunder. Auch dem Monitor- und Frontmixer sowie dem Lichtmann sollte man eher 50,- € pro Abend zusätzlich geben, ihre Hilfe ist oft unbezahlbar.
8. Den Gewinn zurücklegen! Es ist sehr verlockend, den Gewinn gleich nach dem Konzert zu verteilen und, je nach Gelingen, aus Frust oder Freude über den Gig sofort zu versaufen. Zu-

nächst sollte ein anständiges Arbeitskapital und eine Reserve für Notfälle an erster Stelle stehen.

9. Einem Gruppenmitglied sollte die Aufgabe zufallen, vor jedem Konzert das GEMA-Konzertanmeldeformular genau und vollständig mit Titel, Komponist, Texter und Verlag aller am Abend gespielten Songs auszufüllen und an die GEMA weiterzuleiten. E- und Jazzmusiker machen das meistens gewissenhaft. Rock- und Pop- Musiker dagegen lassen sich oft das Geld entgehen, das der Veranstalter sowieso an die GEMA bezahlt und auf das sie einen Anspruch haben, wenn sie GEMA-Mitglieder sind und eigene Kompositionen spielen.
10. Nie den Sinn für Humor verlieren! Auf dem Weg nach oben muss man viel einstecken können, besonders auf Tournee. Nie vergessen: „It's only Rock'n'Roll".

12 Die Promotion

Die Entwicklung einer Markt-Präsenz ist der Schlüssel zum kommerziellen Erfolg. Das Publikum muss wissen, dass ein Künstler ein neues Album veröffentlicht hat oder dass ein Konzert stattfindet. Das Image und die Musik des Künstlers müssen vermittelt werden. Künstler, Plattenfirma, Verlag oder Veranstalter – sie alle verfügen über Wege zum Publikum: Über die Werbung, den Funk, das Fernsehen, das Internet oder die Printmedien. Längst lässt sich nicht mehr pauschal sagen, welche der Promotiontools für den Erfolg der Künstler unabdingbar sind. So galt lange Zeit das Musikvideo auf MTV oder VIVA als unerlässlichauf dem Weg zum Erfolg. Doch die Musiksender haben ihr Programm entscheidend geändert. Immer mehr Reality-Shows und Serien nehmen dem eigentlichen Musikprogramm den Raum. Die stetig weniger werdenden Slots für Musikvideos bleiben im Regelfall dann auch nur den ohnehin etablierten Künstlern vorbehalten; der Mut und auch die Möglichkeiten der Entscheider, neue Acts zu promoten, haben in den vergangenen Jahren deutlich abgenommen. Dennoch erreicht die Musikredakteure nach wie vor jede Woche eine Flut von oft aufwändig produzierten Videos, die im Regelfall – jedenfalls, wenn es sich um Newcomer handelt – kein Airplay finden werden. So wird der im Verhältnis zu den zu erwartenden Einnahmen noch immer kostenintensive Videodreh für einen Newcomer-Artist zunehmend unsinniger und lässt sich im Regelfall nur noch rechtfertigen, wenn die Vermarktungsstrategie keine anderen sinnvollen Promotiontools zulässt.

Nach wie vor von zentraler Bedeutung für den Erfolg eines Tracks oder eines Albums ist in den meisten Fällen der Airplay (Rundfunkeinsatz). Normalerweise und besonders bei neuen Künstlern kaufen Musikliebhaber gern das, was sie schon gehört haben. Der Rundfunk erfüllt die Funktion des Wegbereiters. Bei einem TV-Auftritt konzentriert sich der Zuschauer auf das Visuelle und nimmt den Song nur nebenbei wahr. Kennt er die Melodie bereits, hat er ein Aha-Erlebnis: „Ach, so sehen die aus!". Promotion dient aber nicht nur dem Künstler. Viele Instrumenten-, Bekleidungs-, Getränke-, Kosmetik- oder

PKW-Hersteller sehen in Künstlern lukrative Werbeträger. Beispiele wie Britney Spears und Pepsi, Christina Aguilera und Mercedes, Robbie Williams und Smart, Nena und Reno- Schuhe, Sarah Connor und Kinderschokolade, die Rolling Stones, Pink Floyd oder Genesis und Volkswagen gibt es viele.

Wie jeder Musiker in Deutschland schon leidvoll erfahren hat, ist die Konkurrenz im Musikgeschäft extrem groß. Das Angebot an Musikern übersteigt die Nachfrage bei weitem. Da Funkredakteure in jeder Woche unzählige zur Veröffentlichung vorgesehene Produkte auf ihre Schreibtische bekommen, erscheint es verständlich, wenn sie eher zu bekannten und vertrauten Namen greifen. Natürlich besucht auch das Publikum bevorzugt Konzerte bekannter Gruppen und kauft deren Musik. Die Lösung ist klar:Ein neuer Künstler muss sich wahrnehmbar, bekannt und vertrautmachen! Promotion, eine Mischung aus Kunst und modernem Marketinghandwerk, soll das Image des Künstlers vermitteln, das Publikum auf ihn aufmerksam machen, den potentiellen Käufer dazu motivieren, zuzuhören, seine Identifikation mit dem Künstler verstärken und dadurch letztlich den Verkauf von Musik und Konzertkarten vorantreiben.

Promotion ist eine äußerst diffizile Angelegenheit, die Spezialkenntnisse der jeweiligen Promoter im jeweiligen Musikstil und in der Zielgruppe zwingend voraussetzt. Wenigstens fünf Tätigkeitsgebiete fallen unter den Dachbegriff „Promotion": Werbung, Funk-Promotion, Print-Promotion, TV-Promotion, Online-Promotion und in gewissem Sinne auch das Fanartikel- Merchandising.

Plattenfirmen, Veranstalter und manchmal auch Musikverlage sowie die großen Elektromarkthandelsketten mit Tonträgerverkauf stehen dem Künstler in vielen dieser Bereiche zur Seite. Schließlich liegt sein Erfolg auch in ihrem wirtschaftlichen Interesse. Wegen der sich laufend ändernden Mittel und Wege und wegen der ständig und steil steigenden Kosten ist es jedoch schwierig, eine Firma vertraglich auf ein Minimum an Promotion-Leistungen oder ein Budget festzulegen.

12.1 Werbung/Werbekooperationen

Eine Plattenfirma kann einen neuen Tonträger vorstellen, indem sie Anzeigen für den Handel in den Fachzeitschriften (vor allem „Musikmarkt" und „Musikwoche") bucht und für den Verbraucher in Musik-, Szene- und Stadtmagazinen. Diese Zeitschriften, wie auch die Tagespresse, sind wichtige Werbemedien für Veranstalter. Auch E-Mail- Newsletter, Funk und Fernsehen, Straßenbahn- und Großwandwerbung sowie Plakatierung dienen der Promotion. Da diese Art Werbung leider oft sehr teuer ist, schließen sich die Firmen manchmal zu kooperativer Werbung zusammen, das heißt, sie teilen sich die Kosten.

Aus wirtschaftlicher Vernunft sollte der Künstler diese Aktivitäten den Firmen überlassen. Er kann natürlich versuchen, in solchen Fragen ein Mitspracherecht zu erhalten. Ohne intensive Funk- und TV-Werbung ist es heutzutage fast undenkbar, ein neues Album in die Nähe der Top 20 zu bringen. Zu diesem Zweck schmieden die Plattenfirmen seit einigen Jahren mit TV-Sendern Werbekooperationen. Deren Inhalt ist z.B. die Unterlegung von Programmtrailern, wie z.B. Spielfilmankündigungen mit der Musik des jeweils zu promotenden Titels. Weiter gibt es auch spezielle Features von Musiktiteln, wie auf RTL II im Rahmen der „Bullet-of-the-week-Kampagne".

Auch Kooperationen mit TV-Produktionsfirmen gehören inzwischen zum 1x1 der Tonträgerpromotion. So werden hier vornehmlich die zuhauf produzierten Daily Soaps wie zum Beispiel „GZSZ" mit zu promotendem Musikmaterial unterlegt. Die Kosten dieser Werbekooperationen sind allerdings meist horrend. Deshalb wälzen die Plattenfirmen diese auch in ihren Verträgen als Verrechnungsposition anteilig auf die Künstler ab.

12.2 Print-Promotion

Die Print-Promotion ist ebenfalls ein wichtiger Bestandteil der Öffentlichkeitsarbeit. Plattenfirmen und Promotionbüros unterhalten eigene Presseabteilungen, aber gerade in diesem Bereich können auch der Künstler oder die Band selbst viel erreichen. Die Printmedien zeigen sich im Allgemeinen zugänglicher als Funk und Fernsehen. Der direkte Kontakt mit Journalisten, Stadtzeitungsredakteuren und der Tagespresse kann über Musiker, Management oder Pressesprecher laufen. Auf jeden Fall sollte die Presse stets mit Informationen über Auftritte, Autogrammstunden, Personalwechsel, neue Verträge und Aktionen (beispielsweise Benefizkonzerte) versorgt und der Kontakt gut gepflegt werden.

Echte oder fiktive Skandale verfehlen ihre Wirkung auf die Presse nie. Die Sängerin der Gruppe „Wir sind Helden", Judith Holofernes, reagierte im Februar 2011 sehr scharfzüngig auf eine Anfrage der Werbeagentur Jung von Matt, die die Gruppe für eine Testimonial-Kampagne der Bild-Zeitung einspannen wollte. Binnen Stunden nach der Online-Veröffentlichung ihres offenen Briefs war die Internet-Seite der Band so oft aufgerufen worden, dass der Server in die Knie ging. Auf die Popularität von „Wir sind Helden", zu deren bodenständigem und unglamourösem Image diese Aktion gut passte, dürfte sich der Korb für die Werber und den Boulevard ebenso gut ausgewirkt haben wie auf die Verkäufe der zum gleichen Zeitpunkt veröffentlichten Single „Alles auf Anfang". Aber warum auch nicht? „Lasse Böses und sprich darüber", könnte man in Abwandlung des Sprichwortes sagen.

Aber auch die ganz realen Alkohol- und Drogenexzesse einer Amy Winehouse, die Kostüm- und Frisurmoden von Lady Gaga und deren Medienecho wirken sich auf die Bekanntheit dieser Künstler – und damit auch auf die Absatzzahlen – erheblich aus.

12.3 TV-Promotion

Auch die sogenannte TV-Promotion stellt zumindest bei den Major Companies eine eigenständige (Fach-) Abteilung dar. In diesem Bereich bemühen sich die Promoter, die Künstler des Hauses mit ihren neuen Titeln in den für den Act relevanten TV-Shows unterzubringen. Längst nicht jede TV-Sendung ist auch für jeden Künstler gut und hilfreich, weshalb die jeweiligen Zielgruppen genau analysiert werden müssen.

Hier ist viel Fingerspitzengefühl gefragt, um gerade Newcomer nicht zu früh durch die Wahl einer nicht 100prozentig passenden TV-Show in die „falsche Ecke" zu rücken. Zu den relevanten TV-Sendungen gehören natürlich nicht nur die „klassischen" Musiksendungen wie RTLIIs „The Dome", sondern auch jegliche andere TV-Formate mit Musikanteil, von „Inas Nacht" auf N3 bis hin zu den Talkshows „3 nach 9", der „NDR Talkshow", dem „ZDF Fernsehgarten" und der nach wie vor quotenträchtigen Show „Wetten, dass...?", der aber mittlerweile Stefan Raab mit seinen unterschiedlichsten Formaten („tv total", „WOK WM", „Schlag den Raab" etc.) hinsichtlich des Verkaufsförderungspotentials den Rang abgelaufen hat.

12.4 Online-Promotion

Die Online-Promotion hat in den letzten Jahren erheblich an Gewicht gewonnen und ist aus dem Bündel der gängigen Promotion-Instrumente nicht mehr wegzudenken. Häufig wird die Online-Promotion zu großen Teilen den Bands oder deren Management selbst überlassen oder auch in Kooperation mit Fanclubs gepflegt, da so die für das Fortkommen eines Künstlers absolut essentielle „Fan-Pflege" am direktesten und effizientesten betrieben werden kann. Dazu gehört neben einer professionellen Website, die stets aktualisiert werden muss (News, Konzerte, Fotos, etc) auch der regelmäßige Versand von Newslettern, die Implementierung von kleinen Gewinnspielen und – sofern der Künstler bereits über eigenes Merchandising verfügt – auch ein entsprechender Onlineshop.

Die für jeden Künstler wichtigen Adressen von Fans können auf der Website selbst durch die Newslettereinträge generiert werden. Diese Adressen sind für den Künstler pures Kapital. Einige populäre Bands verfügen über derart ausgeprägte Fan-Adressen-Pools, dass sie schon allein mit diesen bei einem Mailing bezüglich anstehender Tourneen oder auch eines neuen Albums erhebliche Verkäufe generieren können.

Neben Künstler-Websites lassen sich auch Social-Networking-Plattformen für die Musikpromotion hervorragend nutzen und im Sinne einer crossmedialen Promotion miteinander verknüpfen (z.B. facebook, twitter, flickr). Die Grenzen zwischen diesen Social- Networking-Plattformen mit Künstler-Accounts und Musikplattformen, auf denen (auch) neue Musik empfohlen wird, wie z.B. bei laut.de, tonspion.de und soundcloud, Internet-Musikempfehlungssystemen, wie last.fm und Musikvideo-Plattformen wie yavido, tape.tv oder putpat.tv, verwischen zusehends. Viele von ihnen bieten mittlerweile die Möglichkeit, Musiktitel in einem der einschlägigen Stores (z.B. Napster, 7digital, Amazon MP3 oder iTunes) zu kaufen oder Konzertkarten zu ordern. Natürlich bieten nun auch Streamindiensteanbieter wie Spotify, Deezer, Simfy etc. weitere Möglichkeiten der modernen Musikpromotion.

Die jahrelang wichtigste Musik-Plattform MySpace konnte – trotz eines umfassenden Relaunches im Oktober 2010 – den vor allem durch facebook bedingten Mitgliederschwund nicht aufhalten und versinkt langsam in die Bedeutungslosigkeit.

Hier entstehen ständig neue Angebote, um deren Beobachtung und Bewertung nicht herum kommt, wer Musik online bewerben möchte.

Webradio hat sich in Deutschland noch immer nicht relevant durchgesetzt. Es gibt ca. 2.000 Webchannels, von denen aber wohl nur ca. 100 als relevant eingestuft werden können. Viele der kleinen Anbieter haben sich bereits wieder verabschiedet, bevor überhaupt jemand gemerkt hat, dass es sie gab.

12.5 Radio-Promotion

Radio-Promoter, oder – wie sie inzwischen genannt werden: Radio-Manager – sind Mitarbeiter von Plattenfirmen, Verlagen und unabhängigen Promotionfirmen (sogenannte freie Promoter), die regelmäßig bei den Radiosendern neue Musiktitel vorstellen (in Amerika bezeichnet der Titel „Promoter" eigentlich Konzert- und Tourneeveranstalter).

Sie sollen Musikredakteure dazu bringen, bestimmte Songs so oft wie möglich in ihren Programmen zu spielen. In diesem Bereich hängt vieles von persönlichen Beziehungen und von Vertrauen ab. Im Allgemeinen lassen sich die Musikredaktionen ungern zu etwas überreden, das sie nicht mögen bzw. das nicht in ihr zumeist streng formatiertes Programm passt. Größere Plattenfirmen und Verlage verfügen in der Regel über fest angestellte Promoter. Daneben bieten einige gute, das heißt wirksame, unabhängige Promotionfirmen praktisch jedem Auftraggeber, ob Plattenfirma, Verlag oder Künstler, ihre Dienste an. Sie übernehmen dann meist zeitlich befristete Aufträge gegen ein zu verhandelndes Honorar.

Nicht alle Sender und nicht alle Sendungen eines Senders sind dem Promoter gleich wichtig. Basierend auf der Anzahl der möglichen Hörer im Sendegebiet und auf den Einschaltquoten, gibt es verschiedene Multiplikatoren, die bei der Auswertung verwendet werden. Vereinfacht dargestellt basiert die Berechnung auf den ermittelten Hörerreichweiten der jeweiligen Wellen und dem Neuheitenanteil im Programm. Je mehr neue Titel in das Programm eingebunden werden, umso höher wird der Multiplikator angesetzt. Damit soll das höhere Risiko des Senders durch das Spielen neuer Titel belohnt werden. Auf diese Weise können z.B. geringere Reichweiten (bei kleineren Sendern) zum Teil kompensiert bzw. angeglichen werden.

Die Multiplikatoren variieren je nach Analyse der entsprechenden Marktanteile, weshalb die nachfolgenden Beispiele für den Funk nur Circa-Angaben sein können: NDR 2 hat einen Multiplikator von 1,57, BR 3 von 2,7; WDR 2 von 2,43, SWR3 von 2,56, NRW von 3,98 und FFH von 2,53. Ferner werden neue Songs mit einem zusätzlichen Multiplikator von 0,5 bewertet (nachts findet dieser allerdings nur reduziert (0,125) Anwendung, da die Hörerzahl entsprechend geringer ist), um ihnen die Möglichkeit zu geben, gegen die bereits etablierten Songs in den Airplay-Charts bestehen zu können bzw. schneller in die Charts zu kommen. Der Multiplikator kommt maximal 10 Wochen nach Einstieg in die Top 200 der Airplaycharts zur Anwendung. Anhand der Multiplikatoren errechnen sich Punkte für jeden Einsatz. Diese Zahlen sind in Wirklichkeit wesentlich differenzierter, aber das Beispiel soll zeigen, nach welchen Kriterien Promoter entscheiden, wo sie aktiv werden.

Die Bemusterung der Radiosender mit physischen Tonträgern wurde nach der Jahrtausendwende mittlerweile fast vollständig durch die sogenannte MPN-Bemusterung abgelöst. Hinter dieser Bezeichnung steckt das „Musik Promotion Network", ein Angebot der Phononet GmbH, die eine 100prozentige Tochter des Bundesverbandes der Phonographischen Wirtschaft e.V. ist. Dem Musik Promotion Network sind inzwischen über 100 Plattenfirmen angeschlossen, die hier in eine Art Pool sämtliche neue Veröffentlichungen einfließen lassen (ca. 10.000 Titel im Monat). Via Internet finden die Musikredaktionen der Sender und alle anderen angeschlossenen Medienpartner hier sämtliche zur Veröffentlichung anstehenden Titel samt Cover und allen notwendigen weiteren Informationen (Tracklisting, Photos des Acts, Biographien etc.). Der jeweilige Song kann direkt als sendefähiger Titel im WAV-Format in das Musikarchiv des Senders übertragen werden.

Daher sind die Zeiten, in denen die Promoter die Redakteure mit CDs, Infos, Fotos und Promotiongeschenken wie T-Shirts, Sweatshirts oder Feuerzeugen überhäuften, mehr oder weniger vorbei. „Echte" Tonträger sind gleichwohl noch immer begehrt (z.B. im Rahmen von Verlosungen des „Album der Woche" etc) und werden von den Plattenfirmen an die Redakteure (vor allem an die freien Redakteure bei den öffentlich-rechtlichen Sendern) versandt. Die Funkpromoter sind nicht überflüssig geworden. Ganz im Gegenteil sind sie nach wie vor eine wesentliche Voraussetzung für den Erfolg eines Titels. Die Funkpromoter der Plattenfirmen betreuen alle öffentlichen und privaten Sendeanstalten, die einen Vertrag mit der Phonoindustrie abgeschlossen haben. Dort halten sie den Kontakt zu den Musikredaktionen, die für die Auswahl der Songs für das jeweilige Programm und die Sendung des Radiosenders verantwortlich sind. Normalerweise übernehmen Funkpromoter jeweils bestimmte Regionen.

Wichtigere Pop-Redakteure bekommen pro Woche etwa 150 Titel, mit denen sie sich auseinandersetzen sollen. Natürlich kann der jeweilige Redakteur sich nicht immer alle anhören. An diesem Punkt setzt die Arbeit des Funkpromoters an. Er berät den Redakteur, stellt ihm neue Titel vor und versucht, ihn für bestimmte Songs zu begeistern. Er weist den Redakteur auf die Schwerpunkte der Plattenfirma hin, erzählt von geplanten Kooperationen bei der Vermarktung der Künstler und versucht letztlich, die Neugier des Redakteurs zu wecken, um im besten Fall eine zunächst ablehnende Haltung in eine wohlwollende umzuwandeln. Der Funkpromoter muss das jeweilige Programm bzw. das Format des Senders genau kennen. Es ist sehr wichtig, den Redakteuren nicht die „falschen" Themen vorzustellen und auf den Tisch zu legen. So würde z.B. ein Sender wie NDR1 niemals AC/DC spielen oder Radio Fritz niemals Andrea Berg.

In den meist wöchentlich stattfindenden Sitzungen beim öffentlich-rechtlichen Rundfunk werden die Titel ausgewählt, die ins „Archiv" kommen. Nur archivierte Titel dürfen im Tagesprogramm, d.h. auch nachmittags laufen. Sogenannte Handeinsätze sind zur absoluten Seltenheit geworden. Außerdem hört der Redakteur in dieser Sitzung auch die Songs, die andere vorschlagen. Er hört sie sozusagen mit anderen Ohren. Das kann dazu beitragen, dass er seine Meinung ändert. Der Erfolg eines Funkpromoters, ob angestellt oder freiberuflich, hängt wesentlich von seinem Auftreten und seinem persönlichen Stil ab. Es ist relativ unwichtig, welches Label er vertritt. Kein Musikredakteur glaubt einem Radio-Promoter, der seine mitgebrachten Titel allesamt als Super-Hits vorstellt. Der Promoter muss die Interessen des Senders, seiner Redakteure, ihre Vorlieben und ihre Konzepte kennen und verstehen. Es reicht nicht, nur die Sendungen anzuhören und zu analysieren, so wichtig dies auch ist. Er muss mit den Partnern reden und gleichzeitig ein Berater und ein Verkäufer sein. Angesichts des Leistungsdrucks, der dem Promoter von der Plattenfirma aufgezwungen ist, fällt es ihm oft schwer, dem Redakteur Geduld und Verständnis entgegenzubringen.

Ein Funkpromoter sollte seine Informationen über Sender, Programme und Redakteure in einer Datenbank erfassen. Persönliche Daten wie Geburtstag, Familie, Hobbys, privater Musikgeschmack, Sendekonzept usw. erleichtern außerdem die „Kundenpflege". Freut sich nicht jeder, wenn er eine Geburtstags-Email bekommt? Ein reger Informationsaustausch erleichtert die Arbeit aller. Über den Redakteur/Moderator steht die Plattenfirma in direktem und intensivem Kontakt mit dem Publikum, den potentiellen Hörer- und Käuferkreisen. Der Promoter ist für den Redakteur der Ansprechpartner und Repräsentant der Firma; er ist letztlich die wichtige Schnittstelle zwischen Radio und Plattenfirma. Neuigkeiten und Trends beim Label erfährt der Redakteur durch den Promoter. Ein frühzeitig und gut informierter Redakteur kann interessantere und unterhaltsamere Sendungen gestalten und dabei mehr Hörer gewinnen bzw. behalten. Er kann so die Meinungsbildung des Publikums beeinflussen und den Tonträgerverkauf fördern. Andererseits kann der Redakteur dem Promoter Publikumsreaktionen und Meinungen von Kollegen übermitteln. Dies dient der Plattenfirma als gutes Barometer.

12.6 Merchandising

Merchandising ist Werbung, an der man sogar verdient. Das klassische Fanartikel-Merchandising umfasst insbesondere T-Shirts, Sweat-Shirts, Caps, Lanyards, Poster etc. Das Recht des Künstlers, mit seinem Namen/Bandnamen und Logo Merchandisingartikel herzustellen bzw. herstellen zu lassen und zu verkaufen, kann er als Lizenz gegen eine prozentuale Beteiligung am Umsatz an einen „Merchandiser" weitergegeben. Dieser übernimmt dann die Herstellung der Artikel und sorgt für den Verkauf. Eine Gruppe kann natürlich auch selbst Merchandisingartikel herstellen lassen und sie z.B. bei eigenen Gigs und über ihre Website verkaufen.

Merchandising-Artikel eignen sich auch als Promotiongeschenke. Manchmal organisieren Fan-Clubs die Vermarktung. Große Acts, wie Bon Jovi, Justin Timberlake und Co. erzielen auf einer Welttournee schon mal siebenstellige Merchandising-Umsätze. Da Plattenfirmen den Erfolg eines Künstlers als Ergebnis ihrer Aktivität sehen, verlangen sie in der Regel eine Beteiligung an den Merchandising-Einnahmen. Auch Hallen und Veranstalter versuchen immer entschiedener, für sich ein Stück vom Kuchen abzuschneiden, indem sie Standgebühren fordern, die nicht selten auch als Umsatzbeteiligungen ausgestaltet sind.

Man unterscheidet zwischen zwei Vertriebsarten von Merchandising: Auf der einen Seite gibt es das Tournee-Merchandising, mit dem etwa 60 bis 70 Prozent des Gesamtumsatzes erreicht wird. Andererseits gibt es das Online-Merchandising, das das alte Retail-Merchandising (Verkäufe über den Handel oder per Post) zunehmend verdrängt hat. Wie die Namen deutlich machen, beinhaltet Tournee-Merchandising den Verkauf von Artikeln am Veranstaltungsort, während Online Merchandising die Verkäufe der Artikel über Online Shops bezeichnet. Diese zwei Arten, das Bild, das Logo und den Namen eines Künstlers auf Merchandisingartikeln zu verkaufen, haben jeweils ihre eigenen Strukturen, Regeln und auch Probleme. Es gibt normalerweise keine Standardvereinbarungen für das Tournee-Merchandising. Wie ein Deal letztendlich aussieht, hängt davon ab, was ein Künstler will. Man trifft hauptsächlich auf drei Kategorien, die oft von der Art des Musik-Acts bestimmt werden:

- In der Regel werden erfolgreichen Künstlern längerfristige Verträge von etwa zwei Jahren angeboten und es wird ein mit den zukünftigen Lizenzeinnahmen verrechenbarer Vorschuss (Garantierzahlung) gezahlt.
- In anderen Fällen wird eine einfache Verteilung des Gewinns (der Summe, die übrig bleibt, nachdem die Nettokosten und die Mehrwertsteuer vom Gesamtumsatz abgezogen wurden) vereinbart.
- Die dritte Möglichkeit ist, dass der Merchandising-Hersteller den Künstler auf dessen eigenes wirtschaftliches Risiko mit Merchandising-Artikeln beliefert und der Künstler oder sein Manager sich selbst um den Verkauf kümmern.

Die meisten weniger bekannten Künstler fangen oft auf die letztgenannte Weise an. Sie lassen die Merchandising-Artikel von einer Merchandisingfirma herstellen und verkaufen sie direkt an ihre Fans am Veranstaltungsort und Online über ihre Homepage. Die Kosteneffektivität dieser Vorgehensweise ist für Newcomer hoch. Oft werden Freunde engagiert, um bei Konzerten die Artikel zu verkaufen. Dadurch vermeiden Bands erhebliche Kosten, die dann entstehen, wenn eine professionelle Verkaufsmannschaft anwesend sein muss. Diese Variante ist aber auch recht aufwändig. Der Künstler muss ständig

Güter und Buchhaltung selbst kontrollieren und dafür sorgen, dass die Artikel an den Veranstaltungsorten rechtzeitig und heil ankommen. Dies kann ziemlich anstrengend werden, wenn eine Tournee mehrere Länder mit unterschiedlichen Zollbestimmungen durchläuft. In den meisten Ländern muss man, wie oben schon angemerkt, inzwischen auch dem Veranstalter bzw. dem Veranstaltungsort eine Provision zahlen, um überhaupt etwas am Veranstaltungsort verkaufen zu dürfen. Diese Provision vom Umsatz liegt in den Vereinigten Staaten meist zwischen 15 Prozent bei kleineren und 40 Prozent bei größeren Veranstaltungslokalitäten

Auch der sogenannte „Split-Profit-Deal" kann für noch nicht etablierte Künstler interessant sein. In diesem Fall übernimmt die Agentur die Verantwortung für die Bestandskontrolle, den Transport, den Verkauf etc. Mit dieser Art Deal kann der Künstler von der Erfahrung der Agentur profitieren und die Agentur hat die Chance, ohne größere Vorschüsse zur Entwicklung der Karriere des Künstlers nicht unerheblich beizutragen, um dadurch eine langfristige Beziehung mit ihm zu entwickeln. „Split-Profit-Deals" sind auch meist leicht zu verstehen. Jeder weiß, wie hoch die Kosten sind und wie hoch der eigene Anteil am Ende ausfällt. Der größere Anteil steht bei diesen Vereinbarungen dem Künstler zu und variiert etwa zwischen 60 und 70 Prozent. Die Agentur organisiert und bezahlt hierbei das Verkaufsteam, bezahlt die Veranstalterprovision, die Herstellung der Merchandising-Artikel sowie alle anderen Kosten. Diese Kosten werden dann mit dem Gesamtumsatz verrechnet.

Die dritte Möglichkeit, bei der ein oft fürstlicher, verrechenbarer Vorschuss bezahlt wird, wird nur erfolgreichen Künstlern angeboten, bei denen ein bestimmter Umsatz sicher vorhergesehen wird. Dieser Deal ähnelt einem Künstlervertrag mit einer Tonträgerherstellerfirma. Der Künstler überträgt meist für bestimmte Territorien (häufig „GSA" – Deutschland, Schweiz, Österreich –, Europa oder sogar weltweit) die Exklusivrechte an die Agentur, die dann dem Künstler Tantiemen für die verkauften Artikel bezahlt. Überträgt der Künstler die Rechte, Merchandising-Artikel herzustellen und auf Tourneen und/oder online zu verkaufen, gibt es mehrere Punkte, auf die er im Lizenzvertrag achten muss:

Checkliste für den Merchandising-Vertrag

Produktbenennung
Um die Möglichkeiten des Künstlers offen zu halten, mit anderen Partnern weitere Verträge über bestimmte Artikel zu schließen, ist es empfehlenswert, Pauschalbegriffe wie „Textilien" bei der Bezeichnung des Vertragsgegenstands bzw. der Produktbenennung zu vermeiden. Es ist für den Künstler immer von Vorteil, die Artikel, die die Agentur herstellen will, genau zu bezeichnen. Dadurch bleibt der Weg zu weiterer Nutzung dieser Rechte einigermaßen frei.

Kreative Kontrolle
Der Künstler bzw. der Lizenzgeber sollte stets versuchen, die kreative Kontrolle über Design, Fotos, Artwork, Zeichnungen und Layouts, die für Merchandising-Artikel gebraucht werden, sowie über die Auswahl der Artikel selbst zu behalten. Schlechte Grafiken und Billig-Produkte können nicht nur wirtschaftliche Flops werden, sondern auch dem Image des Künstlers erheblich schaden. Durch möglichst genaue Beschreibung aller Vorlagen sollte auch ein Veränderungsverbot im Vertrag eingebaut werden, damit die Kontrollmöglichkeit über die Qualität der hergestellten Produkte erhalten bleibt.

Beteiligung
Üblicherweise werden dem Künstler Beteiligungen zwischen 15 Prozent (für Normal-Musiker) und 30 Prozent (für Superstars) gezahlt. Diese Beteiligung basiert meistens auf dem Netto-Umsatz. Wer eine niedrige Beteiligung angeboten bekommt, sollte versuchen, eine Staffelung zu vereinbaren: Je besser sich die Artikel verkaufen lassen, desto mehr verdient der Künstler.

Wie bei Tonträgerverträgen wird der Merchandiser auch versuchen, eine reduzierte Beteiligung an Auslandsverkäufen auszuzahlen. Der Künstler sollte je nach seinem Marktwert und der Länge seines „Verhandlungshebels" nicht weniger als 80 Prozent der normalen Beteiligung akzeptieren.

Vorschüsse

Wie bei Deals mit Plattenfirmen und Verlagen gibt es auch bei Merchandisern manchmal Vorschüsse in Relation zu dem zu erwartenden Umsatz, multipliziert mit der vereinbarten Beteiligung. Hohe Vorschüsse werden meistens in Teilen ausgezahlt: z.B. 50 Prozent bei Unterzeichnung des Vertrags, 50 Prozent nach einem Drittel der Tournee. Es gibt aber auch grundsätzliche Unterschiede zwischen Vorschüssen von Tonträgerherstellerfirmen und Verlagen und denen von Merchandisern. Die Vorschüsse des Merchandisers sind oft an einige Bedingungen gekoppelt, die dafür sorgen, dass er möglicherweise sein Geld zurückbekommen kann – manchmal sogar mit Zinsen. Die Rückzahlung des Vorschusses kann fällig werden, wenn z.B. die Tournee nicht rechtzeitig anfängt. Dies gilt übrigens auch für Tourneen, die wegen Erkrankung verschoben oder gar nicht gestartet werden. Es kann auch vorkommen, dass der Künstler wenigstens einen Teil des Vorschusses zurückzahlen muss, wenn er ein festgelegtes Performance-Minimum nicht erfüllt.

Performance-Minimum

Merchandiser kalkulieren mit einem Pro-Kopf-Umsatz. Das heißt: Wenn 5.000 Zuhörer ein Konzert besuchen und ein Gesamtumsatz von 10.000,- € verbucht wird, hat man ein Ergebnis von 2,- € pro Kopf. Darum wollen Merchandiser häufig eine Garantie für die Zahl der Besucher haben. Dieses Performance-Minimum könnte auch über eine bestimmte Anzahl an durchzuführenden Konzerten ausgedrückt werden. Eine einfache Kopfzählung reicht hierfür aber nicht. Zunächst werden nur zahlende Gäste gerechnet; geladene Medienvertreter und Gäste werden nicht mitgezählt. Auch Stadionveranstaltungen werden anders berechnet: Weil nicht jeder Stadionkonzert-Besucher ein eingefleischter Fan ist und weil viele kommen, um andere Gruppen zu sehen, werden Stadionverkäufe meist niedriger kalkuliert. Es ist deshalb üblich, dass die Anzahl an Besuchern kalkulatorisch auf 50 bis 75 Prozent der tatsächlichen Zahl reduziert wird: Wenn tatsächlich 30.000 anwesend sind, werden 15.000 bis 22.500 Besucher zur Bestimmung des Performance-Minimums zugrunde gelegt.

Laufzeit
Die meisten Merchandising-Lizenzverträge laufen ein bis zwei Jahre oder so lange, bis der Vorschuss verrechnet ist. Wenn der Vorschuss wegen schlechter Verkäufe nicht verrechnet wird, könnte der Vertrag also ewig dauern. Deshalb sollte unbedingt eine Maximallaufzeit oder eine Rückzahloption (s.u.) vereinbart werden. Sollte der Vertrag während einer Tournee auslaufen, wird der Merchandiser auch das Recht haben wollen, für den Rest der Tournee dabei zu sein. Der Künstler sollte also bei den Verhandlungen versuchen, eine Rückzahlungsoption im Vertrag einzubauen. Wenn der Vertrag nach einem Jahr auslaufen sollte, aber der Vorschuss noch nicht ganz verrechnet ist, könnte der Künstler den restlichen Vorschuss zurückzahlen und würde damit frei. Wenn die unverrechnete Summe groß ist, braucht der Künstler nichts zu tun. Wenn sie nicht so groß ist, kann er sie bezahlen und einen neuen Merchandiser ins Boot nehmen. Dadurch vermeidet er auch, dass der alte Merchandiser automatisch das Recht auf die nächste Tournee hat. Aber gerade deshalb ist es oft nicht einfach, diese Bedingung auszuhandeln.

Ausverkaufszeit
Nachdem der Vertrag beendet ist, will der Merchandiser auch Zeit haben, den Rest seiner Waren zu verkaufen. Diese Ausverkaufszeit beträgt in der Regel drei bis sechs Monate. Es ist wichtig, im Vertrag zu notieren, dass dieses Recht keinesfalls exklusiv ist (weil man hoffentlich schon einen neuen Merchandiser gefunden hat). Der alte Vertragspartner sollte auch nur noch das Recht haben, die bereits existierenden Waren zu verkaufen und keine neuen mehr herstellen dürfen. Es ist auch ratsam, festzulegen, dass der Merchandiser vor dem Auslaufen eines Vertrags nicht mehr Waren herstellen darf, als er mit dem zu erwartenden Verkauf rechtfertigen kann. Es sollte dem Merchandiser auch nicht erlaubt sein, Artikel zum „Ausverkaufspreis" loszuwerden. Sonst hat man einen verärgerten neuen Merchandiser, der seine Waren zu normalen Preisen verkaufen muss. Es kann auch im Interesse des Künstlers sein, eine Option zum Kauf der übrigen Waren auszuhandeln. Wenn der Künstler die Waren vom Merchandiser erwirbt, hat dieser keine Ausverkaufszeit. Kauft der Künstler die

Waren nicht, hat der Merchandiser drei bis sechs Monate Ausverkaufszeit.

Exklusivität

Der Merchandiser erwartet vom Künstler die exklusive Einräumung der Merchandisingrechte mindestens für einen bestimmten Vertriebsweg und ein bestimmtes Territorium. Der Künstler muss sich zunächst entscheiden, ob er sämtliche Vertriebswege, d.h. Tour-Merchandising, Online-Merchandising, Retail-Merchandising, auf ein und denselben Partner überträgt. In der Regel ist es sinnvoll, alle Bereiche bei einem Partner zu bündeln, da so die Einheitlichkeit der Artikel, ihrer Qualität und ihrer Preise gewährleistet wird und ein vereinfachtes Abrechnungsprocedere möglich ist. Selbstverständlich setzt dies zwingend voraus, einen Partner zu finden, der sämtliche vorgenannten – vom Handling her sehr unterschiedlichen – Vertriebswege auch gleichermaßen gut und professionell abwickeln kann. Ansonsten sollte sich der Künstler nach Profis im jeweiligen Vertriebsbereich umsehen.

Der Merchandiser wird mit dem Künstler über das Vertriebsterritorium verhandeln wollen, da er zumeist ein großes Interesse hat, sich die Rechte möglichst weiträumig zu sichern. In den Ländern, in denen der Künstler aktiv und erfolgreich ist, der Merchandiser aber über kein eigenes Netzwerk verfügt, wird der Merchandiser Sublizenzen an Partner vor Ort erteilen wollen. In diesem Fall ist dem Künstler zu empfehlen, das Recht festzulegen, alle Sub-Lizenz-Verträge zu genehmigen. Nur so kann er die Qualität der Produkte und damit auch die seines Images kontrollieren. Für den Künstler kann es aber durchaus auch sinnvoll (weil lukrativer) sein, sich seine Partner im jeweiligen Territorium selbst zu suchen.

12.7 Werbekooperationen: Endorsement/ Sponsorship/Testimonialwerbung

Auch beim Endorsement geht es um Werbung, an der verdient wird. In Erfüllung eines Endorsementvertrags erscheint der Künstler oft in Anzeigen und Firmenpromotion, unternimmt Demonstrations- oder Vorführreisen. Logischerweise gestalten sich die Vertragsverhandlungen abhängig vom Bekanntheitsgrad des Künstlers. Sponsorships und Endorsementdeals sind begehrt. Obwohl die Begriffe „Sponsorship" und „Endorsement" etwas ganz Verschiedenes bezeichnen, sind sie in der Realität sehr eng miteinander verflochten. Der gemeinsame Nenner ist gleich: Werbung. Ob Kid Rock wirklich Jim Beam Whiskey konsumiert, ob Britney Spears tatsächlich Pepsi trinkt oder Lena einen Opel fahren würde, ist unwichtig.

Solche Künstler bekommen derartige Testimonial-Verträge nur, weil sie schon berühmt sind und massive Werbewirkung versprechen. Die Chancen, dass eine weniger oder nur regional bekannte Gruppe einen solchen Vertrag bekommt, sind praktisch gleich Null. Beim Endorsement durch den Hersteller von Musikinstrumenten oder Equipment sieht es jedoch anders aus: Sie wollen zwar auch Werbung machen, stellen aber an ihre Vertragspartner andere Ansprüche.

Bei einem führenden Mikrofon-Hersteller wurde ein erster Deal so gestaltet: Der Künstler bekam alle für seine Tournee notwendigen Mikrofone gestellt. Als Gegenleistung musste er in Anzeigen der Firma erscheinen. Ein Firmen-Fotograf setzte bei einem Konzert den Künstler und das Mikrofon wunderschön in Szene. Dieses Foto erschien in der Anzeige zur Tournee inklusive der Tourdaten der Gruppe sowie von Abbildungen weiterer Produkte der Firma. Nach der Tournee gab die Gruppe die Mikrofone an die Firma zurück. Wegen der nicht immer guten Erfahrungen in der Vergangenheit verteilen Instrumenten- und Equipment-Hersteller ihre Gunst mittlerweile eher zurückhaltend. Ihre Bereitschaft, Künstler zu bezahlen oder auszustatten, ist noch vorhanden, aber der Künstler muss sie sich verdienen. Wie der Werbeleiter einer bekannten Firma für Percussion-Zubehör meinte: „Wir stellen nicht nur einfach unsere Sachen auf die Bühne, sondern wir erwarten dann auch, dass der Musiker uns außerhalb seiner Auftritte mit seinem Verhalten vertritt." Das heißt, die Firma will nicht, dass ein Musiker einmal für sie und danach für die Konkurrenz wirbt. Er soll zu dem Produkt stehen und sich wegen eines Werbevertrags nicht einfach „prostituieren".

Neben einigen markanten Ausnahmen schließen Firmen jedoch immer noch kostenaufwändige Verträge mit Künstlern ab. Natürlich springen sie bei einem wenig bekannten Partner nicht gleich mit beiden Füßen ins kalte Wasser. Oft vereinbaren sie eine Art Probezeit, um zu sehen, ob die Verbindung sinnvoll und wirtschaftlich ist.

12.8 Tipps, wie man an Endorsement-Verträge kommt

Zahlreiche Firmen sind im Bereich Endorsement an neuen Talenten interessiert – vor allem dann, wenn diese live sehr aktiv sind und regelmäßig ausführlich touren. Viele suchen die Gruppe der Zukunft. Selbstverständlich wollen sie meist den Künstler oder die Gruppe erst einmal persönlich treffen und kennenlernen, bevor sie sich zu einem Deal verpflichten. Wie man es zu diesem persönlichen Gespräch bringt und was man zu erwarten hat, ist im Folgenden zu lesen.

1. Verlasst Euch nicht auf die Sprüche der anderen! Oft und gern geben gerade diejenigen lautstark Tipps, die entweder selbst keinen Erfolg hatten, es nie versucht haben oder sich vom Erfolg anderer deprimieren lassen. Vielleicht will ein Manager oder Musiker auch auf diese Art mehr Konkurrenz vermeiden.
2. Habt keine Angst, Firmen anzusprechen! Die meisten zeigen sich bereit, ihr Programm und ihre Werbepläne zu erklären und sich die Geschichte des Künstlers anzuhören.
3. Obwohl in Deutschland auf der Frankfurter Musikmesse praktisch alle relevanten Instrumenten- und Musikequipment-Hersteller versammelt sind und man mit Firmen-Vertretern unangekündigt vor Ort reden kann, ist es empfehlenswert, vor dem

ersten persönlichen Treffen wenigstens mit der Werbeleitung telefonisch Kontakt aufzunehmen. Selbstverständlich muss man ihr auch Tonträger, Internet-Adressen, Bandinfos und dergleichen zuschicken und ihr möglichst auch die Gelegenheit bieten, die Gruppe live zu sehen, bevor man etwas erwarten kann.

4. Nicht mit der Tür ins Haus fallen! Man muss seinen eigenen Status richtig einschätzen.
5. Die Firmen erwarten, dass man mit konkreten Vorstellungen zu ihnen kommt. Der Künstler sollte sich vorher genau überlegen, was er von der Firma möchte, was er ihr bieten kann und was realistisch ist.
6. Kein Geld fordern! Das dürfen nur die großen Stars. Materielle Unterstützung ist üblicher. Solche Deals können auch langfristig werden, wobei beispielsweise dem Musiker öfters Prototypen neuer Instrumente zum Ausprobieren und zur Begutachtung ausgeliehen werden.
7. Daran denken, dass man es mit musikinteressierten Geschäftsleuten zu tun hat und nicht mit Künstlern! Ein nüchternes, sachliches Gespräch bringt wesentlich mehr als angeberische Sprüche.
8. Nicht warten, bis die Unternehmen auf Euch zukommen! Die meisten planen ihre Werbung fast ein Jahr im Voraus. Wenn man nicht weiß, mit wem man bei einer bestimmten Firma reden muss, einfach anrufen und nachfragen!
9. Nicht aufgeben! Wenn eine Firma nicht sofort bereit ist, mit einer Gruppe einen Deal abzuschließen, bedeutet dies nicht, dass es auch in der Zukunft ausgeschlossen ist. Wenn die Bekanntheit (sprich: Werbewirksamkeit) der Gruppe/des Künstlers zunimmt, wächst auch das Interesse der Werbepartner.

13

Die wirtschaftliche und rechtliche Struktur der Band

Musikgruppen, die über das Stadium des „Freizeitmusizierens" hinaus aktiv sind und sich mit Gedanken an Auftritte, Veröffentlichungen und andere Schritte ins Profi-Lager tragen, wollen ihrer Gruppe zu diesem Zeitpunkt häufig eine rechtliche Struktur geben. Für viele ist erstaunlich, dass sie schon Mitglieder einer Gesellschaft im rechtlichen Sinne sind. Solange die Bandmitglieder sich miteinander vertragen, spielt das auch kaum eine Rolle. Erst wenn Konflikte auftreten, müssen Regelungen gefunden werden: Wer entscheidet die wichtigen Grundsatzfragen? Darf der Gitarrist sich vom Bandkonto ein neues Instrument kaufen? Gehört der Bandname dem Sänger, wenn er aus der Gruppe aussteigt? In diesem Kapitel wollen wir die wichtigsten gesetzlichen Regeln und vertraglichen Gestaltungsmöglichkeiten kennenlernen, mit denen Musikgruppen es zu tun bekommen.

13.1 Die Band als GbR

Die Gesellschaft bürgerlichen Rechts, kurz GbR, ist die Grundform der Gesellschaft im juristischen Sinne. Sobald sich mindestens zwei Musiker zu einer Musikgruppe zusammenschließen, sind sie im rechtlichen Sinne eine Gesellschaft. Damit sind die Musiker auf die gesetzlichen Vorschriften über die Gesellschaft verwiesen, wenn sie keine andere Regelung treffen oder sich nicht für eine andere Rechtsform entscheiden.

Eine Vereinbarung über die Gesellschaftsform ist dabei ebenso wenig notwendig wie Kenntnis über die rechtliche Bedeutung der Gesellschaft – schon mit der Absprache haben die beiden im rechtlichen Sinne eine GbR mit allen daraus resultierenden Konsequenzen gegründet.

Grundsätzlich bedeutet dies nach den Regelungen des Bürgerlichen Gesetzbuches (BGB) beispielsweise, dass:

- die Geschäftsführung den Gesellschaftern gemeinschaftlich zusteht – dass also alle die Gruppe betreffenden wesentlichen Entscheidungen gemeinschaftlich von allen getroffen werden müssen.
- alle Gesellschafter verpflichtet sind, die gleichen Beiträge zu leisten. Muss der Bandbus repariert werden, dann müssen alle Gesellschafter den gleichen Teil der Reparaturkosten tragen.
- Einkünfte wie z.B. Konzertgagen den Gesellschaftern zu gleichen Teilen zustehen.
- jeder Gesellschafter für die Verbindlichkeiten der Gesellschaft haftet, und zwar auch mit seinem Privatvermögen, sofern das Gesellschaftskapital zur Deckung nicht ausreicht.
- die Gesellschaft, wenn ein Gesellschafter ausscheidet, aufzulösen und das ggfs. verbleibende Gesellschaftsvermögen aufzuteilen ist.

Diese gesetzlichen Regelungen sind nicht immer im Sinne der Gruppenmitglieder. Es kann durchaus sein, dass die Gruppe einen Bandleader hat, der in größerem Umfang beteiligt werden soll als die anderen Mitglieder und dem auch eine größere Entscheidungsmacht eingeräumt werden soll als einem neuen Mitglied. Vor allem aber wäre es oft unsinnig, eine Band aufzulösen und abzuwickeln, nur weil ein Mitglied die Gruppe verlässt. Das Gesetz lässt für die GbR aber auch abweichende Regelungen zu, so dass sich die Gruppenmitglieder möglichst frühzeitig zusammensetzen sollten, um Regeln für die Zusammenarbeit aufzustellen und diese dann auch in einem schriftlichen Vertrag festzuhalten. Dies betrifft meist die folgenden Bereiche:

a) Stimmengewichtung bei Gesellschaftsbeschlüssen

Das Mitspracherecht der einzelnen Bandmitglieder in Bandangelegenheiten ist nach der gesetzlichen Grundform „nach Köpfen" verteilt. Jedes Bandmitglied hat das gleiche Mitspracherecht bei zu treffenden Entscheidungen. Das kann, muss aber nicht sinnvoll sein. Durchaus denkbar und manchmal auch sinnvoll ist es, dass Schlüsselpersonen der Band wie Songwritern und/oder Sängern ein größeres Stimmrecht eingeräumt wird. Auch hier sind die Möglichkeiten praktisch unbegrenzt.

b) Beteiligungen der Gesellschafter

Unbedingt geklärt werden muss, wer welchen Anteil von den Einkünften bekommt. Auch hier ist eine Band frei, Beteiligungen zu regeln, wie sie es möchte. So sind bei zahlreichen erfolgreichen Gruppen nur einige Musiker Voll-Mitglieder bzw. Gesellschafter. Die anderen Musiker sind „angeheuerte" Musiker, die eine Gage bekommen – entweder mit oder ohne prozentuale Beteiligung an der Gesamtgage. Dieser Weg ist für neu gegründete und junge Bands eher ungewöhnlich. Dort wird meist alles zu gleichen Teilen verteilt. Besteht die Band also aus vier Musikern, so erhält jeder einen Anteil von 25 Prozent. Obwohl das am Anfang der Karriere häufig fair erscheint, kann es aber später ein heikles Thema werden. Stellt sich z.B. heraus, dass einige Musiker mehr am Erfolg der Band arbeiten als andere, kann es durchaus angemessen sein, dass sie mehr bekommen als die anderen. Man kann die Beteiligungen auch staffeln: Bei Live-Auftritten sind alle gleich beteiligt, während in anderen Geschäftsbereichen (z.B. Tonträgerverkäufe; Merchandising) die Beteiligung anderweitig geregelt wird. Hier gibt es keine allgemeinverbindliche Lösung. Auch in geschäftlichen Dingen muss man manchmal seine Kreativität bemühen.

c) Beiträge und Ausgaben

Eine Band kostet Geld, da der Proberaum, Instrumente, Werbematerialien, Demo-Aufnahmen, die Pizza nach der Probe und vieles andere mehr bezahlt werden müssen. Es ist wichtig, dass für diese Ausgaben auch das nötige Geld vorhanden ist. Zumindest am Anfang, wenn die Gruppe noch keine Einnahmen hat, ist es sinnvoll, eine Kasse einzurichten, in die die Mitglieder regelmäßig einzahlen müssen. Für den Fall, dass die Kasse leer ist, muss ebenfalls eine Regelung gefunden werden – dies betrifft die „Nachschusspflicht" der Gesellschafter.

d) Vertretungsbefugnisse

Das Gesetz sieht vor, dass den Gesellschaftern einer GbR die Geschäftsführung gemeinschaftlich zusteht. Dazu gehört auch die Vertretung nach außen, die nach dem gesetzlichen Grundsatz ebenfalls gemeinschaftlich erfolgen müsste. Also muss eigentlich auch jeder aus der Gruppenkasse anzuschaffende Satz Gitarrensaiten von allen gemeinsam gekauft werden. Von diesem nicht praktikablen Grundsatz können die Gruppen aber abweichen. Die Vertretung nach außen kann einem oder mehreren Gruppenmitgliedern übertragen werden. Dabei ist aber darauf zu achten, ob man sich völlig in die Hände der betreffenden Personen begeben will oder ihre Handlungsfreiheit auf bestimmte Bereiche begrenzen will. In Betracht kommen dabei Begrenzungen z.B. hinsichtlich:

- der Höhe der vorzunehmenden Geldgeschäfte: der Kauf einer neuen Monitorbox für 250,- € durch ein Gruppenmitglied mag noch in Ordnung sein – wenn aber für 40.000,- € ein neuer Bandbus gekauft oder für 2.000,- € eine Woche im Tonstudio gebucht werden soll, müssen alle Gesellschafter zustimmen.
- der Tragweite der vorzunehmenden Handlungen: der Abschluss eines einzelnen Auftrittsvertrages kann möglicherweise von einem Gruppenmitglied allein vereinbart werden, der Abschluss eines Managementvertrages muss aber definitiv von der Zustimmung aller Bandmitglieder abhängig gemacht werden.

e) Kündigung durch einen Gesellschafter

Es kommt immer wieder vor, dass einer oder mehrere Gesellschafter ausscheiden wollen oder – aus welchen Gründen auch immer – ausscheiden müssen. Für einen solchen Fall ist es sinnvoll, zu regeln, innerhalb welcher Fristen dies geschehen kann. Stellt man sich z.B. vor, dass der Sänger einer Band mitten während einer laufenden Tour der Gesellschaft von heute auf morgen kündigt und schon beim Auftritt am nächsten Tag nicht mehr dabei ist, kann man sich vorstellen, zu welchem Chaos das führen kann und welches Haftungsrisiko gegenüber den Veranstaltern dies birgt.

Das Gesetz geht bei der Kündigung davon aus, dass die Gesellschaft aufgelöst wird. Das bedeutet, dass die Tour beendet wäre und alle weiteren Konzerte abgesagt werden müssten. Mit gutem Grund würden die Veranstalter die Bandmitglieder hierfür haftbar machen. Es muss also eine Regelung getroffen werden, nach der die übrigen Gesellschafter berechtigt sind, die Gesellschaft für den Fall der Kündigung eines Gesellschafters weiter fortzuführen. Ob es sinnvoll ist, die Band weiter bestehen zu lassen, wenn eine Schlüsselperson ausscheidet, sei dahingestellt. Die Band sollte sich aber auf jeden Fall die Möglichkeit erhalten, weiter zu spielen.

Wenn die Gruppe aufgelöst wird, muss sie nach dem Gesetz wirtschaftlich abgewickelt werden. Das bedeutet nach den GbR-Vorschriften, dass alle Schulden, die gegenüber Dritten bestehen, bezahlt werden und alle Außenstände beigetrieben werden müssen und das verbleibende Gruppenvermögen dann zwischen den Gesellschaftern aufgeteilt wird. Hat man aber eine Regelung gefunden, nach der ein einzelner Gesellschafter ausscheiden kann, ohne dass deswegen gleich die Gruppe aufgelöst werden muss, dann muss gegenüber dem ausscheidenden Mitglied auch eine finanzielle Regelung gefunden werden. In der Praxis wird dies oft durch eine Bestimmung im Gesellschaftsvertrag geregelt, die dem ausscheidenden Gesellschafter eine Abfindung zuspricht. Deren Höhe angemessen zu bestimmen, ist schwierig, weil man, anders als bei einem Unternehmen, den Wert einer Band kaum beziffern kann. Hierbei können z.B. der Gewinn der letzten Jahre und die vorhandenen Vermögenswerte berücksichtigt werden. Außerdem sollten „sichere" künftige Einnahmen einbezogen werden (z.B. bereits gebuchte Konzerte, Restbestände von Merchandising-Artikeln usw.). Mitglieder von Gruppen, die einen exklusiven Tonträgervertrag abgeschlossen haben, mussten in den meisten Fällen bereits in diesem Vertrag eine sogenannte „Gruppenklausel" unterschreiben, in der die Weiterbezahlung der Lizenzeinnahmen aus der Tonträgerauswertung an ausscheidende Mitglieder hinsichtlich der Aufnahmen, an denen sie mitgewirkt haben, geregelt ist. Auch finden sich oft Regelungen, die die ausscheidenden Mitglieder weiterhin exklusiv an die Firma binden. Damit soll auch verhindert werden, dass die Mitglieder die Gruppe nach und nach verlassen und sich dann in einer neuen Gruppe wieder zusammenfinden und so die Firma ausbooten.

Wichtig ist es, in diesem Zusammenhang auch zu regeln, wie die Summe zu bezahlen ist, da eine hohe Einmalzahlung durchaus das finanzielle Gefüge der Band durcheinander bringen könnte und damit im schlimmsten Fall doch die Auflösung und Abwicklung der Band zur Folge haben könnte, da die Band finanziell nicht in der Lage ist, den Betrag aufzubringen. Hier könnte z.B. vereinbart werden, dass die Band den Betrag in drei gleichen Jahresraten an den ausscheidenden Gesellschafter auszahlen muss.

f) Kündigung eines Gesellschafters durch die Gesellschaft

Umgekehrt kann es aber auch so sein, dass die Band ein Bandmitglied unbedingt loswerden will, weil es durch sein Verhalten der Band schadet. In einem solchen Fall muss es der Band möglich sein, diesen „Störfaktor" loszuwerden. Zu unterscheiden ist hier zwischen einer außerordentlichen (d.h. in der Regel fristlosen) Kündigung und der Möglichkeit, eine Kündigung innerhalb einer festgelegten Frist auszusprechen. Auch müssen Gruppen mit einem bestehenden Exklusivvertrag beachten, welche Regelungen dort getroffen sind und das eigene Vertragswerk gegebenenfalls anpassen. Hier ist meistens geregelt, dass die Firma die Möglichkeit hat, in einem solchen Fall den Vertrag aus wichtigem Grund zu kündigen oder aber mit dem ausscheidenden Mitglied einen selbständigen Vertrag abzuschließen.

Auch wenn ein Gesellschafter aus der Gesellschaft hinausgeworfen wird, hat er einen Anspruch auf eine Abfindung – nach der Rechtsprechung sogar dann, wenn dies wegen eines schwerwiegenden Fehlverhaltens, also „aus wichtigem Grund" passiert. Daher muss eine Regelung in den Vertrag aufgenommen werden, welche die Höhe der in einem solchen Fall zu zahlenden Entschädigung bestimmt. In den meisten Fällen sind Bands nicht bereit, einem ausscheidenden Bandmitglied auch noch viel Geld hinterher zu werfen, vor allem dann nicht, wenn dem Bandmitglied fristlos gekündigt worden ist. Dann ist es möglich, die Höhe der Abfindung vertraglich zu reduzieren. Häufig findet man Regelungen, die den Betrag auf 50 Prozent der üblichen Abfindungssumme festlegen.

g) Änderung des Gesellschaftsvertrages

Manchmal ist es aufgrund veränderter Umstände notwendig, den Gesellschaftsvertrag zu ändern. Die praktisch bedeutsame Frage ist, wie für einen solchen Fall die Stimmverhältnisse sein müssen. Setzt man eine einstimmige Entscheidung voraus, läuft die Band Gefahr, dass eine einzige Person eine dringend erforderliche Anpassung verhindern kann. Belässt man es bei der einfachen Mehrheit der Stimmen, besteht die Gefahr, dass Schlüsselpersonen überstimmt werden können. Daher kann es sinnvoll sein, für einen solchen Fall eine Stimmenmehrheit von mindestens 75 Prozent zu vereinbaren.

h) Gruppenname

Der Gruppenname gehört, technisch gesehen, zum Gesellschaftsvermögen. Scheidet ein Gruppenmitglied aus, müsste die Gruppe abgewickelt werden und auch die gemeinsamen Rechte am Gruppennamen würden wegfallen. Man sollte sich daher überlegen, was mit dem Gruppennamen passieren soll, falls Gruppenmitglieder ausscheiden oder die Gruppe aufgelöst wird oder sich gleich mehrere Gruppenmitglieder von der Gruppe trennen, um eine eigene Band zu gründen. Hier gibt es verschiedene Gestaltungsmöglichkeiten, z.B.:

- Nur derjenige, der die Gruppe gegründet hat und/oder den Namen eingebracht hat, darf den Namen gebrauchen.
- Eine Mehrheit von Gruppenmitgliedern, die noch in der ursprünglichen Formation zusammenspielt, darf den Namen weiterbenutzen.
- Nur der Sänger darf den Namen verwenden – egal mit wem er zusammenspielt.
- Solange Songwriter und Sänger noch zusammenspielen, dürfen sie den Namen benutzen.

Welche dieser Lösungen fair ist oder ob noch ganz andere Regelungen gefunden werden sollen, muss jede Gruppe für sich selbst entscheiden. Egal, wie die Gruppe sich entscheidet – wichtig ist nur, dass man frühzeitig und so lange man sich gut miteinander versteht, eine verbindliche Lösung trifft, da dies immer schwieriger wird, wenn man sich erst einmal streitet.

Genaue Absprachen sind also bei der Gründung dringend anzuraten. Gerade wenn man finanzielle Verpflichtungen eingeht, sollte man daran denken, dass man später in vollem Umfang mithaften muss.

Anhand dieser Beispiele kann man erkennen, dass es wichtig ist, sowohl die organisatorischen als auch die finanziellen Aspekte von vorneherein gut zu regeln. Man darf nie aus den Augen verlieren, dass im Musikgeschäft der Einsatz hoch und die Belohnung ungewiss ist. Unternehmen wollen ihr Geld möglichst sicher investieren und suchen daher nur Künstler, die ihr Handwerk beherrschen – und dazu gehören neben den musikalischen und künstlerischen Fähigkeiten auch Disziplin und eine gute Organisation.

GbR-Gründungs-Checkliste

Folgende wichtige Fragen sollten im GbR-Vertrag geregelt werden:

- Wer sind die Mitglieder der Gesellschaft?
- Sollen alle Musiker/innen gleichberechtigt über alle Fragen entscheiden? Wenn nicht: Welche Mitglieder sollen bestimmen, oder in welchem Verhältnis soll abgestimmt werden können?
- Soll ein Mitglied die Gesellschaft beherrschen?
- Sollen mehrere Mitglieder oder nur eine Person alleinvertretungsberechtigt sein, also Verträge im Namen aller Mitglieder schließen dürfen?
- Wie hoch soll das „Stammkapital" der Gesellschaft sein?
- Sollen alle Mitglieder die gleiche Einlage zahlen? Wenn nicht, müssen die Mitglieder und die jeweilige Höhe der Einlage und der laufenden Zahlungsverpflichtungen angegeben werden.
- Soll der Gewinn der Gesellschaft gleichmäßig an alle Mitglieder verteilt werden? Wenn nicht, muss in dem Vertrag eine entsprechende Regelung getroffen werden, in der die Mitglieder und ihre jeweilige Beteiligung genau angegeben sind.
- Wie und wann soll die Gewinnverteilung vorgenommen werden? Immer dann, wenn Geld eingegangen ist oder zu bestimmten Stichtagen? Sollen Vorschüsse auf diese Verteilung möglich sein?

- Unter welchen Voraussetzungen und mit welcher Frist kann ein einzelnes Mitglied der Gruppe kündigen?
- Unter welchen Voraussetzungen und mit welcher Frist können die Mitglieder einem einzelnen Musiker kündigen?
- Soll die Gesellschaft bei Ausscheiden eines Mitglieds weiterbestehen?
- Wem steht das Recht auf den Bandnamen zu, falls die Gruppe sich auflöst?
- Existieren Gegenstände (z.B. Instrumente, PA-Anlagen, Fahrzeuge etc.), die Gemeinschaftseigentum der Gesellschaft sein sollen?
- Bestehen schon Verträge, die nach Gründung der Gesellschaft auf die Gesellschaft übergehen sollen?

13.2 Die Band als GmbH oder haftungsbeschränkte Unternehmergesellschaft

Als weitere Rechtsform kommt vor allem die GmbH in Betracht. Die GmbH (Gesellschaft mit beschränkter Haftung) ist eine sogenannte Kapitalgesellschaft. „Haftung" bezieht sich auf alles, wofür die Gesellschaft aufkommen muss, also Verbindlichkeiten wie Rechnungen von Lieferanten, Schadenersatz etc. Diese Haftung ist bei der GmbH auf das Gesellschaftsvermögen begrenzt. Hierzu gehören neben den bereits eingezahlten Einlagen auch die noch ausstehenden Beträge.

Die Gesellschafter haften mit dem jeweils in der Satzung festgelegten Einlagenbetrag, der insgesamt das gesetzliche Minimum erreichen muss, auch dann, wenn sie ihn noch nicht voll eingezahlt haben. Sie schulden der Gesellschaft als Rechtsperson diesen Betrag.

Die Rechtsform der GmbH wird häufig von Top-40-Bands gewählt, aber auch von Künstlern, die als erfolgreiche Solisten mit wechselnder Begleitband spielen. Sinnvoll kann die Gründung einer GmbH vor allem auch aus steuerlichen Gründen sein, wenn erhebliche Ausgaben für das Equipment getätigt werden müssen. GmbHs können z.B. Verluste mit Gewinnen zurückliegender oder zukünftiger Perioden verrechnen. Sie können Leistungen zwischen Gesellschaftern und Gesellschaft steuerlich berücksichtigen, was einkommen- und gewerbesteuerliche Vorteile haben kann. Andererseits ist auch der Aufwand für die Gründung und den laufenden Betrieb nicht zu unterschätzen. So muss die GmbH eine jährliche Bilanz erstellen, was zeit- und kostenintensiv ist.

Das Mindestkapital der Gesellschaft beträgt 25.000,- €. Daran hat auch das 2008 eingeführte Gesetz zur Modernisierung des GmbH-Rechts und zur Bekämpfung von Missbräuchen (MoMiG) nichts geändert. Allerdings wurde mit der sogenannten haftungsbeschränkten Unternehmergesellschaft eine Art Mini-GmbH für Existenzgründer geschaffen, die ohne Mindeststammkapital gegründet werden kann. Diese Gesellschaft darf, anders als die GmbH, ihre Gewinne nicht voll an die Gesellschafter ausschütten, bis ein Mindeststammkapital von 25.000,- € angespart wurde. Ob sich diese Gesellschaftsform für Musikgruppen eignet, wird sich zeigen.

Im Falle der Zahlungsunfähigkeit der GmbH haften – anders als bei der Gesellschaft des bürgerlichen Rechts – nicht die Bandmitglieder mit ihrem privaten Vermögen, sondern die Gesellschaft haftet mit dem Gesellschaftsvermögen. Im Fall einer Insolvenz werden die dazu gehörenden Bankguthaben, offenen Forderungen gegen Dritte und alle sonstigen Sachwerte als sogenannte „Masse" angesehen, die zur Begleichung der Forderungen der Gläubiger der GmbH verwandt wird. Sollte die Masse nicht ausreichen, um alle Verbindlichkeiten zu bedienen, schauen die Gläubiger in die Röhre. Aus diesem Grund ist die Bereitschaft der Banken, einer GmbH einen Kredit zu gewähren, gering. Üblicherweise verlangen die Banken als zusätzliche Sicherung für den GmbH-Kredit eine „selbstschuldnerische Bürgschaft" eines oder aller Gesellschafter oder eines Dritten. Aber Vorsicht: Wer bürgt, haftet unbegrenzt mit dem gesamten privaten Vermögen. Eine solche Bürgschaft hebt den Sinn einer GmbH, die Haftung zu beschränken, faktisch wieder auf.

13.3 Namens- und Markenschutz für Bands und Künstler

Der Name eines Künstlers oder einer Band spielt eine wichtige Rolle für die Wiedererkennung und Unterscheidung von anderen Künstlern. Bei etablierten Acts ist er ein Wirtschaftsgut von großer Bedeutung, das nicht nur zur Bewerbung der eigenen Produkte, sondern auch für den Verkauf von Merchandising-Artikeln, für Sponsoring und Endorsement und auch für Werbekooperationen mit Markenartiklern einen erheblichen Marktwert verkörpert. Aber es liegt auf der Hand, dass es möglich sein muss, auch die Band, die die ersten Schritte aus dem Probenraum auf die Bühne wagt, von anderen Gruppen zu unterscheiden, um sich ein Image und eine Fangemeinde aufbauen zu können. Die Auswahl an möglichen Namen ist nur durch die Phantasie der Künstler – und ein paar juristische Stoppschilder – begrenzt. Immer wieder gibt es hier Modeströmungen wie z.B. im letzten Jahrzehnt unzählige Gruppen aus England und den USA mit einem vorangestellten „The" (Strokes, Arctic Monkeys, Hives...), das auch ein Indiz für einen ähnlichen Sound war. Neben den Namen der Künstler, Film- und Musikzitaten sind es oft wohlklingende Phantasienamen, die hier gewählt werden. Oft genug kommt es aber vor, dass Namen mehrfach auftauchen. Rechtlich spricht man hierbei von einer Kollision. Dann muss eine Lösung gefunden werden.

a) Der Namensschutz des BGB

Im BGB ist der Name in drei Richtungen geschützt:

1. Der Inhaber eines Namens kann verlangen, dass ihm kein anderer die Nutzung seines Namens streitig macht.
2. Der Inhaber kann verlangen, dass ihm niemand das Recht streitig macht, seinen Namen zu führen.
3. Außerdem kann er verlangen, dass sein Name nicht ohne Genehmigung z.B. zu Werbezwecken genutzt wird.

Dies alles gilt nicht nur für den Geburtsnamen, sondern kann, wenn jemand mit seinem Vornamen oder einem Künstlernamen berühmt ist, auch für diese Namen gelten (z.B. Heino), gleichermaßen für Pseudonyme und auch für Unternehmenskennzeichen. Aus den genannten Gründen lassen sich Verwertungsunternehmen in Verträgen regelmäßig auch das Recht einräumen, mit dem Namen des Künstlers – zumeist auch mit den bürgerlichen Namen der Mitglieder einer Gruppe – Werbung zu treiben.

Das Namensrecht des BGB greift allerdings nur dann, wenn die spezielleren Vorschriften des Kennzeichenrechts nicht anwendbar sind. Sobald also z.B. der Name einer Musikgruppe zur Werbung für Konzerte verwendet wird, greifen die Vorschriften des Markenrechts ein. Hierbei sind Marken und Geschäftsbezeichnungen zu unterscheiden.

b) Der Schutz von Geschäftsbezeichnungen

Über den Schutz des Namensrechts hinaus gewährt das Markengesetz mit dem Schutz von Geschäftsbezeichnungen deren Inhabern ein gegenüber Jedermann wirkendes Recht. Dieses Recht kann auch Musikgruppen zustehen, wenn sie eine „unternehmerische Tätigkeit" aufgenommen haben. Geschäftsbezeichnungen sind grundsätzlich bundesweit geschützt. Ausnahmen bestehen dann, wenn die Tätigkeit typischerweise auf eine Region beschränkt ist („Ristorante Rialto", „Hotel zur Post"). Stellt ein Künstler fest, dass ein anderer Künstler einen Künstlernamen gewählt hat, der mit dem eigenen identisch oder ihm zum Verwechseln ähnlich ist, dann liegt ein Fall von Kollision vor. Kommt es darüber zum Streit, dann wird anhand der Kriterien Kennzeichnungskraft, Ähnlichkeit der Kennzeichen und Branchennähe entschieden, ob die jüngere Bezeichnung beibehalten werden darf.

Grundsätzlich kommt es hier darauf an, wer an diesem Namen die älteren Rechte hat (sogenannter Prioritätsgrundsatz). Wenn es zu Verwechslungen kommen kann, weil z.B. in der gleichen Region ein ähnliches Publikum angesprochen werden soll, dann muss der „prioritätsjüngere" Namensinhaber dafür sorgen, dass die Verwechslungsgefahr beseitigt wird. Dies muss nicht unbedingt bedeuten, dass er den Namen aufgeben muss; es kann auch genügen, dass man dem jüngeren Namen einen Zusatz hinzufügt, mit dem eine Verwechslung vermieden werden kann.

c) Markenschutz

Der Name eines Künstlers oder einer Musikgruppe kann schließlich auch als Marke geschützt werden. Markenschutz kann in Deutschland entweder durch eine Eintragung des Kennzeichens beim Deutschen Patent- und Markenamt (DPMA) entstehen oder auch automatisch, wenn eine Gruppe schon einen großen Bekanntheitsgrad erreicht hat. Vor der Eintragung muss geklärt werden, ob der Name eintragungsfähig ist. Hierzu stellt das Markengesetz bestimmte Kriterien auf. So kann z.B. eine unaussprechliche Aneinanderreihung von Buchstaben keine Wortmarke sein. Auch beschreibende Begriffe oder sogenannte freihaltebedürftige Bezeichnungen, die für die Allgemeinheit von Interesse sind, können keine Marke sein. Hier kommt es auf den Anwendungsbereich des Kennzeichens an. Die Begriffe „Musikgruppe" oder „MC" oder „DJ" wären z.B. hier nicht unterscheidungskräftig. Fügt man einen Namen hinzu, sieht es gleich ganz anders aus. Ein Begriff, der in einem anderen Bereich „beschreibend" ist, kann dagegen für eine Musikgruppe durchaus schutzfähig sein (Fotos, 2Raumwohnung, Ärzte). Auch grafische Gestaltungen können allein (Bildmarken) oder in Kombination mit Begriffen (Wortbildmarken) angemeldet werden.

Anders als die Geschäftsbezeichnung schützt die Marke nicht nur den Namen eines Unternehmens, sondern die von ihm angebotenen Waren und Dienstleistungen. Bei der Markenanmeldung muss man angeben, für welche Waren und Dienstleistungen der Schutz begründet werden soll. Die Waren und Dienstleistungen sind nach einer international gültigen Klassifikation in 45 Klassen eingeteilt. Bei Musikgruppen werden typischerweise die Klassen gewählt, mit denen Ton- und Bildtonträger, Druckereierzeugnisse, Merchandising-Artikel wie z.B. bedruckte Textilien und Unterhaltungsveranstaltungen geschützt werden. Das Markenrecht verleiht seinem Inhaber einen wirksamen und umfassenden Schutz gegen verwechslungsfähige, also identische und ähnliche Kennzeichen, wenn zugleich auch verwechslungsfähige Waren oder Dienstleistungen betroffen sind. Markenschutz ist aber auch teuer, weil neben den Gebühren des DPMA auch erhebliche Kosten bei der Recherche und Anmeldung entstehen. Dies kann man zwar auch selbst machen, aber davon ist abzuraten. Hat man bei der Anmeldung eine verwechslungsfähige Marke übersehen, dann kann es passieren, dass der Inhaber der älteren Marke beim Patentamt einen Widerspruch gegen die Eintragung einlegt oder gleich eine kostenpflichtige Abmahnung ausspricht oder, schlimmer noch, eine einstweilige Verfügung auf Unterlassung beantragt. Bei Kennzeichenstreitigkeiten können leicht Kosten in deutlich vierstelliger Höhe entstehen. Außerdem ist es extrem ärgerlich und bedarf großen Aufwands, den mühsam aufgebauten Namen wieder auszutauschen. Daher sollte man unbedingt im Vorfeld der Anmeldung oder Benutzung eine gründliche Recherche in Auftrag geben.

Für alle Kennzeichen gilt, dass es sinnvoll ist, *vor* der Nutzung des Namens zu klären, ob es möglicherweise bereits Künstler mit verwechslungsfähigen Namen gibt. Hierfür gibt es unterschiedliche Recherchemöglichkeiten. Als erstes kann und sollte man mit den gängigen Suchmaschinen im Internet überprüfen, ob der neu gefundene Name tatsächlich „neu“ ist oder ob es nicht schon einen anderen Künstler oder eine Gruppe mit dem gleichen oder einem ähnlich klingenden Namen gibt.

Wer sich dazu entscheidet, den eigenen oder den Gruppennamen als Marke zu schützen, sollte deshalb vorher unbedingt eine aufwändige Markenrecherche durchführen lassen. Als verwechslungsfähig werden im Markenrecht nicht nur identische, sondern auch ähnliche Kennzeichen angesehen. Weil es bei der Frage der Verwechselbarkeit nicht nur auf die Schreibweise, sondern auch auf den Klang und auf einzelne Elemente des Begriffes und auch auf dessen Bedeutung ankommen kann, sollte man hierbei die Dienste eines professionellen Markenrecherchedienstes in Anspruch nehmen und sich bei der Prüfung der Eintragungsfähigkeit von einem spezialisierten Rechtsanwalt beraten lassen. Hierbei können auch ausländische Marken und Geschäftsbezeichnungen Probleme bereiten.

14 Die Künstlersozialversicherung

Wer als Musiker bei einem Tanz-, Show-, Rundfunk- oder Symphonie- Orchester oder einem ähnlichen Ensemble fest angestellt ist, unterliegt der Sozialversicherungspflicht. Seinen Beitrag zur Versicherung, der von seinem Einkommen abhängt, trägt er wie jeder Angestellte nur zur Hälfte. Die andere Hälfte führt sein Arbeitgeber direkt an die Bundesversicherungsanstalt für Angestellte (BfA) und an die jeweilige Krankenkasse ab.

Auch selbständige Künstler und Publizisten unterliegen der Sozi alversicherungspflicht. Bis zum Inkrafttreten des Gesetzes über die Künstlersozialversicherung im Jahr 1983 mussten sie, im Gegensatz zu ihren angestellten Kollegen, jedoch die Beiträge in voller Höhe selbst tragen. Das Künstlersozialversicherungsgesetz (KSVG) stellt sie den abhängig Beschäftigten gleich. Auch selbstständige Künstler und Publizisten zahlen inzwischen nur noch die Hälfte der abzuführenden Beiträge. Die notwendigen Zuschüsse werden zum einen durch einen Bundeszuschuss und zum anderen durch die sogenannte Künstlerso zialabgabe, die von den Verwertern künstlerischer Leistungen erhoben wird, finanziert. Grundsätzlich ist diese Abgabe an die Künstlerso zialkasse von allen Unternehmen zu leisten, die nicht nur gelegentlich Aufträge an selbständige Künstler und Publizisten erteilen. Für die Durchführung der Renten-, Kranken- und Pflegeversicherung ist die KSK aber selbst nicht zuständig. Sie leitet lediglich die jeweils fälligen Beiträge an die Kranken- und Pflegekassen sowie an die allgemeine Rentenversicherung weiter. Die Auszahlung der Rente bzw. die Übernahme des Versicherungsschutzes erfolgt dann durch die Ver sicherungsträger, an die die Beiträge abgeführt wurden. Die KSK ist eine selbständige Anstalt des öffentlichen Rechts. Sie ist selbst kein Versicherungsträger, sondern dient als „Durchgangsstation" für die Beiträge, entscheidet über die Versicherungspflicht und legt die Höhe der Beiträge des Künstlers fest. Die Musikschaffenden stellten 2012 mit 48.856 Versicherten die zweitgrößte Berufsgruppe nach den bildenden Künstlern und vor den Berufsgruppen „Wort" und „Darstellende

Kunst". Das durchschnittliche Jahreseinkommen der aktiv versicherten Musiker liegt 2013 bei traurigen 12.326 € (detaillierte Statistiken finden sich auf kuenstlersozialkasse.de).

2007 haben sich einige Änderungen ergeben, die im Bereich der Künstlersozialversicherung und Künstlersozialabgabe weitreichende Konsequenzen haben. Vor allem werden Aufgaben der Künstlerso zialkasse hinsichtlich der Erfassung der abgabepflichtigen Verwerter und der Beitreibung der Abgabe inzwischen auch von der Deutschen Rentenversicherung mit wahrgenommen, so dass viele Verwerter jetzt nachträglich zur Kasse gebeten werden.

14.1 Der Künstler und die KSK

Alle ausübenden Künstler, die nicht nur vorübergehend tätig sind und ein Einkommen aus einer auf Dauer angelegten selbständigen Tätigkeit erwirtschaften, sind (bis auf einige Ausnahmen) versicherungspflichtig. Am besten ist es daher, eine etwaige Verpflichtung zur Versicherung möglichst früh von der KSK überprüfen zulassen. Zunächst muss man einen „Fragebogen zur Feststellung über die Versicherungspflicht nach dem KSVG" ausfüllen, der entweder bei der

KSK, Gökerstraße 14
26384 Wilhelmshaven
Tel.: 04421-97340515 00
Fax: 04421-7543 586

erhältlich ist oder zusammen mit Ausfüllhinweisen auch direkt von der Homepage der KSK unter www.kuenstlersozialkasse.de heruntergeladen werden kann.

Nachdem man den ausgefüllten Fragebogen an die KSK zurückgeschickt hat, dauert es in der Regel einige Monate, bis man eine Antwort erhält. Möglicherweise fordert die KSK weitere Informationen über das aus der künstlerischen/publizistischen Tätigkeit erwirtschaftete Jahreseinkommen (Einkommen minus Ausgaben) an.

a) Versicherungspflicht

Die Versicherungspflicht hat folgende Voraussetzungen:

- Der Betroffene muss Künstler/Publizist im Sinne des KSVG sein.
- Er muss in diesem Bereich selbstständig beruflich tätig sein.
- Die Tätigkeit muss erwerbsmäßig erfolgen.
- Die Tätigkeit muss auf Dauer angelegt sein.
- Der Versicherungspflichtige darf nicht mehr als einen Arbeitnehmer beschäftigen.

Die Frage nach der künstlerischen Tätigkeit ist nicht pauschal zu beantworten. Viele Berufe wie z.B. Komponist, Schauspieler, Sän ger, Bildhauer, Regisseur, Portraitmaler werden unproblematisch als künstlerisch anerkannt; bei anderen Berufsgruppen wie z.B. bei Kunsthandwerkern und Fotografen entscheidet die KSK im Einzelfall anhand eines ausführlichen Tätigkeitsberichts. Eine „Niveaukontrolle" findet nicht statt. Allerdings kommt es immer auf die konkret ausgeübte Tätigkeit an, nicht auf die Berufsausbildung.

Auch der Begriff der Selbständigkeit ist schillernd – hier kommt es auf Kriterien wie die Einbindung in eine fremde Infrastruktur, die Weisungsgebundenheit und das unternehmerische Risiko an. Auch hinsichtlich dieses Merkmals kommt es häufig zu gerichtlichen Ent scheidungen, die mit der ursprünglichen Einstufung durch die KSK nicht übereinstimmen. Es kommt auf den konkreten Einzelfall an.

In den ersten drei Jahren nach der Aufnahme seiner künstleri schen Tätigkeit ist jeder Künstler, auch bei Unterschreiten der Geringfügigkeitsgrenze, als sogenannter Berufsanfänger bei der KSK versicherungspflichtig. Danach werden Bezieher geringfügiger Einkünfte (Jahreseinkommen aus dem künstlerischen Bereich von nicht mehr als derzeit 3.900,- €) versicherungsfrei.

b) Ausnahmen von der Versicherungspflicht

Das KSVG regelt einige Ausnahmen von der Versicherungspflicht. So ist z.B. ein Künstler, der:

- über ein zusätzliches Einkommen aus abhängiger Beschäftigung verfügt und aufgrund dieser Beschäftigung versicherungsfrei ist,
- über ein Einkommen als Arbeitnehmer oder aus einer anderen selbständigen Tätigkeit verfügt, welche die halbe Beitragsbemessungsgrenze von derzeit 34.800 ,- € (West) und 29.400 ,- € (Ost) (Stand 2013) erreicht oder überschreitet,
- bereits eine Vollrente bezieht oder
- als Student oder Zivildienstleistender bereits rentenversichert ist

nicht nach dem KSVG bei der KSK rentenversicherungspflichtig. Auch für die Kranken- und Pflegeversicherung gibt es Ausnahmen von der Versicherungspflicht. Diese Ausnahmen sind in § 5 KSVG geregelt:

- Wird neben der selbständigen künstlerischen Tätigkeit eine so zialversicherungspflichtige abhängige Beschäftigung ausgeübt, so muss zunächst die Krankenkasse anhand der wirtschaftlichen Bedeutung entscheiden, welche der beiden ausgeübten Tätigkeiten als hauptberufliche Tätigkeit anzusehen ist. Kommt die Krankenkasse zu dem Ergebnis, dass die abhängige Tätigkeit als Haupttätigkeit anzusehen ist, bleibt es bei der Versicherungspflicht bei der Krankenkasse.

Im umgekehrten Fall besteht eine Versicherungspflicht (KSVG):

- Wenn neben der selbständigen künstlerischen Tätigkeit eine anderweitige Beschäftigung ausgeübt wird, die weder künstlerisch noch publizistisch im Sinne des § 2 KSVG ist, so kann eine Versicherung über die KSK nicht erfolgen, soweit die Geringfügigkeitsgrenze mit der anderen selbständigen Tätigkeit überschritten wird.
- Personen, die bereits nach anderen gesetzlichen Vorschriften krankenversichert sind, können ebenfalls nicht nach dem KSVG versichert werden.
- Personen, die nach den allgemeinen Vorschriften über die Krankenversicherung versicherungsfrei sind, fallen nicht in die Versi cherungspflicht des KSVG.
- Gleiches gilt für ordentlich Studierende, welche die selbständige Tätigkeit nur als Nebentätigkeit ausüben.

Von der Kranken- und Pflegeversicherungspflicht kann sich auch der jenige befreien lassen, der als Höherverdiener einzustufen ist. Wer für 2013 einen Befreiungsantrag stellen wollte, musste dabei im Zeitraum von 2010 bis 2012 ein Einkommen von mehr als 150.300,- € (Stand 2013) erzielt haben. Allerdings kann die Befreiung von der gesetzlichen Krankenversicherung nicht widerrufen werden (siehe Seite 210).

Ein Berufsanfänger, der zum Zeitpunkt der Antragstellung bei der KSK bereits privat bei einer Ersatzkasse krankenversichert ist, also die Beiträge in voller Höhe selbst bezahlt, kann eine Befreiung von der Versicherungspflicht beantragen. In diesem Fall ist eine Bescheinigung der Bereitschaft der Ersatzkasse, den Künstler als Pflichtmitglied nach dem KSVG aufzunehmen, an die KSK zu übersenden. Dem Berufsan fänger steht es nämlich innerhalb der ersten drei Jahre seiner Tätigkeit frei, ob er in einer gesetzlichen Krankenkasse oder in einer privaten Krankenversicherung versichert sein möchte. Sofern sich der Berufsan fänger entscheidet, seine private Krankenversicherung beizubehalten, muss er dies nach den Vorschriften des KSVG spätestens drei Monate nach Feststellung der Versicherungspflicht durch die KSK bei der KSK beantragen und den bestehenden Versicherungsschutz sowohl für die Krankenversicherung als auch für die Pflegeversicherung nachweisen.

Wer während der Berufsanfängerzeit von der gesetzlichen Kranken versicherungspflicht befreit war, verbleibt man auch nach Ablauf der drei Jahre in der privaten Krankenversicherung, sofern nicht innerhalb der drei Jahre eine Mitteilung über die Beendigung der privaten Versiche rungspflicht bei der KSK eingeht. Nach Ablauf der Dreijahresfrist kann die Befreiung von der gesetzlichen Krankenversicherungspflicht nicht mehr widerrufen werden, so dass für den Künstler keine Chance mehr besteht, Mitglied der gesetzlichen Krankenversicherung zu werden.

c) Die Höhe der Beiträge

Die vom Künstler im Falle der Versicherungspflicht an die KSK zu zahlenden Beiträge bemessen sich nach seinem Einkommen. Derzeit (2011) wird ein Monatsbeitrag zur:

- Rentenversicherung von 18,9 Prozent des Einkommens,
- Krankenversicherung von 15,5 Prozent des Einkommens,

- Pflegeversicherung für Kinderlose von 2,30 Prozent des Einkommens (bei Mitgliedern mit Kindern sind es 2,05 Prozent)

erhoben. Die Beiträge zur Krankenversicherung bestimmen sich nach den Beiträgen der Krankenkasse, bei der die Krankenversicherung besteht und sind demnach (derzeit noch) unterschiedlich.

Hat die KSK den Anteil des Künstlers erhalten, verdoppelt sie ihn und führt ihn an die Versicherungsträger ab. Die zunächst von der KSK getragene zweite Hälfte wird zu 20 Prozent durch einen Bundeszuschuss finanziert.

Durch die Festlegung eines Prozentsatzes bestimmt sich die ef fektive Gesamthöhe des Bundeszuschusses nach den Beiträgen der Künstler. Aufgrund der unsicheren Voraussagen über die Höhe der zu erwartenden Gesamtbeiträge hat sich der Bundesminister für Arbeit und Soziales in Absprache mit dem Bundesminister der Finanzen das Recht vorbehalten, je nach der Einnahme-/AusgabenSituation der KSK den Prozentsatz, den die Verwerter künstlerischer Leistungen tragen, neu festlegen zu können.

d) KSK oder private Krankenvorsorge?

Als selbstständiger Künstler oder Publizist ist man nach dem KSVG pflichtversichert in der gesetzlichen Renten- und Krankenversiche rung. Eine Wahlmöglichkeit besteht nicht. Unter bestimmten Vor aussetzungen ist es aber möglich, an Stelle der gesetzlichen Soz alversicherungsträger zu privaten Anbietern zu wechseln. Die Wahl der Vorsorgeform sollte reiflich überlegt werden. Hat man sich als Selbständiger einmal von der gesetzlichen Krankenversicherungs pflicht befreien lassen, gibt es kein Zurück mehr! Nur die Arbeits losigkeit und ein daraus resultierender Leistungsbezug durch die Agentur für Arbeit kann eine erneute Mitgliedschaft in der gesetz lichen Krankenversicherung begründen. Zu bedenken gilt darüber hinaus, dass der Krankenversicherung auch die Pflegeversicherung folgt. Das heißt, dass derjenige, der sich privat krankenversichert, auch privat für seine eventuell eintretende Pflegebedürftigkeit vorzusorgen hat.

Man darf sich auch nicht von dem Umstand täuschen lassen, dass bei der privaten Krankenversicherung die Beitragssätze für einen 25jährigen unverheirateten Mann unter denen der gesetzlichen Krankenkassen liegen.

Diese Personengruppe ist in der Regel diejenige, die den geringsten Krankenstand aufweist. Mit zunehmendem Alter wächst die Diskrepanz zwischen den Beiträgen der gesetzlichen und der privaten Kassen – die Beiträge der privaten liegen dann deutlich höher. Gleiches gilt auch, wenn man später einmal seine Familie in die private Krankenversicherung mit aufnehmen möchte. Dies ist in der Regel deutlich teurer als eine Mitaufnahme in die gesetzliche Krankenversicherung.

14.2 Die Künstlersozialabgabe

Wer zur Künstlersozialabgabe verpflichtet ist, bestimmt sich nach § 24 KSVG. Hier aufgezählt und damit grundsätzlich abgabepflichtig sind die Unternehmen, die typischerweise künstlerische oder publizistische Werke oder Leistungen verwerten, wie z.B.:

- Verlage (Buchverlage, Presseverlage etc.),
- Presseagenturen und Bilderdienste,
- Theater, Orchester, Chöre
- Veranstalter jeder Art, Konzert- und Gastspieldirektionen, Tournee- veranstalter, Künstleragenturen, Künstlermanager,
- Rundfunk- und Fernsehanbieter,
- Hersteller von Bild- und Tonträgern (Film, TV, Musikproduktion, Tonstudios etc.),
- Galerien, Kunsthändler,
- Werbe- und PR-Agenturen, Agenturen für Öffentlichkeitsarbeit,
- Unternehmen, die das eigene Unternehmen oder eigene Produk te/Verpackungen etc. bewerben,
- Design-Unternehmen,
- Museen und Ausstellungsräume,
- Zirkus- und Varieteunternehmen,

- Ausbildungseinrichtungen für künstlerische und publizistische Tätigkeiten (z.B. auch für Kinder oder Laien).

Außerdem sind alle Unternehmen abgabepflichtig, die regelmäßig von Künstlern oder Publizisten erbrachte Werke oder Leistungen für das eigene Unternehmen nutzen, um im Zusammenhang mit dieser Nutzung (mittelbar oder unmittelbar) Einnahmen zu erzielen.
Die Künstlersozialkasse bietet den Unternehmen/Verwertern ab sofort die Möglichkeit an, die Bestehung der Abgabepflicht zu überprüfen und Anmeldungen nach dem KSVG online zu erstellen. Nähere Informationen zum Online-Meldeverfahren sind auf www.kuenstlersozialkasse.de zu finden.

14.3 Die Höhe der Künstlersozialabgabe

Als Bemessungsgrundlage für die zu von den Verwertern zu zahlenden Abgaben dient die Höhe der Entgeltzahlungen (inklusive Nebenkosten), die der Unternehmer innerhalb eines Jahres an selbständige Künstler gezahlt hat. Hierbei ist es gleichgültig, ob der jeweilige Künstler selbst versicherungspflichtig nach dem KSVG war oder nicht. Allein die Gesamtsumme der Zahlungen ist entscheidend. Der an die KSK auf dieser Grundlage zu zahlende Abgabesatz ist seit 2005 stetig gesunken und belief sich 2012 auf 3,9 Prozent und 2013 auf 4,1 Prozent der Bemessungsgrundlage. Dieser Beitrag darf vom Künstlerentgelt nicht abgezogen werden. Vereinbarungen, die Derartiges vorsehen, sind von vornherein nichtig, das heißt unwirksam. Da der Abgabesatz nur für das jeweilige laufende Jahr fix ist, im Übrigen aber vom Arbeitsministerium bis zum 30.9. eines jeden Jahres für das darauf folgende Jahr neu festgelegt werden kann, sehen viele Unternehmen eine unüberschaubare Kostenlawine auf sich zurollen. Um diese abzuwehren oder zu begrenzen, aber auch aus rechtlichen Erwägungen, legte eine Reihe von ihnen gemeinsam Verfassungsbeschwerde beim Bundesverfassungsgericht (BVerfG) in Karlsruhe ein, die aber letztlich gescheitert ist.

14.4 Aktuelle Entwicklungen im Künstlersozialversicherungsrecht

Das Gesetz über die dritte Reform des Künstlersozialversicherungsgesetzes trat am 15.06.2007 in Kraft. Seither hat sich einiges geändert: Alle Abgabepflichtigen sollen jetzt erfasst werden und eine stärkere Kontrolle der Versicherten soll erfolgen. Da die KSK chronisch zu wenig Personal hatte, um diese Aufgaben zu erfüllen, kommt ihr die Deutsche Rentenversicherung (DRV) zur Hilfe. Seither sollen alle Unternehmen in Deutschland regelmäßig auch daraufhin geprüft werden, ob sie möglicherweise künstlersozialabgabepflichtig waren und ob sie in diesem Falle ihrer Verpflichtungspflicht nachgekommen sind. Für die Versicherten ändert sich, dass zusätzlich zur bestehenden Beitragsüberwachung jährlich eine Stichprobe hinsichtlich ihres tatsächlichen Einkommens der letzten vier Jahre geprüft wird.

Dass es nicht immer ein Kunststück sein muss, künstlerische Leistungen im Sinne des KSVG zu erbringen, wurde im November 2007 eindrucksvoll durch ein Urteil des Sozialgerichts Köln be stätigt: Die Kommentare, die Juror Dieter Bohlen im Rahmen der „Deutschland sucht den Superstar"-Sendungen abgegeben hatte, wurden als künstlerische Leistungen eingestuft – und RTL daher zu einer Nachzahlung von rund 170.000,- € Künstlersozialabgabe verurteilt.

Immer wieder zu Rechtsstreitigkeiten vor den Sozialgerichten führt die sogenannte „Bandleader-Problematik:" Wenn ein Musi kerensemble einen Leiter hat, der vom Veranstalter eine Gage bekommt und seine Mitmusiker auf Rechnung bezahlt, dann sieht die KSK hierin zwei getrennte Verwertungshandlungen, für die je weils Künstlersozialabgabe zu zahlen sein soll. Dem Argument, dass es sich dabei um dieselbe musikalische Darbietung handelt, begegnet die KSK mit der spitzfindigen Auffassung, der Bandlea der würde „Einzelstimmen einkaufen und sie als Gesamtklang verkaufen".

15

Der Musiker und die Steuern

Von allen Themen, mit denen sich Musiker weder zu Beginn ihrer Karriere noch später gern befassen, ist das Steuerrecht wohl das Unbeliebteste. Natürlich ist es schmerzlich, wenn man von der im Studio oder auf der Bühne sauer verdienten Kohle nachträglich auch noch etwas an den Staat abgeben soll und – schlimmer noch – damit auch noch mühselige Arbeit hat. Aber es nützt nichts, den Kopf in den Sand zu stecken. Nicht selten sind Künstlerkarrieren daran gescheitert, dass die wichtigsten „Hausaufgaben" wie Umsatz- und Einkommensteuererklärung nicht erledigt oder für die zu zahlenden Steuern keine Reserven gebildet wurden. Unerwartete Steuernach- und Vorauszahlungen, im schlimmsten Fall sogar Strafverfahren wegen Steuerhinterziehung gehören allerdings zu Popstars offenbar genau wie Sex & Drugs & Rock'n'Roll. Derartiger Ärger aber ist weder cool noch unvermeidbar. Zur Professionalität, die eine Grundvoraussetzung für nachhaltigen Erfolg ist, gehört auch, dass man sich mit diesem sperrigen Thema wenigstens in den Grundzügen auskennt. Das ist in Steuerangelegenheiten immer schwierig, weil sich das Steuerrecht ständig verändert. Hier ist man also auf gute Berater angewiesen. Aber auch wer sich nicht von Anfang an einen Steuerberater leisten kann, sollte wenigstens mit den Grundzügen vertraut sein.

15.1 Die ersten Schritte ins Finanzamt

Wer mit der Tätigkeit als selbstständiger Künstler Geld verdient, muss Steuern zahlen wie jeder andere Angehörige der sogenanten „freien Berufe" auch. Grundsätzlich gilt dies von Anfang an; so etwas wie eine „Schonfrist" gibt es entgegen allen Gerüchten nicht. Unter Umständen kann es aber sein, dass man in einzelnen Steuerarten keine

Steuer zahlen muss – dazu gleich mehr. Ob als Einzelperson oder als Gruppe: Zunächst muss man dem Finanzamt die Aufnahme der Tätigkeit anzeigen. Dafür genügt ein einfacher Brief, in dem man dem Finanzamt nur mitteilt, dass man sich als Musiker oder Musikgruppe selbstständig machen wird. Vom Finanzamt erhält man daraufhin einen Fragebogen, in den man Angaben zu den zu erwartenden Einkünften eintragen muss. Das Finanzamt kann daraus erkennen, welche Steuerarten in Betracht kommen (in der Regel nur Einkommensteuer und Umsatzsteuer) und festlegen, ob und in welchen zeitlichen Abständen man Steuervoranmeldungen und -vorauszahlungen leisten muss.

15.2 Die Einkommensteuer

Wer ein Einkommen hat, muss darauf Einkommensteuer zahlen. Das ist das einfache Grundprinzip, zu dem es viele komplizierte Ausnahmen, Ergänzungen und Sonderregelungen gibt. Die Details zur Einkommensteuer regelt das Einkommensteuergesetz. Wer sich hier auskennt, kann, z.B. wenn es um die Frage der Steuerabzugsfähigkeit der Kosten eines häuslichen Arbeitszimmers oder des gemeinsam angeschafften Equipments geht, viel Geld sparen. Anders als Angestellte, bei denen sich der Arbeitgeber um die Abführung der Lohnsteuer kümmert, müssen Selbstständige dies selbst machen. Zuerst einmal muss festgestellt werden, ob der Künstler überhaupt steuerpflichtig ist.

a) Voraussetzungen der Steuerpflicht

Für die Einkommensteuerpflicht bestehen drei Voraussetzungen:

1. Das zu versteuernde Jahreseinkommen muss den sogenannten Grundfreibetrag übersteigen. Dieser wird regelmäßig angepasst und liegt im Veranlagungszeitraum 2010 bei 8.004,- €. Wer weni-

ger als diesen Betrag verdient, muss also keine Einkommensteuer zahlen. Oft sind die Einnahmen selbstständiger Musiker zu Beginn der Karriere, egal ob als Solokünstler oder als Mitglied einer Gruppe, noch sehr niedrig oder sogar negativ, so dass im Ergebnis keine Einkommensteuer gezahlt werden muss.

2. Weiterhin muss der Künstler in Deutschland der unbeschränkten Steuerpflicht unterliegen. Dies ist der Fall, wenn der Künstler seinen Wohnsitz oder regelmäßigen Aufenthalt in Deutschland hat.
3. Die Einkünfte müssen sich den steuerlich relevanten Einkunftsarten zurechnen lassen. Von den sieben verschiedenen Einkunftsarten wollen wir uns hier nur mit den für Musiker und Existenzgründer wichtigsten befassen, dies sind die Einkünfte aus selbstständiger Tätigkeit und aus Gewerbebetrieb.

b) Die Höhe der Einkommensteuer

Ob und in welcher Höhe Einkommensteuer erhoben wird, bemisst sich an den Gesamteinkünften, die der Steuerpflichtige im jeweiligen Jahr erzielt. Die Einkommenssteuer ist eine Ertragssteuer, das heißt, zunächst müssen die steuerpflichtigen Erträge ermittelt werden. So muss beispielsweise ein erfolgreicher Musiker seine Einnahmen aus allen Geschäftsfeldern zusammenstellen, z.B. aus dem Konzertgeschäft, aus Tonträger- und Downloadverkäufen, aus Fanartikel-Merchandising, von Verwertungsgesellschaften und aus dem Bereich der Werbung. Hinzukommen können andere Einnahmequellen, wie Produzenten- oder Studiomusikertätigkeit. Alle diese Einkünfte zusammen bilden die Einnahmen. Hiervon dürfen aber bestimme Ausgaben, die mit der beruflichen Tätigkeit in Zusammenhang stehen, wieder abgezogen („abgesetzt") werden. Das sind z.B. Fahrt- und Hotelkosten, Instrumente, Equipment, Noten und vieles Andere. Im Extremfall können die betriebsbedingten Ausgaben sogar höher ausfallen als die Einnahmen. In diesem Fall verbleibt ein steuerlicher Verlust.

Sonderregeln gelten für teure Wirtschaftsgüter, die man normalerweise über mehrere Jahre nutzt, wie z.B. Instrumente und Computer. Da man diese Geräte über mehrere Jahre nutzt, wird auch das Absetzen der Anschaffungspreise über mehrere Jahre verteilt. Anders ausgedrückt, kann man im jeweiligen Jahr nicht den Gesamtpreis, sondern nur den in diesem Jahr eingetretenen Wertverlust von der Steuer als Ausgabe absetzen. Hier empfiehlt es sich, eine AfA-Tabelle (Absetzung für Abnutzung) zu erstellen, wobei man aber natürlich den vom Finanzamt anerkannten Zeitraum kennen muss, der als Nutzungsdauer anerkannt wird, bis die Anschaffung ihren Wert vollständig verloren hat und damit „abgeschrieben" ist.

Welche Kosten vom Finanzamt im Einzelnen anerkannt werden, lässt sich nicht genau bestimmen. Im Zweifelsfall gilt: Die entsprechenden Belege sammeln, beim Finanzamt einreichen und ausprobieren, was davon anerkannt wird. Nachdem man die beschriebene Einnahmen-Überschuss-Rechnung erstellt hat, kann das zu versteuernde Einkommen noch um bestimmte andere Ausgaben reduziert werden (z.B. Unterhaltszahlungen, anteilige Krankenversicherungsbeiträge usw.). Nachdem alle Positionen abgezogen wurden, wird anhand des verbleibenden zu versteuernden Einkommens der Steuersatz ermittelt, den der jeweilige Steuerpflichtige zu zahlen hat.

Der Steuersatz beträgt derzeit (2010) zwischen 14 und 45 Prozent des zu versteuernden Einkommens. Die Einkommenssteuer ist eine Jahressteuer. Selbstständige haben Zeit, ihre Steuererklärung bis Ende Mai des darauffolgenden Jahres einzureichen. Das Finanzamt prüft dann die Richtigkeit der Steuererklärung und setzt die zu zahlenden Steuern fest. Steuern müssen sie aber regelmäßig schon viel früher zahlen, weil das Finanzamt auf der Grundlage der zu erwartenden Einkünfte vierteljährliche oder auch monatliche Vorauszahlungen auf die zu erwartende Steuerlast festsetzt.

15.3 Die Umsatzsteuer

Im Gegensatz zur Einkommensteuer ist die Umsatzsteuer eine Verkehrssteuer. Dies bedeutet, dass jeder, der umsatzsteuerpflichtige Leistungen in Anspruch nimmt, diese Steuer zahlen muss; sie ist im Endpreis der entsprechenden Waren oder Dienstleistungen enthalten. Die Umsatzsteuer muss von demjenigen, der sie erhebt, an den Staat abgeführt werden. Ob der Unternehmer oder Künstler am Ende des Jahres einen Ertrag erwirtschaftet hat, spielt für die Umsatzsteuerpflicht keine Rolle.

a) Voraussetzungen der Steuerpflicht

Umsatzsteuerpflichtig sind Unternehmer, also diejenigen, die eine gewerbliche oder berufliche Tätigkeit selbstständig ausüben. Weiterhin muss die unternehmerische Tätigkeit dauerhaft auf die Erzielung von Einnahmen ausgerichtet sein. Dies gilt allerdings nur für diejenigen Musiker, die nicht als Arbeitnehmer tätig sind, wie z.B. viele angestellte Orchestermusiker. „Unternehmer", also dasjenige Steuersubjekt, das hier die Steuern zahlen muss, ist im Fall einer Band die Gruppe selbst als GbR.

Bezugsgröße für die abzuführende Umsatzsteuer sind in den hier interessierenden Bereichen „Lieferungen und Leistungen". Genau genommen handelt es sich meist um „Leistungen", da mit Lieferungen die Übertragung von Gegenständen gemeint ist. Damit Umsatzsteuer anfällt, müssen die Leistungen entgeltlich, also im Austausch gegen eine Gegenleistung – meist Geld – erbracht werden, aber auch ein Tausch gegen eine andere Leistung ist denkbar. Zu den umsatzsteuerrelevanten Leistungen zählen auch Rechtsübertragungen, wie z.B. die Einräumung von Verwertungsrechten an Plattenfirmen, aber nur dann, wenn der Empfänger der Leistung auch ein Unternehmer ist. Nach der Anmeldung beim Finanzamt bekommt das Unternehmen eine Steuernummer zugewiesen, die auf den ausgehenden Rechnungen angegeben werden muss (siehe unter d).

b) Kleinunternehmer

Von der Umsatzsteuerpflicht kann man sich als sogenannter „Kleinunternehmer" ausnahmsweise auf Antrag befreien lassen. Hierdurch entfällt bei Unternehmen mit geringen Umsätzen die lästige Pflicht, Umsatzsteuererklärungen abgeben zu müssen. Hierfür besteht eine doppelte Grenze: Die Umsatzerlöse des laufenden Kalenderjahres dürfen nicht mehr als 17.500,- € und die des Folgejahres voraussichtlich nicht mehr als 50.000,- € betragen. Der Unternehmer muss dann keine Umsatzsteuer ausweisen – und muss logischerweise auch keine Steuer abführen. Aber Vorsicht: Wer in Rechnungen Umsatzsteuer ausweist, muss sie abführen, selbst wenn er gegenüber dem Finanzamt vorher von der Kleinunternehmerregelung Gebrauch gemacht hat. Der Kleinunternehmer kann aber auch darauf optieren, die Umsatzsteuer abzuführen. Warum dies sinnvoll sein kann, sehen wir gleich.

c) Der Vorsteuerabzug und das „Gegenrechnen" von Umsatzsteuer

Die Umsatzsteuerpflicht der Unternehmer hat auch eine – manchmal angenehme – Kehrseite. Regelmäßig berechnen Unternehmer nicht nur Umsatzsteuer, sondern auch ihnen wird Umsatzsteuer für Lieferungen und Leistungen, die sie als Unternehmen empfangen, in Rechnung gestellt. Hierbei kann es sich ergeben, dass Unternehmer innerhalb eines Anmeldezeitraums mehr Umsatzsteuer ausgeben als einnehmen und diese dann vom Finanzamt erstattet bekommen.

d) Richtige Rechnungen schreiben

Voraussetzung dafür, dass die Vorsteuer geltend gemacht werden kann, ist, dass die eingehenden Rechnungen korrekt sind. Das Umsatzsteuergesetz schreibt folgende Pflichtangaben vor:

- Name und Anschrift des leistenden Unternehmens,
- Name und Anschrift des Leistungsempfängers,
- Termin der Lieferung oder Leistung,
- Menge und Bezeichnung der gelieferten Produkte bzw. Art und Umfang der Dienstleistung,
- die ggf. nach Steuersätzen aufgeschlüsselten Netto-Beträge,

- die jeweils darauf entfallenden Steuer-Beträge,
- das Ausstellungsdatum (= Rechnungsdatum),
- eine fortlaufende, einmalig vergebene Rechnungsnummer,
- die Steuernummer oder die Umsatzsteuer-Identifikationsnummer des Ausstellers.

e) Der Umsatzsteuersatz

Die Höhe des Umsatzsteuersatzes (umgangssprachlich auch: Mehrwertsteuersatzes) ist ein ewiger politischer Zankapfel. Vor den Bundestagswahlen heißt es immer, der Satz werde nicht angehoben und – schwupps, dann ist es doch passiert. Die Umsatzsteuer beträgt derzeit (2010) in Deutschland grundsätzlich 19 Prozent. Für manche Waren und Dienstleistungen, die uns hier interessieren, gilt aber ein ermäßigter Satz von 7 Prozent. Dies gilt z.B. für: „die Einräumung, Übertragung und Wahrnehmung von Rechten, die sich aus dem Urheberrechtsgesetz ergeben".

Dies bedeutet, dass ein Urheber z.B. für die Vergütung, die er dafür erhält, dass seine Komposition in einem Film-Soundtrack verwendet wird („Synch fee"), 7 Prozent Umsatzsteuer aufschlagen (und natürlich auch abführen) muss. Ebenso gilt dies für die Nutzungsrechtseinräumungen an Plattenfirmen und Musikverlage, die über die GEMA kassierten Vergütungen des Urhebers für öffentliche Aufführungen, mechanische Vervielfältigungen etc. und die über die GVL beigetriebenen Zweitverwertungserlöse (siehe dazu das Kapitel 7, Verwertungsgesellschaften). Wenn der Musiker versehentlich einen zu hohen Steuersatz berechnet, muss er die kassierte Steuer dennoch abführen.

Für CDs gilt der hohe Umsatzsteuersatz von 19 Prozent. Die Tonträger- und Musikverlagslobby macht sich seit Jahren dafür stark, dass der Satz wie bei Büchern auf 7 Prozent abgesenkt wird, um damit in einem schwindenden Markt Kaufanreize zu schaffen.

f) Umsatzsteuervorauszahlungen

Abrechnungszeitraum für die Umsatzsteuer ist das Kalenderjahr. Am Jahresende muss der Unternehmer daher eine Jahressteuererklärung über die Umsatzsteuer abgeben. Das Finanzamt will sein Geld aber schneller haben. Daher muss der Unternehmer auf der Grundlage des aktuellen Standes der Buchhaltung regelmäßige, meist monatliche Umsatzsteuervoranmeldungen abgeben und über die empfangene und die gezahlte Umsatzsteuer abrechnen. Wichtig ist, dass man die für die Umsatzsteuererklärung notwendigen Rechnungen im Original aufbewahrt, da man ansonsten riskiert, die gezahlte Vorsteuer nicht geltend machen zu können

15.4 Die Jahressteuererklärung

Bis zum 31. Mai des Folgejahres muss der Unternehmer seine Steuererklärung abgeben. Bei einer Band handelt es sich im Zweifelsfall um eine Gesellschaft bürgerlichen Rechts (GbR). Die GbR muss daher eine gemeinsame Steuererklärung abgeben, zu der unter anderem folgende Dokumente gehören:

- die Anlage FB, aus der sich die Namen der Feststellungsberechtigten (also der Gruppenmitglieder) mit ihren Anschriften und Steuernummern und ihr Anteil an den Einkünften ergibt,
- die Gewinnermittlung in der Form einer Einnahmen-Überschussrechnung,
- die Erklärung über die gesonderte Feststellung der Besteuerungsgrundlagen,
- die Umsatzsteuerjahreserklärung.

Das auf diese Weise festgestellte Einkommen muss dann jedes Gruppenmitglied im Rahmen seiner eigenen Steuererklärung selbst versteuern. Falls einzelne Mitglieder noch Einkünfte aus anderen steuerpflichtigen Tätigkeiten haben, müssen diese dann insgesamt angemeldet werden.

In der Praxis kann es vorkommen, dass einzelne Gruppenmitglieder höhere Ausgaben haben als andere – z.B. dann, wenn der Bassist zugleich der „interne Manager" der Gruppe ist und sich um den Kontakt zu Veranstaltern, den Versand von Demos usw. kümmert und die hierdurch entstehenden Kosten auch selbst trägt. Diese Kosten kann das betreffende Mitglied dann als sogenannte Sonderbetriebsausgaben geltend machen. Hierzu kann z.B. auch die anteilige Miete für ein beruflich genutztes Arbeitszimmer gehören.

Im Zweifelsfall empfiehlt es sich, bei der Steuererklärung die professionelle Hilfe eines Steuerberaters in Anspruch zu nehmen. Spätestens dann, wenn man als Künstler auch im Ausland auftritt, ist dies sogar unvermeidbar, damit man nicht im Dschungel der Steuerpflicht für im Ausland erbrachte Leistungen verloren geht. Aber auch Künstlern, die noch nicht lange selbstständig sind, kann ein erfahrener Steuerberater oft helfen, einiges an Steuern zu sparen. Eine saubere Buchhaltung, in der alle Einnahmen und Ausgaben verzeichnet und mit entsprechenden Originalbelegen dokumentiert werden, ist hierfür unerlässlich.

16 Das Urheberrecht für Musiker

In der Musikbranche arbeiten viele Menschen mit unterschiedlichen Aufgaben wie Komponisten, Texter, Sänger, Musiker, Produzenten, Tonmeister, Tonträgerhersteller, Musikverleger usw. Sie alle sind in irgendeiner Form an der Entstehung, Darbietung und Vermarktung von Musik beteiligt. Viele dieser Menschen sind schöpferisch tätig, sie schaffen Werke. Gleich, ob es sich dabei um einen simplen Klingelton oder eine Oper in vier Akten handelt: Sie alle werden als „geistiges Eigentum" vom Urheberrecht geschützt. Die Grundlage des deutschen Urheberrechts bildet das Urheberrechtsgesetz (UrhG). Der Urheber, also der Schöpfer eines Werkes, wird sowohl in seinen ideellen (persönlichkeitsrechtlichen) als auch in seinen materiellen (vermögensrechtlichen) Interessen in Bezug auf das Werk geschützt, also auch gegen eine unrechtmäßige Nutzung des Werkes durch Dritte. Das Urheberrecht bestimmt die Rechte der Urheber in Bezug auf ihr Werk und dessen Verwertung und reguliert außerdem die Rechte und Pflichten aller am Werk Beteiligten.

16.1 Urheber und Leistungsschutzberechtigte

Das Urheberrechtsgesetz schützt in erster Linie den Urheber als Schöpfer des Werkes und stattet ihn mit umfangreichen Rechten aus, die es ihm vor allem ermöglichen, sein Werk zu wirtschaftlichen Zwecken zu nutzen und damit Geld zu verdienen. Das Gesetz schützt jedoch neben dem Urheber noch einen weiteren Kreis von Beteiligten, die das Werk zwar nicht geschaffen haben, aber in anderer Form damit verbunden sind. Man spricht hier von den Leistungsschutzberechtigten. Das sind zum einen die „ausübenden Künstler", also Sänger, Musiker, Tänzer und Schauspieler. Diese Menschen reproduzieren und interpretieren vorhandene Werke.

Auch zum Kreis der Leistungsschutzberechtigten zählen diejenigen, die Investitionen und Leistungen im Zusammenhang mit dem Werk vornehmen und dadurch ein schützenswertes Interesse daran haben. In der Musikbranche ist das zum einen der Tonträgerhersteller, also derjenige, der die wirtschaftliche und organisatorische Verantwortung für die erste Aufzeichnung des Werks, sei es im Tonstudio oder bei einem Konzert, übernimmt. Auch der Konzertveranstalter und das Sendeunternehmen zählen zu diesem Kreis. Im Urheberrechtsgesetz werden die Rechte der Leistungsschutzberechtigten als dem Urheberrecht „verwandte Schutzrechte" bezeichnet.

Leistungsschutzberechtigter und Urheber können sich auch in einer Person vereinigen, so z.B. beim Singer-Songwriter, der das Werk geschaffen hat und es auch aufführt.

Die Unterscheidung zwischen Urhebern und Leistungsschutzberechtigten ist im Hinblick auf die nach dem Urheberrechtsgesetz bestimmten Rechte von zentraler Bedeutung. Daher sollte sich jeder, der seine Rechte wirtschaftlich auswerten lassen möchte, erst einmal darüber klar sein, ob er Inhaber von Urheberrechten oder Leistungsschutzrechten oder beidem ist und welche Art von Vertrag mit welchem Vertragspartner hierfür in Betracht kommt.

16.2 Urheber und Werk

Im Zentrum des Urheberrechtsschutzes steht das Werk. Doch was genau ist das? Ist jede kreative Idee bereits ein Werk und steht damit bereits unter dem Schutz des Urheberrechts? Gibt es eine Mindestanzahl von Tönen, Takten, Harmonien oder Sekunden? Wann ist die Schwelle erreicht, die eine Aneinanderreihung von Tönen oder Noten zu einem Werk der Musik im Sinne des Urheberrechts macht?

Ein Werk ist eine persönliche, geistige Schöpfung, die durch ihren Inhalt, ihre Form oder beides etwas Neues und Eigentümliches darstellt (§ 2 UrhG). Es muss eine gewisse „Schöpfungshöhe" erreicht werden, d.h. ein Mindestmaß an Originalität und Eigenständigkeit. Entscheidend ist, dass das Werk das Ergebnis einer geistigen Leistung und nicht bloß ein Zufallsprodukt ist. Rein handwerkliche Leistungen genügen nicht; es muss eine persönliche Gestaltung hinzutreten, denn das Urheberrecht schützt Kreativität und nicht technische Fertigkeiten. Auch die bloße Idee reicht daher noch nicht aus, um urheberrechtlichen Schutz zu begründen, sondern erst ihre Umsetzung in eine wahrnehmbare Gestaltung. Das Werk muss originell und eigentümlich sein und sich in seiner Form individuell von anderen Werken abgrenzen lassen. Entscheidend für die Einordnung als Musikwerk im Sinne des Urheberrechtsgesetzes ist daher auch nicht, ob es sich um eine hochkomplizierte Notenfolge handelt oder um eine einfache, schnell zusammengestellte und dilettantisch anmutende Melodie. Selbst einfachste Arbeiten erreichen die notwendige Gestaltungshöhe, sofern sie ein Mindestmaß an Individualität des Schöpfers ausweisen (Grundsatz der „kleinen Münze").

Die Abgrenzung ist in der Praxis oft schwierig, denn auch hier sind die Übergänge fließend. Z.B. bei Dance-Produktionen, die oft nur aus einem Beat, Akkordflächen und wenigen Melodietönen bestehen, kommt es bei gerichtlichen Auseinandersetzungen auf den jeweiligen Einzelfall an.

Eine Sonderform des geschützten Werks ist die Bearbeitung, die vom Gesetz wie ein eigenständiges Werk geschützt wird. Sie baut auf einem vorhandenen Werk auf. Voraussetzung für den urheberrechtlichen Schutz der Bearbeitung ist, dass die Veränderung eines bestehenden Werks ihrerseits die notwendige Schöpfungshöhe erreicht. Typische Bearbeitungen im Musikbereich sind fremdsprachige Versionen von Songs. Die Verwertung von Bearbeitungen ist daher nur mit Genehmigung des Urhebers zulässig.

Die Abgrenzung, wann ein neues eigenes Werk vorliegt und wann ein Werk eines anderen unrechtmäßig benutzt, sprich: plagiiert wurde, ist Gegenstand zahlreicher, auch gerichtlicher Auseinandersetzungen. Bei Werken der Musik sind die Anforderungen hinsichtlich der Melodie streng, hier gilt das Prinzip des „starren Melodienschutzes": Man darf eine Melodie, die erkennbar einem anderen Werk entnommen worden ist, nicht einem neuen Werk zugrunde legen (§ 24 Abs. 2 UrhG). Dies kann schon bei einer Abfolge von nur wenigen Tönen der Fall sein, sofern sich hieraus bereits auf ein anderes Werk schließen lässt. Wer also eine Melodie eines Musikstückes klaut und zum Inhalt eines neuen Musikstückes macht und dieses veröffentlicht, verletzt den Urheber des ursprünglichen Werkes in mehrfacher Hinsicht: Zum einen beeinträchtigt er durch die fehlende Nennung des tatsächlichen Urhebers dessen Urheberpersönlichkeitsrecht, zum anderen dessen Verwertungsrechte.

Hierzu gibt es auch in der jüngsten Zeit immer wieder spannende Beispiele: 2010 wurde der Rapper Bushido vom Landgericht Hamburg zur Zahlung von 63.000,- € an die Komponisten der französischen Metal-Gruppe „Dark Sanctuary" verurteilt, bei denen er sich für die Produktion seines Albums „Von der Skyline zum Bordstein" ohne zu fragen derart hemmungslos mit Samples eingedeckt hatte, dass der Gutachter von einer „drastischen Ausplünderung einer urheberrechtlich geschützten Quelle" sprach. Das Bushido-Album und zahlreiche Compilations, die die Titel enthielten, durften nicht weiter vertrieben werden.

Die Band Men at Work hatte Anfang der 80er Jahre einen weltweiten Mega-Hit mit dem Titel „Down under", der sich über die Jahre gar zur inoffiziellen australischen Hymne entwickelte. Der Song enthält eine Flötenmelodie, die starke Ähnlichkeit zur Melodie des australischen Kinderliedes „Kookaburra sits in the old gum tree" aufweist. Der Musikverlag Larrikin Music hatte die Verwertungsrechte an dem Titel gekauft und 40 bis 60 Prozent der Verwertungserlöse eingefordert. Das Gericht sprach den Klägern schließlich nur 5 Prozent der seit 2002 erzielten Verwertungserlöse zu. Insgesamt dürften mit dem Titel „Down under" seit seiner Veröffentlichung ca. 35 Millionen Euro umgesetzt worden sein. Für die Frage, ob ein Plagiat vorliegt, kommt es maßgeblich auf den Gesamteindruck an.

Für den urheberrechtlichen Schutz spielt es keine Rolle, ob das Werk schriftlich fixiert oder in anderer Form niedergelegt ist. Der Schutz entsteht bereits zum Zeitpunkt der Schöpfung. Eine Eintragung in irgendwelche Register oder sonstige formale Erfordernisse wie z.B. die Eintragung einer Marke beim Patentamt sind nicht Voraussetzung für den Urheberschutz. Darin liegt allerdings auch eine Schwierigkeit.

Da man in Deutschland anders als in den USA ein „Copyright" nicht anmelden kann, kann der Nachweis einer Urheberschaft bei Ideenklau schwer zu erbringen sein.

Eine häufige Empfehlung geht dahin, dass Komponisten und Texter die Songs notiert oder aufgenommen per Einschreiben an sich selbst schicken und ungeöffnet verwahren sollen, um zu beweisen, dass man den Song vor dem Datum des Poststempels komponiert hat. Hier bestehen natürlich Manipulationsmöglichkeiten; außerdem wäre es praxisfremd, wenn der Umschlag erst in einer mündlichen Verhandlung bei Gericht geöffnet würde und sich nicht vorher der Rechtsanwalt oder ein Sachverständiger mit der Stichhaltigkeit des Plagiatsvorwurfs befassen könnte. Eine etwas größere Sicherheit bietet demgegenüber die Hinterlegung des Werks bei einem Rechtsanwalt oder Notar, der den Eingang des Werks schriftlich bestätigt. Allerdings kann man damit allenfalls den Entstehungszeitpunkt eines Werks beweisen, nicht aber den Umstand, dass man selbst die Idee zum Song hatte und nicht womöglich selbst auf fremde Ideen zurückgegriffen hat. Zum Beweis der Urheberschaft sollte man ein Werk am besten unter dem eigenen Namen veröffentlichen, denn wer auf einem Werk oder einem Vervielfältigungsstück (also z.B. einer CD) als Urheber genannt ist, wird durch eine gesetzliche Vermutung geschützt – die allerdings widerlegt werden kann.

Jemand, der lediglich eine Idee liefert oder unterstützend bei der Schaffung eines Werkes tätig wird, ist dadurch noch kein Urheber. Die Grenzen zwischen Assistieren und schöpferischer Tätigkeit sind aber fließend. Sofern ein Studiomusiker bei der Aufnahme wesentliche kreative Beiträge leistet, kann er durchaus zum Miturheber werden.

Auch mehrere Urheber zusammen können Schöpfer eines Werkes sein, zum einen als sogenannte Miturheber (§ 8 UrhG), dann sind die von ihnen verfassten Beiträge nicht gesondert verwertbar. Wichtig ist, dass man möglichst frühzeitig – am besten noch im Studio – klärt, wer Urheber ist und wie groß die urheberrechtlichen Anteile der einzelnen Mitkomponisten und -texter sind, damit man dies bei der GEMA-Anmeldung entsprechend berücksichtigen kann. Bei Urhebern verbundener Werke (§ 9 UrhG) lassen sich die Beiträge gesondert verwerten; hier entsteht nur eine Verbindung von Werken (z.B. Melodie und Text). In beiden Fällen verlangt das UrhG ein Zusammenwirken der Beteiligten.

Der urheberrechtliche Schutz entsteht mit Schöpfung des Werkes lebenslang für den Urheber. Nach seinem Tod bleibt das Werk weitere

70 Jahre lang geschützt, so dass die Erben des Urhebers weiterhin von den Früchten seiner geistigen Arbeit zehren können. Nach Ablauf dieser Schutzfrist sind die Werke „gemeinfrei" und dürfen ohne Genehmigung genutzt (bearbeitet, vervielfältigt oder veröffentlicht) werden.

16.3 Die Rechte des Urhebers

Der Urheber soll in seiner persönlichen Beziehung zum Werk und bei dessen Nutzung geschützt werden. Das Urheberrecht als solches kann der Künstler nicht übertragen (§ 29 UrhG), denn das Werk ist aufgrund der persönlichen Züge nicht vom Urheber zu trennen. Er bleibt Urheber, selbst wenn er alle Nutzungsrechte am Werk Dritten eingeräumt hat. Nach seinem Tod treten seine Erben in seine Rechte ein.

a) Urheberpersönlichkeitsrechte

Diese persönliche Verbindung von Urheber und Werk begründet auch die sogenannten Urheberpersönlichkeitsrechte, welche immer beim Urheber verbleiben und nicht übertragbar sind, selbst wenn sämtliche Nutzungsrechte Dritten eingeräumt worden sind. Hierzu gehören in erster Linie:

- das Veröffentlichungsrecht,
- das Recht auf Anerkennung der Urheberschaft,
- das Recht, Entstellungen des Werkes zu verbieten.

Das Veröffentlichungsrecht (§ 12 UrhG) gibt dem Urheber das Recht, zu bestimmen, ob und zu welchem Zeitpunkt und auf welche Weise sein Werk veröffentlicht, also der Allgemeinheit zugänglich gemacht wird. Der Urheber gibt das Werk zur Veröffentlichung frei. In der Regel erfolgt dies gleichzeitig mit einer sogenannten Verwertungshandlung (zu den Verwertungsrechten später), also z.B. einer Verbreitung,

Wiedergabe oder Ausstellung des Werkes. Der Urheber hat aber auch das Recht, die erstmalige Veröffentlichung des Werks zu unterlassen bzw. zu verhindern.

Das Recht auf Anerkennung der Urheberschaft (§ 13 UrhG) ist von fundamentaler Bedeutung für den Urheber, denn die Nennung seines Namens oder Pseudonyms hat Einfluss auf den Erfolg, den Bekanntheitsgrad und die Reputation. Außerdem schafft es die Voraussetzung dafür, dass der Urheber seine Verwertungsansprüche durchsetzen kann. Das Nennungsrecht gibt dem Urheber spiegelbildlich zum Nennungsrecht auch das Recht, ein Nennungsverbot auszusprechen oder unter einem Pseudonym aufzutreten. Bei Plagiaten wird dieses Recht mit verletzt.

Das Recht des Urhebers, eine Entstellung oder eine andere Beeinträchtigung seines Werkes zu verbieten, die geeignet ist, seine berechtigten geistigen oder persönlichen Interessen am Werk zu gefährden (§ 14 UrhG), sichert dem Urheber Integritätsschutz an seinem Werk. Entstellung bedeutet Verfälschung oder Verzerrung des Werkes. Sind diese gegeben, können sie ohne weiteres vom Urheber untersagt werden. Sonstige Beeinträchtigungen müssen berechtigte Interessen des Urhebers gefährden. Hier kann eine Abwägung zwischen den Interessen des „Störers", der möglicherweise Nutzungsrechte vom Urheber erworben hat, und dem Urheber selbst notwendig sein. So wurde z.B. vom OLG Hamburg entschieden, dass die Nutzung einer Melodie als Klingelton eine Entstellung des Werks sein kann, die der Urheber verbieten – oder eben gegen Geld genehmigen – kann.

Das Urheberrechtsgesetz kennt weitere Bestimmungen mit persönlichkeitsrechtlichem Bezug, etwa das Rückrufsrecht wegen Nichtausübung (§ 41 UrhG). Wenn also der Inhaber der alleinigen Nutzungsrechte diese innerhalb von zwei Jahren nicht ausübt und damit die Veröffentlichung und auch die wirtschaftliche Verwertung des Werkes verhindert, kann der Urheber die Nutzungsrechte zurückrufen. Allerdings muss er dem Inhaber der Rechte vorher eine Frist gesetzt haben, innerhalb derer er die Nutzung nachholen kann. Außerdem kann der Nutzungsrechtsinhaber eine Entschädigung für den Verlust der Rechte fordern, wenn dies der Billigkeit entspricht. Das ist z.B. dann nicht der Fall, wenn der Rechtsinhaber die Auswertung schuldhaft unterlassen hat.

b) Nutzungs- und Verwertungsrechte des Urhebers

Der Urheber hat das ausschließliche Recht, sein Werk auf jede erdenkliche Art und Weise zu verwerten und damit zu nutzen. „Ausschließlich" bedeutet, dass grundsätzlich niemand die Werke ohne die Einwilligung des Urhebers verwerten darf. Diese Ausschließlichkeit kann der Urheber auf einen Verwerter übertragen mit der Folge, dass niemand, auch nicht der Urheber selbst, das Werk ohne die Einwilligung des Verwerters nutzen darf.

Im Urheberrechtsgesetz werden bestimmte Verwertungsrechte beispielhaft aufgezählt (§ 15 ff. UrhG), im Übrigen stehen dem Urheber jedoch sämtliche anderen möglichen Verwertungsrechte zu. Eine abschließende Aufzählung im Gesetz ist schon aufgrund der ständigen technischen Weiterentwicklung und damit immer neuen Verwertungstechniken und Nutzungsarten gar nicht möglich. Neue Nutzungsarten stehen dem Urheber damit also auch immer automatisch zum Zeitpunkt ihrer Entstehung zu.

Mit der Verabschiedung des sogenannten „zweiten Korbes" in einer Reihe von Änderungen des Urheberrechtsgesetzes wurde allerdings ermöglicht, dass der Urheber solche Rechte an neuen Nutzungsarten seinem Vertragspartner auch schon im Voraus einräumen kann. Damit er dies nicht zu Konditionen tut, die sich später als schlecht herausstellen, hat er einen Anspruch auf eine angemessene Vergütung (dazu später mehr).

Das Gesetz unterscheidet bei den Verwertungsrechten zwischen der Verwertung des Werkes in körperlicher Form (hierunter fallen vor allem das Recht der Vervielfältigung, der Verbreitung und der Ausstellung des Werkes selbst) und der Verwertung in unkörperlicher Form, d.h. vor allem die öffentliche Wiedergabe des Werks, etwa durch Vortrag, Aufführung, Sendung oder durch Bild- und Tonträger.

Das Vervielfältigungsrecht (§ 16 UrhG) ist das Recht, Vervielfältigungsstücke des Werkes herzustellen. Vervielfältigung ist jede körperliche Festlegung des Werkes, die geeignet ist, das Werk wahrnehmbar zu machen (z.B. eine CD). Die Technik der Vervielfältigung spielt keine Rolle, auch der Download aus dem Internet, der Ausdruck aus dem Drucker, das Zwischenspeichern auf dem Arbeitsspeicher –

all diese Tätigkeiten werden als Vervielfältigungen angesehen. Auch die Erstaufnahme eines Songs im Studio, also die erste Fixierung des Werkes, ist bereits eine Vervielfältigung.

Das Verbreitungsrecht (§ 17 UrhG) gibt dem Urheber das Recht, sein Werk oder ein Vervielfältigungsstück davon der Öffentlichkeit anzubieten oder in Verkehr zu bringen. Das Verbreitungsrecht wird durch den sogenannten Erschöpfungsgrundsatz begrenzt; dieser besagt, dass für veräußerte Werkexemplare (und nur für diese) das Verbreitungsrecht hinsichtlich der Weiterverbreitung erschöpft, also verbraucht ist und nicht verhindert werden kann. Dieser Grundsatz ergibt sich aus dem Interesse des allgemeinen Rechtsverkehrs an einer ungehinderten Weiterverbreitung des Werkexemplars, um beispielsweise die Möglichkeit zu schaffen, eine CD weiter verschenken zu können oder ein Buch auf dem Flohmarkt zu verkaufen. Vervielfältigungsrecht und Verbreitungsrecht werden unter dem Begriff „mechanisches Recht" zusammengefasst und für die Musikurheber in Deutschland von der GEMA wahrgenommen, sofern sie deren Mitglieder sind.

Das Vortrags-, Aufführungs- und Vorführungsrecht (§ 19 UrhG) gehört zu den unkörperlichen Rechten; der Vortrag bringt ein Sprachwerk durch persönliche Darbietung zu Gehör, die Aufführung bringt ein Musikwerk durch Darbietung zu Gehör oder stellt ein Werk öffentlich bühnenmäßig dar, und bei der Vorführung werden z.B. Filmwerke durch technische Einrichtungen öffentlich wahrnehmbar gemacht.

Das Senderecht (§ 20 UrhG) ist das Recht, ein Werk durch Funk oder ähnliche technische Mittel der Öffentlichkeit zugänglich zu machen. Mit „Funk" ist Hör- und Fernsehfunk, Satellitenrundfunk und Kabelrundfunk gemeint. Eine Funksendung ist nur dann gegeben, wenn das Werk durch einseitige (lineare) Mitteilung des Sendenden zeitgleich Mitgliedern der Öffentlichkeit zugänglich gemacht wird, die sich an unterschiedlichen Orten befinden.

Neu geschaffen wurde das Recht der öffentlichen Zugänglichmachung (§ 19a UrhG). Hiermit sind Verbreitungsformen im Internet gemeint, vor allem die On-demand-Systeme, bei denen der Nutzer die Werke zu einem selbst bestimmten Ort und Zeitpunkt abrufen kann. Mit der Einführung dieser Vorschrift sollte der massenhafte Musikvertrieb in Internet-Tauschbörsen unterbunden werden.

Das Recht der Wiedergabe durch Bild- und Tonträger (§ 21 UrhG) ist das Recht, Vorträge oder Aufführungen ihrerseits mittels Bild- oder Tonträgern öffentlich wahrnehmbar zu machen, also z.B. das Abspielen von Musik in der Disco. Dieses Recht wird oftmals kollektiv von einer Verwertungsgesellschaft (bei Musik also der GEMA) wahrgenommen.

16.4 Die Rechte des Leistungsschutzberechtigten

Auch den Leistungsschutzberechtigten stehen Persönlichkeitsrechte und Verwertungsrechte zu. Die Schutzdauer für Leistungsschutzrechte wurde für die ausübenden Künstler und Tonträgerhersteller im Jahr 2013 von zuvor 50 auf nunmehr 70 Jahre ab Erbringung der geschützten Leistung, also z.B. der Darbietung bzw. deren Veröffentlichung (also z.B. des Live- Konzerts) erhöht.

a) Persönlichkeitsrechte

Wie auch beim Urheber sind die Persönlichkeitsrechte des ausübenden Künstlers fest mit diesem verbunden und nicht übertragbar. Der ausübende Künstler hat einen Anspruch auf Anerkennung seiner künstlerischen Leistung (§ 74 UrhG), also z.B. ein Recht, im Booklet einer CD genannt zu werden. Weiterhin hat der ausübende Künstler nach § 75 UrhG auch das Recht, eine Entstellung oder sonstige Beeinträchtigung seiner Darbietung, die seinem Ansehen schaden oder seinen Ruf gefährden können, zu verhindern.

b) Verwertungsrechte

- Die Verwertungsrechte des ausübenden Künstlers sind in § 77 bis 79 UrhG geregelt. Hierzu gehören die Rechte zur Aufnahme,

Vervielfältigung, Verbreitung und öffentlichen Wiedergabe.

- Unter Aufnahme versteht man jede erstmalige Fixierung einer geschützten Darbietung auf einem Bild- oder Tonträger. Ungenehmigte Mitschnitte von Konzerten verletzen dieses Aufnahmerecht.
- Das Vervielfältigungsrecht bedeutet das Recht an jeder Kopie eines Bild- oder Tonträgers, auf den die Darbietung aufgenommen worden ist.
- Das Verbreitungsrecht ist verletzt, wenn Kopien der Aufnahme ohne Zustimmung des Berechtigten in Umlauf gebracht worden sind.
- Das Recht der öffentlichen Wiedergabe erfasst nicht nur das Abspielen der Aufnahmen in einer Disco, sondern auch z.B. in einem Kaufhaus oder Café.

Der Tonträgerhersteller wird durch § 85 UrhG geschützt. Sein schützenswertes Interesse begründet sich in seinen organisatorischen Leistungen als wirtschaftlicher Produzent und seinem damit verbundenen unternehmerischen Risiko. Der Tonträgerhersteller hat das ausschließliche Recht, den Tonträger zu vervielfältigen und zu verbreiten. Dies gilt nach der Rechtsprechung des BGH auch für die ungenehmigte Übernahme kleiner Klangfetzen, wie sie beim Sampling verwendet werden. Nach einem 8 Jahre währenden Rechtsstreit hat der BGH im Dezember 2012 zugunsten der Gruppe Kraftwerk entschieden, dass die Verwendung einer zwei Sekunden dauernden Sequenz aus deren Titel „Metall auf Metall“ rechtswidrig war. Die Produzenten Moses Pelham und Martin Haas hatten die Sequenz dem Song „Nur mir“ von Sabrina Setlur zugrunde gelegt. Der BGH entschied, dass die Verwendung des Samples keine freie Benutzung im Urheberrechtssinne war. Der hierfür vom BGH angestellte Gedankengang ist aber nicht ganz leicht nachvollziehbar: Eine freie Benutzung soll ausscheiden, wenn ein durchschnittlicher Musikproduzent in der Lage wäre, eine entsprechende Sequenz selbst herzustellen. Dann gebe es für den Eingriff in die unternehmerische Leistung des Tonträgerherstellers keine Rechtfertigung, so der BGH. Konsequent zu Ende gedacht läuft dies aber darauf hinaus, dass Sampling generell unzulässig sein dürfte: Mit Hilfe der aktuellen, immer ausgereifteren Audioproduktionssoftware, virtuellen Instrumenten, Plugins und Effekten dürfte es kaum eine Sequenz geben, die ein durchschnittlicher Produzent nicht reproduzieren kann.

16.5 Grundsätze der Vertragsgestaltung im Urheberrecht

Wer gern Gesellschaftsspiele spielt, kennt vielleicht das Problem, dass das beigelegte Regelwerk das Spiel ganz gut erklärt, aber in Streitfällen eben doch oftmals nicht weiterhilft. Es ist dann immer wieder erstaunlich, welch unterschiedliche Interpretationen ein einzelner Satz zulässt, wenn man sich erst einmal ausführlich mit ihm beschäftigt. Man wird sich leicht vorstellen können, dass solche Probleme noch größer und Streitigkeiten noch erbitterter werden, wenn erst einmal Geld mit im Spiel ist, das die Familie ernähren, den nächsten Urlaub oder gar die Rente finanzieren soll. Darum ist jeder gut beraten, klare schriftliche Verträge zu schließen, während man sich noch gut versteht, um später auf einer guten Grundlage etwaige Meinungsverschiedenheiten lösen zu können. Was allerdings bei Gesellschaftsspielen schon nicht leicht ist, wird bei Verträgen umso schwieriger, da hier auch noch gesetzliche Vorschriften zu beachten sind.

Bei der Vertragsgestaltung ist zuerst einmal zwischen Urheber- und Leistungsschutzrechten genau zu unterscheiden, da die betreffenden Rechte mit ganz unterschiedlichen Vertragswerken eingeräumt werden.

Die Persönlichkeitsrechte, die für die Urheber in §§ 12 ff. und für Leistungsschutzberechtigte in den §§ 74 bis 76 UrhG geregelt sind, können, wie wir gelernt haben, zwar vererbt, aber nicht vertraglich auf Dritte übertragen werden. Sie verbleiben, anders als etwa in den USA, wo eine Übertragung möglich ist, stets beim Urheber bzw. dessen Erben.

Die Verwertungsrechte sind hingegen grundsätzlich voll übertragbar, allerdings muss man als Lizenznehmer penibel darauf achten, dass man auch alle Rechte bekommt, die man benötigt. Übertragen werden nach dem in § 31 Abs. 5 UrhG geregelten Zweckübertragungsgrundsatz nur diejenigen Rechte, die man braucht, um den festgelegten Vertragszweck zu erreichen. Wer mehr will, muss dies im Vertrag regeln und die konkret gewünschten Rechte ausdrücklich bezeichnen. Andernfalls gilt ein im Vertrag nicht aufgeführtes Recht im Zweifel als nicht eingeräumt. Durch diese Regelung soll gesichert werden, dass der Rechteinhaber seine Rechte bestmöglich verwerten lassen kann und bestimmte Teilnutzungsrechte nicht etwa bei einem Lizenznehmer verkümmern, der diese Teile gar nicht wahrnehmen will oder kann. Daher kann ein Rechteinhaber seine Rechte in viele Einzelteile aufsplitten – z.B. nach Veröffentlichungsart, -dauer und -gebiet. Mittlerweile hat sich daher ein spezialisierter Markt entwickelt, auf dem sich beispielsweise reine Vinyllabel oder reine Netzlabel etabliert haben, die mit einer CD-Veröffentlichung nichts mehr zu tun haben. Es ist also möglich, dass etwa die Nutzung eines Titels auf Vinyl oder CD bzw. per Download oder per Stream aufgeteilt und einzeln übertragen werden kann. In der Praxis passiert es daher häufiger, als man vielleicht vermuten sollte, dass ein Lizenznehmer den Umfang der erworbenen Rechte falsch einschätzt und etwa eine Plattenfirma eine DVD veröffentlicht, obwohl sie nur die Rechte für eine CD-Veröffentlichung erworben hat. Um ganz sicher zu gehen, findet man in den meisten Verträgen eine umfassende Liste von Rechten, in der auch Übertragungstechniken oder Tonträger auftauchen, die längst nur noch in Technikmuseen existieren – obwohl wirklich nicht damit zu rechnen ist, dass z.B. die DCC oder 8-Track-Cartridges noch ein Revival erleben werden. Der Lizenznehmer muss hier jedenfalls sorgfältig vorgehen, damit er sich auf diesem Wege trotz des Zweckübertragungsgrundsatzes das gesamte Rechtepaket sichern kann – allerdings Stück für Stück und nicht paketweise.

Auch der Umfang der Einräumung von Nutzungsrechten kann vertraglich unterschiedlich festgelegt werden. Hier muss man zwischen den exklusiven (ausschließlichen) und non-exklusiven (einfachen) Nutzungsrechten unterscheiden. Ein exklusives Recht steht nur dem Lizenznehmer zu und schließt alle anderen von der Nutzung aus. Selbst dem Lizenzgeber ist es dann nicht mehr erlaubt, die jeweiligen Werke oder Aufnahmen etwa bei MySpace oder auf seiner eigenen Webseite zu präsentieren – es sei denn, er hätte sich diese Befugnis ausnahmsweise in dem Vertrag vorbehalten. Hier sollte man als

Komponist also genau hinsehen, bevor man sich sämtlicher Verwertungsrechte an seinem Stück entledigt. Der Inhaber von ausschließlichen Nutzungsrechten kann dann auch Unterlizenzen vergeben – sogenannte „Enkelrechte". Ein einfaches Nutzungsrecht ist dagegen eine Art Erlaubnis, die parallel auch anderen Lizenznehmern erteilt werden kann. Ein solches Recht wird z.B. bei Nutzungen im Rahmen von Compilations vergeben, damit der betreffende Titel auf mehr als einer Kopplung erscheinen kann.

Als Rechteinhaber hat man also die Möglichkeit, seine Rechte sehr gezielt zu vergeben. Mögliche Vertragspartner („Lizenznehmer") sind neben Plattenfirmen (für die ausübenden Künstler) und Verlagen (für die Urheber) insbesondere auch Merchandisingfirmen und Werbepartner. Die dazu gehörigen Rechte wurden früher nicht selten einzeln vergeben und wer sich vorher gut informiert hatte, konnte so die Partner gewinnen, die im jeweiligen Bereich aufgrund ihrer Spezialisierung bestmögliche Ergebnisse erzielten. Mittlerweile ist ein solches Modell in der Praxis aber gerade für Newcomer gegenüber großen Plattenfirmen nur noch selten durchzusetzen.

Als Allheilmittel gegen schwindende Tonträgerverkäufe gelten in den letzten Jahren die sogenannten 360°-Verträge, bei denen sich der Lizenznehmer, z.B. eine Plattenfirma, an allen denkbaren Einnahmequellen des Künstlers beteiligen lässt, oder sie – besser noch – gleich selbst erschließt. Der damalige Vorstandschef von Sony BMG, Rolf Schmidt-Holtz, erklärte im März 2008 in einem Interview in der F.A.Z., dass zu diesem Zeitpunkt schon 252 Künstler bzw. Künstlergruppen mit SONY BMG derartige Verträge unterzeichnet hätten. Da vor allem das Live- und das Merchandisinggeschäft in den Krisenjahren stabil geblieben sind, wollen die Plattenfirmen nun auch daran partizipieren. Gerade die Majors kaufen daher in letzter Zeit vermehrt in diesen Bereichen erfolgreiche Unternehmen auf. Umgekehrt legen sich auch Veranstalter eigene Tonträgerlabels zu und schließen mit Künstlern Verträge (wie die DEAG mit David Garrett, Jessye Norman und der amerikanische Event-Riese „Live Nation" mit Künstlern wie Madonna). Im Ergebnis bindet sich der Künstler dann an nur einen Vertragspartner. Das hat den Vorteil, dass die Lancierung von Kampagnen und die Akquise von Werbepartnern vereinfacht werden. Dies kann jedoch spätestens dann zum Problem werden, wenn der Vertragspartner das Interesse an einem Künstler verliert und nur noch „Dienst nach Vorschrift" macht. Wenn man mit mehreren Partnern kooperiert, kann der eine die Schlafmützigkeit oder die Inkompetenz des anderen manchmal ausgleichen. Dagegen riskiert man bei einem 360°-Vertrag womöglich das Karriereende in der Schublade des einen, einzigen Partners.

16.6 Rechtsverletzungen

Im Urheberrecht gilt anders als im allgemeinen Zivilrecht eine Besonderheit: Urheber- und Leistungsschutzrechte können nicht „gutgläubig erworben" werden. Mit anderen Worten: Wer beim Falschen kauft, geht leer aus und kann außerdem vom richtigen Rechteinhaber auch noch auf Unterlassung in Anspruch genommen werden. Zwar hat man dann in aller Regel einen Rückgriffsanspruch gegen den betrügerischen Lizenzgeber, der aber nur dann etwas bringt, wenn bei diesem überhaupt Geld zu holen ist.

Wegen der Trennung von Urheber- und Leistungsschutzrechten müssen z.B. bei einer Nutzung in Film oder Werbung sowohl die – zumeist von einer Plattenfirma gehaltenen – Leistungsschutzrechte an der Aufnahme als auch vom Urheber oder dessen Verlag die Genehmigung zur Verwendung der Kompositionen und Texte erworben werden. Gerade die Erlaubnis des Verlags wird oftmals vergessen, was zu unliebsamen teuren Überraschungen führen kann. Ein prominentes Beispiel dafür ist der Rechtsstreit um das Stück „Bittersweet Symphony", dem größten Hit der Gruppe „The Verve", der auf der orchestrierten Aufnahme eines Songs der Rolling Stones basierte, die mit dem Original kaum noch etwas zu tun hatte. Die Band hatte eigens vorab bei der Plattenfirma Decca Records angefragt, die die Orchester-Version veröffentlicht hatte und deren Erlaubnis auch bekommen, darüber hinaus aber vergessen, die Rechte der Songschreiber Mick Jagger und Keith Richards einzukaufen, die diese bereits in den 60er Jahren auf ihren damaligen Manager Allen Klein und seinen Verlag ABKCO Records übertragen hatten. Allen Klein witterte das große Geschäft und erhielt tatsächlich 100 Prozent der Royalties an diesem Song, obwohl der eigentliche Song in der orchestrierten Fassung kaum wiederzuerkennen war.

Durch die technischen Entwicklungen der letzten Jahre ist die Rechtslage immer verworrener und der Rechteeinkauf dadurch immer schwieriger geworden. Während es für den normalen Anwender schon schwierig genug ist, mit der technischen Innovation Schritt zu halten, ist es für den Gesetzgeber beinahe unmöglich. Die Juristen müssen die neuen Formate, Applikationen und Apparate nicht nur kennenlernen und begreifen, sondern zudem auch noch rechtlich einordnen. Bis dann auch noch erste Gerichte maßgebliche Entscheidungen fällen, können einige Jahre verstrichen sein. Nicht selten geschieht es, dass ein Format erst dann endgültig richtig eingeordnet wurde, wenn es bereits durch ein neueres Format ersetzt wurde – so dass der Kreislauf wieder von vorne beginnt. Dennoch gibt es in einigen für die meisten Anwender wichtigen Bereichen bereits Standards, die sich mittlerweile durchgesetzt haben und die dringend zu beachten sind:

a) Blogs und sonstige Webseiten

Wer eine Webseite betreibt, macht die darauf abgebildeten Inhalte öffentlich zugänglich im Sinne von § 19a UrhG und muss daher darauf achten, dass entweder sämtliches urheberrechtlich relevante Material von ihm selbst stammt oder ordnungsgemäß lizenziert wurde. Das gilt für sämtliche Texte, Fotos, Videos und Musikstücke und wird auf kaum einer nicht-professionellen Webseite wirklich beachtet. Vielen Blogbetreibern dürfte nicht einmal bewusst sein, dass sie die von ihnen zuvor legal erworbene Musik nicht ins Netz stellen dürfen, ohne den Rechteinhaber vorher um Erlaubnis gefragt zu haben. Wer die exklusiven Rechte an seiner eigenen Musik bereits vergeben hat, darf nicht einmal seine eigenen Stücke ins Netz stellen – es sei denn, er hat sich dieses Recht vertraglich vorbehalten (siehe oben).

b) Video-Plattformen

Auch bei einer Nutzung von Video-Plattformen wie YouTube, Vimeo und PutPat sind gleich eine Reihe von Rechten zu beachten: Zunächst die Rechte des Künstlers und des Produzenten, die den jeweiligen Film erstellt haben. Auch hier spielt wieder das Recht der öffentlichen Zugänglichmachung eine Rolle. Schließlich sind bei einer selbst erstellten Kopplung von Film und Musik auch noch die sogenannten Synch Rights betroffen, also die Rechte, die erforderlich sind, um Musik und Text mit Bildern zu koppeln. Wer sich also dabei filmen lässt, wie er zu seinem Lieblingssong tanzt und dieses Video ins Netz stellt, der muss befürchten, von dem Rechteinhaber belangt zu werden. Der Musiker Prince hat hier für einiges Aufsehen gesorgt, indem er rigoros gegen eine Reihe von Fans vorging, die auf YouTube zu seinen Songs tanzten – darunter auch zweijährige Kinder. Zwischen YouTube und der GEMA besteht ein andauernder Streit über die Frage, welche Lizenzgebühren YouTube für die Nutzung des GEMA-Repertoires bezahlen soll. Bis heute (2013) ist es trotz mehrerer Urteile noch nicht zu einer Einigung über angemessene Tarife gekommen.

c) Tauschbörsen, Torrents, Sharehoster

Wer auf Tauschbörsen unterwegs ist oder mittels der beliebten Torrents, Sharehoster-Services und anderer Methoden unlizensierte Musik, Hörbücher oder Videos herunterlädt, ist dafür seit dem 01.01.2008 auch dann verantwortlich, wenn er diese Werke „nur" herunterlädt und nicht auch selbst anbietet. Grund hierfür ist die Neufassung des § 53 UrhG, in der nunmehr klargestellt wurde, das auch der Download von „offensichtlich rechtswidrig" angebotenen Werken nicht mehr unter die Privatkopie fällt und somit gemäß § 17 UrhG eine unerlaubte Vervielfältigung darstellt.
Dem Rechteinhaber stehen bei einer unberechtigten Nutzung insbesondere die Rechte aus § 97 UrhG zur Seite. Hierin heißt es:

„Wer das Urheberrecht oder ein anderes nach diesem Gesetz geschütztes Recht widerrechtlich verletzt, kann vom Verletzten auf Beseitigung der Beeinträchtigung, bei Wiederholungsgefahr auf Unterlassung- und, wenn dem Verletzer Vorsatz oder Fahrlässigkeit zur Last fällt, auch auf Schadenersatz in Anspruch genommen werden."

Mit anderen Worten: Der verletzte Rechteinhaber kann vom Verletzer Unterlassung, Auskunft über den Umfang der Verletzungshandlung und – bei einer fahrlässigen oder vorsätzlichen Begehung – auch Schadensersatz verlangen.

Das übliche Vorgehen ist dabei, dass zunächst versucht wird, herauszufinden, wer für die Rechtsverletzung überhaupt verantwortlich ist. In Frage kommen dabei vor allem der Betreiber einer Webseite, die Anbieter der konkreten Inhalte (etwa der Foren- oder Plattformnutzer) oder der Anschlussinhaber des Internetanschlusses, von dem aus eine Rechtsverletzung begangen wurde. Anschließend wird der Verantwortliche abgemahnt und aufgefordert, eine mit einer Vertragsstrafe versehene Unterlassungserklärung zu unterschreiben. Dies wird zumeist gekoppelt an die Aufforderung, Auskunft zu erteilen, wie der Verletzer an das betreffende Stück gekommen ist, wie lange es bereits genutzt, also angeboten und wie häufig es dabei heruntergeladen wurde. Stellt sich heraus, dass die Rechtsverletzung schuldhaft, also zumindest fahrlässig, begangen wurde, kommen zudem Schadensersatzansprüche in Betracht. Zu beachten ist dabei, dass die Anwaltskosten für eine berechtigte Abmahnung ebenfalls vom Verletzer zu tragen sind und das Kostenrisiko dadurch auf Seiten des Rechteinhabers gering ist.

Oftmals lassen sich Streitigkeiten außergerichtlich durch eine gütliche Einigung klären. Ist dies nicht möglich, kann der Rechteinhaber auch gerichtlich gegen den Verletzer vorgehen. Der „normale" Weg ist hierbei die Klage, mit der Unterlassungs, Auskunft- und Schadensersatzansprüche durchgesetzt werden können. Muss es vor Gericht besonders schnell gehen – zum Beispiel, weil ein großer wirtschaftlicher Schaden unmittelbar droht – dann kommt vor allem bei Unterlassungsansprüchen auch eine einstweilige Verfügung in Betracht, die den Streit zunächst vorläufig regeln soll. Hierbei müssen kurze Fristen eingehalten werden.

16.7 Creative Commons

a) Idee und Geschichte

Seit einigen Jahren machen auch in den Kreisen von Komponisten und Textern der Begriff „creative commons" und „cc-Lizenzen" die Runde. Vielen scheint es die Idee einer Alternative zur GEMA und zum „klassischen" Urheberrecht zu sein. Aber worum handelt es sich hierbei genau? Die gemeinnützige Organisation Creative Commons wurde im Jahr 2001 unter Mitwirkung des Center for Public Domain in Durham gegründet. Ziel ist es, Kulturgüter der Allgemeinheit zugänglich zu machen und an Stelle des Slogans „all rights reserved" ein „some rights reserved" oder gar ein „no rights reserved" zu setzen.
CC möchte hier neue Möglichkeiten schaffen, indem es die Nutzung von Werken, die unter einer der CC-Lizenzen stehen, erleichtert und ohne individuelle Rechteklärung ermöglicht. Die Motivation der CC-Verwender kann hierbei vielfältig sein: Zum einen halten viele es für nicht mehr zeitgemäß, andere von der Nutzung der Früchte ihres geistigen Schaffens auszusperren. Andere gehen davon aus, dass interessante Kulturgüter durch Bearbeitung von Vorhandenem entstehen. Im Musikbereich zeigt die Debatte um Sampling und Remixing, dass sich in den letzten Jahren viele musikalische Ausdrucksformen, Methoden und Stilistiken gebildet haben, die auf Bestehendem aufbauen. Nach dem geltenden Urheberrecht und der aktuellen Rechtsprechung des BGH müssen die Nutzer hier im Zweifel aber jedes Mal die Berechtigten fragen, also Urheber und Musikverlage, ausübende Künstler und Tonträgerfirmen. Die Idee der Creative Commons ist es, hier einen Pool an frei verfügbaren Werken zu schaffen, aus dem sich jeder bedienen kann. Auch können nach der Idee der Creative Commons Künstler – zumindest indirekt – von der Lizenz profitieren, da sie ihren Bekanntheitsgrad durch die unkomplizierte Verbreitung rasch steigern können.

b) Lizenzmodelle

Creative Commons bietet sechs verschiedene Standard-Lizenzverträge an, die bei der Verbreitung kreativer Inhalte genutzt werden können, um die rechtlichen Bedingungen festzulegen. Dabei ist CC selber weder als Verwerter noch als Verleger von Inhalten tätig und ist auch nicht Vertragspartner von Urhebern und Rechteinhabern, die ihre Inhalte unter CC-Lizenzverträgen verbreiten wollen. Die CC-Lizenzverträge werden also von den Urhebern übernommen und in eigener Verantwortung verwendet, um klarzustellen, was mit den Inhalten ihrer Webseiten geschehen darf und was nicht.
Der einfachste CC-Lizenzvertrag verlangt vom Nutzer (Lizenznehmer) lediglich die Namensnennung des Urhebers/Rechteinhabers (Lizenzgeber). Darüber hinaus können aber weitere Einschränkungen gemacht werden, je nach dem, ob der Rechteinhaber eine kommerzielle Nutzung zulassen will oder nicht, ob Bearbeitungen erlaubt sein sollen oder nicht und ob Bearbeitungen unter gleichen Bedingungen weitergegeben werden müssen oder nicht. Durch die Kombination dieser Bedingungen ergibt sich die schon genannte Auswahl von insgesamt sechs verschiedenen CC-Lizenzen, die dem Rechteinhaber für den deutschen Rechtsraum derzeit in der Version 3.0 zur Verfügung stehen. Der Rechteinhaber kann die anzuwendende Lizenz mittels eines Programms auf der CC-Seite selbst definieren. Folgende Lizenzen stehen zur Auswahl:

Namensnennung

Namensnennung-KeineBearbeitung

Namensnennung-NichtKommerziell

Namensnennung-NichtKommerziell-KeineBearbeitung

Namensnennung-NichtKommerziell-Weitergabe unter gleichen Bedingungen

Namensnennung-Weitergabe unter gleichen Bedingungen

(http://de.creativecommons.org, lizensiert unter Creative Commons Namensnennung 3.0 DE Lizenz)

Der Rechteinhaber kann eine der Lizenzen auswählen und sie dem von ihm generierten Werk „mitgeben", so dass potentielle Nutzer erkennen können, wie sie das Werk nutzen dürfen. Parallel zu den CC-Lizenzen kann der Urheber Einzelvereinbarungen mit Nutzern treffen und hierbei zusätzliche Rechte einräumen (z.B. eine kommerzielle Nutzung) und hierfür auch eine Vergütung verlangen.

c) Musik unter CC-Lizenzen

Auch im Musikbereich findet die Idee von Creative Commons Zulauf. Auf der Seite http://creativecommons.org/music-communities ist eine Liste von Musikplattformen zu finden, die unter Open Access stehen und die Grundsätze der CC-Lizenzierung nutzen. Folgende Musikplattformen gehören derzeit (Ende 2013) dazu: Sound Cloud, Free Musik Archive, ccMixter, Indaba Musik, Bandcamp, Jamendo, OpSound, Tribe of Noise, Airborne, restorm. Zum einen können auch wenig bekannte Künstler ihre Musik auf diesem Wege einem breiten Hörerkreis präsentieren. Zum anderen können die unter CC-Lizenz gestellten Musikbeiträge von anderen Künstlern bearbeitet und zum Beispiel für Videos frei benutzt werden. Auch zahlreiche Netlabels arbeiten mit CC-Lizenzmodellen; ein Verzeichnis findet sich unter http://creativecommons.org/record-labels

Zwischen der Verwertungsgesellschaft GEMA und CC-Lizenzen herrscht ein Spannungsverhältnis. Für die Künstler und Urheber stellt sich die Frage, ob sie der GEMA beitreten oder ihre Musik unter CC stellen sollen. Derzeit müssen sich die Künstler für eines der beiden Modelle entscheiden, da die Grundprinzipien nicht miteinander vereinbar sind. Die GEMA steht nach eigenem Bekunden der Idee der CC aufgeschlossen gegenüber, hält die Nutzungsbedingungen jedoch für „relativ starr". Sie geht davon aus, dass die Rechtewahrnehmung über die GEMA jedenfalls für diejenigen Urheber, die mit ihren Werken Geld verdienen möchten, unpraktisch sei, da die CC-Lizenzen von der kostenlosen Weitergabe von Werken ausgingen. Umgekehrt lautet der Vorwurf vieler Kritiker an die GEMA, dass eine flexible Lizenzierung einzelner Titel nach anderen Regeln wie zum Beispiel den CC-Lizenzen von vornherein ausscheide, da die GEMA-Mitglieder verpflichtet sind, sämtliche von ihnen geschaffenen Werke anzumelden. Wieder andere Kritiker halten die CC-Lizenzmodelle für „sechs weitere Urheberrechte, die sich auf das unverständliche Original noch oben draufflanschen" (Michael Seemann, ZEIT ONLINE vom 6. Dezember 2012) und fordern statt dessen diffus ein „zeitgemäßes Urheberrecht". Wie sich die Lage weiter entwickelt und welche Rolle hierbei die derzeit in Gründung befindliche Verwertungsgesellschaft C3S spielen kann, bleibt abzuwarten.

17

Grundlagen des Vertragsrechts für Musiker

„Verträge muss man halten". Dieser Grundsatz klingt beim ersten Hören einleuchtend und sogar banal. Bei genauer Betrachtung der Wirklichkeit können daran aber Zweifel aufkommen, da auch in der Musikbranche am Anfang eines Rechtsstreits oft ein Vertrag steht. Merkwürdig: Gerade das, was den Rechtsfrieden herstellen und die gemeinsame Arbeit absichern soll, scheint ihn zu gefährden. Dies liegt oft daran, dass es zwischen den Vertragspartnern ganz unterschiedliche Kenntnisstände über die zu regelnde Materie gibt. Mit anderen Worten: Vor allem unerfahrene Künstler wissen oft nicht, was sie da eigentlich gerade unterschreiben. Auch wird in Verhandlungssituationen oft künstlich Zeitdruck erzeugt: („Das Studio ist schon gebucht!", „Wenn wir diese Promotionmöglichkeit nicht nutzen, müssen wir gar nicht erst anfangen!" usw.), so dass Künstler keine professionelle Hilfe mehr in Anspruch nehmen, um den vermeintlich von einer schnellen Reaktion abhängigen Abschluss eines Vertrages nicht zu gefährden. Vor allem aber sind es die in der gesamten Kreativwirtschaft und auch in der Musikbranche meist stark unterschiedlichen Kräfteverhältnisse, die den kreativen Part einen von einem Verwerter vorgelegten schlechten Vertrag unterschreiben lassen, obwohl er zumindest ahnt, dass er sich hiermit auch schaden kann. Dies soll keine schlichte Schwarz-Weiß-Malerei sein. Natürlich ist die große Mehrzahl der Verwerter seriös und nicht automatisch daran schuld, dass der Künstler nicht genügend Geld verdient. Dennoch gibt es auch hier „schwarze Schafe", die auch bei Nacht zu erkennen man trainieren kann.

Darum hier der wichtigste Rat vorab: Verträge mit Bezug zu Urheber- und Leistungsschutzrechten (vor allem mit exklusiver Bindung), insbesondere mit Musikverlegern, Plattenfirmen und Produzenten, Verträge mit Künstlermanagern und Bookingagenturen sollte man als in Vertragsangelegenheiten unerfahrener Künstler keinesfalls ungeprüft unterschreiben. Zur Prüfung sind nicht alle selbst ernannten Berater geeignet, sondern fachkundige und branchenerfahrene Rechtsanwälte oder andere Professionals aus der Musikbranche.

Wer eine Karriere in der Musikbranche anstrebt, muss sich zwangsläufig über kurz oder lang auch mit einigen rechtlichen Zusammenhängen auseinandersetzen. Nachdem wir im letzten Kapitel einige Grundlagen des Urheberrechts und Urhebervertragsrechts kennen gelernt haben, wenden wir uns jetzt noch einigen allgemeinen Fragen des Vertragsrechts zu. Obwohl die Statistik dagegen spricht, ist zu hoffen, dass der Künstler dadurch die Fehler vermeidet, die unzählige Künstler von Elton John über Jimi Hendrix und Pete Townshend bis hin zu Xavier Naidoo schon gemacht haben. In der Musikbranche muss man sich früher oder später zwangsläufig mit vielen verschiedenen komplizierten Verträgen auseinandersetzen, ob es sich nun um Künstlerexklusivverträge mit Plattenfirmen, Managementverträge, Agenturverträge, Verlagsverträge oder um einen Arbeitsvertrag für das Radiosymphonieorchester handelt. Muster für die wichtigsten Verträge finden sich, teilweise mit Kommentaren, im Anhang. Hier wollen wir erst einige Regeln „vor die Klammer ziehen", bevor wir in Kapitel 18 einige wichtige Verträge vorstellen.

Obwohl die hier behandelten Verträge ganz unterschiedliche Bereiche regeln, treffen bestimmte Regelungen des Bürgerlichen Gesetzbuchs (BGB) für alle zu.

17.1 Das Zustandekommen von Verträgen

a) Vertragsfreiheit

In Deutschland herrscht der Grundsatz der Vertragsfreiheit. Einfach ausgedrückt heißt dies, dass jeder mit jedem über alles Verträge schließen darf. Ganz so einfach ist es allerdings dann doch nicht – einige Einschränkungen gibt das Gesetz vor. Dennoch darf man den Inhalt eines Vertrages grundsätzlich selbst bestimmen. Künstlerexklusivverträge oder Musikverlagsverträge beispielsweise sind gesetzlich nicht geregelt. Viele dieser Verträge beruhen auf jahrzehntelanger

Branchenerfahrung und sind von den Regelungen des weltweit größten Musikmarktes, der USA, beeinflusst. Hieran zeigt sich die Inhaltsfreiheit: Auch ohne, dass es für die genannten Rechtsverhältnisse spezielle gesetzliche Regelungen gibt, darf man Verträge über sie abschließen. Die Grenzen der Gestaltungsfreiheit gibt das Gesetz vor. Vorschriften, von denen man nicht abweichen darf, werden „zwingendes Recht" genannt, solche, deren Geltung in einem Vertrag ausgeschlossen werden können, bezeichnet man als „dispositives", also „verfügbares" Recht.

Ein weiteres Element der Vertragsfreiheit ist die Abschlussfreiheit. Dies bedeutet, dass im Grundsatz jeder mit jedem Verträge schließen darf – es aber natürlich auch bleiben lassen kann. Niemand käme auf die Idee, auf gut Glück zu einer Plattenfirma zu gehen und zu fordern, dass man einen Vertrag mit ihm schließen möge, weil er darauf einen Anspruch habe. Ausnahmen zu diesem Prinzip bilden nur solche Vertragspartner, die eine Monopolstellung innehaben, also in ihrem Bereich alleiniger Anbieter sind. So darf z.B. der Straßenbahnfahrer einem zahlungswilligen Kunden nicht den Transport verweigern. Ein Pendant hierzu bilden in Deutschland die Verwertungsgesellschaften (GEMA, GVL), die im Bereich der kollektiven Rechtewahrnehmung eine (allerdings nicht unumstrittene) monopolartige Stellung bekleiden. Die GEMA darf daher einem Urheber genauso wenig die Mitgliedschaft verweigern wie die GVL einem Inhaber von Leistungsschutzrechten, sofern der Antragsteller die Voraussetzungen für die Mitgliedschaft erfüllt.

Weiterhin besteht bei Verträgen grundsätzlich Formfreiheit. Dies bedeutet, dass Verträge bis auf wenige wichtige Ausnahmen, wie dem Kauf einer Immobilie oder der Abfassung eines Testaments, nicht an eine bestimmte Form gebunden sind. Theoretisch könnte also auch ein branchenüblicher Bandübernahmevertrag mündlich vereinbart werden. Wer allerdings einen solchen Vertrag schon gesehen hat und weiß, dass dieser selten weniger als zehn eng bedruckte Seiten aufweist, ahnt vielleicht, wofür die Schriftform gut sein kann: Zur Schaffung von Klarheit über das Vereinbarte und zum Beweis dessen, worauf man sich geeinigt hat. Macht man keinen schriftlichen Vertrag, kann es irgendwann heißen: „Das haben wir so nie besprochen!" Daher ist es sinnvoll und üblich, dass umfassende Verträge, mit denen wir es in diesem Bereich zu tun haben, in aller Regel schriftlich geschlossen werden. Auch Vertragsänderungen müssen dementsprechend regelmäßig schriftlich vereinbart werden.

b) Geschäftsfähigkeit

Darf wirklich jeder einen Vertrag schließen? Natürlich nicht, hier gibt es einige wichtige Ausnahmen, die auch bei den Verträgen, die uns interessieren, eine Rolle spielen können. Ein oft diskutiertes Thema ist der Abschluss von Künstlerverträgen mit den häufig noch minderjährigen Teilnehmern von Casting-Shows. Schon wird deutlich, worum es geht: Für Verträge muss man geschäftsfähig sein. In vollem Umfang ist man dies erst mit dem Erreichen des 18. Lebensjahres. Vor dem Erreichen des siebten Lebensjahres ist man geschäftsunfähig. Zwischen dem siebten und dem 18. Lebensjahr gibt es noch eine „Schonfrist": In diesem Zeitraum darf man einfache Geschäfte ohne größere wirtschaftliche Tragweite (z.B. den Kauf einer CD) selbst vornehmen. Hierfür gibt es im BGB den sogenannten „Taschengeldparagrafen". Verträge aber, die eine größere Tragweite haben und mit denen sich der Jugendliche zu einer Leistung verpflichtet, soll er nicht ohne die Zustimmung seiner Erziehungsberechtigten schließen dürfen. Sie sind bis zur Genehmigung durch die Erziehungsberechtigten „schwebend unwirksam". In einigen Fällen kann sogar die Zustimmung des Vormundschaftsgerichts notwendig werden. Gerade die oben erwähnten Verträge mit Casting-Show-Teilnehmern binden Jugendliche oft über Jahre zu harten Bedingungen und erlegen ihnen für eine vergleichsweise geringe Entlohnung erhebliche Pflichten auf. Viel Verhandlungsspielraum gibt es bei diesen Verträgen meist ohnehin nicht und wer es versucht, wird oft mit dem Spruch abserviert: „Draußen warten noch viele andere, die das gern unterschreiben!"

c) Vertragsschluss

Ein Vertrag kommt durch Willenserklärungen zustande. Das sind Äußerungen, mit denen man seinen Willen, ein bestimmtes Geschäft zu tätigen, unmissverständlich zum Ausdruck bringt. In manchen Fällen muss dies nicht einmal ausdrücklich sein, sondern es genügt ein Verhalten, das auf den Willen zum Vertragsschluss hindeutet (sogenanntes „konkludentes Handeln", das z.B. dann vorliegt, wenn man einen Artikel wortlos an der Kasse auf das Fließband legt).

Sind sich beide Vertragsparteien einig, kommt es zum Vertragsschluss. Wenn aber unklar ist, ob tatsächlich Einigkeit besteht, müssen die Erklärungen der Vertragsparteien ausgelegt werden. Das ist eine Lieblingsarbeit vieler Juristen, denn die meisten Vereinbarungen sind an der einen oder anderen Stelle „auslegungsbedürftig".

Stellen wir uns einen Dialog zwischen einer Band und einem Clubbesitzer vor:

> Band: *„Dürfen wir nächsten Freitag bei dir auftreten?"*
> Clubbesitzer: *„Klar, für 500,- €!"*

Ist hier schon eine Vereinbarung zustande gekommen? Jetzt wird es kompliziert. Man kann die Äußerungen des Clubbesitzers unterschiedlich werten. Will er der Band eine Gage in Höhe von 500,- € zahlen? Oder will er den Saal vermieten und die Band soll hierfür 500,- € Miete zahlen?

Beide Konstellationen sind nach diesem Gespräch denkbar und kommen in der Praxis häufig vor. Bei der Auslegung der Äußerung muss man berücksichtigen, wie der Empfänger (hier: die Band) die Erklärung des Vertragspartners (hier: der Clubbesitzer) auffassen durfte. Ist es in diesem Club üblich, dass auftretende Bands eine Gage erhalten oder wird der Club immer nur für Veranstaltungen vermietet? Falls eine dieser Varianten zutrifft, könnte ein solcher Vertrag im jeweiligen Sinne zustande gekommen sein. Für die Wirksamkeit eines Vertragsschlusses kommt es darauf an, dass über die wesentlichen Vertragsinhalte Einigkeit besteht.

d) Stellvertretung

Man muss Verträge nicht immer selbst schließen. Für eine Band wäre es zu kompliziert, jeden Vertrag, der die Gruppe betrifft, immer von allen Mitgliedern schließen zu lassen, obwohl sie als Gesellschaft bürgerlichen Rechts (GbR) eigentlich nur gemeinsam Rechte und Pflichten begründen können. Häufig wird schon zu einem frühen Zeitpunkt ein Gruppenmitglied auserkoren, das sich um die geschäftlichen Angelegenheiten kümmert. Später kann diese Funktion von einem Manager übernommen werden.

Die Willenserklärungen zu einem Vertrag können auch durch Dritte abgegeben werden. Voraussetzungen dafür sind:

- das Bestehen einer Vollmacht,
- die Abgabe der Erklärung im Namen des Vertretenen.

Sind beide Voraussetzungen erfüllt, treffen die Wirkungen des Vertragsschlusses den Vertretenen (den „Geschäftsherrn") und nicht den Vertreter.

Künstler sollten bei der Einräumung von Vertretungsmacht vorsichtig sein. In zahlreichen Verträgen wie z.B. Booking-Verträgen, Managementverträgen und Tonträgerverträgen geht es um vertragliche Verpflichtungen, die für einen langen Zeitraum eingegangen werden. Auch wenn es für Künstler oft unbequem ist, lange Verträge durchzulesen – ein paar Stunden Konzentration sind nichts im Vergleich zu den Jahren, die man unter Umständen mit den Konsequenzen eines schlechten Vertrags leben muss. Eine rechtsgeschäftlich erteilte Vollmacht zum Unterzeichnen solcher Verträge sollte daher weder einem Gruppenmitglied noch einem Manager erteilt werden. Anders verhält es sich mit dem Verhandeln – das ist ja gerade die Aufgabe des Managers. Häufig werden daher in der Praxis in Managementverträgen und in GbR-Verträgen „Geringfügigkeitsgrenzen" gezogen: Die Anschaffung eines Satzes neuer Reifen für den Bandbus und die Vereinbarung eines einzelnen Konzerts kann der Vertreter auch ohne die Zustimmung im Einzelfall aushandeln, aber z.B. keinen Tourneevertrag.

Im Rechtsverkehr ist nicht immer klar erkennbar, ob eine Vollmacht tatsächlich erteilt wurde. Auch wenn z.B. der Manager im Namen der Gruppe auftritt, obwohl er hierzu nicht ausdrücklich schriftlich beauftragt wurde, kann unter Umständen trotzdem ein für die Gruppe verbindlicher Vertrag geschlossen worden sein: Wenn die Gruppe weiß, dass der Manager in ihrem Namen auftritt und der Vertragspartner dies nach den Umständen auch so versteht und verstehen darf.

Für Vertragsschlüsse von minderjährigen Personen ist die Einwilligung der gesetzlichen Vertreter sogar zwingend gesetzlich vorgeschrieben.

e) Anfechtung

Wenn ein Vertrag geschlossen wurde, heißt das nicht unbedingt, dass es beim Vertragsschluss bleiben muss. Unter bestimmten Voraussetzungen können Verträge von vornherein nichtig sein oder die Nichtigkeit kann durch eine Anfechtung herbeigeführt werden. Dann werden sie behandelt, als ob sie nie geschlossen worden wären. Dafür muss dem Anfechtenden ein vom Gesetz anerkannter Anfechtungsgrund zustehen. Dies ist z.B. bei bestimmten Irrtümern möglich, unter anderem dann, wenn sich eine Partei über den Inhalt eines Vertrages irrt. Denkbar wäre dies, wenn ein Künstler einen Verlagsvertrag mit einem Musikverlag schließt, obwohl der Künstler das Werk nicht komponiert hat.

Ein weiterer praktisch wichtiger Anwendungsfall der Nichtigkeit von Verträgen ist die Sittenwidrigkeit. Die etwas altertümlich anmutende Vokabel beschreibt unter anderem Vertragssituationen, die durch die bewusste Ausnutzung der Unerfahrenheit eines Geschäftspartners ein krasses Missverhältnis zwischen Leistung und Gegenleistung aufweisen. Im Hinblick auf Künstlerexklusivverträge ist Sittenwidrigkeit von deutschen Obergerichten in zwei Fällen bejaht worden: 1981, als der Künstler Hubert Kah von seinem Produzenten eine lächerlich niedrige Beteiligung erhielt, die dann auch noch um diverse Lizenzreduzierungen gekürzt wurde und 2002, als Xavier Naidoo sich mit seinem Produzenten Moses P. überworfen hatte. Sein Vertrag enthielt zahlreiche Regelungen, die vom Landgericht Mannheim in der Summe als sittenwidrig angesehen wurden. Insbesondere wurde vom Gericht beanstandet, dass der Künstler in sämtlichen wesentlichen künstlerischen Fragen keine (Mit-) Entscheidungsrechte hatte und dass der Produzent auch die Dauer des Vertrages nahezu frei bestimmen konnte. Die erstaunliche Schlussfolgerung aus diesem Verfahren war, dass vieles, was sich in den letzten Jahrzehnten als

„branchenüblich" durchgesetzt hat, nicht zugleich auch „gerichtsfest" sein muss. In der jüngsten Vergangenheit hat sich durch die Vereinbarung sogenannter „360°-Verträge", in denen die Plattenfirmen sich neben der Lizenzierung der Leistungsschutzrechte auch Beteiligungen an allen übrigen lukrativen Geschäften des Künstlers einräumen lassen, ein neues Tummelfeld für Juristen aufgetan. Es bleibt abzuwarten, wie diese Verträge von den Gerichten beurteilt werden.

f) AGB und deren Kontrolle

Tägliche Massengeschäfte werden zu ihrer Vereinfachung häufig zu den Bedingungen der Anbieter, den Allgemeinen Geschäftsbedingungen (AGB), abgewickelt. Damit verschafft sich derjenige, der die AGB nutzt, gegenüber den gesetzlichen Regelungen Vorteile. Dies ist aber nur unter engen Voraussetzungen zulässig, damit die Geschäftspartner nicht übervorteilt werden. Bestimmte Regelungen sind generell unzulässig und können unter Umständen den ganzen Vertrag unwirksam machen.

Auch Musiker kommen oft mit Allgemeinen Geschäftsbedingungen in Berührung. Viele Veranstalter, Plattenfirmen und Produzenten verwenden vorgefertigte Formularverträge. Wenn diese Verträge für eine Vielzahl von Fällen vorformuliert sind, kann es sich dabei um AGB handeln. Weitere Voraussetzung für die Anwendung der AGB-Vorschriften ist, dass die Bedingungen des Vertrages nicht im Einzelnen ausgehandelt wurden. Nur dann, wenn die Klauseln einseitig von einem Vertragspartner (dem „Verwender") gestellt werden, unterliegen sie der Überprüfung. Hat z.B. ein Künstler einen Künstlerexklusivvertrag von 20 Seiten Umfang unterschrieben, ohne dass er über einzelne Klauseln verhandelt hat – oder verhandeln durfte –, dann kann der Vertrag der AGB-Kontrolle unterliegen.

Eine wichtige Voraussetzung für die Geltung der AGB ist, dass sie wirksam in den Vertragsschluss einbezogen worden sind. Voraussetzung dafür ist, dass der Verwender die Klauseln dem Nutzer vor dem Vertragsschluss zur Kenntnis gegeben hat oder dass der Vertragspartner die Möglichkeit zur Kenntnisnahme hatte. Dies wird bei einem ausführlichen Vertragstext einer Plattenfirma selten ein Problem sein;

anders ist es bei den Nutzungs-AGB eines Tonstudios, die auf einem vergilbten Zettel an der Studio-Pinnwand hängen.

g) Vertragsdauer und Kündigung

Grundsätzlich kann man unterscheiden zwischen Verträgen, die eine einzelne Leistung zu einem festgelegten Zeitpunkt betreffen und solchen, die Rechte und Pflichten über einen bestimmten oder unbestimmten Zeitraum begründen (Dauerschuldverhältnisse). Die erste Variante betrifft z.B. Konzertverträge – hier kann und muss die Leistung nur zu einem definierten Zeitpunkt erbracht werden. Trotzdem kann es sein, dass auch diese Verträge Verpflichtungen enthalten, die schon vor dem vereinbarten Konzerttermin erfüllt werden müssen (wie z.B. das rechtzeitige Übersenden von Werbematerialien) oder über das Konzertdatum hinaus reichen (wie z.B. die Verpflichtung, binnen vier Wochen nach dem Auftritt nicht in der näheren Umgebung aufzutreten). Plattenverträge oder Autorenexklusivverträge hingegen werden regelmäßig über einen längeren Zeitraum geschlossen. Auch hier muss differenziert werden, weil bestimmte Pflichten für die Dauer des Vertragsverhältnisses gelten (z.B. die persönliche Exklusivität) und andere für mehrere über die Vertragsdauer hinausgehen (z.B. Titelexklusivität) oder gar für die gesamte Lebensdauer des Rechts übertragen werden (z.B. die urheberrechtlichen Verwertungsrechte bei einem Autorenvertrag).

Dauerschuldverhältnisse können nach dem Gesetz entweder befristet oder auf unbestimmte Zeit abgeschlossen werden. Verträge, in denen sich Urheber oder ausübende Künstler zur Erbringung künftiger Leistungen verpflichten (z.B. Autorenexklusivvertrag, Künstlerexklusivvertrag) sind meist befristet. Dies folgt einem Grundsatz des Urheberrechtsgesetzes, nach dem Verträge über „künftige Werke" nach fünf Jahren durch den Urheber gekündigt werden können. Verträge über Leistungsschutzrechte werden dem gleichgestellt. Die Laufzeitbestimmungen, mit denen die Vertragsdauer bestimmt wird, sind häufig kaum nachvollziehbar und müssen vor allem immer im Zusammenhang mit anderen Klauseln der Verträge – Mindestaufnahme- oder Mindesteinbringungsverpflichtung, Veröffentlichungspflicht etc. – gelesen werden, damit die tatsächliche Vertragsdauer berechnet werden kann. Hier wird dann etwas beschönigend von „dynamischen Vertragsjahren“ gesprochen und es macht doch eher den Eindruck von Stillstand. Ein Kündigungsrecht ist regelmäßig nicht vorgesehen. Kann die Laufzeit gar nicht berechnet werden, dann greift die gesetzliche Regelung für die Kündigung von Dauerschuldverhältnissen: In diesem Fall kann der Vertrag mit einer Frist von drei Monaten zum Quartalsende gekündigt werden. Nicht vertraglich ausgeschlossen werden kann die Möglichkeit, einen Vertrag aus wichtigem Grund fristlos zu kündigen. Dies geht aber nur „aus wichtigem Grund“, also dann, wenn einer Vertragspartei „unter Berücksichtigung aller Umstände des Einzelfalles und unter Abwägung der Interessen beider Vertragsteile“ das Festhalten am Vertrag nicht zugemutet werden kann. Mit dem Ausspruch einer wirksamen Kündigung ist der Vertrag beendet. Damit endet in den genannten Fällen die Exklusivbindung, das heißt, der Urheber oder ausübende Künstler ist damit frei, zu einem anderen Unternehmen zu wechseln – und natürlich auch, es bleiben zu lassen, wenn er den Glauben an die Seriosität der Branche verloren hat.

h) Optionen

Verträge über die Einräumung von Verwertungsrechten an Urheber- und Leistungsschutzrechten enthalten oft Bestimmungen über „Optionen“, die meistens die Verlängerung der Verträge oder z.B. auch eine Ausweitung des Vertrags auf weitere Territorien betreffen. Nach dem allgemeinen Sprachgebrauch assoziiert man damit eine beiderseitige Wahlmöglichkeit, so dass viele unerfahrene Künstler denken: „Prima, dann können wir ja sehen, ob die Zusammenarbeit erfolgreich war und gegebenenfalls entscheiden, weiterzumachen“.

Dies ist aber ein Trugschluss. Die Optionen in diesen Verträgen sind immer einseitig zu Gunsten der Firma – Produzent, Musikverlag oder Plattenfirma – ausgestaltet. Dies bedeutet also, dass die Firma allein entscheiden kann, den Vertrag zu beenden oder ihn zu den vereinbarten Bedingungen fortzusetzen. Im Sinne der Künstler ist es daher besser, die Zahl der „Optionsperioden“, um die der Vertrag verlängert werden kann, möglichst gering zu halten. Wenn der Vertrag ausläuft, obwohl die Zusammenarbeit gut funktioniert hat, haben die Künstler die Möglichkeit, zu besseren Bedingungen mit der gleichen Firma weiterzuarbeiten oder zu einer anderen Firma zu wechseln.

17.2 Vertragspflichten und Vertragsstörungen

Nicht nur im Hinblick auf die Frage, mit wem man Verträge schließt, sondern auch hinsichtlich der inhaltlichen Gestaltung besteht in Deutschland Vertragsfreiheit. Das heißt, dass die Parteien die Rechte und Pflichten im Vertrag selbst festlegen können. Im Gegensatz zu vielen Verträgen des täglichen Lebens (z.B. Mietverträgen, Kaufverträgen, Darlehensverträgen) sind die Verträge, die zwischen Musikern und den Verwertern ihrer Leistungen geschlossen werden, nicht im Einzelnen gesetzlich geregelt. Über die Jahrzehnte hinweg haben sich Verträge entwickelt, mit denen die typischen wirtschaftlichen Konstellationen geregelt werden. Künstlerexklusivverträge enthalten z.B. die Verpflichtungen des Künstlers, für seinen Vertragspartner Darbietungen von Musikwerken zu erbringen, die der Vertragspartner dann aufzeichnet und auswerten lässt. Im Gegenzug erhält der Künstler eine Beteiligung an den Verkaufserlösen. Bei einem Auftrittsvertrag schuldet der Musiker eine künstlerische Leistung, der Veranstalter die Zahlung einer Gage. Neuere vertragliche Regelungen betreffen z.B. den Vertrieb von Musikdateien über das Internet oder auf mobile Endgeräte.

Oft werden die vereinbarten Leistungen nicht so erbracht, wie die Vertragsparteien es vereinbart haben. Daraus ergeben sich unterschiedliche Konsequenzen. Die gesetzlichen Grundregeln hierfür finden sich im BGB. Wer eine Vertragspflicht verletzt, muss den daraus entstehenden Schaden ersetzen, wenn er die Pflichtverletzung zu vertreten hat. „Vertreten" bedeutet grundsätzlich, dass er vorsätzlich oder fahrlässig gehandelt hat. Wenn z.B. ein Künstler seinen Auftritt verschläft, weil er nach dem letzten Konzert zu lange gefeiert hat, liegt ein Fall der sogenannten „Unmöglichkeit" vor. Der Künstler kann seine Leistung nicht mehr erbringen und wird daher von der Pflicht zur Erbringung der Leistung frei. Auch der Veranstalter wird von der Verpflichtung befreit, die Gage zu bezahlen. Daneben muss der Künstler dem Veranstalter aber auch den Schaden ersetzen, der ihm durch den Ausfall der Veranstaltung entstanden ist. Dazu gehören z.B. die Saalmiete, die zu erstattenden Eintrittsgelder und auch die Kosten der vergeblich aufgewandten Werbung. Wenn der Veranstalter für den Ausfall der Veranstaltung verantwortlich ist – z.B. weil er die Veranstaltung wegen zu schlechter Vorverkaufszahlen absagt – bleibt er dem Künstler zur Zahlung der Gage verpflichtet und muss ihm daneben auch Schadensersatz leisten, soweit dem Künstler ein Schaden entsteht.

Erbringt ein Vertragspartner seine Leistung schuldhaft zu spät, wird dies als Verzug bezeichnet. In diesem Fall bleibt er zur Leistung verpflichtet, muss aber den durch den Verzug entstehenden Schaden ersetzen. Die andere Partei hat aber grundsätzlich auch das Recht, vom Vertrag zurückzutreten. Hat z.B. die Plattenfirma ein Tonstudio gebucht und der Künstler erscheint mit zwei Stunden Verspätung, kann sie sich die Studiomiete und die Kosten von Tontechniker und Studiomusikern vom Künstler erstatten lassen.

Neben den gesetzlichen Regelungen besteht unter engen Voraussetzungen auch die Möglichkeit, bestimmte Pflichtverletzungen durch Vertragsstrafen zu sanktionieren. Dies gibt der begünstigten Vertragspartei ein erhebliches Druckmittel in die Hand.

Neben der Regelung der einzelnen vertraglichen Verpflichtungen werden z.B. in Verträgen über Leistungsschutzrechte vom Künstler auch bestimmte Garantien eingefordert. Dies betrifft z.B. die Erklärung, dass bei der Produktion im Rahmen eines Bandübernahmevertrages keine durch Urheberrechte oder Leistungsschutzrechte geschützten Werke ohne die Genehmigung der Rechteinhaber verwendet wurden. Für den Fall einer Verletzung dieser Garantien lässt der Vertragspartner sich vom Bandgeber dann „freistellen", das heißt, dass der Bandgeber nicht nur die Schadensersatzforderungen des verletzten Rechteinhabers begleichen muss, sondern auch die entstandenen Anwalts- und Gerichtskosten zu tragen hat.

a) Long Form Agreements, Heads of Agreement, Optionsverträge usw.

„Size does not matter" – auf die Länge eines Vertrages kommt es nicht (immer) an. Ein wirksamer Bandübernahmevertrag kann z.B. gut und gern 20 Seiten lang sein, er kann aber auch nur drei oder vier Seiten umfassen. Im gesamten Entertainment-Bereich kommt es häufig vor, dass vor dem Abschluss eines ausführlichen Vertrages zunächst eine Kurzform gewählt wird. Oftmals werden, gerade wenn es sich um komplexere Vertragswerke handelt, Vertragsentwürfe, Faxe und E-Mails mit den unterschiedlichen Standpunkten der Vertragsparteien hin und her geschickt. Parallel dazu geschieht es nicht selten, dass der Vertrag schon längst „gelebt" wird (indem z.B. die Band schon im Studio der Plattenfirma Aufnahmen macht oder gar schon ein Tonträger veröffentlicht wird), obwohl die Parteien sich noch nicht abschließend geeinigt haben. Gründe hierfür gibt es viele – nicht zuletzt kann dies auch daran liegen, dass die Verhandlungen über einen komplexen Vertrag für beide Parteien, z.B. Künstler und Plattenfirma, einen erheblichen zeitlichen und finanziellen Aufwand bedeuten und man daher mit dem Unterzeichnen von Heads of Agreements erst einmal eine Bindung schaffen will, bevor es dann „ans Eingemachte" geht. In bestimmten Bereichen wie z.B. beim Sammeln der Lizenzen für eine Compilation entsprechen Kurzformverträge der Üblichkeit.

Das BGB bestimmt, dass ein wirksamer Vertrag erst dann zustande kommen soll, wenn sich die Parteien über alle Bedingungen geeinigt haben, über die mindestens eine der Parteien eine Vereinbarung treffen will. Hierfür genügt es nach dem Gesetz auch nicht, dass schon eine schriftliche Vereinbarung über einzelne Punkte erfolgt ist. Vielmehr muss ein Vertrag, um wirksam zu sein, die wesentlichen Elemente eines Vertrags schon enthalten.

In Heads of Agreements (HoA) steht regelmäßig, dass ein ausführlicher Vertrag („Long Form Agreement") zu einem späteren Zeitpunkt geschlossen werden soll. Dazu kommt es aber oftmals nicht. Dann kommt es für die Frage, ob mit den HoA schon ein wirksamer Vertrag geschlossen wurde, auf die Umstände des Einzelfalls an.

Ein Indiz für einen Vertragsschluss dürfte die häufig gewählte Klausel sein, wonach die HoA für die Parteien bis zum Abschluss eines ausführlichen Vertrages bindend sein sollen. Sind aber andererseits die zentralen Rechte und Pflichten der Parteien noch nicht einmal erwähnt, spricht dies gegen die Wirksamkeit.

Anders kann es sein, wenn über die wesentlichen Inhalte des Vertrages schon eine Einigung erzielt wurde und sich die übrigen Positionen ausfüllen lassen. Wird in einem solchen Fall bereits mit der Kooperation begonnen, dann kann auch schon ein Vertrag zustande gekommen sein. Wegen des im Urheberrecht geltenden Grundsatzes der Zweckübertragung (siehe Kapitel 16.6) sollten Verwerter darauf achten, bevor sie mit der Auswertung von z.B. Musikaufnahmen beginnen, sämtliche erforderlichen Rechte erworben zu haben. Ansonsten riskieren sie, dass ihnen die Auswertung verboten wird.

Eine weitere Form bilden Optionsverträge (nicht zu verwechseln mit der Option eines Verwerters zur Fortsetzung des Vertrages, siehe S. 252) und Künstlerentwicklungsverträge. Hier geht die Plattenfirma nicht sofort mit der Unterzeichnung voll in die Pflicht, sondern vereinbart, dass zunächst auf ihre Kosten Demoaufnahmen produziert werden, um dann nach deren Fertigstellung entscheiden zu können, ob ein „richtiger" Künstlerexklusivvertrag geschlossen werden soll. Im Fall einer Optionsvereinbarung werden die Vertragsbedingungen dieses Vertrages schon zu Beginn ausführlich ausgehandelt. Das Wort „Option" bezieht sich hier also nicht auf die Verlängerung eines Vertrages zu gleichbleibenden Bedingungen, sondern darauf, ob der Künstlerentwicklungsvertrag in einen Künstlerexklusivvertrag übergehen soll.

18 Verträge

„Don't try this at home" hieß es so schön im Abspann der MTV-Serie „Jackass". Damit war gemeint, dass man nicht von einem Dach springen sollte, ohne zum Stuntman ausgebildet zu sein. So ähnlich ist es auch mit dem ungeprüften Unterschreiben von Verträgen. Auch hierbei kann man sich das Genick brechen, wenn auch eher im sprichwörtlichen Sinne. Die hier im Anhang zusammengestellten Verträge entsprechen „echten" Verträgen, die in dieser oder ähnlicher Form verwendet worden sind. Trotzdem sollten die Vorschriften auf keinen Fall ungeprüft für eigene Zwecke übernommen werden, weil jede Vertragssituation anders ist und z.B. ein Vertrag, der für eine Zusammenarbeit eines unbekannten Künstlers mit einer kleinen Plattenfirma verfasst wurde, für einen etablierten Künstler bei einer Major Company hinsichtlich vieler Regelungen völlig unpassend wäre.

18.1 Verträge zwischen Künstlern und Plattenfirmen

a) Der Künstlerexklusivvertrag

Der nachstehende Vertrag entspricht einem aktuellen, typischen Grundmuster eines Künstlerexklusivvertrages zwischen einem Künstler oder einer Band und einer Tonträgerfirma. Gegenstand des Vertrags ist eine mehrjährige Zusammenarbeit zur Aufnahme und Verwertung von Tonträgern. Ähnlich gestaltet sind auch Künstlerexklusivverträge mit freien Produzenten, die ihrerseits mit einer Plattenfirma einen Bandübernahmevertrag abschließen. An Stellen, an denen sich wesentliche Unterschiede ergeben, wird auf diese hingewiesen.

Vertrag

zwischen

____

(Name des Künstlers)

– im Nachstehenden „KÜNSTLER" genannt –

und

____

(Name des Produzenten oder der Plattenfirma)

– im Folgenden „FIRMA" genannt –

§ 1 Vertragsgegenstand

1.1 FIRMA ist nach Maßgabe des vorliegenden Vertrages berechtigt, mit dem KÜNSTLER auf eigene Kosten des Produzenten Ton- und Bildtonaufnahmen herzustellen, die zu einer Veröffentlichung und Auswertung, insbesondere aber nicht abschließend auf Ton- und Bildtonträgern sowie im sogenannten Online-Bereich, geeignet sind (nachfolgend „Vertragsaufnahmen" genannt).

1.2 Zu diesem Zweck wird der KÜNSTLER im Rahmen dieses Vertrags urheberrechtlich schutzfähige Darbietungen zum Zwecke der Aufnahme vortragen.

Erläuterungen zu § 1
Die Parteien dieses Vertrags sind ein Künstler und eine Tonträgerfirma, die sie selbst oder mit Hilfe eines Vertriebs veröffentlichen wird.

§ 2 Produktion

2.1 Produktion von Tonaufnahmen
a) Produktionsumfang
FIRMA wird mit dem KÜNSTLER pro Vertragsjahr Aufnahmen für ein Album produzieren. Der KÜNSTLER wird FIRMA für diese – sowie nach einvernehmlicher Absprache für weitere – Produktionen zur Verfügung stehen.
Live-Aufnahmen, Kopplungen mit Aufnahmen des KÜNSTLERS oder Aufnahmen anderer KÜNSTLER, „Best-of-Veröffentlichungen" sowie Aufnahmen zusammen mit anderen KÜNSTLERN werden auf die Gesamtzahl der Produktionen nicht angerechnet, sofern nicht einvernehmlich die Anrechnung beschlossen wird. Doppel-LPs zählen als 1 (eine) LP.

Erläuterungen zu § 2.1 a)
Hiermit wahrt sich die Firma ihre Ansprüche auf die Produktion neuer Aufnahmen, indem sie alles, was kein neues Studio-Album ist, nicht auf die Produktionsverpflichtung anrechnet.

2.1 b) Durchführung der Produktion
Produktionsort und -zeit sowie der mit der Durchführung der Produktionen zu beauftragende Produzent werden von FIRMA in Abstimmung mit dem KÜNSTLER festgelegt. Die Produktionskosten trägt FIRMA.
Der KÜNSTLER wird seine übrigen Verpflichtungen so einrichten, dass er in der Lage ist, die in Absprache mit FIRMA festgelegten Aufnahmetermine pünktlich einzuhalten, um an diesen Terminen die ausgewählten Titel aufnahmereit darbieten zu können.

Erläuterungen zu § 2.1 b)
Aus der Sicht der Firma ist es notwendig, über die Kosten der Aufnahme sowie über deren Verwertbarkeit die Kontrolle zu haben. Sie schießt schließlich das Risikokapital vor. Läuft es nicht, trägt sie die Verluste. Für den Künstler ist dies eine den Entscheidungsrechten eines Managementvertrages sehr ähnliche Situation. Festzuhalten bleibt, dass vor der Be-

stimmung von Ort, Zeit und Art der Aufnahme versucht werden muss, dies einverständlich zu regeln. Da es im Interesse beider Seiten liegt, dass alle Beteiligten ihr Bestes leisten, wird dies meistens gelingen. Sollte ein selbständiger Künstler mit einem diktatorischen Produzenten, der eher sich selbst als Künstler begreift, in Verhandlung stehen, muss der Musiker zunächst absolut sicher sein, dass er und der Produzent wirklich auf der gleichen Wellenlänge liegen und die gleichen künstlerischen und wirtschaftlichen Vorstellungen haben, ehe er unterschreibt. Dass der Künstler gut vorbereitet sein muss, ist selbstverständlich, denn Studiozeit ist teuer.

2.1 c) Die Auswahl der aufzunehmenden Titel erfolgt zwischen dem KÜNSTLER und der FIRMA in beiderseitigem Einverständnis.

Erläuterungen zu 2.1 c)

Dies lässt sich im Künstlerexklusivvertrag nur selten durchsetzen. Meistens behält sich die Firma bzw. der Produzent hier wenigstens ein Letztentscheidungsrecht vor. Aus ihrer Sicht ist dies verständlich, da sie sich als den markterfahreneren Vertragspartner sehen, der weiß, was sich verkaufen lässt. Für den Künstler kann es aber auch den völligen Verlust der Kontrolle über die künstlerischen Darbietungen bedeuten.

2.2 Produktion von Bildtonaufnahmen

Entschließt sich FIRMA zur Produktion eines Bildtonträgers, werden sich die Parteien über den zu produzierenden Inhalt und die Gestaltung der Aufnahmen verständigen. KÜNSTLER wird entsprechend bereits in die Vorbereitungs- bzw. Planungsphase eingebunden.

50 Prozent aller im Zusammenhang mit der Produktion eines Bildtonträgers anfallenden Kosten sind gemäß § 7 Ziff. 2.b) und Ziff. 3.b) mit allen Einkünften des KÜNSTLERS aus diesem Vertrag, insbesondere aus Tonträgerverkäufen, verrechenbar.

Erläuterungen zu § 2.2

Grundsätzlich ist die Produktion eines Videos eine gute Sache, da das Promotionvideo immer noch ein wichtiges Instrument zur Verkaufsförderung ist. Andererseits ist das Video aber auch eine verrechenbare Kostenfalle, denn der Künstler muss immer einen Teil der Produktionskosten im Wege des Abzugs von seinen Lizenzeinkünften mittragen. Daher sollte er darauf achten, in die Gestaltung eingebunden zu sein, damit das Video auch zu seiner musikalischen und künstlerischen Vision passt.

§ 3 Veröffentlichung

FIRMA steht das alleinige Recht zu, darüber zu entscheiden, ob, wann, wo und wie die vertragsgegenständlichen Aufnahmen veröffentlicht werden. Hierzu gehört insbesondere die Entscheidung, ob, wie viele und welche Single-Aufnahmen aus einer Album-Produktion ausgekoppelt, welche sonstigen Inhalte, auch Dritter, zu Promotion- und Werbezwecken auf Trägern und Websites platziert sowie auf welchem Label, unter welcher Bezeichnung und zu welchem Verkaufspreis die Aufnahmen verbreitet werden.

§ 4 Promotion, Name und Abbildung des KÜNSTLERS

4.1 FIRMA (bzw. die von FIRMA beauftragten Dritten) werden alles Branchenübliche unternehmen, um die Aufnahmen z.B. in Hörfunk, Fernsehen, Presse und öffentlichen Veranstaltungen unter Mitwirkung des KÜNSTLERS bekanntzumachen. Der KÜNSTLER erklärt sich insbesondere bereit, in Absprache mit FIRMA bei Fernseh- und ähnlichen Veranstaltungen aufzutreten. Der KÜNSTLER bemüht sich, bei allen Veranstaltungen vertragsgegenständliche Aufnahmen bevorzugt vorzutragen.
FIRMA übernimmt im Zusammenhang mit von FIRMA veranlassten Promo-Aktivitäten die Kosten der Begleitband von KÜNSTLER sowie im Rahmen einer zuvor erfolgten Freigabe des Kostenrahmens die Kosten einer Begleitperson von KÜNSTLER.

Erläuterungen zu § 4.1
Die Kosten des Künstlers trägt hiernach die Firma oder der jeweilige Veranstalter. Häufig ist zudem geregelt, dass etwaige Gagenzahlungen von der Firma dafür verwendet werden dürfen, die entstandenen Kosten auszugleichen.

4.2 Solange die Vertragsaufnahmen ausgewertet werden, darf der Produzent den Namen des KÜNSTLERS sowie den Künstlernamen, Abbildungen und biographisches Material des/der KÜNSTLERS zur Werbung benutzen und benutzen lassen. Der Produzent wird dazu ermächtigt, Ansprüche wegen Verletzungen der hier eingeräumten Rechte auch im eigenen Namen geltend zu machen. Der KÜNSTLER wird auf Wunsch von Produzent, soweit möglich, geeignetes Bildmaterial gegen Erstattung der angemessenen Kosten frei von Rechten Dritter liefern bzw. dafür sorgen, dass er und gegebenenfalls Mitwirkende sich für Fotoaufnahmen, deren Kosten der Produzent trägt, zur Verfügung stellen. Der KÜNSTLER steht dafür ein, dass er die Reproduktionsrechte an dem übergebenen Fotomaterial erworben hat und überträgt diese Rechte auf den Produzenten. Hiervon betroffen sind auch alle Formen interaktiver und digitalisierter Auswertung, einschließlich der Anmeldung einer Internet-Domain für den KÜNSTLER.

§ 5 Übertragung von Verwertungsrechten

5.1 KÜNSTLER überträgt FIRMA das ausschließliche (= exklusive), zeitlich, örtlich und inhaltlich unbeschränkte und übertragbare Recht, die Vertragsaufnahmen sowie das sonstige Material in jeder beliebigen Weise zu verwerten oder verwerten zu lassen. Die Rechteübertragung schließt sämtliche Leistungs-, urheberrechtlichen Verwertungs- und alle anderen durch Urheberrecht sowie sonstige Gesetze gewährten Rechte und Ansprüche an den Vertragsaufnahmen bzw. von an den Vertragsaufnahmen Mitwirkenden (z.B. Künstlern, Tonträgerherstellern, künstlerischen Produzenten, Studiomusikern und sonstigen Mitwirkenden) und dem angelieferten Material ein und umfasst auch das exklusive Recht zur Nutzung des Künstlernamens im Rahmen des Vertragszwecks. Ausgenommen von der Rechtsübertragung sind Nutzungsrechte an Urheberrechten des KÜNSTLERS, soweit sie ihm in seiner Eigenschaft als Komponist/Texter oder Bearbeiter eines zur Aufnahme gelangenden Titels zustehen und er/sie diese Rechte zur Wahrnehmung an die GEMA oder eine andere Verwertungsgesellschaft bzw. einen Verlag übertragen hat.

KÜNSTLER garantiert auch, dass die Rechte an den den Vertragsaufnahmen zu Grunde liegenden Sprachwerken frei von Rechten Dritter und im Umfang der Rechteübertragung gemäß diesem Punkt 4. übertragen werden; hierfür ist keine zusätzliche Beteiligung zu leisten.

5.2 KÜNSTLER überträgt FIRMA insbesondere folgende Rechte exklusiv und übertragbar:

5.2.1 das exklusive Recht, die Vertragsaufnahmen auf Trägern und/oder Speichermedien jeder Art (z.B. Tonträgern und/oder Bildtonträgern) und in Konfigurationen in beliebiger Weise – auch zusammen mit Ton- und/oder Bildtonaufnahmen anderer KÜNSTLER (z.B. auf sog. „Mischkopplungen") – zu vervielfältigen und zu verbreiten, zu vermieten und zu verleihen; Tonträger und Bildtonträger aller Art sind z.B. VinylSchallplatte, MusiCassette, Compact-Disc, MultiOptical-CompactDisc (MO-CD), Super Audio CD (SACD), DigitalCompactCassette (DCC), MiniDisc, Digital Audio Tape (DAT), Compact-Disc-Video, Laser-Disc, Foto-CD, Audio- und Video-DVD, CD-Plus, CD-ROM, CD-ROM-XA, CD-R, RAM-Cards, CD-I, Filmrollen, VideoCassetten, VideoDiscs. Sonstige Speichermedien sind z.B. Computer-Disketten, Festplatten, RAM- oder ROM-Speicher, Multimediacards und sonstige Chipkarten, Magnetbänder, CD-I und holografische Speichermedien; Konfigurationen sind insbesondere Single, Maxi-Single, Album, Doppel-Album, EP und sonstige Konfigurationen; Verbreitung auf jede Art und Weise bedeutet insbesondere Verkauf, Vermietung, Verleih, Leasing und sonstige Geschäftsformen sowie der Vertrieb über traditionelle und nicht-traditionelle Outlets und Händler einschließlich Direct-to-Consumer-Vertriebswege und jede Form von elektronischem Verkauf (z.B. sogenannter E-Commerce oder M-Commerce);

5.2.2 das exklusive Recht, die Vertragsaufnahmen im Rahmen von Online- (insbesondere Internet-Anwendungen) und Abrufdiensten (inklusive Mobile-Phone-Diensten) jeder Art und jeden Systems und unabhängig von der Art der Übertragung auszuwerten, die Vertragsaufnahmen in Datenbanken, in Datennetze (z.B. Internet und dessen sämtliche Dienste [z.B. World Wide Web, Usenet, E-Mail und sonstige Internet-Dienste], Intranets, Extranet) oder ähnlichem in jeder Auswahl und Anordnung für alle im Rahmen einer Datenbank möglichen Nutzungen zu verwenden, dort einzuspeisen, abzuspeichern, zu verbreiten und insbesondere den Benutzern von Datenbanken/Datennetzen über Kabel oder andere Übertragungswege (leitungsgebunden und/oder drahtlos, z.B. Kabelsysteme, Breitband, Satellit, Fest- und/oder Mobilfunknetz jeden Standards [GMS, UMTS, 3GP etc.]) – nach Wahl Einzeltitel oder eine Zusammenstellung vertragsgegenständlicher Aufnahmen – auf Abruf zum Zwecke der akustischen, optischen oder sonstigen Wahrnehmung und/oder Vervielfältigung und/oder Verbreitung und unabhängig vom Empfangsgerät (z.B. Computer, TV-Gerät, Mobilfunkgeräte, Tablet-PCs, Netbooks, Kombinationen aus den vorstehenden oder anderen Geräten) entgeltlich oder unentgeltlich zu übermitteln; mit umfasst von der Rechteübertragung ist insbesondere das Recht, die Vertragsaufnahmen im Wege von sogenanntem „Downloading" (d.h. zeitlich begrenzte oder dauerhafte Speicherung auf Speichermedien des Nutzers) oder „Streaming" (d.h. Übertragung ohne dauerhafte Speichermöglichkeit) in jeder Art und Weise (einschließlich sogenannter File-Sharing-, Abo- oder sonstiger Geschäftsmodelle) verfügbar zu machen; das Recht umfasst auch das Recht, die Vertragsaufnahmen der Öffentlichkeit auf unkörperlichem Wege anzubieten, verfügbar zu machen und an individuelle Kunden zu übermitteln (z.B. im Rahmen sog. „Music-On-Demand-Dienste"), wobei insofern insbesondere die Rechte zur Einspeisung in einen Server, jede Zwischenspeicherung, auch die temporäre oder die partiell-temporäre, das Angebot des Inhaltes an die Öffentlichkeit, das Verfügbarmachen des Inhaltes für die Öffentlichkeit, das Übermitteln an den Kunden und das Speichern beim Kunden übertragen sind; FIRMA entscheidet insofern das Titelangebot (z.B. Angebot einer vertragsgegenständlichen Aufnahme als Einzeltitel, inhaltsidentisch mit der Zusammenstellung vertragsgegenständlicher Tonträger- oder Bildtonträger-Veröffentlichungen oder in Verbindung mit anderen nicht-vertragsgegenständlichen Aufnahmen); FIRMA entscheidet für jede vertragsgegenständliche Einzelaufnahme gesondert, ob diese zum Probehören, d.h. ausschnittsweise in minderer oder voller Systemqualität verfügbar gemacht wird, ob die betreffende vertragsgegenständliche Aufnahme in voller Systemqualität zur Lieferung ausschließlich zum Hören, d.h. ohne Berechtigung zur Speicherung, oder ob sie in voller Systemqualität zur Lieferung mit Berechtigung zur dauerhaften Speicherung und/oder zur Vervielfältigung verfügbar gemacht und/oder ob ihr eine spezielle Marketinginformation hinzugefügt wird;

5.2.3 das exklusive Recht, die Vertragsaufnahmen auf jede Art und Weise öffentlich und nicht-öffentlich wiederzugeben, sie vorzuführen und durch jede technische Einrichtung öffentlich und nicht-öffentlich wahrnehmbar zu machen;

5.2.4 das exklusive Recht, die Vertragsaufnahmen auf jede technische Art zu senden, Sendungen und/oder sonstige unkörperliche Verbreitungen der Vertragsaufnahmen zu veranstalten oder wiederzugeben, die Vertragsaufnahmen also unabhängig von der Art der technischen Weitergabe (z.B. Funk, Drahtfunk, Kabel, Hertz'sche Wellen, Laser, Mikrowellen, etc.) in jedem Verfahren zu verbreiten oder verbreiten zu lassen (z.B. Tonrundfunk, Fernsehen, Drahtfunk und Kabelfernsehen [unter Einschluss der Kabelweitersendung], Satellitenfunk und/oder -fernsehen [unter Einschluss von Direktsatelliten {DBS}], Pay-TV, Mulitplexing, Videotext, Nutzungen von Telekommunikationsdiensten jeder Art [z.B. Festnetz, Mobilfunk jeden Standards {GSM, GRPS, UMTS, etc.} und sonstige] oder anderen technischen Einrichtungen, unabhängig von der rechtlichen Organisationsform (z.B. interaktiv oder linear, On-Demand und auch in Form des Einzelabrufes, verschlüsselt oder unverschlüsselt und unabhängig von der Art des Nutzungsentgeltes)) und der Öffentlichkeit oder dem Individuum entgeltlich oder unentgeltlich zugänglich zu machen;

5.2.5 das exklusive Recht, die Vertragsaufnahmen auch mit anderen Künstlern und in anderer Sprache nachzusynchronisieren, in eine andere Sprache zu übersetzen, zu synchronisieren, für Multimediazwecke jeder Art zu verwenden, zu verfilmen, zu kürzen, zu teilen, ganz oder teilweise auch in Verbindung mit Aufnahmen, Leistungen und Werken anderer Künstler in andere Bild- und/oder Tonträger zu übernehmen oder in sonstiger Weise zu bearbeiten und umzugestalten (z.B. Remixe zu erstellen, Sampling vorzunehmen) und in dieser Form im Rahmen dieses Vertrages zu verwerten; übertragen ist auch das Recht, die Vertragsaufnahmen in Spielen/Computerspielen sowie anderen, auch interaktiven, Multimedia-Produktionen jeder Art (einschließlich „Websites") zu verwerten sowie unter Verwendung bearbeiteter oder unbearbeiteter Ausschnitte aus den Vertragsaufnahmen für Waren und Dienstleistungen jeder Art zu nutzen und zu werben;

5.2.6 das exklusive Recht zur Durchführung jeder Form von sogenanntem Electronic Merchandising, d.h. das Recht, mit dem Abbild oder unter sonstigem Bezug auf den KÜNSTLER (Fotos, Bandlogo, etc.) mit oder ohne Verbindung zu den Vertragsaufnahmen über Online- und Abrufdienste auszuwerten, insbesondere das Recht zur Verwendung der Vertragsaufnahmen selbst, der angelieferten Materialien oder des Künstlernamens bzw. bürgerlichen Namens im Zusammenhang mit Klingeltönen oder ähnlichen Auswertungsformen über Telekommunikationsgeräte. Zum exklusiven Rechteumfang gehört insbesondere auch das Recht, aus den Vertragsaufnahmen sogenannte „Realtones" herzustellen und diese auszuwerten.

5.3 Die Rechtsübertragung umfasst insbesondere auch das Recht, alle übertragenen Rechte ganz oder teilweise auf Dritte zu übertragen, wobei in einem solchen Fall die subsidiäre Haftung von FIRMA für die Erfüllung der dem KÜNSTLER gegenüber übernommenen Verpflichtungen bestehen bleibt. FIRMA ist auch berechtigt, diesen Vertrag als Ganzes auf ein mit FIRMA verbundenes Unternehmen zu übertragen. KÜNSTLER erklärt seine ausdrückliche Zustimmung hierzu mit Unterzeichnung dieses Vertrages.

Erläuterung zu § 5

Diese umfangreiche Aufzählung aller denkbaren Nutzungsarten trägt einer Besonderheit des Urhebervertragsrechts Rechnung: Nach §§ 79 Abs. 2, 31 Abs. 5 UrhG gilt auch für Leistungsschutzrechte der sogenannte „Zweckübertragungsgrundsatz", nach dem die vertraglich zu übertragenden Nutzungsrechte ausdrücklich einzeln zu bezeichnen sind. Ansonsten trägt der Lizenznehmer (also die Firma) das Risiko, dass nicht genannte Nutzungsarten auch nicht Vertragsbestandteil geworden sind, so dass der Künstler die entsprechende Nutzung verbieten bzw., was wahrscheinlicher ist, die Konditionen nachträglich aushandeln kann. Deswegen finden sich in den Nutzungsverträgen detaillierte Regelungen über die einzelnen Nutzungsarten, wobei oft noch Tonträgerformate genannt werden, die auf dem Markt für bespielte Tonträger längst keine Rolle mehr spielen oder noch nie eine Rolle

gespielt haben (z.B. DCC oder DAT). Dass diese Formate immer noch aufgezählt werden, liegt wahrscheinlich eher an der preußischen Gründlichkeit der Konzernjuristen als an der Hoffnung darauf, dass DCC und DAT je eine Renaissance erleben könnten.
In jüngster Zeit nehmen vor allem die verschiedenen Formen der sogenannten „electronic delivery", also der Übertragung musikalischer Inhalte auf elektronischem Wege, etwa die Vermarktungsformen im Internet, immer größeren Raum im Rechtekatalog ein. Bei der Verhandlung sollte der Künstler versuchen, seine schriftliche Zustimmung für alle Kopplungen, Werbenutzungen und Synchronisationen (beispielsweise bei Filmen) zur Bedingung zu machen.

§ 6 Ausschließlichkeit

6.1 Der KÜNSTLER überträgt auf die FIRMA das ausschließliche und übertragbare Recht, seine sämtlichen schutzfähigen Darbietungen während der Dauer dieses Vertrags aufzunehmen und auszuwerten. Die vertragliche Exklusivität umfasst auch die gesamte Online-Darstellung des KÜNSTLERs.

Erläuterungen zu § 6.1
„Ausschließlichkeit" bedeutet hier, dass der Künstler das ihm persönlich zustehende Verwertungsrecht nur der Firma einräumt, so dass er nicht mehr anderweitig darüber verfügen kann, indem er z.B. mit anderen Produzenten Aufnahmen macht. Dies ist die sogenannte persönliche Exklusivität.

6.2 Der KÜNSTLER wird, vorbehaltlich der Ausnahmen in Absatz 3, während der Vertragsdauer niemandem außer der FIRMA gestatten, seine Darbietungen auf Tonträger jeglicher Art aufzunehmen und/oder auszuwerten. Um diese persönliche Ausschließlichkeit zu sichern, überträgt der KÜNSTLER auf die FIRMA seine sämtlichen Leistungsschutzrechte und daraus folgenden Ansprüche, die ihm an Aufnahmen oder Mitschnitten solcher Darbietungen entstehen, die möglicherweise dieser Ausschließlichkeitsbildung zuwider von Dritten vorgenommen und/oder ausgewertet werden. Der KÜNSTLER darf weiterhin frei als Studiomusiker arbeiten.

Erläuterungen zu § 6.2

Die Ausschließlichkeit der Verwertungsrechte bezieht sich hier auf das Verbot, durch Dritte solche Rechte wahrnehmen zu lassen oder ihnen zu übertragen. Der Grund dafür, dass der Künstler dem Produzenten sämtliche Leistungsschutzrechte übertragen muss, ist die Pflicht des Produzenten, sie auch an die Plattenfirma zu übertragen.

Die Erlaubnis, als Musiker frei, das heißt ohne Zustimmung der Plattenfirma zu arbeiten, bildet die Ausnahme. Im Normalfall behält sich die Firma die Genehmigung vor. In diesem Fall erscheint dann auf der Plattenhülle ein Hinweis „by courtesy of (Plattenfirma)" an Aufnahmen als Studiomusiker mitzuwirken. Sollte der Künstler dies nicht aushandeln können, kann er versuchen, eine Regelung in den Vertrag aufnehmen zu lassen, die es dem Produzenten verbietet, die erforderliche Genehmigung ohne gravierende Gründe zu versagen. Die Tätigkeit als Studiomusiker ist für viele Musiker ein wichtiges Zubrot, auf das sie nicht verzichten möchten. Eine weitere Alternative besteht darin, dass der Künstler zu solchen Ausnahmen berechtigt bleibt, aber sein Name nicht auf dem Cover bzw. im Booklet genannt werden darf.

6.3 Dem KÜNSTLER bleibt es gestattet, an Aufnahmen mitzuwirken, die ausschließlich für Rundfunkzwecke oder Film- und/oder Fernsehzwecke hergestellt oder verwendet werden, sofern der KÜNSTLER diese Verwendungsbeschränkung bei derartigen Vereinbarungen ausdrücklich zur Bedingung gemacht hat. Der Hersteller solcher Aufnahmen ist weder selbst noch durch Dritte berechtigt, diese Aufnahmen für Ton- oder Bildträger zu verwerten, es sei denn, die FIRMA gibt hierzu ihr schriftliches Einverständnis. Übernimmt die FIRMA eine solche Aufnahme des KÜNSTLERS von dem Dritten, gilt die übernommene Aufnahme im Sinne dieses Vertrags.

Erläuterungen zu § 6.3

Aufnahmen für Rundfunk- und Fernsehzwecke sind eine übliche und notwendige Ausnahme von der Ausschließlichkeit (Exklusivität). Auch der Produzent bzw. die Firma hat ein Interesse daran, dass der Künstler im Rundfunk und im Fernsehen auftritt, da hierdurch die Tonträgerverkäufe angekurbelt werden sollen. Ein Auftritt bei „Wetten, dass...?" ist nach wie vor ein Garant für eine hohe Charts-Position. Allerdings sollen solche Auf-

nahmen dann nicht ohne Zustimmung der Firma in den Handel gelangen, damit sie den regulären Tonträgern keine Konkurrenz machen.

6.4 Der KÜNSTLER wird die Titel, die im Rahmen dieses Vertrags aufgenommen werden, oder Teile davon während der Dauer dieses Vertrags und 10 Jahre danach nicht erneut aufnehmen oder durch Dritte auf Tonträger aufnehmen lassen.

Erläuterungen zu § 6.4
Es ist im Interesse des Künstlers, die Dauer dieser sogenannten Titelexklusivität möglichst kurz zu halten. Es geht darum, dass die FIRMA verhindern will, dass ein Künstler gleich nach Vertragsende seine erfolgreichen Stücke unmittelbar für eine andere Firma erneut aufnimmt und damit den Tonträgern des früheren Vertragspartners Konkurrenz macht. Bei der Verhandlung sollte man versuchen, diese Exklusivität entweder auf etwa sieben Jahre nach Veröffentlichung des Stücks oder höchstens fünf Jahre nach Ablauf des Vertrages festzulegen.

6.5 Verstößt der KÜNSTLER gegen seine Exklusivpflicht, so ist die FIRMA zur Einstellung sämtlicher Zahlungen berechtigt, unbeschadet eines etwaigen weitergehenden Schadensersatzanspruchs und sonstiger Rechte.

Erläuterungen zu § 6.5
Dies sollte nicht akzeptiert werden. Bei einem Verstoß gegen die Titelexklusivität hat die Firma Anspruch auf Unterlassung und Schadensersatz. Dies darf aber nicht bedeuten, dass die Firma, die ja weiterhin das Repertoire des Künstlers auswertet, hierfür nichts bezahlen muss.

§ 7 Garantien

7.1 Der KÜNSTLER garantiert,

- dass er über die den Gegenstand dieses Vertrages bildenden Rechte noch nicht anderweitig verfügt hat und auch nicht verfügen wird,
- dass auch sonst Rechte Dritter oder vertragliche Beziehungen zu Dritten der Vertragserfüllung nicht entgegenstehen und ferner, dass durch

die Vertragsaufnahmen – sofern dem KÜNSTLER hieran Rechte zustehen – keine gesetzlichen Bestimmungen (insbesondere des Urheberrechtsgesetzes) verletzt werden. Der KÜNSTLER stellt die FIRMA von sämtlichen Ansprüchen Dritter frei, die mit dieser Garantie sowie sonstigen Gewährleistungen/Garantien in Widerspruch stehen und ersetzt der FIRMA alle insoweit entstehenden Schäden und Aufwendungen unter Einschluss etwa erforderlicher Rechtsverfolgungskosten.

Erläuterungen zu § 7.1

In diesem Passus muss auf drei Dinge geachtet werden:

1. *Ist der Künstler womöglich noch persönlich exklusiv an einen anderen Vertragspartner gebunden?*
2. *Ist der Künstler durch einen früheren Künstlerexklusiv- oder Bandübernahmevertrag und die dort vereinbarte Titelexklusivität womöglich nicht berechtigt, bestimmte Titel jetzt schon neu einzuspielen?*
3. *Bei der Produktion dürfen keine ungenehmigten Samples verwendet werden, weil hierdurch Urheber- und Leistungsschutzrechte verletzt werden.*

7.2 Sollten trotz vorstehender Versicherung von Dritten Ansprüche wegen der Ausübung der in diesem Vertrag übertragenen Rechte geltend gemacht werden, wird der KÜNSTLER zur Durchsetzung der durch diesen Vertrag übertragenen Rechte alle notwendigen Rechtshandlungen vornehmen und Erklärungen abgeben und ggf. mit dem anspruchstellenden Dritten Vereinbarungen treffen, die das Hindernis zur Erfüllung dieses Vertrags beseitigen. Unabhängig davon ermächtigt der KÜNSTLER die FIRMA nach Entscheidung, Forderungen Dritter für Rechnung des KÜNSTLERS – unbeschadet etwaiger weitergehender Ansprüche der FIRMA gegen den KÜNSTLER – zu befriedigen oder in sonstiger Weise Beeinträchtigungen der Erfüllung dieses Vertrags zu beseitigen. Dies umfasst die gerichtliche Verfolgung oder Abwehr von diesen Vertrag betreffenden Ansprüchen und Rechten im eigenen Namen zu Lasten des KÜNSTLERS oder im Namen des KÜNSTLERS. Hierfür erteilt der KÜNSTLER der FIRMA eine bis zur Erledigung aller in Betracht kommenden Ansprüche unwiderrufliche Vollmacht.

7.3 Der KÜNSTLER wird Dritten gegenüber – außer zur Wahrung eigener Ansprüche – über die Bedingungen dieses Vertrags und aller damit in Zusammenhang stehenden Informationen Stillschweigen bewahren.

§ 8 Vergütung, Abrechnungsbasis

Der KÜNSTLER erhält – maximal für die Dauer der gesetzlichen Schutzfrist – folgende Beteiligung an den abzurechnenden Vertragsaufnahmen. Mit dieser Beteiligung sind sämtliche Rechte und Ansprüche von KÜNSTLER aufgrund der übertragenen Rechte und sonstiger Leistungen in Bezug auf sämtliche Nutzungen und Verwertungen der Vertragsaufnahmen abgegolten. Die Beteiligung errechnet sich wie folgt:

8.1 Für jede in der jeweiligen Hochpreisklasse über den Handelsvertrieb

8.1.1 in Deutschland verkaufte und abzurechnende Tonträgereinheit

8.1.1.1 Acht Prozent für die 1. bis 30.000. abzurechnende Album-Tonträger-Einheit einer Katalognummer, die ausschließlich Vertragsaufnahmen enthält.

8.1.1.2 Neun Prozent für die ab der 30.001. und für jede weitere abzurechnende Album-Tonträger-Einheit einer Katalognummer, die ausschließlich Vertragsaufnahmen enthält.

Erläuterungen zu § 8.1.1.1 - 8.1.1.2

Mit Wirkung zum 1. Juli 2002 ist das Urheberrechtsgesetz geändert worden. Kern der Neuregelung, die die Stärkung der wirtschaftlichen Situation von Urhebern und ausübenden Künstlern zum Gegenstand hatte, ist die Schaffung eines Anspruchs auf angemessene Vergütung, § 32 UrhG. Diese soll durch Vertreter der jeweiligen Interessengruppen bestimmt werden. Obwohl das Gesetz diese Möglichkeit ausdrücklich vorsieht, sind bislang im Bereich der Vergütung für ausübende Künstler noch keine Bemühungen zur Schaffung einheitlicher Vergütungsregelungen zu erkennen. Die Aushandlung fairer Konditionen bleibt daher nach wie vor primär dem Verhandlungsgeschick der Künstler überlassen, die

traditionell mehrheitlich die schwächere Partei in Vertragsverhandlungen bilden. Verstärkt wird dieser Faktor im neuen Jahrtausend durch den Umstand, dass es der Tonträgerbranche immer schlechter geht und daher auch zunehmend an der Vergütung der Künstler gespart wird.
Eine Möglichkeit, den Erfolg eines Künstlers angemessen zu honorieren, bildet, sofern die zugrundeliegende Basislizenz angemessen ist, die Vereinbarung von Lizenzerhöhungen im Erfolgsfall. Die Vereinbarung einer Lizenzstaffelung soll dafür sorgen, dass bei einem höheren als dem durchschnittlich zu erwartenden Erfolg der Künstler eine prozentual höhere Beteiligung erhält und damit für seine Zugkraft „belohnt" wird. Dies ist auch nur fair, weil der Anteil der Gemeinkosten pro verkauftem Tonträger mit zunehmenden Stückzahlen sinkt und von den dadurch steigenden Gewinnen nicht nur der Produzent und die Firma profitieren sollen, sondern natürlich auch der Künstler als der „kreative Kern" des wirtschaftlichen Erfolgs. Wichtig ist allerdings, dass die Staffel auch in Relation zu den auf das jeweilige Produkt zu erwartenden Verkäufen steht: Wenn ein Künstler voraussichtlich nicht mehr als 10.000 Einheiten von einem Tonträger verkaufen wird, fällt es der Firma natürlich leicht, eine Erhöhung der Basislizenz bei mehr als 50.000 verkauften Einheiten zu versprechen. Umgekehrt ist nicht einzusehen, weshalb ein Künstler, der – wie im vorliegenden Fall – mit großer Wahrscheinlichkeit mehr als 50.000 Tonträger verkaufen wird, lediglich eine einzige Lizenzerhöhung um ein Prozent ab 30.001 Stück bekommen soll, selbst wenn er möglicherweise 100.000 und mehr Tonträger verkaufen sollte. Lizenzsteigerungen können auch an andere Ereignisse – etwa chart entry oder die Veröffentlichung eines Optionsalbums – anknüpfen.

8.1.2 außerhalb des Gebietes gemäß 1.1 verkauften und abzurechnenden Tonträgereinheit 66 Prozent von 1.1.1

Erläuterung zu § 8.1.2
Diese Reduzierung wird von den Firmen mit Mehraufwand gerechtfertigt, den es bereitet, einen Tonträger im Ausland zu verkaufen. Die Gründe hierfür sind allerdings in Zeiten globalisierten Handels nur schwer und beim Online-Vertrieb gar nicht nachvollziehbar.

8.2 Für jede durch die FIRMA verkaufte und abzurechnende Tonträgereinheit, bei der es sich um eine sogenannte „Mischkopplung" handelt, 66,66 Prozent von 1.1.1 bzw. 1.2.

Erläuterungen zu § 8.2

Bei Mischkopplungen (Compilations) sollte danach differenziert werden, ob diese von der Firma selbst erstellt werden („Inhouse-Kopplungen") oder ob Lizenzen zur Erstellung von Kopplungen an Dritte vergeben werden. Eine Lizenzreduzierung für die Vergabe von Fremdkopplungen wird so gut wie immer verlangt, da die Vergabe dieser Lizenzen oft mühsam und nicht immer lukrativ ist. Eine Reduzierung der Lizenz bei Inhouse-Kopplungen auf 2/3 ist jedoch unangemessen, da diese ja gerade ohne den zeitaufwändigen Kontakt zu dritten Unternehmen von der Firma selbst zusammengestellt werden.

8.3 Für jede durch die FIRMA verkaufte und abzurechnende Tonträgereinheit, die im Fernsehen und/oder Rundfunk und/oder einem anderen elektronischen Medium und/oder in Kinos und/oder im Rahmen einer Print-Kampagne beworben wird und/oder die unter Verwendung eines Illustrierten-/Zeitungssignums und/oder in sonstiger Weise in Kooperation mit Dritten (z.B. mit einer Fernsehanstalt) veröffentlicht wird, 50 Prozent von 1.1.1 bzw. 1.2 bzw. 2.

Erläuterung zu § 8.3

Hier lässt sich mit guten Argumenten vertreten, dass die entsprechende Reduzierung zeitlich zu begrenzen ist und nur in der Abrechnungsperiode, während derer die Kampagne läuft, ggf. auch noch eine weitere Periode lang angewendet werden darf. Dies muss dann aber, genau wie die Einhaltung der sonstigen „lizenzmathematischen Bedingungen" in der Abrechnung überprüft werden. Ob eine Werbung in Print-Medien oder im Internet zu einer Reduzierung berechtigen sollte, darf angezweifelt werden. Hier wird oft versucht, die sogenannte „Branchenüblichkeit" zu Lasten der Künstler zu verschieben.

8.4 Für jede außerhalb des Handelsvertriebs (z.B. über Clubs, Direktmarketing [z.B. Mail-Order, DirectResponseTeleVision oder ähnliche Formen des TV-unterstützten Direktmarketings], E- oder M-Commerce in jeder Form [d.h. physische Belieferung nach elektronischer Bestellung oder über irgendwelche Sondervertriebswege durch die FIRMA verkaufte und abzurechnende Tonträgereinheit]) 50 Prozent von 8.1.1.1 bzw. 8.1.2. 2 oder wahlweise 40 Prozent der bei der FIRMA aus einer solchen Auswertung tatsächlich eingehenden Nettosublizenzerlöse – allerdings nur bezogen auf Tonträgerauswertungen über ein Clubunternehmen.

8.5 Für jede Tonträgereinheit im Sinne von 8.1 bis 8.4, deren jeweiliger Listenabgabepreis nicht höher als 86 Prozent und nicht unter 65 Prozent der Normalpreisklasse in der jeweiligen Tonträgerkategorie liegt, 75 Prozent (drei Viertel) der unter 8.1.1.1 bzw. 8.1.2, 8.2 bis 8.4 vereinbarten Prozentsätze.

8.6 Für jede Tonträgereinheit im Sinne von 8.1 bis 8.4, deren jeweiliger Listenabgabepreis unter 65 Prozent und nicht unter 51 Prozent der Normalpreisklasse in der jeweiligen Tonträgerkategorie liegt, 66,66 Prozent (zwei Drittel) der unter 8.1.1.1 bzw. 8.1.2, 8.2 bis 8.4 vereinbarten Prozentsätze.

8.7 Für jede Tonträgereinheit im Sinne von 8.1 bis 8.4, deren jeweiliger Listenabgabepreis bei höchstens 50 Prozent der Normalpreisklasse in der jeweiligen Tonträgerkategorie und darunter liegt oder die als Special-Project/Special Product verkauft wird, 33,33 Prozent von 8.1.1.1 bzw. 8.1.2, 8.2 bis 8.4

Erläuterung zu § 8.5 – 8.7
Diese Reduzierungen beziehen sich auf Mid-Price-, Low-Price- und Budget-Price-Tonträger. An den mit ihnen erzielten Erlösen ist der Künstler mit einer niedrigeren (aber auch oft verhandelbaren) Marge beteiligt.

8.8 Im Falle der Sublizenzvergabe der Rechte an Vertragsaufnahmen an Dritte für Synchronisationszwecke für Spiel- und/oder Werbefilme und/oder vergleichbare Zwecke beträgt die Beteiligung 50 Prozent der vereinbarten Abrechnungsbasis.

8.9 Im Falle der Sublizenzvergabe von Tonträger- oder Bildtonträgerauswertungsrechten an den Vertragsaufnahmen an Dritte beträgt die Beteiligung 50 Prozent der vereinbarten Abrechnungsbasis.

Erläuterungen zu § 8.2 – 8.9
Lizenzreduzierungen werden vor dem Hintergrund vorgeschlagen, dass die Firmen bzw. Produzenten bei bestimmten Vermarktungsmodellen geringere Gewinnspannen haben, da diese mit finanziellem oder personellem Mehraufwand verbunden sind. Bei Lizenzreduzierungen besteht regelmä-

ßig ein Verhandlungsspielraum im Hinblick auf die Höhe der Reduzierung. Anstelle einer Reduzierung der Basislizenz auf 50 Prozent der vereinbarten Beteiligung kann in vielen Fällen eine Reduzierung auf 66 oder auch 75 Prozent ausgehandelt werden. Empfehlenswert – und in der Regel auch durchsetzbar – ist ein Verbot von Mehrfachreduzierungen: Kommen mehrere Reduzierungstatbestände in Betracht, so kommt jeweils nur der höchste zur Anwendung. Anderenfalls besteht die Gefahr, dass die Beteiligung irgendwann „gegen Null geht".

8.10 Im Falle der Auswertung der Online-Rechte an den Vertragsaufnahmen (z.B. Download, Streaming oder sonstige Online-Nutzungen, bei denen keine physische Belieferung erfolgt) durch die FIRMA selbst beträgt die Beteiligung 50 Prozent von 8.1.1.1. Im Falle der Sublizenzvergabe der Online-Rechte oder irgendwelcher sonstigen Rechte zur nichtkörperlichen Auswertung der Vertragsaufnahmen oder der übertragenen Rechte (z.B. Electronic Merchandising) durch die FIRMA an andere Unternehmen (verbundene oder nicht verbundene Unternehmen) beträgt die Beteiligung 40 Prozent der vereinbarten Abrechnungsbasis.

Erläuterungen zu § 8.10

Auch bei der Online-Nutzung und sonstigen Formen der „electronic delivery" kommt es natürlich nicht nur auf die Höhe der Lizenzbeteiligung, sondern auch darauf an, ob und in welcher Höhe ein Technikkostenabzug vorgenommen wird. Die hier vorgeschlagene pauschale Halbierung der auf den HAP bezogenen Beteiligung von 8 Prozent bei einem Technikkostenabzug von 30 Prozent (s. u. § 8.13) ist als zu niedrig anzusehen. Gegen das von Künstlerseite vorgebrachte Argument, dass wegen des Wegfalls der Vervielfältigungskosten hier eine höhere Beteiligung als bei Tonträgern vereinbart werden müsse, wehren sich Tonträgerfirmen mit dem Verweis auf die erheblichen Kosten der Online-Vermarktung, die u.a. durch die Bereitstellung auf leistungsfähigen Servern, die Abwicklung des Zahlungsverkehrs und die zusätzlichen Kosten des Internet-Marketing entstehen.

8.11 Abrechnungsbasis für die Beteiligung gemäß 8.1 bis 8.7 ist – sofern keine andere Regelung vereinbart ist – der gemäß 8.13 bereinigte Abgabepreis laut jeweils gültiger Preisliste („HAP") bzw. das gemäß 8.13 bereinigte Nutzungsentgelt laut jeweils gültiger Preisliste

(„HAP"), sofern die Abgabe auf der Basis einer Preisliste erfolgt, oder der gemäß 8.13 bereinigte tatsächliche Abgabepreis bzw. das gemäß 8.13 bereinigte tatsächliche Nutzungsentgelt, sofern die Abgabe nicht auf der Basis einer Preisliste erfolgt. Bei Verkäufen außerhalb des Handelsvertriebs an den Endverbraucher kann die Abrechnungsbasis in der Weise ermittelt werden, dass von dem gemäß 8.13 bereinigten tatsächlichen oder durchschnittlichen Endkonsumenten- und/oder Clubmitgliedspreis und/oder -nutzungsentgelt ein pauschaler Abschlag von 20 Prozent vorgenommen wird (sog. „fiktive Abrechnungsbasis"). Im Falle von Exporten durch die FIRMA in Länder außerhalb Deutschlands kann als Abrechnungsbasis der jeweils gültige gemäß 8.13 bereinigte „HAP" gemäß deutscher Preisliste als Abrechnungsbasis zugrunde gelegt werden.

Abrechnungsbasis für die Beteiligung gemäß 8.8, 8.9, 8.10, 8.11 Absatz 2 sind die bei FIRMA tatsächlich eingehenden Nettosublizenzerlöse. Die Abrechnungsbasis versteht sich exklusive Umsatz- oder ähnlicher Verkaufssteuern, exklusive Spendenbeiträgen und ohne Berücksichtigung einer etwaigen Distributions-/ Handlingcharge, die der jeweilige Abnehmer leistet.

8.12 Bei Mehrfachtonträgern gilt der auf den Einzeltonträger entfallende Preisanteil, d.h. die bereinigte Abrechnungsbasis für das Gesamtobjekt, geteilt durch die Anzahl der Einzeltonträger; dieser Preisanteil ist auch maßgeblich für die Einordnung in die jeweilige Preisklasse gemäß Ziff. 6.3.

Erläuterungen zu § 8.12

Dies ist ein besonders perfider Rechentrick. Ein neues 2-CD-Album wird in der Hochpreiskategorie veröffentlicht. Der Künstler wundert sich, dass in der Lizenzabrechnung aber nur ein Mid-Price-Tonträger auftaucht. Dadurch, dass der Ladenpreis bei Doppel-CDs niedriger ist, entspricht der HAP aber dem eines Mid-Price Tonträgers, so dass, falls diese Reduzierung zur Anwendung kommt, nur ein entsprechend niedrigerer Lizenzsatz gezahlt wird.

8.13 Der Wert der Ausstattung und Technik (Hülle, Kassette, Ausstattung, Leitungskosten, sonstige Technikkosten usw.) unterliegt der Beteiligung in keinem Fall. Der diesbezügliche Abzug kann in tatsächlicher

Höhe oder pauschaliert erfolgen. Erfolgt dieser Abzug pauschaliert, dann gelten – sofern die Parteien keine Sondervereinbarung treffen – folgende Pauschalsätze: 10 Prozent bei herkömmlichen Musikkassetten und Schallplatten, 25 Prozent bei sonstigen Tonträgern (z.B. CD, DVD-Audio) sowie bei allen Bildtonträgern (z.B. Videokassetten, DVDVideo, Laser Disc, CD-Video) und in Höhe von 30 Prozent bei allen sonstigen Nutzungsformen (z.B. Online-Nutzungen jeder Art z.B. Downloading, Streaming in der Form des „Pay-Per-Play" usw.), jeweils bezogen auf die vertraglich ermittelte Abrechnungsbasis.

Erläuterungen zu § 8.13

Für Online-Nutzungen und andere Formen der „electronic delivery" haben sich noch keine einheitlichen Bedingungen herausgebildet. Einige Firmen sehen hier ganz von Technikabzügen ab, andere – wie die Major-Firma im vorliegenden Beispiel – reduzieren nicht nur die Basislizenz, sondern kürzen diesen Betrag auch noch um eine Technikkostenpauschale von 30 Prozent. Den Firmen wird es häufig gelingen, dies mit dem erhöhten Kostenaufwand durch die anfallenden Investitionskosten zu rechtfertigen.

8.14 Die Umsatzbeteiligung steht dem KÜNSTLER so lange zu, wie ausschließlich die FIRMA oder deren Lizenznehmer die Vertragsaufnahmen auswerten, begrenzt jedoch auf die gesetzliche Schutzfrist von Tonträgern.

Erläuterungen zu § 8.14

Nach dem Ablauf der gesetzlichen Schutzfrist darf grundsätzlich jeder die Aufnahmen auswerten, ohne den Inhabern der Leistungsschutzrechte hierfür noch eine Vergütung zahlen zu müssen.

§ 9 Abrechnung und Zahlung

9.1 Abgerechnet werden grundsätzlich 100 Prozent der verkauften, nicht retournierten und bezahlten Vertragsaufnahmen bzw. Nutzungen von Vertragsaufnahmen. Nicht abgerechnet werden Vertragsaufnahmen bzw. Nutzungen von Vertragsaufnahmen, die für Werbezwecke und Promotion unentgeltlich abgegeben werden bzw. erfolgen. Ferner werden solche Vertragsaufnahmen nicht abgerechnet, die – z.B. an einen oder über einen Clubvertrieb – als Bonus, Werbe- oder Treueprämie vertrieben werden. Nicht der Abrechnungspflicht unterliegen auch in Form von Naturalrabatten oder über Rechnungsabzüge (z.B. Rechnungsrabatte, Skonti) und über Rückvergütungen oder über sonstige Einkaufsvorteile abgegebene Vertragsaufnahmen bzw. Nutzungen von Vertragsaufnahmen, wobei FIRMA Rechnungsabzüge und Rückvergütungen und sonstige Einkaufsvorteile in vergütungsfreie Mengen umrechnen kann. Ebenfalls nicht vergütungspflichtig sind Ausverkäufe nach Streichung aus dem regulären Angebot. Retourenreserven können im branchenüblichen Umfang gebildet werden. Im Falle von Lizenzvergaben kann FIRMA bei der Berechnung der vertraglich an Vertragspartner auszuschüttenden Beteiligungen die Abrechnungsmenge und -basis des Lizenznehmers von FIRMA zugrunde legen.

9.2 Ergibt sich in der Abrechnung eines Kalenderhalbjahres ein Abrechnungsbetrag von weniger als 50,- **€** zzgl. USt., so hat erst dann eine Abrechnung zu erfolgen, wenn sich ein Betrag von mindestens 50,- **€** zzgl. USt. ergibt.

9.3 Die FIRMA ist berechtigt, unbeschadet weitergehender Schadensersatzansprüche gegen den KÜNSTLER, die Zahlung der Umsatzbeteiligung einzustellen, falls der KÜNSTLER seine wesentlichen vertraglichen Verpflichtungen, insbesondere seine Ausschließlichkeitsverpflichtung, verletzt.

9.4 Zahlungen aus diesem Vertrag erfolgen ausschließlich an den KÜNSTLER und werden auf das Konto des KÜNSTLERS (...) bei der (...) Bank, Blz (...), geleistet, es sei denn, dass der KÜNSTLER eine andere Geldadresse rechtzeitig schriftlich mitteilt. Solange der KÜNSTLER etwaige Abtretungen an Inkassovollmachten nicht rechtzeitig an die FIRMA schriftlich mitgeteilt hat, erfolgen Zahlungen von der FIRMA an den KÜNSTLER mit befreiender Wirkung.

9.5 Der KÜNSTLER verpflichtet sich, seine Einkünfte aus diesem Vertrag selbst zu versteuern. Sollte der KÜNSTLER innerhalb Deutschlands mehrwertsteuerpflichtig sein oder zur Mehrwertsteuer optieren, wird ihm die aufgrund der Zahlung aus diesem Vertrag fällig werdende Mehrwertsteuer nach Vorlage der Mehrwertsteuerpflichtbescheinigung seines zuständigen Finanzamtes, aus der sich der Mehrwertsteuersatz ergibt, und nach Rechnungsstellung, erstattet. Sollte der KÜNSTLER außerhalb Deutschlands steuerpflichtig sein, werden die fällig werdenden Steuerbeträge von der FIRMA an das zuständige Finanzamt abgeführt, es sei denn, der KÜNSTLER legt der FIRMA eine Freistellungserklärung nach dem entsprechenden Doppelbesteuerungsabkommen vor.

9.6 Die FIRMA wird halbjährlich innerhalb von drei Monaten nach Ablauf einer Abrechnungsperiode an den KÜNSTLER abrechnen. Auslandseinnahmen aus der Auswertung unter diesen Vertrag fallender Tonträger wird die FIRMA entsprechend dem Zahlungseingang mit der laufenden Abrechnung an den KÜNSTLER abrechnen und zahlen.

9.7 Sollte der KÜNSTLER nicht innerhalb von 12 Monaten einer Abrechnung unter Angabe von Gründen schriftlich widersprechen, gilt diese als von dem KÜNSTLER genehmigt. Ansonsten ist der KÜNSTLER berechtigt, die Bücher der FIRMA, soweit sie Zahlungen aus diesem Vertrag an den KÜNSTLER betreffen, auf seine Kosten durch einen unabhängigen, vereidigten Buch- oder Wirtschaftsprüfer nach rechtzeitiger Anmeldung in den Geschäftsräumen einsehen zu lassen.

Erläuterungen zu § 9.7
Hier sollte ausgehandelt werden, dass der geschuldete und fälschlich nicht abgerechnete und ausgezahlte Betrag nebst Zinsen nachgezahlt werden muss und dass die Firma bei einer Abweichung von mindestens 5 Prozent die Kosten der Buchprüfung zu tragen hat. Buchprüfungen sind teuer! Außerdem sollte die Einspruchsfrist auf 24 Monate verlängert werden.

§ 10 Rückständige Aufnahmen

10.1 Sind Produktionen nach Ablauf eines Kalenderjahres, gerechnet vom Datum der Unterzeichnung oder der letzten Optionsausübung, nicht

fertig gestellt worden, verlängert sich das Vertragsverhältnis unter Aufrechterhaltung der Exklusivitätsbindung vom KÜNSTLER gemäß § 9.
Sind nach Ablauf eines Kalenderjahres Produktionen aufgrund von Umständen, die der KÜNSTLER zu vertreten hat, rückständig, kann FIRMA den Vertrag nach erfolgloser Aufforderung zur Nachholung der Aufnahmen beenden. Dem KÜNSTLER gezahlte Vorschüsse sind in diesem Fall zurückzuzahlen.
In jedem Falle kann FIRMA nach Ablauf eines Kalenderjahres, gerechnet vom Datum der Unterzeichnung oder der letzten Optionsausübung, die Durchführung der Produktion auch durch Zahlung eines angemessenen Betrages abgelten, wobei die erzielte Umsatzbeteiligung des KÜNSTLERS für die letzte Veröffentlichung zu berücksichtigen ist. Sonstige gegenseitige Ansprüche, insbesondere auf Schadensersatz sind, soweit gesetzlich zulässig, ausgeschlossen.
Sind 12 (zwölf) Monate nach Beginn eines Vertragsjahres Produktionen rückständig aufgrund von Umständen, die allein FIRMA zu vertreten hat, so kann KÜNSTLER schriftlich (zu richten an den Geschäftsführer) erklären, dass er deren Nachholung bzw. Fertigstellung wünscht. Können sich KÜNSTLER und FIRMA nicht über den Inhalt und die Durchführung dieser Aufnahmen einigen, so wird FIRMA den KÜNSTLER angemessen entschädigen. Bei der Bemessung dieser Entschädigung sind die bisherigen Umsatzbeteiligungen des KÜNSTLERS angemessen zu berücksichtigen, nicht jedoch die Produktionskosten von FIRMA. Darüber hinausgehende Schadensersatzansprüche sind, außer bei grober Fahrlässigkeit oder Vorsatz, ausgeschlossen.

Erläuterungen zu § 10.1

In diesem Punkt werden zwei Fälle unterschieden. Liegt die Verantwortlichkeit für nicht durchgeführte Aufnahmen bei der Firma, kann der Künstler auf Nachholung bestehen. Das Recht, diese Nachholung durch die Zahlung einer Abfindung zu ersetzen, ist natürlich für den Produzenten günstig. Es sollte neben der prozentualen Regelung ein Mindestbetrag als Abfindung fix vereinbart werden.
Verliert die Firma das Interesse am Künstler, kann sie sich durch die hier getroffene Regelung aus dem Vertrag „freikaufen". Dies kann bei bekannten Künstlern beträchtliche Beträge ausmachen: so zahlte EMI im Jahr 2001 an Mariah Carey, nachdem deren erste EMI/Virgin-Veröffentlichung, das

Album „Glitter", gefloppt war, an die Künstlerin die stattliche Summe von 32 Mio. €, um die eigentlich noch ausstehenden weiteren vier Alben nicht mehr veröffentlichen zu müssen.

10.2 Sollte der KÜNSTLER seine persönliche Ausschließlichkeitsbindung an die FIRMA verletzen, ist die FIRMA berechtigt, den Vertrag ohne Einhaltung einer Frist zu beenden und jegliche aus dem Vertrag entstehenden Zahlungen einzustellen. Etwaige Schadensersatzansprüche wegen Vertragsverletzung behält die FIRMA sich ausdrücklich vor.

Erläuterungen zu § 10
Ein solches einseitiges Kündigungsrecht ist kritisch zu betrachten. Gerechtfertigt wird es allerdings dadurch, dass es sich um eine verschuldensabhängige Kündigung handelt und der Künstler die Voraussetzungen selbst auslöst.

10.3 Ansonsten sollen die gesetzlichen Bestimmungen über Leistungsstörungen gelten.

§ 11 Vertragsdauer

11.1 Dieser Vertrag gilt mit Unterschrift des KÜNSTLERS für –1– Jahr bis zum (...) als fest geschlossen. Ein Vertragsjahr endet jedoch frühestens sechs Monate nach Veröffentlichung der jeweils letzten vertragsgegenständlichen Produktion bzw. nicht vor Ablauf von vier Wochen, nachdem der KÜNSTLER die FIRMA schriftlich aufgefordert hat, mitzuteilen, ob die FIRMA von einer der in Ziffer 10.2 geregelten Optionen Gebrauch zu machen wünscht, je nachdem, welcher Zeitpunkt später liegt.

11.2 Die FIRMA hat –3– Optionen, diesen Vertrag um je –1– Jahr zu verlängern. Dieses Optionsrecht muss von der FIRMA vor Ablauf des Vertrages schriftlich wahrgenommen werden, jedoch nicht vor Ablauf von vier Wochen nach Erhalt der in § 10.1. geregelten schriftlichen Anfrage. Übt die FIRMA die Option aus, so haben die Bestimmungen dieses Vertrages für beide Parteien während der weiteren Laufzeit volle Geltung.

Erläuterungen zu § 11
Die Vertragsdauer ist im vorliegenden Vertrag nicht eindeutig geregelt. Es ist schon sprachlich befremdlich, dass ein Jahr nicht ein Jahr ist, sondern dass „Vertragsjahre" sich durch die Erfüllung von Produktionspflichten oder durch Veröffentlichungstermine verlängern können. Durchsichtiger wäre es hier, von „Vertragszeiträumen" zu sprechen. Viel schlimmer ist aber, dass die Gesamtdauer des Vertrages auch in Abhängigkeit zu der Produktionsverpflichtung des Künstlers zu sehen ist: Wenn die Firma die Aufnahme beliebig vieler weiterer Titel anordnen kann, kann sie durch deren Veröffentlichung das jeweilige „Vertragsjahr" und die „Optionsjahre" nahezu unendlich ausdehnen. In einem viel beachteten Urteil des Landgerichts Mannheim (Xavier Naidoo vs. 3P Productions) ist diese Praxis als sittenwidrig bewertet worden, da von einer branchenüblichen Durchschnittsdauer von fünf Jahren ausgegangen wurde, die durch die vorliegende Formulierung weit darüber hinaus hätte ausgedehnt werden können. Es empfiehlt sich daher, die Vertragsdauer möglichst klar zu definieren und auf maximal fünf Jahre zu beschränken. Nichts spricht dagegen, dass danach zwischen der Firma und dem Künstler ein neuer Vertrag geschlossen werden kann – dann allerdings zu besseren Konditionen.

§ 12 Besondere Vereinbarungen

12.1 Merchandising

12.1.1 KÜNSTLER überträgt exklusiv auf Produzent während der Vertragsdauer das Recht, den Namen von KÜNSTLER/Künstlernamen und auch seine Abbildung zu sog. Merchandising-Zwecken zu verwenden bzw. verwenden zu lassen. Merchandising bezeichnet die Herstellung und der Vertrieb von Waren, die mit dem Namen/Künstlernamen oder Logo-Design bzw. mit der Abbildung des KÜNSTLERS versehen werden; hierzu gehören z.B. Buttons, Aufkleber, Anstecknadeln, T-Shirts, Feuerzeuge, Fotos, Poster (hiernach „Merchandising-Artikel" genannt).

12.1.2 Nach Ablauf der Vertragsdauer ist Produzent berechtigt, die vorerwähnten Merchandising-Rechte weiterhin nichtexklusiv zu nutzen bzw. nutzen zu lassen, soweit Produzent vor Ablauf der Vertragsdauer Dritten Nutzungsrechte eingeräumt hat. Diese Nutzungseinräumung ist jedoch begrenzt auf einen Zeitraum von längstens zwei Jahren nach Ablauf der Vertragsdauer. Nutzt Produzent die Rechte selbst, so kann er die Merchandising-Artikel ab Vertragsbeendigung ein Jahr lang abverkaufen.

12.1.3 Der Produzent ist berechtigt, das zu phonographischen bzw. zu audiovisuellen Zwecken hergestellte Bildmaterial bzw. Logos und Namensschriftzüge des KÜNSTLERS für die genannten Merchandising-Zwecke zu verwenden.

12.1.4 Der KÜNSTLER erhält für die Merchandising-Auswertung folgende Vergütung:

a) 50 % (fünfzig Prozent) des Netto-Lizenz-Erlöses des Produzenten, wenn der Produzent Merchandising-Rechte aufgrund eines Vertrages mit Dritten auswerten lässt.

b) 20 % (zwanzig Prozent) des Netto-Erlöses (netto fakturierter Umsatz), den der Produzent erzielt, wenn er auf eigene Rechnung Merchandising-Artikel herstellt bzw. herstellen lässt und selbst verkauft, und zwar bezogen auf den Netto-Erlös des jeweiligen Merchandising-Artikels.

12.1.5 Abrechnung und Zahlung erfolgen jeweils wie bei der Tonträgerauswertung. Das im Zusammenhang mit der Tonträger-Auswertung eingeräumte Buchprüfungsrecht steht dem KÜNSTLER auch im Zusammenhang mit der Verwertung der Merchandising-Rechte zu.

Erläuterungen zu § 12.1

Grundsätzlich muss sich der Künstler entscheiden, ob er bereit ist, der Firma Merchandisingrechte einzuräumen. Von allen Bereichen, die die Plattenfirmen derzeit im Rahmen ihrer Bemühungen um „360°-Verträge" abdecken möchten, haben sie hier wohl die meiste Erfahrung. Wichtig ist, dass diese Rechte an den Künstler zurückfallen, sofern die Firma die Rechte nicht tatsächlich ausübt.

12.2 Verlag

Soweit der KÜNSTLER selbst Urheber (Komponist, Texter, Bearbeiter, Arrangeur) der unter diesen Vertrag fallenden Musikwerke ist, überträgt KÜNSTLER hiermit auf den Produzenten für die Dauer der gesetzlichen Schutzfrist die weltweiten exklusiven Verlagsrechte der unter diesem Vertrag in handelsüblicher Weise veröffentlichten

Vertragsaufnahmen zu den Bedingungen des Vertragsmusters des Deutschen Musikverlegerverbandes unter Berücksichtigung der Regelungen des GEMA-Verteilungsplans (Aufteilung im mechanischen Recht: 60 Prozent Urheber, 40 Prozent Verlag, im Aufführungs- und Senderecht: 5/12 Komponist, 3/12 Texter, 4/12 Verlag, im Synchbereich: 50 Prozent/50 Prozent, bei Druckausgaben erhält der KÜNSTLER als Urheber 10 Prozent). Die von den Verwertungsgesellschaften GVL und GEMA wahrgenommenen Rechte bleiben von dieser Vereinbarung unberührt.

Erläuterungen zu § 12.2

Auch bei Verträgen mit Plattenfirmen wird heutzutage immer häufiger von einem komponierenden Interpreten verlangt, dass er gleichzeitig auch die Verlagsrechte abtritt. Auch in Major-Künstlerexklusivverträgen sind verstärkt Tendenzen erkennbar, die Rechte selbst zu erwerben oder aber zumindest ein exklusives und natürlich mit einer Provision belohntes Recht zur Vermittlung des Künstlers an einen Verlag auszuhandeln. Hier ist Vorsicht geboten, denn mit einem Major-Vertrag „im Gepäck" lässt sich auch unabhängig von der Plattenfirma und ohne Provisionszahlung in fast allen Fällen ein Verlag finden.

12.3 Booking

FIRMA erhält für die Dauer des Vertrages eine Gewinnbeteiligung in Höhe von 20 Prozent der Gewinne des KÜNSTLERS aus Auftritten z.B. in Funk, Fernsehen sowie Konzerten des KÜNSTLERS.

12.3.1 Netto-Erlöse im Sinne der vorstehenden Regelung sind tatsächlich beim KÜNSTLER entstehende Netto-Gewinne, die sich definieren als Brutto-Umsätze abzüglich Umsatz-Steuer.

12.3.2 Abrechnung und Zahlung erfolgen kalenderhalbjährlich innerhalb von 3 Monaten. Von Lizenznehmern an Produzent abgerechnete und gezahlte Umsatzbeteiligungen werden zum nächsten Abrechnungstermin nach Eingang bei FIRMA, ggf. unter Abzug hierauf entfallender Steuern, abgerechnet und gezahlt.

Erläuterungen zu § 12.3

Dies sollte in dieser Form nicht akzeptiert werden. Was hier als „Netto-Gewinne" bezeichnet wird, sind tatsächlich Nettoeinnahmen. Von denen müssen aber zumindest sämtliche zurechenbaren Kosten (Agenturprovisionen, Produktionskosten etc.) abgezogen werden. Auch empfiehlt es sich, bei der Höhe der Beteiligung von Firma zu differenzieren: Wenn sie den Auftritt selbst vermittelt hat, ist es fair, dass sie hierfür auch eine übliche Vergütung erhält. In allen anderen Fällen muss diese aber reduziert werden.

12.4 Sonstige Erlösbeteiligung

12.4.1 Dem Produzenten stehen 30 % (dreißig Prozent) der Netto-Erlöse zu, die der KÜNSTLER während der Dauer des vorliegenden Vertrages erzielt, sofern der KÜNSTLER die Erlöse im Zusammenhang mit seiner künstlerischen Karriere erwirtschaftet (z.B. Werbung, Filmschauspielertätigkeit, etc.). Netto-Erlöse sind Brutto-Erlöse abzgl. Umsatzsteuer.

12.4.2 Ausgenommen von der vorstehend geregelten Erlösbeteiligung sind Einnahmen des KÜNSTLERS aufgrund der zwischen den Parteien geschlossenen Verträge (Künstlerexklusivvertrag, Verlagsvertrag, etc.).

Erläuterungen zu §§ 12.1 - 12.4

Auch bei den Major-Plattenfirmen ist verstärkt die Tendenz zu verzeichnen, an allen möglichen „streams of income" beteiligt zu werden, da das Tonträgergeschäft immer schlechter wird. Nicht selten werden daher Beteiligungen auch an Live-Gagen, Merchandising-Einkünften und anderen Einnahmen des Künstlers gefordert. Diese Vertragsmodelle werden landläufig, wie schon erwähnt, als 360°-Verträge bezeichnet. Hierbei ist sorgfältig abzuwägen, ob die von der Firma zu erwartende Tätigkeit eine derartige Beteiligung auch rechtfertigt oder ob es lediglich darum geht, mitzukassieren. Sicherlich ist es richtig, dass den Firmen die Einnahmen aus dem Tonträgergeschäft weggebrochen sind und sie aber trotzdem einen großen Teil der Künstleraufbauarbeit leisten, von der auch andere profitieren. Dennoch grenzen „Catch all"-Klauseln wie die in 12.4. an Wegelagerei, da hier der Beteiligung keinerlei messbare Gegenleistung der Firma gegenübersteht.

§ 13 Gruppenklausel

Die Parteien sind sich darüber einig, dass die in § 1 dieses Vertrags genannten KÜNSTLER eine Gruppe bilden, die zur Zeit unter dem Namen (...) bekannt ist und unter diesem Namen auftritt. Obwohl dieser Vertrag vornehmlich die Leistung des KÜNSTLERS als Gruppe erfasst, erstreckt er sich jedoch auch auf die individuelle persönliche Leistung eines jeden Gruppenmitglieds. Sollte während der Laufzeit dieses Vertrags ein Mitglied oder Mitglieder aus der Gruppe ausscheiden, ist die FIRMA umgehend schriftlich davon zu unterrichten. Die FIRMA hat in einem solchen Fall das Recht, diesen Vertrag ohne Einhaltung einer Frist zu beenden. Stattdessen kann die FIRMA jedoch auch den Vertrag mit den verbleibenden Gruppenmitgliedern fortführen. Das Ersetzen ausgeschiedener Mitglieder kann nur mit Zustimmung der FIRMA erfolgen und unter der weiteren Voraussetzung, dass die neuen Mitglieder sich der FIRMA gegenüber zu den Bedingungen dieses Vertrags verpflichten und entsprechende Unterschriften leisten. Ausscheidende Mitglieder sollen dann von weiterer Teilnahme an Auftritten oder Aufnahmen der Gruppe befreit werden, nicht jedoch von ihrer persönlichen Ausschließlichkeitsbindung an die FIRMA. Ausscheidende Gruppenmitglieder sind in keinem Fall berechtigt, den Namen der Gruppe zu benutzen oder benutzen zu lassen, solange dieser Vertrag mit verbleibenden und/oder neuen Gruppenmitgliedern fortgeführt wird.

Erläuterungen zu § 13

Die sogenannte Gruppenklausel entspricht üblicher Praxis und dient dazu, die wichtigen Mitglieder an die Gruppe, zumindest aber an den Produzenten ausschließlich zu binden. Im Extremfall kann dies jedoch dazu führen, dass ein Produzent auf der persönlichen Ausschließlichkeit eines ausgeschiedenen Mitglieds besteht, obwohl er nicht beabsichtigt, Produktionen durchzuführen. Diese Bindung macht es dem Künstler dann unmöglich, einen neuen Vertrag abzuschließen, da niemand eine solche „Erblast" übernehmen wird. Es sollte daher versucht werden, durchzusetzen, dass der ausscheidende Künstler nur verpflichtet bleibt, mit der Firma bzw. dem Produzenten zuerst zu verhandeln. Wenn die Gruppe einen GbR-Vertrag schließt, muss sie darauf achten, dass dieser keine Regelungen (z.B. hinsichtlich des Gruppennamens) enthält, die mit denen der Gruppenklausel im Widerspruch stehen.

§ 14 Schlussvorschriften

14.1 Auf diesen Vertrag ist ausschließlich deutsches Recht anwendbar. Soweit der KÜNSTLER zu den Kaufleuten im Sinne des HGB zählt, die nicht zu den in § 4 HGB bezeichneten Gewerbetreibenden gehören, gilt (…) als ausschließlicher Gerichtsstand für alle Rechtsstreitigkeiten aus oder in Verbindung mit diesem Vertrag vereinbart.

14.2 Sollte eine Bestimmung dieses Vertrags nichtig oder aus Rechtsgründen nicht durchführbar sein, so wird dadurch die Wirksamkeit der übrigen Bestimmungen nicht berührt. Die Parteien werden die nichtige oder unwirksame Bestimmung durch eine andere Bestimmung ersetzen, die den ursprünglich gewollten wirtschaftlichen Zweck sichert.

14.3 Mündliche Nebenabreden sind nicht getroffen worden. Vertragsänderungen oder Ergänzungen bedürfen der Schriftform. Hierfür genügt gegenseitig bestätigter Schriftverkehr.

14.4 Durch diesen Vertrag wird zwischen den Vertragsparteien weder ein Arbeitsverhältnis noch ein einem Arbeitsverhältnis ähnliches Vertragsverhältnis begründet.

____________________	____________________
Datum/Ort	Datum/Ort
____________________	____________________
(Unterschrift der FIRMA)	(Unterschrift des KÜNSTLERS)

b) Der exklusive Bandübernahmevertrag

Bandübernahmevertrag

zwischen (...)

– nachstehend „Partner" genannt –

und (...)

– nachstehend „FIRMA" genannt –

§ 1 Vertragsgegenstand

Exklusive und umfassende Auswertung der mit Darbietungen des KÜNSTLERS (...)

bestehend aus den Mitgliedern
1.) (...)
2.) (...)
3.) (...)

(einzeln oder als Gruppe „KÜNSTLER") während der Vertragsdauer (s.u. § 12 (1)) FIRMA überlassenen und/oder produzierten Ton-/Bild-/ Bildtonaufnahmen („Vertragsaufnahmen") und sonstigen vertragsgegenständlichen Inhalten wie z.B. Inhalten mobiler Mehrwertdienste gem. § 4 (2) („sonstige vertragsgegenständliche Inhalte"; Vertragsaufnahmen und sonstige vertragsgegenständliche Inhalte zusammen auch „Vertragsprodukt(e)"). Zu diesem Zweck überträgt Partner sämtliche erforderlichen Rechte des

Ton-/Bild-/Bildtonträgerherstellers und der ausübenden KÜNSTLER sowie weitere Rechte zu sonstigen Auswertungen gemäß den Bestimmungen dieses Vertrages auf FIRMA. FIRMA tritt damit in Bezug auf alle Rechte und Ansprüche des Partners in die Rechtsposition des Partners ein. Hierzu überlässt Partner FIRMA von dem KÜNSTLER insbesondere die Singleproduktion mit dem Titel:

(...)

(„Feste Single") sowie weitere Vertragsprodukte auf optionaler Basis gem. § 12.

Erläuterungen zur Wahl des Vertragsformulars

Ein wirtschaftlicher Produzent hat auf eigene Kosten Tonaufnahmen von einer Gruppe erstellt bzw. wird diese erstellen und ist daher Tonträgerhersteller im Sinne des UrhG. Auch ist denkbar, dass die Gruppe bzw. der Künstler selbst diesen Status innehat. Eine Plattenfirma will die Aufnahmen zur umfangreichen und exklusiven Auswertung in allen Formaten nutzen. Dafür wird ein exklusiver Auswertungsvertrag geschlossen, mit dem die Künstler, vermittelt durch den Produzenten, verpflichtet werden, der Firma exklusiv und zu den bereits hier festgelegten Bedingungen weitere Tonträger zur Auswertung anzuliefern, wenn die Firma sich – regelmäßig im Erfolgsfall – dazu entscheidet, die Kooperation fortzusetzen.

§ 2 Rechteübertragung

(1) Partner überträgt FIRMA ohne Einschränkung das ausschließliche und übertragbare Recht, die Vertragsprodukte während der Vertragsdauer sowie für die Dauer von 15 Jahren, gerechnet ab Vertragsende („Auswertungsdauer") *in der ganzen Welt* („Vertragsgebiet") in jeder beliebigen Art und Weise und technischen Ausführung, Konfiguration und Anordnung ganz oder teilweise auszuwerten/auswerten zu lassen.

(2) Nach Ablauf der exklusiven Auswertungsdauer hat FIRMA das nichtausschließliche Recht, die noch vorhandenen Ton-/Bildtonträger für die Dauer von sechs Monaten auszuverkaufen. Bis zum Ablauf der Auswertungsdauer veröffentlichte Multiartist-Kopplungstonträger können über die-

sen Zeitraum hinaus bis zur Streichung des jeweiligen Ton-/Bildtonträgers ausgewertet werden. Partner überträgt FIRMA für die Vertrags- und Auswertungsdauer das Eigentum an einer überspielfähigen (d.h. gemasterten) Bandkopie der Vertragsprodukte. FIRMA wird solche Bandkopien danach auf schriftliche Anforderung Partner zurückgeben.

Erläuterungen zu § 2 (1)

Anders als in Künstlerexklusivverträgen ist die Rechtsübertragung bei Bandübernahmeverträgen häufig beschränkt. Im vorliegenden Vertrag ist die Auswertungsdauer auf 15 Jahre begrenzt. Im Gegensatz zu Künstlerexklusivverträgen, bei denen die Rechte am Masterband üblicherweise bis zum Ende der Auswertungsdauer bei der Firma verbleiben, hat der Produzent hier nach Ablauf der Auswertungsdauer die Möglichkeit, die Aufnahmen anderweitig auszuwerten.

(3) Die Rechteübertragung umfasst sämtliche Leistungsschutzrechte und Ansprüche inklusive der Rechte und Ansprüche des KÜNSTLERS nach §§ 73 ff. Urheberrechtsgesetz (UrhG) sowie der Rechte und Ansprüche des Tonträgerherstellers nach §§ 85, 86 UrhG (bzgl. derer FIRMA in die Position von Partner eintritt) sowie alle sonstigen Rechte und Ansprüche der an Vertragsprodukten Mitwirkenden. Übertragen sind insbesondere folgende ausschließlichen und übertragbaren Rechte:

(a) Physische Auswertung: Recht, Vertragsprodukte auf Ton-/Bild-/Bildtonträgern (z.B. Vinyl, MC, CD, Enhanced-CD (CD-e), SACD, DVD, Speicherkarten, holografischen Speichermedien, CD-Interactive (CD-I) zu vervielfältigen und zu verbreiten;

(b) Nicht-physische Auswertung:

  (I) Recht zur Auswertung der Vertragsprodukte in Film, Rundfunk und Fernsehen (inkl. Satelliten-, Kabelfernsehen, Internet/Mobile-Radio, TV) auch im Wege der Synchronisation;

  (II) Recht zur Auswertung der Vertragsprodukte über elektronische mobile/nicht-mobile Netzwerke und/oder Kabelsysteme/Datenbanken im Wege interaktiver oder nicht-interaktiver analoger und/oder digitaler Lieferung bzw. Verbreitung bzw. Verfügbarmachung in sämtlichen Technologien/Protokollen wie bspw. http und/oder WAP in allen Verwertungsarten (bspw. Online- und/

oder Mobile-Streaming, -Simulcasting, -Downloading);

(III) Ansprüche aus öffentlicher Wiedergabe der Vertragsprodukte

(IV)Sofern die Beteiligung des Partners für eine der vorstehenden Auswertungen nicht in diesem Vertrag geregelt ist und die entsprechenden Rechte/Ansprüche auch nicht durch Verwertungsgesellschaften wahrgenommen werden, einigen sich die Parteien zu gegebener Zeit über die Beteiligung von Partner an einer solchen Auswertung, wobei deren Höhe gemäß der dann bestehenden Firmen- und Branchenüblichkeit festgelegt wird. FIRMA ist in jedem Fall zur Auswertung proportional zu Konditionen dieses Vertrages für physische Auswertung berechtigt.

Erläuterungen zu § 2 (3) (d) (iv)

Mit dieser Vorschrift soll dem Anspruch des Inhabers von Leistungsschutzrechten auf eine angemessene Vergütung Rechnung getragen werden. Nebulöse Formulierungen wie „Branchenüblichkeit" dienen im Zweifelsfall dazu, die Beteiligung des Bandgebers herunterzuhandeln. Wenn, wie vorgesehen, als weiterer Maßstab auch noch „Firmenüblichkeit" zugrunde gelegt wird, soll damit schon im Vorgriff der Verhandlungsspielraum „auf Null" reduziert werden. Dies entspricht nicht unbedingt dem, was sich der Gesetzgeber unter dem Stichwort „angemessene Vergütung" vorgestellt hat.

(c) Sonstige Rechte (Bewerbung, etc.): Recht, die Vertragsprodukte auf jede Art und Weise und in allen Medien zu bewerben, für Werbezwecke jeder Art, auch für Drittprodukte und in Verbindung mit Drittprodukten, auszuwerten. FIRMA kann ausschließlich für vertragliche Zwecke Vertragsprodukte unter Wahrung des Künstlerpersönlichkeitsrechts digitalisieren, synchronisieren, bearbeiten, umgestalten oder mit anderen Daten zusammenfügen. Ferner überträgt Partner FIRMA sämtliche gewerblichen Schutzrechte und sonstigen Rechte und Befugnisse, die zur Ausübung der vertragsgegenständlichen Nutzungshandlungen erforderlich sind.

Erläuterungen zu § 2 (3) (c)

Hier werden Rechte, die zur Vermarktung der Tonträger bzw. sonstiger Vertragsprodukte erforderlich sind, mit dem Recht vermischt, das Vertragsprodukt auch zur Werbung für Drittprodukte zu verwenden. Solche Nut-

zungen können interessant und auch für den Bandgeber lukrativ sein. Dennoch sollte sich der Produzent/Künstler hier einen Zustimmungsvorbehalt für den Einzelfall ausbedingen.

(d) Vermietung/Verleih: Recht, Vertragsprodukte zu vermieten/verleihen;

(4) FIRMA wird ferner das ausschließliche und übertragbare Recht übertragen, den/die Namen von KÜNSTLER bzw. den Künstlernamen sowie Fotos, Abbildungen und Symbole/Logos von KÜNSTLER bzw. mit Bezug zum künstlerischen Wirken des KÜNSTLERS zur Herstellung (während der Vertragsdauer) und Auswertung (während der Auswertungsdauer) von Inhalten mobiler Mehrwertdienste zu benutzen und benutzen zu lassen.

(5) Soweit Partner bzw. KÜNSTLER Urheber der den Vertragsprodukten zugrunde liegenden Werke ist, überträgt Partner hiermit auf FIRMA das Erstveröffentlichungsrecht sowie das nicht-ausschließliche Recht zum Textabdruck (z.B. auf Ton-/Bild-/Bildtonträgerumhüllungen für physische und nicht-physische Auswertung) und verzichtet auf Ansprüche aus der Anpassung des Werkes an bestimmte Verwertungsformen (z.B. E-Clips).

(6) Partner räumt FIRMA die ausschließlichen Nutzungsrechte an den Vertragsprodukten für im Zeitpunkt des Vertragsschlusses noch unbekannte Nutzungsarten ein. Vergütung erfolgt proportional zu Konditionen des vorliegenden Vertrages.

Erläuterungen zu § 2

Die Aufzählung eines umfassenden Rechtekatalogs ist notwendig, da im Urheberrecht der sogenannte Zweckübertragungsgrundsatz herrscht. Für Urheberrechte aber auch für Leistungsschutzrechte gilt, dass im Zweifel nur die Rechte übertragen sein sollen, deren Auswertung die Parteien beabsichtigt hatten. Es liegt daher im Interesse der Verwerter, alle möglichen Auswertungsformen genau zu bezeichnen. Dies wird im Hinblick auf den schnellen Wandel und den zunehmenden Wettstreit von Formaten (z.B. vor einigen Jahren zwischen BluRay Disc und HD-DVD), vor allem aber auch im Hinblick auf die vielfältigen neuen Geschäftsmodelle im Online- und Mobile-Business zunehmend schwieriger.

§ 3 Ausschließlichkeit

(1) Partner garantiert für Vertrags- und Auswertungsdauer, dass Partner sowie KÜNSTLER sowie der künstlerische Produzent i.S.d. § 73 UrhG sowie etwaige Darsteller/Mimen, die Vertragsprodukte (re-)präsentieren, die den Vertragsprodukten zugrundeliegenden Werke für die Dauer von 15 Jahren nach Vertragsende weder ganz noch teilweise, weder in der vertragsgegenständlichen noch in einer anderen Fassung, weder unter eigenem, noch unter fremden Namen, noch anonym, für sich und/oder Dritte neu aufnehmen bzw. selber und/oder durch Dritte verwerten bzw. entsprechende Rechte auf Dritte übertragen werden (sog. Titelexklusivität).

Erläuterungen zu § 3 (1)
Die Titelexklusivität wird auch als Wiederaufnahmeverbot bezeichnet. Die Firma möchte absichern, dass der Künstler einen Erfolgstitel nicht mit einem späteren Vertragspartner erneut produziert und damit dem Produkt der Firma Konkurrenz macht.

(2) Partner garantiert für Vertragsdauer, dass KÜNSTLER sowie jedes einzelne Mitglied von KÜNSTLER (jeweils inkl. (Künstler-)Name, Bild, Logo und sonstigen schutzfähigen Merkmalen/Bestandteilen) sowie der künstlerische Produzent i.S.d. § 73 UrhG sowie etwaige Darsteller/Mimen, die Vertragsprodukte (re-)präsentieren, jeweils einschließlich (Künstler-)Name, Bild, Logo und sonstigen schutzfähigen Merkmalen/Bestandteilen ausschließlich Partner für die Herstellung von Ton- und Bildtonaufnahmen sowie Inhalten mobiler Mehrwertdienste oder sonstiger Vertragsprodukte zur Verfügung steht, dass Partner alle entsprechenden Ton- und Bildtonaufnahmen sowie Inhalte mobiler Mehrwertdienste oder sonstige Vertragsprodukte ausschließlich FIRMA nach Maßgabe des vorliegenden Vertrages überlassen wird, dass Partner keinem Dritten entsprechende Ton- und Bildtonaufnahmen sowie Inhalte mobiler Mehrwertdienste oder sonstige Vertragsprodukte zugänglich machen wird und dass sich Partner selbst jeder eigenen Verwertung entsprechender Ton- und Bildtonaufnahmen sowie Inhalten mobiler Mehrwertdienste oder sonstiger Vertragsprodukte enthalten wird (sog. persönliche Exklusivität). Die persönliche Exklusivität

umfasst ausdrücklich auch Produkte, die mit Vertragsprodukten vergleichbar sind sowie Sprachdarbietungen des KÜNSTLERS und/oder etwaiger Darsteller/Mimen, die Vertragsprodukte (re-)präsentieren, im Rahmen von Hörbüchern und/oder Hörspielen sowie die Nutzung des/der Namen bzw. Künstlernamens von KÜNSTLER sowie Fotos, Abbildungen und Symbole/Logos von KÜNSTLER bzw. mit Bezug zum künstlerischen Wirken des KÜNSTLERS im Zusammenhang mit etwaigen Hörbüchern und/oder Hörspielen und/oder Inhalten mobiler Mehrwertdienste.

Erläuterungen zu § 3 (2)

Eine weitere Form der Exklusivität, die der Produzent garantieren muss, betrifft die Personen der Künstler, die sich gegenüber dem Produzenten (hier: Partner) verpflichten müssen, während der Vertragsdauer exklusiv der Firma für Aufnahmen zur Verfügung zu stehen. Man spricht daher von persönlicher Exklusivität. Dabei sind, ebenso wie im Künstlerexklusivvertrag, Beschränkungen, Ausnahmen und Einzelfall-Ausnahmegenehmigungen denkbar, z.B. für Produzenten- oder Studiomusikertätigkeit. Hier ist eine sehr weitreichende persönliche Exklusivität vereinbart, die z.B. auch die Tätigkeit als Hörbuch-Sprecher mit umfasst. Mit „Darstellern/Mimen" sind hier keine Bühnenschauspieler gemeint, sondern diejenigen, die nur zum Playback ihr hübsches Gesicht herzeigen, während die wirklichen Sänger unsichtbar bleiben.

(3) Zur Sicherung der Exklusivbindungen aus § 3 (1) und § 3 (2) überträgt Partner sämtliche Leistungsschutzrechte des KÜNSTLERS bzw. aller an den Vertragsprodukten Mitwirkenden und sämtliche daraus folgenden Ansprüche, die an entgegen der vorgenannten Exklusivbindung hergestellten Aufnahmen entstehen, bereits jetzt auf FIRMA.

Erläuterungen zu § 3 (3)

Diese Bestimmung sichert die Exklusivbindung des Künstlers an die Firma dadurch ab, dass, falls der Künstler vertragswidrig Aufnahmen für Dritte macht, die dann entstehenden Leistungsschutzrechte automatisch an die Firma fallen, so dass sie eine Veröffentlichung dieser Aufnahmen verhindern kann.

(4) Ist KÜNSTLER eine Gruppe, erfasst die persönliche Exklusivität die Gruppe insgesamt sowie jedes einzelne ihrer Mitglieder. Auswahl, Aus-

scheiden und/oder Austausch von Gruppenmitgliedern bedarf der schriftlichen Zustimmung von FIRMA. Scheiden Gruppenmitglieder aus, so verbleibt der Gruppenname exklusiv bei den über diesen Vertrag an die FIRMA gebundenen Gruppenmitgliedern. Scheidet ein Mitglied aus der Gruppe aus, so wird Partner auf Wunsch und im Einvernehmen mit FIRMA ein neues Mitglied verpflichten. Partner garantiert, dass zu der Gruppe hinzutretende neue Mitglieder in die Bedingungen dieses Vertrages eintreten und den Künstlerbrief (siehe § 3 (5)) unterzeichnen. Ausscheidenden Gruppenmitgliedern stehen gegenüber FIRMA keinerlei Ansprüche im Zusammenhang mit Vertragsprodukten und deren Auswertung zu, was Partner unter Freihaltung von FIRMA sicherzustellen garantiert. In Bezug auf Solo- oder sonstige Aufnahmen ausscheidender Gruppenmitglieder besteht ein Erstoptionsrecht von FIRMA auf exklusive Auswertung. Können sich die Parteien nicht in angemessener Frist auf angemessene Bedingungen einer solchen Auswertung einigen, so kann Partner bzgl. des ausgeschiedenen Gruppenmitglieds mit Dritten über solche angemessenen Bedingungen verhandeln. Das Verhandlungsergebnis wird Partner FIRMA schriftlich mitteilen, die das Recht hat, nach kurzer Überlegungsfrist (nicht länger als 4 Wochen nach Mitteilung) in diese Bedingungen einzutreten (sog. Matching-Offer-Right).

Erläuterungen zu § 3 (4)

Die Firma versucht, sich im Rahmen dieser Gruppenklausel umfassende Rechte sowohl am Gruppennamen als auch an künftigen Leistungen ausscheidender Mitglieder zu sichern. Hier muss der Produzent/Bandgeber sorgfältig darauf achten, dass die Gruppe im Innenverhältnis auch eine entsprechende Vereinbarung getroffen hat und er sich auch die Rechte an künftigen Produktionen ausscheidender Bandmitglieder gesichert hat, ansonsten kann er diese Rechte nicht der Firma einräumen.

(5) Partner wird FIRMA unverzüglich nach Unterzeichnung dieses Vertrages sogenannte Künstlerbriefe (Letters of Inducement) in der aus der Anlage ersichtlichen Form von den mitwirkenden KÜNSTLERN im Original übergeben.

§ 4 Vertragsprodukte/Artwork/Promotion

(1) Sämtliche für Vertragsprodukte aufzunehmenden Werke werden von FIRMA festgelegt. Vorbehaltlich anderslautender schriftlicher Vereinbarung wird Partner ausschließlich Studioaufnahmen unveröffentlichter Werke anliefern. Produktion/Veröffentlichung sog. Special-Interest-Aufnahmen (z.B. Weihnachtsaufnahmen, etc.) bzw. sog. Side-Projekte (z.B. Live-Alben, DVDs) bedürfen der schriftlichen Zustimmung von FIRMA und werden nicht auf feste/optionale Anlieferungsverpflichtung angerechnet.

Erläuterungen zu § 4 (1)
Hier bleibt wenig künstlerische Freiheit – dem Produzenten und erst recht den Künstlern werden nicht einmal Mitbestimmungsrechte eingeräumt.

(2) Anlieferungsumfang „Albumproduktion" beinhaltet jeweils Studioaufnahmen von mindestens 12 bislang unveröffentlichten Titeln inkl. Singleauskopplungen. Anlieferungsumfang „Singleproduktion/Singleauskopplung" umfasst jeweils A- und Non-Album-B-Seite und erforderliche (Re-) Mixe. Anlieferungsumfang Albumproduktion und Anlieferungsumfang Singleproduktion/Singleauskopplung umfassen weiter jeweils angemessene Anzahl an folgenden Inhalten mobiler Mehrwertdienste (Format und Länge jeweils gemäß technischer Vorgabe FIRMA): mono/polyphone Klingeltöne, „Realtones", „Video-Tones", Textbotschaften, Logos, Bilder („Inhalte mobiler Mehrwertdienste"). FIRMA ist berechtigt, Inhalte mobiler Mehrwertdienste auch selbst herzustellen; bei entsprechenden Produkten handelt es sich um Vertragsprodukte. Partner garantiert, dass KÜNSTLER während der Vertragsdauer für Inhalte mobiler Mehrwertdienste zur Verfügung steht. Spätestens zusammen mit den überspielreifen Bändern der jeweiligen Vertragsaufnahmen/reproduktionsfähigen Masterkopien der jeweiligen Vertragsprodukte wird Partner sämtliche zur Veröffentlichung der jeweiligen Vertragsaufnahmen/Vertragsprodukte erforderlichen Copyright- und sonstigen Informationen schriftlich mitteilen. Sofern FIRMA nach Ablieferung entsprechender überspielreifer Bänder/reproduktionsfähiger Masterkopien keine ISRC-Codes von Partner für die betreffenden Vertragsaufnahmen/Vertragsprodukte vorliegen, ist FIRMA berechtigt, die

betreffenden Vertragsaufnahmen/Vertragsprodukte mit FIRMA eigenen ISRC-Codes zu versehen. Ungeachtet des Vorstehenden ist FIRMA in jedem Fall berechtigt, Inhalte mobiler Mehrwertdienste mit FIRMA eigenen ISRC-Codes zu versehen.

(3) Solange die Vertragsprodukte ausgewertet werden, darf FIRMA den/die Namen von KÜNSTLER bzw. den Künstlernamen sowie Fotos, Abbildungen und Symbole/Logos von KÜNSTLER bzw. mit Bezug zum künstlerischen Wirken des KÜNSTLERS und biographisches Material von KÜNSTLER und/oder sonstigen Mitwirkenden zur Werbung im Zusammenhang mit der vertragsgemäßen Auswertung von Vertragsprodukten benutzen und benutzen lassen. Partner wird auf Wunsch FIRMA geeignetes Bildmaterial gegen Erstattung der angemessenen Kosten frei von Rechten Dritter liefern bzw. dafür sorgen, dass KÜNSTLER sich für Fotoaufnahmen, deren Kosten FIRMA trägt, zur Verfügung stellt. Partner steht dafür ein, die exklusiven Reproduktionsrechte an dem übergebenen Fotomaterial zur vertraglichen Nutzung erworben zu haben und überträgt diese Rechte sowie das Eigentum an diesem Material auf FIRMA.

(4) Partner wird KÜNSTLER und sonstige an Vertragsprodukten Mitwirkende veranlassen, Werbemaßnahmen von FIRMA zu unterstützen und z.B. Fernseh- und Internetauftritte, Interviews, Online-Chats usw. zum Zwecke der Promotion unentgeltlich wahrzunehmen. Entsprechende Auftrittsverträge werden von FIRMA mit jeweiligen Dritten geschlossen, wozu Partner FIRMA mit Unterzeichnung des vorliegenden Vertrages ausdrücklich bevollmächtigt. Soweit FIRMA bei entsprechenden Werbemaßnahmen Reise-, Übernachtungskosten und evtl. Tagesspesen übernimmt, stehen etwaige von Dritten (bspw. Hörfunk- und Fernsehsender bzw. -produzenten oder Internetfirmen/Online-Anbietern) gezahlten Vergütungen alleine FIRMA zu.

Erläuterung zu § 4 (3)

Die durchschnittlichen Gagen für derartige TV-Promotion-Auftritte und Ähnliches sind in den letzten Jahren deutlich gesunken. Hier kann dennoch ggf. ausgehandelt werden, dass Honoraranteile, die nach Deckung der Kosten übrig bleiben, an den Produzenten/die Künstler ausgekehrt werden.

(5) Sofern während der Vertragsdauer von FIRMA oder im Auftrag von FIRMA Live-Darbietungen oder andere Aufnahmen (z.B. „making of", aufgenommene KÜNSTLER-/Produzenteninterviews, EPKs) von KÜNSTLER her-

gestellt werden oder FIRMA solche Aufnahmen von Dritten erwirbt, gelten diese als Vertragsprodukte. Soweit FIRMA für derartige Vertragsprodukte die Produktionskosten übernommen hat und von Dritten hierfür finanzielle Zuschüsse erhält, stehen diese allein FIRMA zu.

§ 5 Internetauftritte

(1) FIRMA hat während der Vertragsdauer das ausschließliche und räumlich unbeschränkte Recht, Internetauftritte (online/mobile) des KÜNSTLERS (z.B. Web-, WAP-Sites, soziale Netzwerke, Microsites, etc.) unter dem Künstlernamen als Domain-/Channellnamen/Profil anzumelden sowie für den weltweiten (auch verlinkten) Zugriff aufzubauen und zu pflegen bzw. aufbauen und pflegen zu lassen sowie zur Vermarktung und Verkaufsförderung (z.B. Promotionaktionen, Gewinnspiele, Werbezwecke, Tourdateninformationen, Verlinkungen auf Genre- oder FIRMA-Websites etc.) zu nutzen.

(2) FIRMA hat ferner während der Vertragsdauer das ausschließliche und räumlich unbeschränkte Recht, die oben genannten Internetauftritte des KÜNSTLERS umfassend zur Drittvermarktung (d.h. Vermarktung des Internetauftritts durch Werbekooperationen etc. mit Dritten) zu nutzen. Partner wird im Falle der Drittvermarktung mit 50 % (fünfzig Prozent) bezogen auf die bei FIRMA aus dieser Drittvermarktung tatsächlich eingehenden Nettoerlöse unter Vorabzug von diesbezüglichen Agenturvergütungen beteiligt.

(3) Sofern Internetauftritte bei Vertragsabschluss bereits eingerichtet sind, stellt Partner diese FIRMA zur umfassenden Nutzung im oben genannten Sinne zur Verfügung; Gleiches gilt für die dort generierten Adressen, soweit datenschutzrechtlich zulässig. Rechte an bereits erstellten Internetauftritten sowie Rechte zur Errichtung weiterer Internetauftritte dürfen nur mit Zustimmung von FIRMA eingeräumt werden.

(4) FIRMA wird ferner ausschließlicher Inhaber von Rechten an Datenbanken mit Informationen, die im Rahmen des Betriebs der o.g. Site(s) gesammelt wurden.

(5) Das ausschließliche Recht am Domain-/Channel-/Profil-Namen steht während der Vertragsdauer FIRMA zu. Nach Ablauf der Vertragsdauer ste-

hen FIRMA die oben aufgeführten Rechte auf nicht-ausschließlicher Basis zu.

(6) Kosten für Aufbau, Gestaltung, Entwicklung und Pflege der o.g. Site(s) übernimmt FIRMA während der Vertragsdauer. 50 Prozent dieser Kosten sind verrechenbar.

Erläuterungen zu § 5

An dieser Vorschrift lässt sich erkennen, dass in neuen Bereichen, wie der Wertschöpfung über den Internet-Auftritt der Künstler, oftmals Branchenüblichkeiten zu Lasten der Bandgeber geschaffen werden sollen. In Bandübernahme-Konstellationen ist es häufig so, dass die Künstler bzw. der Produzent bereits über einen umfassenden Internet-Auftritt einschließlich einer Künstler-Website, eines facebook- oder MySpace-Auftritts, eines Newsletter-Verteilers usw. verfügen. Ob man als Künstler bereit ist, diesen während der Dauer des Vertrages an die Firwherrscht. Es ist aber jedenfalls nicht einzusehen, dass man auf der einen Seite an den hierüber generierten Erlösen nur zur Hälfte beteiligt sein soll und gleichzeitig auch noch die Hälfte der Erstellungskosten verrechenbar sein soll. Definitiv müssen die Rechte zur Nutzung an den künstlereigenen Internet-Auftritten nach Ablauf des Vertrages an die Künstler zurückfallen. Ein „nicht ausschließliches Nutzungsrecht" ist unsinnig, da z.B. die Rechte an einem Domainnamen nicht aufgeteilt werden können.

§ 6 Umsatzbeteiligung

Partner erhält für seine vertraglichen Leistungen einschließlich Rechteübertragung für jedes verkaufte Vertragsprodukt (ausgenommen Retouren,) eine Umsatzbeteiligung auf der nachstehend geregelten jeweiligen Preisbasis (abzüglich Verpackungs- und Technikkosten):

(1) Basislizenz Inland physische Auswertung: Bei Verkauf von Vertragsprodukten auf physischen Tonträgern in Deutschland zu Hochpreis über den Handelsvertrieb: 21 % (einundzwanzig Prozent) für Singleverkäufe („Basislizenz-Inland-Singles") und 22 % (zweiundzwanzig Prozent) für Albumverkäufe („Basislizenz-Inland-Alben").

(2) Basislizenz Inland nicht-physische Auswertung (Online/Mobile und soweit FIRMA nicht ausschließlich von Wahrnehmungsgesellschaften Entgelte erhält):

(a) bei Auswertungen durch Lizenznehmer FIRMA in Deutschland (z.B. À-la-Carte-, Abonnement-, Embedded-Content-Modelle): 100 Prozent der jeweiligen anwendbaren Basislizenz;

(b) bei Auswertungen durch FIRMA selbst in Deutschland (z.B. À-la-Carte-, Abonnement-, Embedded-Content-Modelle): 80 Prozent der jeweiligen anwendbaren Basislizenz;

(c) sofern mono-/polyphone Klingeltöne, Logos, Wallpapers, etc. ausgewertet werden: Reduzierung der Beteiligungen unter vorstehend (2) (a) – (c) um 33,3 Prozent; (vorstehende (2) (a) – (d) vereinbarte Beteiligungen einzeln und gemeinsam „Basislizenz-nicht-physisch)").

(3) Basislizenz Ausland: Bei Verkauf von Vertragsprodukten im Ausland zu Hochpreis über den Handelsvertrieb durch Lizenznehmer FIRMA oder bei Export aus Deutschland ins Ausland sowie bei Verkauf von Vertragsprodukten im Rahmen nicht-physischer Auswertung im Ausland 66,6 Prozent der unter (1) und (2) genannten Basislizenz („Basislizenz Ausland");

(4) Erhöhte Lizenzen: Für Netto-Verkäufe einer Single-Katalognummer (alle physischen Konfigurationen) ausschließlich mit Vertragsaufnahmen über den Handelsvertrieb zu Hochpreis in Deutschland ab dem 100.001ten Tonträger aufwärts 22 % (zweiundzwanzig Prozent) („Staffellizenz-Singles"). Für Netto-Verkäufe einer Album-Katalognummer (alle physischen Konfigurationen) ausschließlich mit Vertragsaufnahmen über den Handelsvertrieb zu Hochpreis in Deutschland ab dem 100.001ten Tonträger aufwärts 23 % (dreiundzwanzig Prozent) und ab dem 200.001ten Tonträger aufwärts 24 % (vierundzwanzig Prozent) („Staffellizenz-Alben").

Erläuterungen zu § 6 (4)

Eine Erhöhung der Lizenzen im Erfolgsfall ist sinnvoll. Allerdings muss darauf geachtet werden, dass dies in erreichbaren Schritten erfolgt. 100.000 Single-Tonträger verkaufen in Deutschland selbst etablierte Acts nur noch in seltenen Einzelfällen.

(5) Reduzierte Lizenzen:

(a) Sondervertriebswege: Bei Verkauf von Tonträgern über Sondervertriebswege, d.h. außerhalb des traditionellen Tonträgerhandels (z.B.

über Club, Direktversand (z.B. Mailorder, Internet-Mailorder oder TV-direct response) oder Industriekunden (z.B. Sonderauflagen für Industriekunden) oder sog. NTO-Vertriebswege (d.h. außerhalb des traditionellen Tonträgerhandels)) 50 Prozent der anwendbaren o.g. Basislizenz;

Erläuterungen zu § 6 (5) (a)

„NTO" sind „non traditional outlets". Hierzu zählen z.B. Tankstellen, Drogeriemärkte etc. Inzwischen sind diese Handelswege längst etabliert und tragen diesen Namen daher zu unrecht. Einen „traditionellen" stationären Tonträgerhandel gibt es dem gegenüber so gut wie nicht mehr; der physische Verkauf konzentriert sich auf Elektrofachmärkte wie Saturn, Media Markt und Pro Markt und auf Kaufhäuser. Eine Reduzierung ist daher jedenfalls für die mittlerweile üblichen „Outlets" wirtschaftlich kaum noch zu begründen.

(b) Mid-/Low-Price/Sonderkonfigurationen: Bei Verkauf von Tonträgern über den Handelsvertrieb, deren HAP um mindestens 25 Prozent unter der handelsüblichen Hochpreisserie vergleichbarer Tonträger der FIRMA bzw. deren Lizenznehmer liegt („Mid Price") bzw. Verkauf zu einem Entdeckerpreis/Discovery Price: 66,6 Prozent der anwendbaren o.g. Basislizenz; bei Verkauf von Tonträgern über den Handelsvertrieb, deren HAP um mindestens 40 Prozent unter der handelsüblichen Hochpreisserie vergleichbarer Tonträger der FIRMA bzw. deren Lizenznehmer liegt („Low Price"): 50 Prozent der anwendbaren o.g. Basislizenz;

(c) Medienbewerbung: Bei Verkauf von Vertragsprodukten, die von FIRMA oder deren Lizenznehmer mit bezahltem Werbeaufwand z.B. im Wege der überregionalen Kino-, Funk-, Online- und/oder Fernsehreklame oder der überregionalen Plakatierung oder in den Printmedien unter Zeitungs-, Zeitschriften- oder Illustrierten-Signum oder in Kooperation gegen Umsatzbeteiligung mit sonstigen Dritten (z.B. einer Fernsehanstalt) veröffentlicht werden, 66,6 Prozent der anwendbaren o.g. Basislizenz; Dauer der Reduzierung ist beschränkt auf den Zeitraum ab Beginn der Abrechnungsperiode, in der die jeweilige Kampagne startet, bis zum Abschluß der auf das Ende der Kampagne folgenden Abrechnungsperiode.

Erläuterungen zu § 6 (5) (c)

Dass bei der üblicherweise kostenintensiven TV-Werbung eine Reduzierung der Lizenz erfolgt, hat sich schon lange etabliert. In jüngerer Zeit wird vermehrt versucht, auch die Kosten für Print- und Online-Werbung im Wege der Lizenzreduzierung teilweise auf die Lizenzgeber umzulegen. Dies sind traditionell Kosten, die von den Firmen selbst getragen wurden, da die Vermarktung der Vertragsaufnahmen zu ihren originären vertraglichen Aufgaben gehört. Eine erstaunliche Wortschöpfung ist die „überregionale Online-Reklame", setzt diese doch voraus, dass man im Internet auch regional Werbung treiben kann, ohne dass der Rest der Welt dies mitbekommt.

(d) Kopplungen: Bei Verkauf von Vertragsprodukten, auf denen Vertragsaufnahmen mit Aufnahmen Dritter gekoppelt sind: 66,6 Prozent der anwendbaren o.g. Basislizenz pro rata titulis (im Verhältnis zur Anzahl);

(e) Einführungsphase für neue Formate: Bei Verkauf während der Einführungsphase für neue physische/nicht-physische Formate (z.B. SACD, Dual-Disc, Blu-ray oder sonstige Speichermedien): 75 Prozent der anwendbaren o.g. Basislizenz, längstens jedoch für 7 Abrechnungsperioden. Die Einführungsphase endet in jedem Fall nach der Abrechnungsperiode, in der das jeweilige Format einen Anteil in Höhe von 20 Prozent aller entsprechenden physischen/nicht-physischen Formatauswertungen in Deutschland/Österreich/Schweiz erreicht.

Erläuterungen zu § 6 (5) (e)

Auf diese Weise müssen Produzent (und im Zweifelsfall auch Künstler) über eine Lizenzreduzierung die Kosten der Einführung neuer Technologien mittragen. Dies mag für physische Formate und die damit verbundenen höheren Herstellungskosten nachvollziehbar sein, im nichtphysischen Bereich verursacht die Einführung eines neuen Formats aber keine „technischen" Zusatzkosten. Der Wortlaut der Vorschrift ist auch kaum zu verstehen: Die Erläuterungen in der Klammer beziehen sich ausschließlich auf physische Formate. Da es sich um einen recht aktuellen Vertrag (2008) handelt, haben hier die beiden „früh verstorbenen" Formate SACD und Dual Disc auch nichts verloren.

Erläuterungen zu § 6 (1)-(5)
Im Hinblick auf die Reduzierungstatbestände sollte der Lizenzgeber immer versuchen, ein Verbot von Mehrfachreduzierungen auszuhandeln („no double bites"). Dies bedeutet, dass die Firma immer nur die jeweils höchste Reduzierung anwenden darf, aber nicht mehrere gleichzeitig.

(6) Pauschalvergütungen: Bei nicht stückzahlbezogenen und nicht von Verwertungsgesellschaften gezahlten Pauschalvergütungen, z.B. für die Vergabe von Synchronisationsrechten, wird Partner unbeschadet der Regelung vorstehend § 6 (2) (c) mit 50 Prozent bezogen auf die an FIRMA gezahlte Netto-Pauschalvergütung, beteiligt.

Erläuterungen zu § 6 (6)
Hier muss man aufmerksam mitlesen, um zu erkennen, dass von der Auswertung von Mobile content (Klingeltöne etc.) oben unter § 6 (2) (c) schon 1/3 von der Lizenzbasis abgezogen wurde.

§ 7 Abrechnungsbasen

(1) Bei physischer Auswertung:

(a) Handelsvertrieb: Jeweiliger Händlerabgabepreis (HAP) (= jeweiliger Abgabepreis von FIRMA bzw. ihren Lizenznehmern im Verkaufsland an den Handel ohne Verkaufs-/Umsatzsteuer). Falls Verkaufslands-HAP unbekannt ist, gilt HAP des Herstellerlandes.

(b) Sondervertrieb: Abgabepreis FIRMAS bzw. ihrer Lizenznehmer, wenn FIRMA/Lizenznehmer fertige Tonträger an Club, Direktversandhändler oder an Sondervertriebspartner verkauft; 80 Prozent des durchschnittlichen Club- oder Mailorder-Netto-Endverkaufspreises, wenn Tonträger aufgrund Lizenzvertrages zwischen FIRMA bzw. ihrem Lizenznehmer und dem Club oder Direktversandhändler oder von FIRMA direkt an den Endkonsumenten verkauft werden.

(2) Bei nicht-physischer Auswertung:

(a) Drittauswertung: Bei FIRMA für einzelne Nutzungsvorgänge eingehender Nettoerlös pro rata titulis, wenn Vertragsprodukte durch Lizenznehmer FIRMAS ausgewertet werden.

(b) Eigenauswertung: Der bei FIRMA für einzelne Nutzungsvorgänge eingehende Netto-Erlösbetrag pro rata titulis, d.h. der Preis, den FIRMA für eigene Auswertung gegenüber dem Endkonsumenten in Ansatz bringt abzgl. Steuern und – sofern sich FIRMA bei der Eigenauswertung dritter Dienstleister (z.B. Telekommunikationsunternehmen) bedient – abzgl. der Kosten u/o Beteiligung der betreffenden dritten Dienstleister.

Erläuterungen zu § 7 (1) (b)

Auch hier ist wieder genaues Mitlesen gefordert: Nach § 6 (2) wird bei nicht physischer Eigenauswertung durch die Firma ohnehin schon die Basislizenz um 20 Prozent gekürzt. Darüber hinaus dürfen nach § 7 (2) (b) außerdem auch noch die anteiligen Kosten bzw. Beteiligungen dritter Dienstleister abgezogen werden. Warum eigentlich?

(3) Allgemein:

(a) Abrechnungsbasen verstehen sich immer exkl. Steuern, Spenden, Handling Charges, Betreiberkosten, Agenturvergütungen, Provisionen, Kommissionen sowie abzgl. sämtlicher Preisnachlässe (z.B. Boni, Skonti, Rabatte).

(b) Technik-/Verpackungskosten (inkl. Programmieraufwendungen) werden von den vorstehend (3) (b) definierten Abrechnungsbasen mit folgenden Pauschalen in Abzug gebracht: Bei analogen Tonträgern (Vinyl, MC) mit 15 Prozent; bei CDs mit 20 Prozent; bei Card Discs, Mini Discs (MD) und Digital Audio Tapes (DAT) mit 25 Prozent; bei Online- und/oder Mobile-Auswertungen mit 25 Prozent; bei CD enhanced (CD-e), SACD (Super Audio Compact Disc), DVD (Audio/Video) und BluRay Disc mit 30 Prozent; bei interaktiven Speichermedien und sonstigen neuen Formaten mit 35 Prozent. Sofern FIRMA Kopierschutztechnologien verwendet, werden die entsprechend anfallenden Kosten hälftig geteilt und sind mit allen Umsatzbeteiligungen aus diesem Vertrag voll verrechenbar.

Erläuterungen zu § 7 (b) (3)

Es geht fröhlich weiter mit dem Reduzieren der Lizenzen. Nun wird von der SACD, bei der schon unter § 6 (5) (e) nur 75 Prozent der Lizenzen an den Bandgeber fließen sollten (Stichwort: „neues Format"), noch ein Technikkostenabzug von weiteren 25 Prozent vorgenommen. Auch die schon nach § 6 (2) und § 7 (1) (b) „kaputtgerechnete" Online-Beteiligung wird hier um weitere 25 Prozent gekürzt. Eine Beteiligung an Kopierschutz-Kosten ist problematisch. Diese teure und zweifelhafte Technologie hat in Sachen Pirateriebekämpfung kaum Erfolge verzeichnet und ist daher von den meisten Firmen wieder aufgegeben worden.

(c) Pro-rata-Beteiligung: Enthält Tonträger mehrere Vertragsaufnahmen und/oder Aufnahmen, die nicht unter diesen Vertrag fallen, wird Umsatzbeteiligung pro rata titulis bzw. bei wesentlichen Unterschieden in der Spielzeit der einzelnen Titel pro rata temporis (zeitanteilig), bei Ensemble- und/oder Duett-Aufnahmen auch nach Zahl mitwirkender Solisten errechnet. Soweit durch Programm-Möglichkeiten eine Beeinflussung der Spieldauer der Vertragsaufnahmen möglich ist (z.B. CD-i, CD-e, CD-ROM) wird für Anteilsberechnung die für Vertragsaufnahmen in Anspruch genommene Speicherkapazität berücksichtigt.

(d) Zahlt FIRMA bei Auswertungen von Vertragsprodukten Lizenzen zur Abgeltung angeblicher Bearbeitungsrechte und/oder angeblicher Synchronisationsrechte, werden diese von der Abrechnungsbasis abgezogen.

§ 8 Abrechnungsmenge

(1) Retouren unterliegen nicht der Umsatzbeteiligung. FIRMA ist daher berechtigt, angemessene Retourenreserven für Verkäufe in der jeweiligen Abrechnungsperiode zu bilden.

(2) Abgerechnet werden 100 Prozent der während der gesetzlichen Schutzfrist verkauften und nicht retournierten Vertragsprodukte. Vertragsprodukte, die zu Promotion oder sonstiger Verkaufsförderung abgegeben werden (z.B. als sog. „Free Goods", Promotion-E-Clips etc./ Naturalrabatt, wobei anstelle von Naturalrabatt gewährte Preisrabatte in Stückzahlrabatte umgerechnet werden können) oder Vertragsprodukte, die nach Streichung aus dem Vertriebsrepertoire zu Ausverkaufszwecken abgege-

ben werden oder die als Bemusterung an Hörfunk- und Fernsehfunk-Sender geliefert werden, unterliegen nicht der Umsatzbeteiligung.

§ 9 Abrechnung

(1) Abrechnung und Zahlung erfolgt halbjährlich innerhalb von drei Monaten nach Ablauf des Kalenderhalbjahres. Von Lizenznehmern an FIRMA abgerechnete und gezahlte Umsatzbeteiligungen werden zum nächsten Abrechnungstermin nach Eingang bei FIRMA, ggf. unter Abzug hierauf entfallender Steuern, abgerechnet und gezahlt.

Erläuterungen zu § 9 (1)
Auch hier steckt der sprichwörtliche Teufel im Detail: Es sollen nur von Lizenznehmern abgerechnete UND GEZAHLTE Umsatzbeteiligungen an den Bandgeber abgerechnet und ausbezahlt werden. Dies sollte nicht akzeptiert werden. Wenn die Firma Lizenzen an Dritte vergibt, sollte dies auf ihr Risiko geschehen. Sie sollte daher, wenn die entsprechenden Zahlungen nicht beigetrieben werden können, für diese Forderungen nachrangig (subsidiär) haften.

(2) Partner hat nach Terminvereinbarung 1x jährlich auf seine Kosten das Recht, die Abrechungsunterlagen von FIRMA an deren Sitz durch in Deutschland vereidigten Buch- oder Wirtschaftsprüfer prüfen zu lassen. FIRMA hat Einsichtsrecht in Buchprüfungsbericht. Buchprüfungszeitraum: Maximal vier (4) vor dem Zeitpunkt der Prüfung liegende Abrechnungsperioden (siehe § 9 (1)). Bei durch FIRMA anerkannter und/oder gerichtlich festgestellter Abweichung zum Nachteil des Partners von mehr als 10 Prozent (mind. aber 10.000,- Euro), trägt FIRMA die angemessenen und nachgewiesenen Buchprüfungskosten (exkl. Reise- und Unterkunftskosten).

Erläuterungen zu § 9 (2)
Buchprüfungsklauseln sind sinnvoll – aber nur dann, wenn sie fair sind. Mit dieser Klausel wird auf verschiedenen Wegen versucht, das Recht

auszuhöhlen oder es für den Lizenzgeber so unwirtschaftlich zu gestalten, dass er es aus Angst vor den Kosten nicht wahrnimmt. Schon die Mindestabweichung von 10 Prozent ist nicht sinnvoll, diese sollte auf 5 Prozent herabgesetzt werden. Völlig inakzeptabel ist es, dass erst mindestens 10.000,- € Fehlabrechnung aufgedeckt werden müssen, damit die Firma die Kosten der Prüfung zu übernehmen hat. Dies würde letztlich dazu führen, dass nur Künstler, die eine Lizenzbeteiligung von 100.000,- € und mehr erhalten, von einer Buchprüfung profitieren könnten, da alle anderen immer erst die (regelmäßig mindestens vierstelligen) Kosten der Buchprüfung selbst tragen müssten. Es ist auch nicht einzusehen, dass der Prüf- bericht des Buchprüfers nicht für die Parteien verbindlich sein soll – schließlich soll gerade wegen der besonderen Sachkunde nur ein Buchprüfer oder Wirtschaftsprüfer die Prüfung vornehmen dürfen. Wenn die Firma dem Prüfbericht widerspricht, erhöht sich das Kostenrisiko des Bandgebers auch noch um die Kosten eines Prozesses. Auch die Kostenbeschränkung sollte nicht akzeptiert werden – wenn der Buchprüfer wegen des Prüfumfangs mehrere Tage vor Ort sein muss, sollte das nicht zu Lasten des Produzenten gehen. Zudem fehlt hier auch die Bestimmung, dass der Fehlbetrag mit einem üblichen Verzugszinssatz (nach dem BGB: 8 Prozent über dem Basiszinssatz der Europäischen Zentralbank, der derzeit (2013) bei 0,38 Prozent liegt) zu verzinsen und unverzüglich auszuzahlen ist.

(3) Die Abrechnung gilt jeweils als genehmigt, wenn Partner nicht innerhalb von 24 Monaten nach Eingang der Abrechnung hiergegen unter Angabe detaillierter und substantiierter Gründe Einwendungen schriftlich erhoben hat.

Erläuterungen zu § 9 (3)

Hier wird eine weitere Hürde in das Buchprüfungsrecht eingebaut. Die Firma ist verpflichtet, ordentlich abzurechnen. Ein Buchprüfungsrecht besteht, weil der Lizenzgeber der Abrechnung nicht vertraut. Er kennt die Handelsbücher der Firma nicht und möchte sie überprüfen lassen. Welche „detaillierten und substantiierten Gründe" soll er nun noch angeben? Der Passus von „unter Angabe" bis „Gründe" sollte daher gestrichen werden.

§ 10 Zahlung

(1) Zahlungen erfolgen in Euro zuzüglich Mehrwertsteuer, wenn Partner diese in Rechnung stellt. Partner mit Wohnsitz in Deutschland ist für seine steuerlichen Belange selbst verantwortlich. Zahlungen an Partner mit Auslandswohnsitz erfolgen unter Einbehalt der entfallenden Steuerabzüge und Abführung an das zuständige Finanzamt, es sei denn, Partner bringt Freistellungsbescheinigung der zuständigen deutschen Finanzbehörde bei. Falls bei Fälligkeit einer bestimmten Zahlung an Partner auf Basis der vorliegenden Vereinbarung keine Freistellungsbescheinigung vorliegt und der Zahlungsbetrag unter den Schwellenwerten des Kontrollmeldeverfahrens nach dem deutschen Einkommenssteuergesetz liegt, wird FIRMA an diesem Kontrollmeldeverfahren teilnehmen. Für diesen Fall wird der Partner ausdrücklich darauf hingewiesen, dass die Steuerverwaltung seines Heimatlandes von dieser und allen zukünftigen Zahlungen durch die deutsche Finanzverwaltung Mitteilung erhalten kann.

(2) Von Lizenznehmern der FIRMA (z.B. lokale Schwestergesellschaften, internationaler Abrechnungs- und Repertoire Center und andere Dritte) in ausländischer Währung gezahlte Lizenzen werden bei Zahlungseingang in Euro umgerechnet. FIRMA ist berechtigt, Quellensteuern, welche in Verbindung mit dem Transfer aufgrund Gesetz, Verordnung o.ä. zu zahlen sind oder ähnliche Steuern von der abgerechneten Lizenzsumme abzuziehen. Für den Fall, dass aufgrund von Devisenbeschränkungen Umsatzbeteiligungen aus einem Land nicht transferiert werden können, werden diese dort zugunsten des Partners angesammelt. Mit dem Kontierungsnachweis hat FIRMA die Zahlungspflicht erfüllt.

(3) Für Partner bestimmte Zahlungen und Mitteilungen erfolgen mit befreiender Wirkung an die FIRMA zuletzt schriftlich mitgeteilte Anschrift bzw. Bankverbindung. Änderungen wird der Partner FIRMA schriftlich mitteilen.

(4) Unterschreitet die Stückzahl einer Katalognummer in einer Abrechnungsperiode in einem Land 10 Einheiten, so wird aus Rationalisierungsgründen für diese Katalognummer bzw. Abrechnungsperiode keine Abrechnung erteilt und eine Zahlung nicht geleistet.

§ 11 Veröffentlichung

(1) FIRMA kann Vertragsaufnahmen als sogenannte Promotionaufnahmen (Promotiontonträger, Promotion-E-Clips, 30-Sekunden-Streams etc.) zum Zwecke der Bemusterung von Medienpartnern und anschließend als „Handelstonaufnahmen" in jedem technischen Format unter jeder Marke/ Label veröffentlichen und veröffentlichen lassen. Ferner kann FIRMA das technische Überspielungs- und Wiedergabeverfahren für die Vervielfältigungsstücke der Vertragsaufnahmen sowie deren Abmischung bestimmen und Vertragsaufnahmen mit Aufnahmen Dritter koppeln. In der Preisgestaltung ist FIRMA frei. Artwork-Sonderausstattungen außerhalb Firmen-Standards sind nur nach einvernehmlicher Absprache zwischen den Parteien zulässig.

(2) FIRMA darf die Vertragsprodukte unter Berücksichtigung von Marktgegebenheiten aus ihrem Angebotskatalog streichen und wieder veröffentlichen. FIRMA ist unabhängig anderslautender Bestimmungen in jedem Fall berechtigt, im Rahmen der Verwertung auf (Mix-)Kopplungen sowie, soweit im Übrigen zur vertragsgemäßen Auswertung der Vertragsprodukte erforderlich, ohne gesonderte Vergütung an den Partner/KÜNSTLER eine Kürzung und/oder Überblendung von Vertragsaufnahmen und sonstigen vertragsgegenständlichen Inhalten in branchenüblichem Umfang vorzunehmen.

Erläuterungen zu § 11

Gemäß Absatz 1 steht der Firma das alleinige Entscheidungsrecht über das „Schicksal" der Aufnahme zu. Insbesondere behält sich die Firma auch vor, die Vertragsaufnahmen mit jedweden Aufnahmen Dritter koppeln zu können. Dieses Kopplungsrecht geht sogar so weit, dass die Firma die Aufnahme auch mit anderen Titeln auf zwei marktführenden Kopplungen verwenden kann, selbst wenn der Titel selbst nie als Single im Handel veröffentlicht wurde.

§ 12 Vertragsdauer/Optionen

(1) Die Vertragsdauer beginnt mit Datum der Letztunterschrift unter diesen Vertrag und läuft zunächst sechs Monate ab Handelsveröffentlichung der letzten festen Single in Deutschland, mindestens aber bis zum Ende der jeweiligen Optionsfrist gemäß § 12 (2) („Feste Vertragsperiode").

(2) Partner gewährt FIRMA eine (1) Option auf eine weitere Singleproduktion („Optionssingle") sowie vier (4) getrennte Optionen auf Albumproduktionen (Studioalben; „1. Optionsalbum", „2. Optionsalbum", „3. Optionsalbum" und „4. Optionsalbum") mit Darbietungen des KÜNSTLERS zu den Bedingungen dieses Vertrages.

Erläuterungen zu § 12 (2)
Hier schießt die Firma mit ihren Forderungen übers Ziel und vor allem über die Üblichkeit hinaus: Vier Optionsalben sind viel zu viel. Üblicherweise werden der Firma maximal drei Optionen eingeräumt; Ziel der Verhandlungen sollte aber sein den Vertrag auf zwei Optionen zu beschränken. Es steht den Parteien frei, eine erfolgreiche Zusammenarbeit auch über die vereinbarten Optionszeiträume hinaus fortzusetzen, aber dann sollte der Produzent bzw. Künstler auch die Möglichkeit haben, die Bedingungen nachzuverhandeln – und das kann er in der Regel nur mit dem Druck, den das bevorstehende Auslaufen des Vertrags erzeugt.

Die Option auf die Optionssingle ist innerhalb von sechs Monaten nach Handelsveröffentlichung der Festen Single in Deutschland schriftlich auszuüben. Die Option auf die Optionssingle kann auch übersprungen werden. Die Option auf das 1. Optionsalbum ist innerhalb von sechs Monaten nach Handelsveröffentlichung der festen Single in Deutschland bzw. – sofern die Option auf die Optionssingle ausgeübt wurde – innerhalb von sechs Monaten nach Handelsveröffentlichung der Optionssingle in Deutschland schriftlich auszuüben. Die Option auf das 2. Optionsalbum und jedes weitere Optionsalbum ist jeweils innerhalb von zwölf Monaten, jeweils gerechnet ab Veröffentlichung des vorherigen Optionsalbums, schriftlich auszuüben. In jedem Fall endet die Vertragsdauer und damit die Frist zur Optionsausübung nicht früher als sechs Wochen nach Anlieferung von aussagekräftigen (Demo-)Aufnahmen (Single A-Seite bzw. bei Alben mindestens sechs Albumtitel), die auf dem Folgeprodukt Verwendung finden sollen und Zugang der schriftlichen Anzeige des Partners hiervon bei der Rechtsabteilung, wobei die Option auch vor Zusendung von (Demo-)Aufnahmen wirksam ausgeübt werden kann. Vorbezeichnete Demo-Aufnahmen wird Partner spätestens nach schriftlicher Aufforderung durch FIRMA anliefern, und zwar bei Singles spätestens in 2 Wochen bzw. bei Alben spätestens in 4 Wochen.

(3) Options-Produktionen sind jeweils in angemessenem Abstand, im Falle von Singles spätestens innerhalb von drei Monaten, im Falle von Alben spätestens innerhalb von sechs Monaten – jeweils gerechnet ab dem Zeitpunkt der Optionsausübung – zu erstellen und bei FIRMA abzuliefern.

(4) Im Falle der Ausübung einer der FIRMA eingeräumten Optionen beginnt mit Ausübung der jeweiligen Option eine weitere Vertragsperiode („2. Vertragsperiode", „3. Vertragsperiode", etc.), in der sich die Laufzeit dieses Vertrages jeweils automatisch bis zu dem Zeitpunkt sechs Monate nach Handelsveröffentlichung der betreffenden Options-Single in Deutschland bzw. zwölf Monate nach Handelsveröffentlichung des betreffenden Optionsalbums in Deutschland (je nachdem, was Gegenstand der betreffenden Option war) und bis zum Ablauf der sechswöchigen Optionsfrist nach Erhalt der (Demo-)Aufnahmen mit dem jeweiligen Folgeprodukt (siehe § 12 (2)) verlängert.

(5) Im Hinblick auf die Dauer einer jeden Vertragsperiode sowie auf die Dauer der Optionsfristen gilt jede Produktion spätestens 24 Monate nach Ablieferung und Abnahme der veröffentlichungsreifen Masterbänder als im Handel veröffentlicht, sofern Partner seine sämtlichen vertragsgegenständlichen Pflichten eingehalten hat.

Erläuterungen zu § 12

Hier ist zunächst zu lesen, dass ein Vertragsjahr nicht auch immer ein Kalenderjahr sein muss, sondern sich je nach dem Datum der tatsächlichen Veröffentlichung einer Aufnahme verlängern kann. Bei näherem Hinsehen wird dann deutlich, dass der Vertrag zwar ständig von „Veröffentlichung" spricht, diese aber letztlich an keiner Stelle im Vertrag garantiert wird. In Absatz 5 wird lediglich eine Fiktion verankert, indem auch ohne Veröffent-

lichung ein Tonträger gleichwohl als veröffentlicht gilt, wenn seit der Ablieferung und der Abnahme der veröffentlichungsreifen Bänder 24 Monate vergangen sind. Da das Optionsrecht der Firma lediglich an „die Veröffentlichung" anknüpft, bedeutet dies im Ergebnis nichts anderes, als dass der Vertrag immer wieder verlängert werden kann und im schlimmsten Fall nach der letzten Optionsperiode erst nach Jahren endet, ohne dass je ein Tonträger im Handel erschienen ist. Entsprechend ist dringend anzuraten, in Bandübernahmeverträgen eine „echte" Veröffentlichungsverpflichtung auszuhandeln. Diese kann z.B. vorsehen, dass der jeweilige Tonträger zumindest im Inland binnen sechs Monaten nach Ablieferung und Abnahme der Aufnahmen im Handel zu veröffentlichen ist.
Auch sollte eine Höchstdauer von fünf Jahren vereinbart werden. Für Verträge über Urheberrechte an künftigen Werken sieht das Gesetz ein Kündigungsrecht nach fünf Jahren vor. Diese Wertung des Gesetzgebers sollte sinnvollerweise auch für Verträge über künftig entstehende Leistungsschutzrechte gelten.

§ 13 Vorauszahlungen

(1) Partner erhält bei ordnungsgemäßer Erfüllung dieses Vertrages für jede unter diesem Vertrag zu erstellende Produktion eine nicht rückzahlbare, jedoch vollständig verrechenbare Lizenzvorauszahlung nach folgender Maßgabe:

(a) *Singleproduktion(en)*
(aa) *Feste Single*: **€** 5.000,- (Euro fünftausend).
(bb) *Optionssingle*: **€** 5.000,– (Euro fünftausend).

(b) *Albumproduktionen* (jeweils mind. 12 Titel einschließlich Singleauskopplungen (plus B-Seiten und aller erforderlichen (Re-) Mixe)):
(aa) *1. Optionsalbum*: **€** 45.000,- (Euro fünfundvierzigtausend).
(bb) *2. Optionsalbum, 3. Optionsalbum und 4. Optionsalbum*: À Optionsalbum jeweils 66,66 Prozent der Lizenzeinspielungen des jeweils vorhergehenden vertragsgegenständlichen Albums aus Album-Verkäufen der entsprechenden Katalognummer in Deutschland innerhalb von 9 Monaten nach Handelsveröffentlichung, jedoch

für das 2. Optionsalbum mindestens € 50.000,- (Euro fünfzigtausend) und maximal € 60.000,- (Euro sechzigtausend), für das 3. Optionsalbum mindestens € 60.000,- (Euro sechzigtausend) und maximal € 80.000,- (Euro achtzigtausend) und für das 4. Optionsalbum mindestens € 70.000,- (Euro siebzigtausend) und maximal € 100.000,- (Euro einhunderttausend).

(c) *Fälligkeit*: Vorauszahlung ist fällig bei Fester Single zu 50 Prozent mit Unterschrift des vorliegenden Vertrages sowie zu 50 Prozent mit Abnahme des produktionsreifen Masterbandes der Festen Single sowie der sonstigen Unterlagen, die Partner insoweit anzuliefern hat. Vorauszahlungen für die Optionssingle fällig zu 50 Prozent mit Optionsausübung auf die Optionssingle und zu 50 Prozent mit Abnahme des produktionsreifen Masterbandes der Optionssingle sowie der sonstigen Unterlagen, die Partner insoweit anzuliefern hat. Vorauszahlungen für Optionsalben sind jeweils fällig zu 33,33 Prozent mit Optionsausübung auf das betreffende Optionsalbum sowie jeweils zu weiteren 33,33 Prozent bei nachgewiesenem Produktionsbeginn für das betreffende Optionsalbum sowie jeweils zu weiteren 33,34 Prozent mit Abnahme des produktionsreifen Masterbandes des betreffenden Optionsalbums und sowie der sonstigen Unterlagen, die Partner insoweit anzuliefern hat.

(2) Keine Vorauszahlung ist fällig vor Ablauf von 14 Tagen nach ordnungsgemäßer Rechnungsstellung, wobei FIRMA auch ohne Rechnungsstellung zahlen kann. Keine Vorauszahlung wird fällig vor vollständiger Unterzeichnung des vorliegenden Vertrages und Übergabe des vollständig unterzeichneten Künstlerbriefes im Original an FIRMA. Sämtliche Vorauszahlungen sind bei ordnungsgemäßer Erfüllung durch Partner nicht rückzahlbar, jedoch voll verrechenbar gegen sämtliche Umsatzbeteiligungen, die Partner unter diesem Vertrag zustehen. FIRMA in diesem Vertrag eingeräumte Rechte gelten als zur Sicherheit an FIRMA abgetreten für etwaige Ansprüche von FIRMA, die sich aus Nicht- oder Schlechterfüllung dieses Vertrages sowie aus sonstigen Gründen im Zusammenhang mit diesem Vertrag gegen Partner ergeben. Zudem werden diese Rechte auch zur Sicherheit der vorbenannten Ansprüche an FIRMA verpfändet. Die FIRMA übertragenen Auswertungsrechte bleiben insoweit – vorbehaltlich etwaiger Auflösungsvereinbarungen – auch im Falle der vorzeitigen Beendigung des Vertrages unberührt.

(3) Für Single-Auskopplungen (inkl. etwaiger B-Seiten und Remixes und/oder sonstiger Vertragsprodukte) sind keine gesonderten Vorauszahlungen zu leisten. Für in Alben eingekoppelte Singles gezahlte Vorauszahlungen sind auf Vorschüsse für Alben anzurechnen.

Erläuterung zu § 13 (3)
Ein bereits gezahlter Singlevorschuss wird vom Albumvorschuss abgezogen, wenn der Singletitel (wie üblich) auch auf dem Album enthalten ist.

(4) Soweit FIRMA mit Partner auf ihre Kosten von Dritten oder vom Partner selbst Remixversionen der Vertragsaufnahmen bzw. sonstige Voice-/Master-based-Produkte herstellen lässt, werden diese Vertragsaufnahmen und sind mit 50 Prozent der insoweit von FIRMA aufgewendeten Kosten gegen sämtliche Umsatzbeteiligungen des Partners unter diesem Vertrag verrechenbar, bei Remixen jedoch nur, wenn Partner dem betreffenden Remixbudget zugestimmt hat.

(5) Medienkampagnen: 50 Prozent des Mediabudgets im Rahmen von Medienkampagnen für Single- u./o. Album-Vertragsaufnahmen sind verrechenbar, wenn Partner der Verrechenbarkeit des Medienbudgets der jeweiligen Kampagne zustimmt; wird das Medienbudget einer Kampagne entsprechend verrechnet, führt betreffende Kampagne nicht zur Anwendung der Reduzierung für Medienbewerbung gem. § 6 (4) (c); bei Nichtverrechnung verbleibt es bei der Anwendbarkeit der Reduzierung für Medienbewerbung.

§ 14 Bildtonaufnahmen

(1) Partner steht dafür ein, dass KÜNSTLER sich auf Verlangen von FIRMA für die Produktion von Video-Aufnahmen zur Verfügung stellt. FIRMA ist Filmhersteller im Sinne der §§ 88, 89 UrhG. Partner überträgt hiermit FIRMA in entsprechender Anwendung der §§ 1 bis 5 dieses Vertrages seine und die Rechte des KÜNSTLERS einschl. dessen Recht am eigenen Bild an den Video-Aufnahmen.

(2) 50 Prozent der Produktionskosten der Video-Aufnahmen (einschließlich Reisekosten und Spesen) sind mit Umsatzbeteiligungen des Partners unter diesem Vertrag verrechenbar, über einen Sockelbetrag von **€** 30.000,- (Euro dreißigtausend) pro Video hinausgehende Kosten jedoch nur dann, wenn Partner diesen über den Sockelbetrag hinausgehenden Kosten zugestimmt hat.

(3) Als Entgelt für die Übertragung der unter § 14 (1) genannten Rechte erhält Partner im Falle kommerzieller Verwertung der Video-Aufnahmen eine Umsatzbeteiligung in Höhe von 75 Prozent der gemäß § 6 für die Auswertung einer Tonaufnahme einschlägigen Beteiligung. Diese Umsatzbeteiligungen werden im Übrigen gemäß den Bestimmungen dieses Vertrages für die Vergütung von Tonaufnahmeverkäufen und ohne Einschränkung der vertraglich vorgesehenen Verrechnungsmöglichkeiten mit etwaigen Vorauszahlungen auf Umsatzbeteiligungen abgerechnet und gezahlt.

(4) Die Erfüllung der gesetzlichen und vertraglichen Urheberrechtsverbindlichkeiten gegenüber den Urhebern bzw. deren Wahrnehmungsberechtigten bei der Verwertung der Vertragsaufnahmen auf Bild-Tonformaten obliegt FIRMA mit der Maßgabe, dass Partner FIRMA das Recht zur Synchronisation der Vertragsaufnahmen (sog. Erstverfilmungsrecht) für Video-Aufnahmen und sonstige Aufnahmen auf Bildtonformaten unentgeltlich überträgt, soweit Partner oder KÜNSTLER selbst Urheber der Komposition/Texte der Vertragsaufnahmen ist und diese Rechte nicht bereits einem Musikverlag übertragen hat. Vorgenanntes gilt entsprechend für den Abdruck von Texten im Zusammenhang mit Nutzung von Rechten, die FIRMA seitens des Partners im Rahmen dieses Vertrags eingeräumt wurden sowie für bestimmte Vertriebswege (z.B. mobile Auswertung) notwendige Anpassungen – beschränkt jedoch auf die Nutzung für und/oder im Zusammenhang mit Vertragsaufnahmen.

(5) Partner erhält für die ausschließlich zu Werbezwecken und Promotionzwecken verwendeten Video- und sonstigen Bildtonaufnahmen kein Entgelt (z.B. Diskotheken- und Fernsehpromotion, Handels- und Videopromotion in Groß- und Einzelhandelsgeschäften/Promotion auf Internetsites).

§ 15 Beteiligung an Nebeneinnahmen des Künstlers

(1) FIRMA erhält aus Künstlereinnahmen, die sich aus der professionellen Auswertung seiner Bekanntheit als KÜNSTLER ergeben, folgende Beteiligung in Höhe des in § 6 (1) vereinbarten Betrages:

(a) an Netto-Einnahmen von KÜNSTLER aus Tourneen, sonstigen Konzerten (Festivals, etc.), sonstigen Auftritten (Club-Auftritte, insbesondere auch Gala-Auftritte für Markenartikler oder sonstige Dritte) eine Beteiligung in Höhe von 10 Prozent (zehn Prozent), sofern und sobald eine vertragsgegenständliche Single für zwei (2) aufeinander folgende Wochen in die Top 20 der offiziellen deutschen Singlecharts von Media Control aufgenommen wurde. Sofern und sobald ein vertragsgegenständliches Album für zwei (2) aufeinander folgende Wochen in die Top 20 der offiziellen deutschen Album-Charts von Media Control aufgenommen wurde, beträgt die Beteiligung bzw. erhöht sich die Beteiligung auf 15 Prozent (fünfzehn Prozent). Sofern die entsprechenden beteiligungspflichtigen Auftritte durch FIRMA bzw. insoweit im Auftrag von FIRMA handelnde Dritte vermittelt wurden, entfällt der Anspruch auf Beteiligung aus diesem § 15;

Erläuterungen
Dies ist im Rahmen der „360°-Deals" eine vergleichsweise „sportliche" Herangehensweise. Die Beteiligung an den Live-Einkünften des Künstlers ist an das Erreichen bestimmter Chart-Positionen geknüpft bzw. in ihrer Höhe danach gestaffelt. Wenn die sonstigen Regelungen zur Lizenzbeteiligung der Band fair sind, verdient sie ja auch an den Tonträgerverkäufen und die Firma hat unter Beweis gestellt, dass sie zum Aufbau des Künstlers fähig ist. Eine Beteiligung an den Live-Einkünften wird mittlerweile von den meisten Firmen gefordert. Falls man diese Kröte wirklich schlucken muss, sollte aber jedenfalls ein Korrektiv ausgehandelt werden, z.B. in der Form, dass die Beteiligung erst ab einer zu definierenden Mindestgage einsetzt.

(b) eine Beteiligung in Höhe des in § 6 (1) für Alben genannten Basislizenzsatzes an Netto-Einnahmen aus Werbe-, Testimonial- und/oder und Sponsoringverträgen von KÜNSTLER (sofern FIRMA für den betreffenden Werbe-, Testimonial- und/oder Sponsoringvertrag keine Vermittlungsprovision erhalten hat);

(c) eine Beteiligung in Höhe des in § 6 (1) für Alben genannten Basislizenzsatzes an Netto-Einnahmen aus Merchandising betreffend KÜNSTLER (sofern die Auswertung nicht durch FIRMA erfolgt);

(2) Basis für die vorstehend vereinbarte Beteiligung (d.h. Netto-Einnahmen im vorstehenden Sinne) sind die Netto-Erlöse von KÜNSTLER bzw. Partner (je nachdem, wer solche Erlöse an der Quelle erzielt) aus dem jeweiligen Auftritt bzw. Werbe- und/oder Sponsoringvertrag bzw. DJ-, Remixer- oder Produzentenvertrag, d.h. die jeweiligen Bruttovergütungen exkl. MwSt.

Erläuterungen

Eine Beteiligung an den Nettoerlösen sollte nicht akzeptiert werden. Stattdessen ist auf die Netto-Gewinne abzustellen. Dies ist, gerade im Live-Bereich, etwas völlig anderes, da hier dann zunächst einmal die vom Künstler zu tragenden Produktionskosten (Techniker/Mischer, Fahrtkosten, Busmiete, Agenturgebühren, etc.) in Abzug gebracht werden müssen.

(3) Hinsichtlich Abrechnung und Zahlung der in dieser Vorschrift vereinbarten Beteiligungen gelangen §§ 9 und 10 des vorliegenden Vertrages entsprechend zur Anwendung.

§ 16 Tour/Toursupport/Vermittlung von Auftritten

(1) Toursupport durch FIRMA wird nur nach schriftlicher Vereinbarung zur Verfügung gestellt. Von FIRMA übernommener und/oder geleisteter Toursupport ist zu 100 Prozent mit sämtlichen Beteiligungen von Partner unter diesem Vertrag verrechenbar. Partner stellt FIRMA pro Konzert mit dem KÜNSTLER 10 kostenfreie Tickets zur Verfügung.

(2) Die Parteien sind sich einig und stellen klar, dass FIRMA zumindest non-exklusiv zur Akquise von Auftrittsgelegenheiten betreffend KÜNSTLER berechtigt ist. Für von FIRMA entsprechend vermittelte Auftrittsgelegenheiten

erhält FIRMA eine Vermittlungsprovision in Höhe von 25 Prozent (fünfundzwanzig Prozent) der Netto-Einnahmen (Bruttoeinnahmen abzgl. MwSt.) von KÜNSTLER für den betreffenden Auftritt. Hinsichtlich Abrechnung und Zahlung der FIRMA nach dieser Vorschrift zustehenden Vermittlungsprovision gelangen §§ 9 und 10 des vorliegenden Vertrages entsprechend zur Anwendung.

Erläuterungen zu § 16

Vor dem Hintergrund, dass sich Firma eine Beteiligung an den Liveeinnahmen zusichert, ist die vorstehende Regelung einer 100prozentigen Verrechenbarkeit eines etwaig gezahlten Toursupports nur schwer zu erklären. Warum soll Künstler das alleinige Risiko tragen, aber die FIRMA dann an möglichen Erträgen beteiligen?
Warum die Firma, die als Tonträgerunternehmen in aller Regel nicht über eine vergleichbare Infrastruktur und Expertise verfügt wie eine gewachsene und professionelle Bookingagentur, schließlich mit 25 Prozent auch noch eine um 5 Prozent höhere Beteiligung als professionelle Booking-Agenturen für die Vermittlung von Auftritten fordert, ist unerklärlich. Dies ist sicherlich nicht gerechtfertigt.

§ 17 Merchandising

FIRMA ist ein exklusives Erstoptionsrecht eingeräumt auf exklusive Auswertung der Merchandising-Rechte an KÜNSTLER bzw. in Zusammenhang mit KÜNSTLER und etwaiger Darsteller/Mimen, die Vertragsprodukte neben KÜNSTLER (re-)präsentieren sowie dessen/deren bürgerlichen Namen, Künstlernamen, Abbildungen, Logos, sonstigen schutzfähigen Erkennungsmerkmalen, etc. und den ggf. zugehörigen Wort- und Bildmarke(n) („Vertragsgegenständliche Merchandising Rechte") zum Zwecke der Herstellung, Vervielfältigung und des Vertriebes von Merchandising- und Werbemittel-Produkten (insbesond., jedoch nicht abschließend, Buttons, Aufkleber, Anstecknadeln, T-Shirts, Mützen, Base-Caps, Feuerzeuge, Fotos, Poster, Geschirr, Computerspiele). Das Erstoptionsrecht ist von FIRMA während der Vertragsdauer schriftlich auszuüben. Können sich die

Parteien nicht in angemessener Frist (mindestens 8 Wochen) nach entsprechender Ausübung der Erstoption auf angemessene Bedingungen einer solchen Auswertung einigen, so kann Partner mit Dritten über solche Bedingungen verhandeln. Das Verhandlungsergebnis wird Partner FIRMA schriftlich mitteilen, die das Recht hat, nach kurzer Überlegungsfrist (nicht länger als 4 Wochen nach Mitteilung) in diese Bedingungen einzutreten (sog. Matching-Offer-Right).

§ 18 Schlussbestimmungen

(1) Für das Vertragsverhältnis gilt deutsches Recht. Erfüllungsort und ausschließlicher Gerichtsstand für beide Parteien ist – soweit gesetzlich zulässig – der Sitz FIRMA.

(2) Änderungen, Ergänzungen dieses Vertrages aber auch die Abbedingung des Schriftformerfordernisses bedürfen der Schriftform. Bei Unwirksamkeit einzelner Vertragsbestimmungen bleibt der Vertrag im Übrigen dennoch gültig. Unwirksame Bestimmungen werden durch sinnentsprechende gültige Bestimmungen ersetzt.

(3) Partner steht dafür ein, dass er die vertragsgegenständlichen Rechte erworben hat und durch keine anderweitigen Bindungen gehindert ist, diesen Vertrag abzuschließen und zu erfüllen. Partner stellt FIRMA von allen Ansprüchen der an Vertragsprodukten mitwirkenden KÜNSTLER und sonstigen Mitwirkenden frei. Partner steht dafür ein, dass Vertragsprodukte keine Urheber- und Leistungsschutzrechte Dritter verletzen und hält FIRMA insoweit von sämtlichen Ansprüchen Dritter frei. Soweit Partner Titel und Namen der Vertragsprodukte, des KÜNSTLERS, der Gruppe oder des Projekts selbst einbringt, steht Partner dafür ein, dass Titel und Namen keine Marken-, Namens- oder sonstigen Rechte Dritter verletzen und hält FIRMA insoweit von sämtlichen Ansprüchen Dritter frei, was entsprechend auch für von Partner eingebrachte Logos und sonstige Kennzeichen von KÜNSTLER gilt.

(4) Partner erteilt FIRMA, auch im Namen der Mitwirkenden, die unwiderrufliche und räumlich und zeitlich unbegrenzte Vollmacht, gegen jede

unzulässige Verwendung der Vertragsprodukte auf eigene Kosten vorzugehen. Partner wird auf Wunsch FIRMAS bei der Verfolgung solcher Rechtsverletzungen mitwirken und die hierzu erforderlichen schriftlichen oder mündlichen Erklärungen abgeben. Diese Verpflichtung gilt auch über den Zeitraum der Vertragsdauer hinaus.

(5) Unbeschadet sonstiger gesetzlicher Bestimmungen ist FIRMA in dem Fall, dass FIRMA gegen den Partner und/oder KÜNSTLER aus diesem Vertrag Ansprüche zustehen, berechtigt, wegen dieser Ansprüche gegenüber Partner Zurückbehaltungsrechte gelten zu machen. Dies gilt insbesondere in Bezug auf die Befriedigung der Ansprüche Dritter gegen FIRMA.

(6) Partner nimmt zustimmend davon Kenntnis, dass die das Vertragsverhältnis betreffenden Daten auf Datenträgern gespeichert und nach den Bestimmungen des Bundesdatenschutzgesetzes verarbeitet werden.

(7) FIRMA ist an das mit diesem Vertrag gemachte Angebot nur für die Dauer von 4 (vier) Wochen nach dem Datum der Übersendung/Übergabe gebunden.

____________________	____________________
Ort/Datum	Ort/Datum
____________________	____________________
Partner	FIRMA

Anlage zu § 3 (5) „Künstlerbrief"

Von:
1.)
2.)
3.)

An: FIRMA

__________________ __________________
Ort Datum

Sehr geehrte Damen und Herren,

wir haben Kenntnis davon, dass (KÜNSTLER), (Adresse)

____

(nachfolgend „Lizenzgeber") aufgrund des vorstehenden Bandübernahmevertrages vom (...) (nachfolgend „Bandübernahmevertrag") exklusiv unsere Darbietungen/Aufnahmen unter dem Künstlernamen „KÜNSTLER" durch die FIRMA (...) (nachfolgend „Lizenznehmer") auswerten lässt. In diesem Wissen bestätigen wir Ihnen folgendes:

Wir haben uns gegenüber dem Lizenzgeber vertraglich verpflichtet, bestimmte exklusive Leistungen und Dienste zur Herstellung von Bild- und/ oder Tonaufnahmen zu erbringen und haben insoweit dem Lizenzgeber sämtliche im Bandübernahmevertrag genannten Auswertungsrechte exklusiv übertragen, einschließlich der dort aufgeführten Exklusivverpflichtungen für die Vertrags- und Auswertungsdauer. Wir werden während der Vertragsdauer (ggf. verlängert durch die Ausübung von Optionen) und während des Zeitraums der Exklusivität, keinem Dritten zur Aufnahme von solchen Aufnahmen zur Verfügung stehen und keinem Dritten Rechte an solchen Aufnahmen übertragen oder solche Aufnahmen selbst auswerten. Dies gilt sowohl für Aufnahmen unter dem o.g. Künstlernamen als auch für unter anderem Namen von uns durchgeführte Aufnahmen als Mitglied/ Mitglieder einer Künstlergruppe oder als Solist, mit den ggf. im Bandübernahmevertrag vereinbarten Ausnahmen.

Wir werden unseren sämtlichen Verpflichtungen gegenüber dem Lizenzgeber im Rahmen des Bandübernahmevertrages nachkommen. Hinsichtlich unserer Vergütung für die von dem Lizenzgeber dem Lizenznehmer zur Auswertung überlassenen Aufnahmen werden wir uns ausschließlich an den Lizenzgeber halten.

Für den Fall, dass Lizenznehmer seine berechtigten Ansprüche, aus welchem Grunde auch immer, auf Herstellung und Ablieferung unserer Aufnahmen gegenüber dem Lizenzgeber nicht durchsetzen kann oder der Lizenzgeber seinen Vertrag mit Lizenznehmer bzw. uns nicht ordnungsgemäß erfüllt bzw. erfüllen kann oder dass aus irgendeinem Grunde der Vertrag zwischen dem Lizenzgeber und uns beendet (z.B. mangels Optionsausübung) bzw. nicht mehr erfüllt wird, verpflichten wir uns, die uns persönlich und/oder kollektiv betreffenden Vertragspflichten hinsichtlich Produktion, Promotion, Herstellung und Ablieferung von vertraglichen Aufnahmen des Lizenznehmers gegenüber dem Lizenznehmer unmittelbar zu den in dem Vertrag zwischen dem Lizenzgeber und Lizenznehmer vereinbarten Bedingungen zu erfüllen.

____

c) Künstlerquittung

Die Künstlerquittung dient dazu, dem Tonträgerhersteller die Leistungsschutzrechte von Studiomusikern, die an der Aufnahme beteiligt waren, zu sichern.

Rechnung und Rechtsübertragung

Künstler/Musiker

____

(Name)

Ich habe bei den nachstehenden Schallaufnahmen mitgewirkt und übertrage hiermit dem Produzenten und unmittelbar dessen Vertragspartnern weltweit und ohne räumliche und zeitliche Einschränkung meine sämtlichen ausschließlichen Urheber-, Leistungsschutz- und sonstigen Rechte, die durch meine Mitwirkung an den Aufnahmen insbesondere nach Maßgabe der §§ 74 – 78 UrhG entstanden sind, sowie meine Ansprüche an den Darbietungen. Das Recht erstreckt sich auf alle derzeitigen Verwertungen wie z.B. öffentliche Aufführungen, Hörfunk, Fernsehen, Tonfilm, mech. Wiedergaben, Vervielfältigungen und Verbreitungen.

Diese Übertragung bezieht sich auch auf künftige Nutzungsarten und auf durch Änderung des Rechts etwa neu erwachsende Rechte. Ich stehe dafür ein, daß ich das Recht an meinem persönlichen Vortrag niemandem übertragen habe und durch anderweitige Bindungen nicht gehindert bin, diese Übertragung durchzuführen.

Der Produzent ist auf Schutzfristdauer zur ausschließlichen Verwertung dieser Aufnahmen berechtigt. Interpreten ist nur mit Zustimmung des Vertrages gestattet, in dieser Zeit Aufnahmen der genannten Werke durchzuführen.

Soweit ich gleichzeitig als Komponist, Textdichter oder Bearbeiter an den Aufnahmen mitgewirkt habe, übertrage ich meine Urheberrechte dem

Produzenten, der mit mir hierüber den üblichen Verlagsvertrag abschließt.

Gerichtstand für beide Teile ist der Sitz des Produzenten.

Ich bin Unternehmer und in der Bundesrepublik unbeschränkt steuerpflichtig. Meine Umsätze versteuere ich beim Finanzamt

____

Steuer-Nr. __________________________________

nach den allgemeinen Vorschriften des UStG.

Produktion / Titel

____

____

Produzent __________________________________

Studio ____________________________________

18.2 Verlagsverträge

a) Einzeltitel-Autorenvertrag

Mit diesem Vertrag räumt der Urheber (Komponist oder Texter) einem Musikverlag umfassende Nutzungsrechte an einem oder mehreren Werken ein.

Musikverlagsvertrag

zwischen

____

(nachstehend „Urheber" genannt, auch wenn es sich um mehrere Personen handelt)

und dem Verlag

____

(nachstehend „Verlag" genannt)

§ 1 Vertragsgegenstand

(1) Der Urheber ist der Komponist / Textdichter*) des Werkes

____

das dem Verlag bereits vorliegt / bis zum ______________________ in druckfähiger Form vorgelegt wird.*)

(2) Der Urheber steht dafür ein, dass sein Werk Rechte Dritter nicht verletzt, und dass er über die den Gegenstand dieses Vertrages bildenden Rechte noch nicht anderweitig verfügt hat.

(3) Der Urheber ist verpflichtet, die erforderlichen Korrekturen und Revisionen der Vervielfältigungsvorlagen ohne besondere Vergütung unverzüglich vorzunehmen. Kommt er dieser Verpflichtung nicht innerhalb einer angemessenen Frist nach, so ist der Verlag berechtigt, diese Leistungen auf Kosten des Urhebers anderweitig erbringen zu lassen. Kosten für Änderungen, die der Urheber nach erfolgtem Stich oder Satz oder nach Herstellung sonstiger Reproduktionsmittel verlangt, gehen zu seinen Lasten.

§ 2 Rechtseinräumung

(1) Der Urheber räumt dem Verlag das ausschließliche Recht zur graphischen Vervielfältigung und Verbreitung des Werkes (Verlagsrecht) auf der ganzen Welt für alle Ausgaben und Auflagen in Verbindung mit dem Text / der Musik*) von

____

ein. Das Verlagsrecht umfasst auch das Recht, das Noten- oder Textbild des Werkes auf Multimedia- und andere Datenträger aufzunehmen, diese zu vervielfältigen und zu verbreiten sowie in Datenbanken, Dokumentationssysteme oder in Speicher ähnlicher Art einzubringen und elektronisch oder in ähnlicher Weise zu übermitteln.

(2) Der Verlag hat ferner das ausschließliche Recht, auf der ganzen Welt den Vor- oder Nachdruck des Werkes u.a. in Einzelausgaben, Sammlungen, Anthologien, Programmheften, Zeitungen und Zeitschriften zu erlauben, und zwar auch getrennt für Text und Musik und in gekürzter Form (z.B. in einem Potpourri). Er ist allein befugt, die Vergütungsansprüche des Urhebers für erlaubnisfreie, aber vergütungspflichtige Vervielfältigungen durch Dritte geltend zu machen, soweit diese nicht unter Abs. (3) fal-

len (z.B. Vergütung für die Aufnahme in Schulbüchern usw., § 46 UrhG; Vergütung für die Benutzung bei Schulfunksendungen usw., § 47 UrhG). Der Verlag erteilt auch die erforderliche Erlaubnis für die reprographische Vervielfältigung von Noten zum privaten und sonstigen eigenen Gebrauch (§ 53 Abs. 4 UrhG).

(3) Der Urheber räumt dem Verlag ferner die folgenden ausschließlichen Nutzungsrechte bzw. Vergütungsansprüche an seinem Werk auf der ganzen Welt zur gemeinsamen Einbringung in die GEMA ein:

a) die Aufführungsrechte am Werk mit oder ohne Text;
b) die Rechte der Hörfunk-Sendung;
c) die Rechte der Lautsprecherwiedergabe einschließlich der Wiedergabe als dramatisch-musikalisches Werk durch Lautsprecher;
d) die Rechte der Fernseh-Sendung;
e) die Rechte der Fernseh-Wiedergabe einschließlich der Wiedergabe als dramatisch-musikalisches Werk;
f) die Filmvorführungsrechte einschließlich der Rechte als dramatisch-musikalisches Werk;
g) die Rechte der Aufführung und Wahrnehmbarmachung mittels der gem. Buchstabe h) hergestellten Vorrichtungen;
h) die Rechte der Aufnahme auf Ton-, Bildton-, Multimedia- und andere Datenträger einschließlich z.B. Speichercard, DataPlay Disc, DVD (Digital Versatile Disc), Twin Disc, Ton und Bildtonträger mit ROM-Part und entsprechende Träger mit Datenlink sowie die Vervielfältigungs- und Verbreitungsrechte an diesen Trägern. Das Recht, das Werk der Tonkunst (mit oder ohne Text) in Datenbanken, Dokumentationssysteme oder in Speicher ähnlicher Art einzubringen. Das Recht, das Werk der Tonkunst (mit oder ohne Text), das in Datenbanken, Dokumentationssysteme oder in Speicher ähnlicher Art eingebracht ist, elektronisch oder in ähnlicher Weise zu übermitteln, einschließlich z.B. für mobile Internetnutzung und für Musiktauschsysteme. Die Rechtsübertragung erfolgt zur Nutzung des Werkes der Tonkunst auch als Ruftonmelodien. Die Rechtsübertragung erfolgt jeweils vorbehaltlich der Regelung nach Buchstabe i). Die Vergütungsansprüche aus §§ 27 und 54, 54 d Abs. 1, 54 e, 54 f, 54 g und 54 h UrhG. Hinzu kommen die Vergütungsansprüche aus § 27 UrhG für Musiknoten;

i) die Rechte zur Benutzung des Werkes (mit oder ohne Text) zur Herstellung von Filmwerken oder jeder anderen Art von Aufnahmen auf Bildtonträger sowie jeder anderen Verbindung von Werken der Tonkunst (mit oder ohne Text) mit Werken anderer Gattungen auf Multimedia- und andere Datenträger oder in Datenbanken, Dokumentationssysteme oder in Speicher ähnlicher Art, u. a. mit der Möglichkeit interaktiver Nutzung; diese Rechte werden der GEMA unter einer auflösenden Bedingung übertragen;

k) diejenigen Rechte, die durch künftige technische Entwicklung oder durch Änderung der Gesetzgebung entstehen und erwachsen, soweit sie den Rechten in den Buchstaben a) bis i) entsprechen.

Der Umfang der vorstehend aufgeführten Rechte richtet sich nach dem Berechtigungsvertrag der GEMA in der zum Zeitpunkt des Abschlusses dieses Vertrages gültigen Fassung.

(4) Der Verlag hat – vorbehaltlich der schriftlichen Zustimmung des Urhebers nach Maßgabe der Sätze 2 und 3 dieses Absatzes – weiterhin das ausschließliche Recht, auf der ganzen Welt

a) Bearbeitungen und sonstige Veränderungen des Werkes, insbesondere Instrumentierungen, Arrangements oder Chorsätze, die Verwendung aktualisierter oder fremdsprachiger Texte zu erlauben und/oder das so veränderte Werk selbst zu verwerten;

b) das mit dem Vertragswerk verbundene Werk mit einem anderen oder weiteren Text bzw. einer anderen oder weiteren Musik zu verbinden und diese Werkverbindungen auch nebeneinander zu verwerten oder das Vertragswerk aus der bestehenden Werkverbindung ganz herauszunehmen;

c) das Werk bzw. eine Bearbeitung des Werkes für Werbezwecke aller Art zu nutzen bzw. eine Nutzung zu Werbezwecke aller Art durch Dritte zu erlauben;

d) die Benutzung des Werkes als/zum Bühnenstück zu erlauben und/oder dieses zu verwerten (Großes Recht).

In diesen Fällen bedarf es der schriftlichen Zustimmung des Urhebers, es sei denn, die Beteiligungsansprüche des Urhebers nach § 5 würden dadurch nicht berührt. Der Urheber wird die Zustimmung nicht verweigern, wenn die Beteiligung Dritter an den Erträgnissen den Verteilungsplänen der zuständigen Verwertungsgesellschaft entspricht.

§ 3 Verlagspflichten und -rechte

(1) Der Verlag ist insbesondere verpflichtet,

a) das Werk innerhalb einer angemessenen Frist nach Erhalt eines vervielfältigungsreifen Werkexemplars mit Nennung des Namens des Urhebers in handelsüblicher Weise zu vervielfältigen und es zu verbreiten; der Zeitpunkt hierfür soll zu gegebener Zeit einvernehmlich von den Vertragspartnern bestimmt werden;

b) sich für die Nutzung der ihm nach § 2 eingeräumten Rechte in handelsüblicher Weise einzusetzen;

c) soweit zum Schutz des Urheberrechts am Werk besondere Formalitäten erforderlich sind, diese in handelsüblicher Weise zu erfüllen. Für den Fall, dass ein Staat den Schutz des Urheberrechts oder seine Erneuerung oder Verlängerung von einer Anmeldung oder Eintragung abhängig macht, bevollmächtigt der Urheber hiermit den Verlag, dies durchzuführen. Der Urheber verpflichtet sich zur Abgabe aller Erklärungen, die erforderlich oder zweckmäßig sind, um die erforderlichen und zweckmäßigen Anmeldungen, Erneuerungen, Verlängerungen und/oder Eintragungen durchzuführen.

(2) Der Verlag wird über seine Aktivitäten nach Abs. 1 b) dem Urheber jeweils auf Anfrage berichten. Von einer Erstveröffentlichung von Tonträgerproduktionen des Werkes wird er ihm unverzüglich Mitteilung machen und ihm nach Erscheinen ein Exemplar übersenden; auf ihm bekannte Fernsehsendungen des Werkes soll er ihn frühzeitig hinweisen.

(3) Ausstattung, Ladenpreis und Vertriebsart aller Ausgaben und Auflagen werden vom Verlag nach pflichtgemäßem Ermessen bestimmt.

§ 4 Absatzhonorar für Verlagsausgaben

(1) Für jedes verkaufte Exemplar zahlt der Verlag an den Komponisten und den Textdichter zusammen 10%/______%*) vom deutschen Netto-Ladenpreis (Endpreis abzüglich Mehrwertsteuer), soweit nicht in § 12 abweichende Vereinbarungen getroffen worden sind. Dieser Beteiligungssatz gilt auch, wenn nur der Text oder nur die Musik verwertet wurde.

(2) Ist der Urheber mehrwertsteuerpflichtig, so erhält er die Mehrwertsteuer zusätzlich.

Der Verlag rechnet einmal jährlich innerhalb von 90 Tagen nach Abschluss des vorangegangenen Kalender-/Geschäftsjahres*) ab und leistet gleichzeitig Zahlung. Beträge unter € 25,00 je Gesamtabrechnung können auf die nächste Abrechnung vorgetragen werden.

§ 5 Beteiligung von Urheber und Verlag

(1) Für die Beteiligung von Urheber und Verlag an den von einer Verwertungsgesellschaft, der sie beide angehören, jetzt oder in Zukunft wahrgenommenen Rechten ist deren Verteilungsplan maßgebend. Nimmt der Verlag diese Rechte ganz oder teilweise selbst wahr, so ist der zuletzt gültige Verteilungsplan maßgebend, wobei Kosten des Verlages unberücksichtigt bleiben.

(2) Soweit danach der Verteilungsplan nicht anwendbar ist oder keine Bestimmung trifft, werden die dem Verlag zufließenden Erlöse nach einem unter § 12 zu regelnden Schlüssel geteilt. Der Verlag erhält jedoch keinesfalls mehr als die Hälfte dieser Einnahmen. § 4 Abs. 1 Satz 2 und Abs. 2 gelten entsprechend.

(3) Der Verlag rechnet halbjährlich innerhalb von sechs Wochen/drei Monaten*) über die tatsächlichen Einnahmen des vorangegangenen Kalenderhalbjahres einschließlich etwaiger Garantie- oder Vorauszahlungen

ab und leistet gleichzeitig Zahlung. Beträge unter € 25,00 je Gesamtabrechnung können auf die nächste Abrechnung vorgetragen werden.

§ 6 Subverlage

(1) Der Verlag kann die ihm eingeräumten Rechte für das Ausland an Subverlage in der Weise übertragen, dass diese entsprechend der Regelung im Subverlagsvertrag an den Einnahmen aus jeder Verwertung des Werkes im Lizenzgebiet nach den Verteilungsplänen der für sie zuständigen Verwertungsgesellschaft beteiligt werden. Die Beteiligung aller Subbezugsberechtigten (Suburheber und Subverlag) darf jedoch insgesamt 50 % der Einnahmen nicht überschreiten. Der Verlag kann den Subverlagen auch erlauben, die Musik mit einem Text in einer anderen als der Originalsprache zur Verwertung innerhalb ihres Lizenzgebietes zu verbinden unter der Voraussetzung, dass die Rechte der Originalurheber durch die Beteiligung eines Subtextdichters nicht mehr als branchenüblich geschmälert werden. Als branchenüblich gilt, was in den Verteilungsplänen der zuständigen Verwertungsgesellschaft für solche Fälle festgelegt ist.

(2) Abs. 1 gilt entsprechend, soweit der Verlag über die sonstigen, nicht in § 2 Abs. 2 aufgeführten Vervielfältigungs- und Verbreitungsrechte verfügen kann.

(3) Über den Abschluss, den wesentlichen Inhalt und den Vertragspartner eines jeden Subverlagsvertrages wird der Verlag den Urheber auf Anfrage unterrichten. Der Urheber kann den Vertrag einsehen.

(4) Soweit der Urheber seinen Anteil aus der Verwertung im Subverlagsgebiet nicht über die zuständige Verwertungsgesellschaft erhält, sondern über den Verlag, werden dessen Einnahmen nach § 5 Abs. 2 verteilt.

(5) Enden die Rechte des Originalverlages – gleich aus welchem Grunde – vorzeitig, so bleibt die zwischen Original- und Subverlag geschlossene Vereinbarung hiervon mit der Maßgabe unberührt, dass der Urheber anstelle des Verlages in die Vereinbarung eintritt, ohne bereits entstandene Verbindlichkeiten des Verlages zu übernehmen.

§ 7 Miturheber

Haben mehrere die Musik bzw. den Text gemeinsam geschaffen, so stehen ihnen die Anteile des Komponisten bzw. des Textdichters nach den §§ 4 und 5, wenn nicht anders vereinbart, zu gleichen Teilen zu.

§ 8 Belegexemplare

(1) Von jeder Ausgabe und Auflage, die der Verlag selbst herstellt, erhält der Urheber fünf Freiexemplare.

(2) Von allen anderen Ausgaben und Auflagen – auch solchen von Tonträgern – erhält der Urheber ein Freiexemplar, soweit der Verlag darüber verfügen kann.

Weitere Exemplare kann der Urheber zum Verlagsabgabepreis zuzüglich Mehrwertsteuer beziehen. Er darf sie jedoch nicht verkaufen.

§ 9 Urheberbenennung, Copyright-Vermerk

(1) Der Verlag wird den Urheber stets an der üblichen Stelle als solchen nennen.

Er wird alle Werkexemplare mit dem Copyright-Vermerk nach Art. III WUA versehen und diese Verpflichtung auch jedem Subverlag auferlegen.

§ 10 Dauer des Vertrages

(1) Dieser Vertrag ist auf die Dauer der gesetzlichen Schutzfrist geschlossen. Wird diese in einem Land der Welt verlängert, so gilt dieser Vertrag auch für die Verlängerungsperiode.

(2) Das Recht der vorzeitigen Kündigung aus wichtigem Grund bleibt beiderseits unberührt.

(3) Das gleiche gilt für die Rückrufsrechte des Urhebers aus den §§ 41, 42 UrhG. Als angemessene Nachfrist gilt ein Zeitraum von sechs Monaten. Das Rückrufsrecht ist über die im Gesetz geregelten Fälle hinaus gegeben, wenn

a) der Vertrag des Verlages mit dem Urheber des verbundenen Werkes anders als durch Schutzfristablauf endet,

b) dem Urheber (bei Miturhebern allen zusammen) aus der Verwertung des Werkes durch Verlag und Verwertungsgesellschaft für die letzten zehn Kalenderjahre nicht mehr als insgesamt **€** 500,00 nach dem Geldwert am 1.1.2002 – zugeflossen sind (Alternative: fünf Jahre **€** 250,00) *)

Im Falle a) bedarf es der Setzung einer Nachfrist nicht. Im Falle b) beträgt die Nachfrist 2 Jahre; sind innerhalb dieser Frist dem Urheber (bei Miturhebern allen zusammen) weitere mindestens **€** 100,00 nach dem Geldwert am 1.1.2002 – zugeflossen, so entfällt das Rückrufsrecht. Das Recht nach b) entfällt ferner, wenn der Verlag für das Werk Leistungen erbracht hat, die über das normale Maß der verlegerischen Verpflichtungen hinausgehen und diese Leistungen in einem von allen Vertragsbeteiligten zu unterzeichnenden Revers**) anerkannt werden.

(4) Im Falle des Absatzes (3) Buchstabe b) ist der Urheber auf Verlangen des Verlages verpflichtet, das noch vorhandene Material gegen Erstattung der anteiligen Herstellungskosten zu übernehmen.

§ 11 Änderungen, Gerichtsstand

(1) Änderungen oder Ergänzungen des Vertrages bedürfen der Schriftform, wobei Briefwechsel genügt.

(2) Der Verlag wird eine Verlegung seines Geschäftssitzes, eine wesentliche Änderung seiner Inhaber- oder Gesellschafterverhältnisse und/oder den Verkauf einer Verlagsabteilung, zu der das Vertragswerk gehört, dem Urheber unverzüglich mitteilen. Der Urheber wird dem Verlag eine Änderung seiner Anschrift unverzüglich mitteilen.

(3) Sollte eine Bestimmung dieses Vertrages nach dem Recht irgendeines Staates unwirksam sein oder werden, so gilt das, was dem wirtschaftlich Gewollten am nächsten kommt. Die Gültigkeit des Vertrages im übrigen wird dadurch in keinem Falle berührt.

Die Vertragspartner sind einander verpflichtet, an einer entsprechenden Klarstellung des Vertragstextes mitzuwirken.

(4) Es gilt das Recht der Bundesrepublik Deutschland.

Sind Urheber und/oder Verlag jetzt oder in Zukunft im Ausland ansässig, so sind auch die Urheberstreitkammern der Landgerichte Berlin oder München (I) nach Wahl des Klägers zuständig. Der Kläger kann den Beklagten, der im Ausland wohnt, auch an dessen allgemeinem Gerichtsstand verklagen.

§ 12 Sonstiges

__________________________, den __________________________

Der URHEBER

__________________________, den __________________________

Der VERLAG:

***) zu beziehen über die Musikhandel-Verlags GmbH, Bonn*

b) Autorenexklusivvertrag

HEADS OF AGREEMENT
Autoren-Exklusiv-Vertrag

Vertragspartner

____

und

Musikverlag

____

Vertragsart/Umfang

Autoren-Exklusiv-Vertrag für alle von Autor während des Vertragszeitraumes sowie vor der Vertragszeit geschaffen Werke, die bisher keine verlegerische Auswertung gefunden haben, unabhängig davon, ob es sich dabei um Werke handelt, die von Autor allein oder in Zusammenarbeit mit anderen Autoren geschaffen wurden.

Erläuterungen
Anders als bei einem Einzeltitel-Verlagsvertrag geht es hier nicht um ein einzelnes Werk, sondern um eine Exklusivbindung des Autors für alle seine Werke. Dazu zählen vor allem die während der Vertragslaufzeit noch zu schaffenden Werke, aber auch der Backkatalog, also die bereits ge-

schriebenen Songs, können für den Verlag sehr interessant sein. Hier muss aber sorgfältig darauf geachtet werden, dass diese Rechte nicht schon anderweitig vergeben wurden.

Erlösteilung

a) Es gilt der Split gemäß dem jeweils gültigen GEMA-Verteilungsplan. Bei Subverlagsbeteiligungen darf die Beteiligung aller Subbezugsberechtigten insgesamt 50 Prozent der Einnahmen nicht überschreiten.

Erläuterungen
Es wird die Geltung des GEMA-Verteilungsplans vereinbart, der für die meisten Auswertungsformen Regelungen enthält. Abweichend hiervon sind auch andere Aufteilungsmodalitäten möglich – so könnte ein erfolgreicher Autor z.B. eine Aufteilung der Erlöse aus mechanischen Rechten im Verhältnis 70 Prozent Autor/30 Prozent Verlag verlangen.

Vertragsbeginn/Vertragsdauer

Fester Vertragszeitraum: ab ______________ für 3 Jahre.

Sind bei Vertragsende nicht sämtliche Zessionszahlungen eingespielt, verlängert sich der Vertrag bzw. die jeweilige Optionsperiode bis zur Einspielung. Sind bei Vertragsende die Mindesteinbringungsverpflichtungen nicht erfüllt, verlängert sich der Vertrag automatisch, bis diese erfüllt sind.

Erläuterungen
Die Vertragsdauer wird häufig von mehreren Faktoren bestimmt. Üblich ist eine fest vereinbarte Mindestlaufzeit, an die sich dann mehrere Optionen zur Verlängerung des Vertrags anschließen, die einseitig vom Verlag ausgeübt („gezogen") werden dürfen. Dadurch kann sich im vorliegenden Fall die Vertragsdauer auf maximal 5 Jahre verlängern. Dies ist zugleich die gesetzliche Höchstgrenze, denn § 40 UrhG sieht bei Verträgen über künftige Werke zwingend ein gesetzliches Kündigungsrecht nach 5 Jahren vor. Ein weiterer Faktor zur Bestimmung der Laufzeit ist die Erfüllung der Mindestablieferungsverpflichtung.

Optionen

Verlag erhält 2 Optionen zur Verlängerung um jeweils 1 weiteres Vertragsjahr.

Vorschusszahlungen

a) *Fester Vertragszeitraum:* 20.000,- **€**, verrechenbar gegen erstrangige Globalzession der GEMA oder einer anderen Verwertungsgesellschaft, fällig nach Unterzeichnung des Longform-Vertrages und Eingang des diesbezüglichen Bestätigungsschreibens der GEMA oder einer anderen Verwertungsgesellschaft sowie Rechnungsstellung.

Erläuterungen
Der Rückfluss des Vorschusses aus GEMA-Einkünften wird abgesichert, indem der Autor die ihm zustehenden Tantiemen an den Verlag abtritt (Zession). Der Verlag verlangt eine „Globalzession": Die Abtretung bezieht sich auf alle Ansprüche, die der Autor gegen die GEMA hat. Außerdem soll es sich um eine „erstrangige" Zession handeln, das heißt, er möchte sicher sein, dass nicht ein anderer Inhaber einer Zession vor ihm bedient wird. Der Auszahlungszeitpunkt für den Vorschuss ist auf die Unterzeichnung des Longform Agreements festgelegt. Da es sich hier noch um ein Head of Agreement handelt, kann bis zum Abschluss des Longform Agreements noch viel Zeit vergehen. Es ist daher auch denkbar, die Auszahlung eines ersten Teils des Vorschusses mit der Unterzeichnung des HoA fällig zu stellen.

b) Rolling Advance: **€** ______________ ,- jeweils bei Einspielung des Zessionsbetrages, verrechenbar gegen erstrangige GEMA-Globalzession, zahlbar bis 24 Monate nach Vertragsbeginn.

Erläuterungen
Damit der Urheber die Zeiträume zwischen den GEMA-Abrechnungszeitpunkten finanziell übersteht, kann vereinbart werden, dass, sobald die vorgeschossenen Beträge über die GEMA-Zession wieder eingespielt sind, ein weiterer Vorschuss zu leisten ist. Dies wird zunehmend häufig befristet, da die Wahrscheinlichkeit, dass auch diese Vorschüsse noch eingespielt werden, zum Ende der Vertragslaufzeit naturgemäß abnimmt.

c) *Optionszeitraum*: 70 Prozent der an Urheber abgerechneten Autorenanteile aus der Verwertung der vertragsgegenständlichen Auswertung der Werke des letzten vorhergehenden Vertragsjahres.

Minimum: **€** 20.000,-

Maximum: **€** 40.000,-

bei der Erfüllung der Mindesteinbringungsverpflichtung.

Erläuterungen

Übt der Verlag die Option aus, ist es nur fair, dass auch ein neuer Vorschuss ausgezahlt wird. Hier wird der Vorschuss durch drei Faktoren begrenzt: Nach unten gibt es einen „Sockelbetrag" von 20.000,- **€***, nach oben einen „Deckel" von 40.000,-* **€***. Das heißt, der Autor bekommt in keinem Fall weniger als 20.000,-* **€** *und in keinem Fall mehr als 40.000,-* **€***. Wurden an Autorenanteilen also z.B. 30.000,-* **€** *eingespielt, bekäme der Autor einen Optionsvorschuss von 21.000,-* **€***. Waren es dagegen nur 20.000,-* **€***, hätte er rechnerisch Anspruch auf 14.000,-* **€***. Hier kommt ihm allerdings die Regelung zugute, nach der er mindestens 20.000,-* **€** *Vorschusszahlung erhält. Andererseits wird der Betrag nach oben gekappt, wenn es besonders gut läuft: Bei 70.000,-* **€** *hätte der Autor bei vereinbarten 70 Prozent mit der Optionsausübung einen Vorschuss von 49.000,-* **€** *verlangen können, wegen der Deckelung bleibt es aber bei 40.000,-* **€***.*

Zahlungen jeweils zzgl. MwSt.

Vorauszahlungen sind rückzahlbar nach folgender Maßgabe: 0 – 10 Prozent recoupt – 100 Prozent rückzahlbar abzügl. des recoupten Anteils

Erläuterungen

Hier ist eine Rückzahlungsverpflichtung für den Fall „versteckt", dass während der Vertragslaufzeit lediglich bis zu 10 Prozent der gewährten Vorschusszahlungen wieder eingespielt („recoupt") wurden. Selbstverständlich sollte versucht werden, diese Klausel zu streichen.

Mindesteinbringungsverpflichtung

10 neue, in Deutschland flächendeckend und nach Vertragsbeginn von einem Major oder etablierten Independent (z.B. Edel, Groove Attack, Indigo) veröffentlichte und zu 100 Prozent von Autor kontrollierte Werke pro Vertrags- und Optionsjahr. Die Werke müssen auf einem handelsveröffentlichten One Artist CD-Tonträger erscheinen.

Erläuterungen

Der Autor muss eine Mindestanzahl von Werken nicht nur beim Verlag abliefern, sondern die Werke zählen erst als „abgeliefert", wenn sie auch auf Tonträgern veröffentlicht sind. Dies muss zudem oft bei einem der Major-Tonträgerunternehmen oder einem der „großen Indies" wie EDEL erfolgen. „Zu 100 Prozent kontrolliert" bedeutet, dass der Autor Text und Musik allein verfasst haben muss. Hierzu gibt es vieles zu sagen. Z.B. ist es nicht einzusehen, warum ein Titel, der nicht bei einem Major erschienen ist, aber trotzdem hohe Einnahmen in den Bereichen Synch/Werbung erlöst hat, hier nicht mitgerechnet werden soll – in besonders erfolgreichen Fällen könnte man sogar daran denken, ihn mehrfach zu zählen. Dringend ist darauf zu achten, dass mit anderen gemeinsam komponierte Werke anteilig mitgezählt werden können.

Aber auch das Prinzip der Mindesteinbringungsverpflichtung in der hier geregelten Form ist angreifbar. Eine Major-Tonträgerveröffentlichung der Vertragsaufnahmen ist schließlich ein Hauptziel eines Autorenvertrages, an dessen Erreichung ja gerade auch der Verlag als Song Plugger mitwirken soll. Wenn dies nicht gelingt, bedeutet dies aber im Sinne des Vertrags, dass der Urheber seine Pflicht nicht erfüllt hat und daher noch länger exklusiv gebunden bleibt. Diese Logik ist alles andere als zwingend.

Gebiet

Welt.

Werkeverbleib

Dauer der Schutzfrist.

Sonstiges

Weitere hier nicht geregelte Einzelheiten werden in der Longform festgelegt. Diese HoA werden rechtlich bindend mit beidseitiger Unterschrift.

Einverstanden:

____________________ ____________________

(Autor) Ort, Datum

____________________ ____________________

(Verlag) Ort, Datum

18.3 Der Managementvertrag

Der Künstler sollte im eigenen Interesse in den Vertragsverhandlungen darauf bestehen, dass nicht nur die Rechte des Managers, sondern auch die des Künstlers ausdrücklich aufgeführt werden. Hierzu zählen z.B.:

- Welche Rechte hat er, wenn er nicht mehr mit der Arbeit des Managers zufrieden ist?
- Darf er die Buchführung des Managers überprüfen?
- Hat er Einfluss darauf, welche Angebote unterschrieben werden?
- Bekommt der Manager eine geringere Beteiligung, wenn eine Agenturgebühr bezahlt werden muss?
- Welche Kosten muss der Künstler tragen?
- Welche Kosten darf der Manager für sich abziehen?
- Wann sind die Abrechnungstermine? Was z.B. bedeutet die Formulierung „30 Tage nach Ablauf jeder 3-Monats-Periode"?
- Stehen die genauen Abrechnungsmodalitäten im Vertrag?

Einige Rechte kann der Künstler durchsetzen, andere nicht. Das Recht, die Buchführung des Managers zu überprüfen, ist in praktisch jedem Vertrag deutlich ausgedrückt. Dagegen wird dem Künstler wahrscheinlich nicht erlaubt, eine Option auszuüben oder einen Auftrag ohne Genehmigung des Managers anzunehmen. Trotzdem sollte er in Verhandlungen diese Rechte ansprechen, um dem Manager zu zeigen, dass er von solchen Begrenzungen weiß. Außerdem lernt er so den Manager, seine Begründungen und Verhandlungsfähigkeiten kennen. Ein professioneller und lauterer Manager schätzt in der Regel eine derartige Vorsicht und Sorgfalt des Künstlers. Lehnt ein Manager solche Verhandlungen beleidigt ab, sollte man gewarnt sein und sich daraufhin den ganzen Vertrag nochmals genau durchlesen und auch die persönliche Beziehung zum Manager unter die Lupe nehmen. Besonders wichtig ist naturgemäß, wie „die Sache Geld" im Vertrag geregelt wird.

Managementvertrag

Zwischen

(Name des Managementunternehmens)
– nachfolgend „MANAGER" bzw. „MANAGEMENT" genannt –

und

(Name des KÜNSTLERS)
– nachfolgend „KÜNSTLER" genannt –

wird folgende vertragliche Vereinbarung getroffen:

§ 1 Gegenstand des Vertrags

KÜNSTLER beauftragt hiermit das MANAGEMENT exklusiv und weltweit mit seiner Vertretung und Interessenwahrnehmung im Rahmen der in § 2 dieses Vertrags umschriebenen Tätigkeits- und Aufgabenbereiche.

Die Vertragspartner sind sich einig, dass nur eine enge und vertrauensvolle Zusammenarbeit die Karriere von KÜNSTLER fördern kann. Daher werden die Zielvorgaben und Grundsätze der Zusammenarbeit laufend gegenseitig abgestimmt. Das MANAGEMENT berichtet KÜNSTLER deshalb regelmäßig und auf Anforderung auch schriftlich über seine Aktivitäten. KÜNSTLER wird das MANAGEMENT bei seinen Aktivitäten im Rahmen dieses Vertrages nach besten Kräften unterstützen.

Erläuterungen zu § 1
Hier wird zunächst festgehalten, wer die Vertragsparteien sind und was

grundsätzlich in dem Vertrag geregelt werden soll. Die Regelungen des zweiten Absatzes regeln eigentlich Selbstverständlichkeiten und werden in der Praxis oft trotzdem nicht ernst genommen.

§ 2 Aufgaben des Managements

Das Ziel der Parteien dieses Vertrages ist es, durch die in diesem Vertrag näher geregelten Aktivitäten des MANAGEMENTS in Abstimmung mit KÜNSTLER die Karriere von KÜNSTLER zu festigen und nachhaltig auszubauen und den KÜNSTLER im Hinblick auf alle Aktivitäten im Zusammenhang mit der Erstellung von musikalischen Aufnahmen, Live-Auftritten, Rundfunk- und Fernseh-Auftritten sowie mit allen Formen der Verwertung der künstlerischen Leistungen und der Persönlichkeitsrechte des KÜNSTLERS ständig zu beraten. Primäre Aufgabe des MANAGEMENTS ist die Förderung, Konzeption und Koordination der Aktivitäten von KÜNSTLER in der Unterhaltungs- und insbesondere Musikindustrie im Rahmen von Ziffer 1. Hiervon sind insbesondere folgende Bereiche umfasst:

- Das MANAGEMENT übernimmt die Entwicklung und Koordination von Werbe-, Informationsmaterial und wird die jeweiligen Produktionen des KÜNSTLERS potentiellen Vertragspartnern präsentieren.
- Wahrnehmung der künstlerischern und kommerziellen Interessen von KÜNSTLER gegenüber Dritten, insbesondere Schallplattenfirmen, Produzenten, Veranstaltern und Medien, einschließlich der Konzeption und Organisation von Promotion- und Marketingaktivitäten auch in Ergänzung zu den entsprechenden Aktivitäten Dritter wie z.B. Musikverlagen, Plattenfirmen und entsprechende Beratung;
- Koordination und Freigabe der Verwendung des Namens des KÜNSTLERS, etwaiger Pseudonyme, von Marken, Symbolen, Abbildungen oder biographischem Material im vertragsgegenständlichen Bereich einschließlich Werbung, Handel, Publicity, Merchandising und Sponsoring sowie Akquise entsprechender Verträge;
- Akquise, Planung und Begleitung von Werbemaßnahmen, von Einzelauftritten und Tourneen sowie Public Relation Maßnahmen in den

Medien, wie insbesondere von Senderbesuchen, TV- und Online-Auftritten, Presseveröffentlichungen und Interviews;

- Herstellen von Kontakten zu Auswertungspartnern und sonstigen dritten Geschäftspartnern, wie z.B. Produzenten, Tonträgerfirmen, Bildtonträgerfirmen, Konzertagenturen und Veranstaltern, Presse, Funk und Fernsehen sowie Film- und Videoproduzenten, Werbeagenturen, Werbepartnern und sonstigen Industriefirmen und entsprechende Beratung;
- Das MANAGEMENT übernimmt die Terminkoordination aller den KÜNSTLER betreffenden Termine;
- Das MANAGEMENT arbeitet in enger Abstimmung mit KÜNSTLER und dritten Vertragspartnern an der Gestaltung der öffentlichen Darstellung des KÜNSTLERS;
- Das MANAGEMENT und KÜNSTLER werden nach vorheriger Absprache turnusmäßig konzeptionelle und informelle Gespräche abhalten.

Erläuterungen zu § 2
An der detaillierten Aufgabenbeschreibung kann man erkennen, wie umfangreich und vielfältig die Aufgaben eines Managements sind. Dies kann allerdings, wenn ein Künstler in unterschiedlichen Bereichen tätig ist (z.B. als Sänger und Schauspieler), auch auf eine bestimmte Tätigkeit beschränkt werden.

§ 3 Pflichten des KÜNSTLERS

a) Der KÜNSTLER verpflichtet sich zur sorgfältigen Erfüllung sämtlicher Verträge zwischen dem MANAGEMENT und Dritten, die im direkten Bezug zu seiner künstlerischen Tätigkeit stehen und stellt sich hierfür im üblichen und zumutbaren Umfang zur Verfügung.

b) Der KÜNSTLER zeigt sämtlichen Dritten, die im Rahmen seiner künstlerischen Tätigkeit an ihn herantreten, seine Vertretung durch das MANAGEMENT an und verpflichtet sich, das MANAGEMENT über sämtliche Anfragen zu informieren.

Erläuterungen zu § 3 b)

Dieser Abschnitt untersagt es dem Künstler, am Management vorbei eigene Geschäfte auf dem künstlerischen Sektor abzuschließen. Geschäfte sonstiger Art sind davon nicht betroffen.

c) Das MANAGEMENT erhält die alleinige Befugnis, während der Dauer dieses Vertrags den KÜNSTLER in allen rechtsgeschäftlichen Angelegenheiten, soweit diese Bezug auf den gegenständlichen Vertrag haben, nach außen zu vertreten und dieses Vertretungsrecht nach seinem Ermessen Dritten anzuzeigen. Der KÜNSTLER verpflichtet sich, keine vertraglichen Bindungen gegenüber Dritten ohne vorherige Zustimmung des MANAGEMENTS einzugehen, sofern diese vertraglichen Bindungen Bezug auf das vorliegende Vertragsverhältnis haben. Der KÜNSTLER erklärt, dass keine vertraglichen Beziehungen bestehen, die diesem Vertragsverhältnis entgegenstehen.

d) Es besteht Einigkeit darüber, dass diese Verpflichtung des KÜNSTLERS wesentlicher Bestandteil dieses Vertrags ist und ihre Verletzung das MANAGEMENT zum Schadensersatz und zur Kündigung aus wichtigem Grund berechtigt. Es besteht weiterhin Einigkeit darüber, dass der KÜNSTLER das MANAGEMENT für den Fall einer Pflichtverletzung von allen Inanspruchnahmen Dritter in vollem Umfange freizuhalten hat.

Erläuterungen zu § 3 c) und d)

Dieser Abschnitt sichert dem Management die Ausschließlichkeit der Vertretung zu. Dies bedeutet, dass der Künstler keinen weiteren Managementvertrag abschließen darf. Das ist verständlich, denn niemand kann vernünftig arbeiten, wenn es zwei Entscheidungsträger gibt.

Erläuterungen zu § 3

Das hier vorliegende Vertragsmuster ist recht „liberal", denn es belässt dem Künstler viele Entscheidungsrechte (siehe § 5 a)). Dies ist in der Realität oftmals anders. Gerade bei jungen, unerfahrenen Künstlern behält sich das Management oft sehr umfassende Entscheidungskompetenzen vor, so dass letztlich kaum noch zu erkennen ist, dass es der Manager ist, der für den Künstler tätig ist und nicht umgekehrt. So ist es nicht selten, dass der Künstler verpflichtet sein soll, z.B. der Beratung des Managers über Kleidung, Musikauswahl und dergleichen zu folgen. Man findet sogar gelegentlich Formulierungen wie: „Der Künstler muss jede Verpflichtung

in Verträgen, die der Manager in Ausübung seiner Pflichten unterschreibt, sorgfältig erfüllen, und er wird alles tun, was der Manager für nötig befindet …"; „der Künstler wird alle angemessenen Angebote bezüglich einer Verpflichtung, die vom oder im Auftrag des Managers zustande kommen, annehmen."
Jetzt wird es schon deutlicher, was der Künstler machen muss – praktisch alles. Der Manager kann dem Künstler raten, Gesangs- oder Schauspielunterricht zu nehmen (auf eigene Kosten natürlich).

§ 4 Rechte des MANAGERS

a) Das MANAGEMENT darf sich zur Ausführung der ihm nach diesem Vertrag obliegenden Aufgaben Dritter bedienen (Delegierungsbefugnis).

Erläuterungen zu § 4 a)
Der Manager muss bei der Auswahl der von ihm beauftragten Personen oder Firmen darauf achten, dass sie zur Durchführung der Aufgabe fähig sind. Geschmacksfragen spielen dabei keine Rolle. Der Kernbereich des Vertrags muss vom Manager persönlich durchgeführt werden, da das Verhältnis zwischen Künstler und Manager eine persönliche Angelegenheit ist. Wenn es dem Künstler speziell auf die Tätigkeit einer bestimmten Person innerhalb einer Management-Company ankommt, kann er versuchen, ein Sonderkündigungsrecht für den Fall auszuhandeln, dass diese Person das Unternehmen verlässt.

b) Das MANAGEMENT hat die alleinige Entscheidungsbefugnis in allen rechtsgeschäftlichen Angelegenheiten mit Bezug auf das gegenständliche Vertragsverhältnis.

Erläuterungen zu § 4 b)
Manche Künstler haben Schwierigkeiten damit, Entscheidungsbefugnisse aus der Hand zu geben. Man sollte den Manager jedoch als Geschäftsführer eines Unternehmens (gemeint ist der Künstler) betrachten. Zur Durchführung der Geschäfte muss ein solcher Geschäftsführer die volle

Verhandlungs- und Entscheidungsbefugnis innehaben. Dass ein guter Manager versuchen wird, nicht gegen den erklärten Willen seines Künstlers zu handeln, sondern bemüht sein wird, diesen zu überzeugen, sollte selbstverständlich sein. Natürlich ändert sich dies auch mit fortgeschrittener Erfahrung – je länger der Künstler populär ist und je mehr er sich für geschäftliche Fragen interessiert, umso mehr wird er auch bei geschäftlichen Entscheidungen mitbestimmen wollen.

c) Das MANAGEMENT ist nicht berechtigt, für den KÜNSTLER Verträge abzuschließen. Hiervon ausgenommen sind lediglich Vereinbarungen, die:

- sich auf ein einmaliges Engagement beziehen;
- keine Einräumung von Nutzungsrechten an Urheber- und Leistungsschutzrechten zum Gegenstand haben oder
- Geschäfte des täglichen Bedarfs betreffen, sofern ein monatliches Gesamtvolumen von 500,- **€** nicht überschritten wird.

Das MANAGEMENT ist verpflichtet, den KÜNSTLER binnen 24 Stunden nach Unterzeichnung über den Abschluss derartiger Vereinbarungen zu informieren.

Erläuterungen zu § 4 c)

Es ist grundsätzlich nicht sinnvoll, dass das Management für den Künstler Verträge unterzeichnet. Der Künstler wird durch die meisten Verträge, die Gegenstand der Management-Tätigkeit sind, persönlich verpflichtet. Daher sollte es selbstverständlich sein, dass er alle Verträge kennt und versteht, mit denen er derartige Verpflichtungen eingeht. Der Künstler darf aber natürlich die Arbeit des Managers auch nicht behindern. Oft ist er Manager gerade zur Beginn der Karriere des Künstlers gezwungen, mit eigenem Geld in Vorleistung zu treten. Daher ist es sinnvoll, hier in regelmäßigen Abständen ein Budget für die notwendigen Ausgaben freizugeben und bereitzustellen.

d) Dem MANAGEMENT ist es auch über die Dauer dieses Vertrages hinaus gestattet, im Zusammenhang mit dem Namen des KÜNSTLERS für sich selbst zu werben.

§ 5 Rechte des KÜNSTLERS

a) Der KÜNSTLER hat die alleinige Entscheidungsbefugnis in allen künstlerischen Angelegenheiten. Es besteht Einigkeit, dass hierzu Fragen der Ausstattung des KÜNSTLERS oder seiner Auftritte, des Equipments sowie der technischen Anlagen und Geräte des KÜNSTLERS und seiner Auftritte nicht zu rechnen sind.

Erläuterungen zu § 5 a)
In den meisten Verträgen wird dem Manager ein Entscheidungs- oder Mitspracherecht oder gar eine Weisungsbefugnis auch in künstlerischen Angelegenheiten eingeräumt. Inwieweit man sich hier einschränken lassen möchte, will reiflich überlegt sein.

b) Der KÜNSTLER hat Anspruch auf Einsichtnahme in sämtliche diesen Vertrag betreffende Unterlagen. Diese Einsicht ist im Büro des MANAGEMENTS zu nehmen und kann in angemessenen Abständen verlangt werden.

Erläuterungen zu § 5 b)
Dieser Punkt sollte in einem seriösen Managementvertrag sowie in allen Verträgen des Künstlers eine Selbstverständlichkeit sein. Andernfalls sollte man darauf bestehen.

§ 6 Entgelt, Umsatzbeteiligung, Kosten

a) Das MANAGEMENT erhält für seine vertragsgemäßen Leistungen als Honorar ab Vertragsunterzeichnung auf Dauer der Vertragslaufzeit

- 20 Prozent (zwanzig Prozent)
  vom Netto (= Bruttoeinkünfte abzüglich der gesetzlichen Mehrwertsteuer) aller Einkünfte des KÜNSTLERS aus seiner künstlerischen Tätigkeit, die Gegenstand dieses Vertrages ist, insbesondere (beispielhaft und somit nicht abschließend aufgezählt):

- von Einkünften aus der Lizenzierung von Ton- und Bildtonaufnahmen von KÜNSTLER;
- von Auftrittshonoraren einschließlich Tourneegagen. Sofern an dritte Agenturen Agenturprovisionen (z.B. Booking- und sonstige Vermittlungsagenturen) zu zahlen sind, sind diese Kosten ebenso wie Produktionskosten bei Auftritten/Konzerten/Tourneen zunächst von den jeweiligen Honoraren bzw. Gagen abzuziehen. Die Manager-Vergütung entfällt nur auf den nach Abzug der Kosten verleibenden Gewinnanteil;
- von Ausfall- und Nutzungshonoraren einschließlich darauf gezahlter Garantie- Prämien- und ähnlicher Zahlungen;
- der gesamten Verwertungserlöse aus dem Werbe-, Merchandising- und Sponsoringbereich;
- von allen Voraus- und Garantiezahlungen, unabhängig davon, ob die Vorauszahlungen verrechenbar oder nicht verrechenbar sind und unabhängig davon, wann hierüber eine Vereinbarung getroffen wurde;
- von allen sonstigen Lizenzeinnahmen und Vergütungen aus der künstlerischen Tätigkeit des KÜNSTLERS.

b) Das MANAGEMENT erhält ferner für seine vertragsgemäßen Leistungen als Honorar ab Vertragunterzeichnung auf Dauer der Vertragslaufzeit

- 15 Prozent (fünfzehn Prozent)

der Zusatzhonorare von KÜNSTLER, z.B. urheberrechtliche Einnahmen von der GEMA und allen anderen Verwertungsgesellschaften (z.B. GVL).

c) Zu den Einkünften von KÜNSTLER entsprechend dieser Vorschrift gehören sämtliche Vergütungen, die KÜNSTLER während der Vertragslaufzeit erhält, gleichgültig in welcher Form und mit welcher Bezeichnung sie gezahlt werden.

Nicht Bestandteil der Einkünfte sind diejenigen Zahlungen, die KÜNSTLER direkt oder indirekt aus Investitionen oder sonstigen Anlagen von Geld oder geldwerten Gütern erhält sowie Einkünfte, die nicht im Bereich des Entertainments liegen und nicht als Vergütung im Zusammenhang mit der künstlerischen Tätigkeit von KÜNSTLER gesehen werden können.

d) Die Honorierung versteht sich zuzüglich der jeweils geltenden gesetzlichen Mehrwertsteuer. Im Ausland richtet sich die Mehrwertsteuer nach den dortigen gesetzlichen Bestimmungen.

Erläuterungen zu § 6

Eine der wichtigsten Fragen, nachdem man einen Manager gefunden hat, ist, wie er am Einkommen des Künstlers beteiligt wird. In der Regel will der Manager 20 Prozent des Bruttoeinkommens des Künstlers aus der Unterhaltungsindustrie, also von Plattentantiemen, Verlags- bzw. GEMA- und GVL-Einnahmen, Einkommen von Tourneen und Einzelauftritten usw. Es ist schon von vornherein wichtig, festzulegen, dass der Manager nicht an Einkommen beteiligt ist, das aus anderen Quellen stammt, etwa aus Investitionen (Aktien, Immobilien usw.), Erbschaften oder anderen Geschäften, an denen der Künstler beteiligt ist.

Die Beteiligung des Managers wird, wie oben erwähnt, fast immer auf dem Brutto-Einkommen des Künstlers basieren, das heißt vor Abzug der Kosten. In der Regel ist das auch übersichtlich. Nur bei Tourneen kann das manchmal einen Schock bei den Musikern verursachen. Gehen wir beispielsweise davon aus, dass der Manager mit 20 Prozent am Bruttoeinkommen beteiligt wäre. Wenn der Künstler Tournee-Einnahmen von 50.000,- € hat, bekommt der Manager dann 10.000,- €. Dazu kommen jedoch auch, sagen wir, 25.000,- € Kosten für die Tournee. Das heißt, dass auch das Nettoeinkommen 25.000,- € beträgt. Also entsprechen die 10.000,- € des Managers vollen 40 Prozent der Nettoeinnahmen. Für eine aus mehreren gleich beteiligten Mitgliedern bestehende Gruppe kann das heißen, dass das einzelne Bandmitglied im Ergebnis weniger Geld erhält als der Manager. Es ist deswegen für Künstler empfehlenswert, zu verhandeln, dass die Beteiligung des Managers auf die Nettoeinnahmen von Konzerten und Tourneen zu berechnen ist, so wie es hier im Vertragsmuster vorgesehen ist.

In diesem Vertragsbeispiel wird der Manager zwar an den GEMA- und GVL-Einkünften beteiligt, aber nur zu einem reduzierten Prozentsatz. Wenn der Künstler z.B. schon ein etablierter Songschreiber ist und der Manager sich hauptsächlich damit beschäftigt, eine Karriere als Plattenkünstler für den Künstler aufzubauen, hat man verschiedene Alternativen. Von Einnahmen als ausübender Künstler könnte der Manager 20 Prozent bekommen, aber nur 10 Prozent von Verlags- bzw. GEMA-Einnahmen. Eine andere Alternative besteht darin, dem Manager 15 Prozent der Verlags-/GEMA-Einnahmen für die Platten des Künstlers zu geben, aber dann nichts für Einnahmen aus anderen Nutzungen (etwa Cover-Versionen). Hier sind viele Vertragsgestaltungen möglich und auch branchenüblich; grundsätzlich

sollte es jedenfalls so sein, dass der Manager nur an solchen Einkünften beteiligt wird, für deren Entstehung er auch einen ursächlichen Beitrag geleistet hat.
Die Höhe der Managementbeteiligung ist natürlich auch verhandelbar. Hier gibt es auch verschiedene Möglichkeiten. Wie vorher erwähnt, sind 15 Prozent bis 25 Prozent die üblichen Sätze. Diese Beteiligung kann dem Künstler sehr hoch erscheinen, aber meist wird der Manager zunächst ein paar Jahre investieren müssen, bevor er die Früchte seiner Arbeit richtig genießen kann. In den USA und England kommt es deshalb auch öfter vor, dass die Beteiligung des Managers sich im Lauf der Zeit ändert. Das kann sich auch in beide Richtungen bewegen. Manchmal fängt die Beteiligung bei 15 Prozent an und steigt auf 25 Prozent, wenn ein gewisses Einkommen erreicht wird. Manchmal wird der Manager wie ein Gruppenmitglied beteiligt. In diesem Fall bekommt er den gleichen Anteil wie die Musiker. Für ein Quartett würde das quasi ein „fünftes Mitglied" bedeuten, so dass jeder 20 Prozent der Nettoeinnahmen erhielte.
Es ist nicht immer zu empfehlen, den Manager an „sämtlichen Einnahmen aus der Unterhaltungsindustrie" zu beteiligen. Das gleiche gilt im Prinzip auch für Schauspieler, die Plattenkünstler werden. Warum sollten sie ihre Einnahmen für Filme (in voller Höhe) mit einem Manager teilen, der in erster Linie mit der musikalischen Karriere des Künstlers zu tun hat?
Egal, auf welche Art Beteiligung man sich einigt, es gibt einige Gelder, die nicht mit dem Manager geteilt werden sollten:

a) Produktionskosten, die man als Vorschuss erhält, sind kein Einkommen, und der Manager sollte auch an diesem Geld nicht beteiligt werden.
b) Der Manager sollte auch seinen Anteil an Kosten selber tragen, die entstehen, wenn man Geld eintreiben muss (etwa Rechtsanwalts-, Gerichts- oder Mahnkosten, Gerichtsvollzieher usw.). Diese Kosten sollten zuerst von der eingetriebenen Summe abgezogen werden, bevor die Beteiligung berechnet wird.
c) Tour-Support wird nur gezahlt, um Verluste zu decken und sollte deshalb auch nicht der Managementbeteiligung unterliegen.

§ 7 Zahlungen, Abrechnungen und Fälligkeit

a) Das MANAGEMENT hat Inkassoberechtigung für die Forderungen von KÜNSTLER gegenüber Dritten und ist berechtigt, dies gegenüber Dritten anzuzeigen. Das MANAGEMENT wird ein von ihm treuhändisch verwaltetes Sonderkonto einrichten, über das von sonstigen Geldern des MANAGEMENTS getrennt die finanzielle Abwicklung erfolgt.

b) Alle laufenden und zukünftigen Einnahmen und Umsätze von KÜNSTLER, die sich aus den vertraglichen Verpflichtungen oder hiermit in Beziehung stehenden künstlerischen Tätigkeiten ergeben, sind über die Kasse und Buchhaltung des MANAGEMENTS abzurechnen. Zahlungen, die an das MANAGEMENT direkt getätigt werden, sind von diesem KÜNSTLER unverzüglich anzuzeigen und unverzüglich an KÜNSTLER abzüglich des dem MANAGEMENT gemäß § 6 zustehenden Honorars auf dessen Geschäftskonto zu überweisen. Zahlungen, die an KÜNSTLER direkt getätigt werden, sind von diesem dem MANAGEMENT unverzüglich anzuzeigen.

c) Nach einem der regelmäßigen Abrechnung entsprechenden Rhythmus wird in Abstimmung zwischen den Parteien ein Haushaltsplan entworfen und verabschiedet. Dieser sieht eine regelmäßige Vorschusszahlung an das MANAGEMENT vor, welche die zu erwartenden Kosten des folgenden Zeitraums deckt.

d) Das MANAGEMENT rechnet die gemäß Punkt 4 Abs. 8 ff. entstanden Kosten vierteljährlich ab und stellt sie KÜNSTLER in Rechnung. Eine etwaige negative Differenz zu bereits gezahlten Vorschusszahlungen hat KÜNSTLER dem MANAGEMENT unverzüglich zu erstatten. Übersteigt der Betrag der Vorschusszahlung den wirklichen Betrag der Kosten, so ist das MANAGEMENT berechtigt, diese Differenz als Guthaben von KÜNSTLER einzubehalten und im folgenden Monat mit den Kosten zu verrechnen. Auf diesen Betrag erfolgt keine Verzinsung.

e) Fällige Beträge der Parteien sind, wenn sie länger als drei Monate auf dem Konto der jeweils anderen Partei verweilen, mit dem gesetzlichen Zinssatz zu verzinsen.

f) Die Parteien sind wechselseitig berechtigt, die Bücher der anderen Partei durch einen vereidigten Buchprüfer, Steuerberater oder Rechtsanwalt einmal jährlich zu überprüfen. Ergibt eine Buchprüfung für den geprüften Zeitraum eine Differenz zu Ungunsten der buchprüfenden Partei von mehr als 5 Prozent, so erstattet der Geprüfte dem anderen die angemessenen Kosten der Buchprüfung zusammen mit dem jeweiligen Differenzbetrag und den jeweiligen Verzugszinsen.

§ 8 Laufzeit, Option, Kündigung

a) Dieser Vertrag beginnt am ____________________ und ist fest für die Dauer von zunächst 2 Jahren (24 Monaten) ab der Unterzeichnung dieses Vertrages geschlossen.

b) Dem MANAGEMENT ist ein 2- (zwei-) maliges Optionsrecht auf Verlängerung des Vertrages um je ein weiteres Vertragsjahr eingeräumt. Die Optionsausübung ist schriftlich innerhalb des dann laufenden Vertragsjahres zu erklären. Für die Rechtzeitigkeit der Optionsausübung ist das Datum des Zugangs der Ausübungserklärung an die dem MANAGMENT zuletzt bekannt gegebene Adresse von KÜNSTLER maßgebend. Für den Fall, dass MANAGMENT das Optionsrecht ausübt, haben die vorliegenden Vertragsregelungen volle Geltung für die Verlängerung des Vertrages.

c) Nach Ablauf der zweiten Verlängerung durch die Wahrnehmung der letzten Option endet der Vertrag. Das MANAGMENT hat einen Anspruch darauf, vor allen anderen potentiellen Vertragspartnern in Verhandlungen mit KÜNSTLER zu treten.

d) Nach Ablauf des Vertrages sind die Parteien sich zur gegenseitigen Herausgabe der Unterlagen Zug um Zug verpflichtet, soweit dies nach Treu und Glauben verlangt werden kann.

e) Das Recht zur Kündigung gemäß § 627 BGB gilt als ausgeschlossen.

f) Eine außerordentliche Kündigung dieses Vertrages ist nur aus wichtigem Grund nach Maßgabe des § 626 BGB möglich.

Erläuterungen zu § 8

Die Dauer eines Vertrags ist einer der wesentlichen Vertragspunkte. Vor allem dann, wenn es zu Streitigkeiten zwischen den Vertragspartnern kommt,

zahlt es sich aus, wenn man gut verhandelt hat und der Vertrag Möglichkeiten zum kurzfristigen Ausstieg vorsieht. Eine lange, aber durchaus noch übliche Laufzeit eines Managementvertrages ist eine dreijährige Festlaufzeit mit zwei Optionen über je ein weiteres Vertragsjahr. Eine solche Zeitspanne ist, vor allem bei Newcomern, durchaus üblich, da das Management Zeit braucht, den Künstler zu entwickeln. Dies bedeutet in der Anfangsphase regelmäßig viel Aufwand für wenig Geld. Daher will das Management auch für eine angemessene Zeitspanne von seiner Aufbauarbeit profitieren. Wenn aber der Manager seine Aufgaben schlecht oder gar nicht erfüllt, sind drei Jahre Vertragslaufzeit eine Ewigkeit. Wenn dann noch, wie in unserem Beispiel, dem Manager Optionen auf eine Vertragsverlängerung zustehen, kann es im schlimmsten Falle für den Künstler auch ein frühzeitiges Ende seiner noch nicht begonnenen Karriere darstellen. Achtung: Der Manager entscheidet, ob die Zusammenarbeit fortgesetzt wird. Es kommt praktisch nie vor, dass der Künstler ein Mitspracherecht hat.
Neben dem „normalen" Ende eines Managementvertrages durch Zeitablauf existieren für den Künstler zwei gesetzliche Möglichkeiten, den Vertrag vorzeitig zu beenden. Die erste ist die Kündigung aus wichtigem Grund (§ 626 BGB). Diese ist zulässig, wenn es dem Künstler bei objektiver Betrachtung unzumutbar ist, den Vertrag mit dem Management bis zum Ende zu erfüllen. Die Messlatte für diese Kündigungsart liegt allerdings sehr hoch. Eine allgemeine Unzufriedenheit mit dem Management, dessen Tätigkeit oder dem ausbleibenden persönlichen Erfolg reichen keineswegs aus, um eine solche Kündigung zu begründen. Vielmehr muss das Verhalten der Gegenseite das Vertrauen derart geschädigt haben, dass eine weitere Zusammenarbeit jedem Dritten als unmöglich erscheint. Dies ist bei gröbsten Vertragsverletzungen der wesentlichen Vertragsverpflichtungen, etwa anhaltender Untätigkeit, bewusster Falschabrechnung oder Veruntreuung von Geldern der Fall. In einem solchen Fall muss die Kündigung sofort, schriftlich und möglichst beweisbar, also per Einschreiben oder vor Zeugen, an die Gegenseite übermittelt werden.
Im Regelfall muss bei der Kündigung aus wichtigem Grund der Vertragspartner erst einmal dazu aufgefordert werden, die Vertragsverletzung abzustellen (Abmahnung). Erst wenn er sich danach noch immer nicht an den Vertrag hält oder ausnahmsweise auch dann, wenn der Verstoß sehr schwer wiegt, kann eine Kündigung auch ohne vorherige Abmahnung wirksam sein. Man sollte die Kündigung daher schon allein wegen der er-

forderlichen Prüfung der Kündigungsgründe und der richtigen Formulierung einem Rechtsanwalt überlassen. Das Recht auf die Kündigung aus wichtigem Grund kann in einem Vertrag niemals rechtswirksam ausgeschlossen werden.

Die zweite Möglichkeit der fristlosen Kündigung hat der Gesetzgeber in § 627 BGB geschaffen. Bei Dienstleistungen in besonderer Vertrauensstellung sollen nach dieser Vorschrift beide Vertragspartner die Möglichkeit haben, den Vertrag jederzeit und ohne Angabe von Gründen kündigen zu können. Diese besondere Vertrauensstellung wird von der Rechtsprechung neben den Verträgen mit z.B. Rechtsanwälten, Steuerberatern oder Banken auch für den Managementvertrag bejaht. Für den Manager gilt hierbei allerdings, dass er nur so kündigen darf, dass der Künstler Gelegenheit hat, sich rechtzeitig Ersatz zu verschaffen. Im Gegensatz zur Kündigung aus wichtigem Grund kann diese Möglichkeit aber im Managementvertrag selbst rechtswirksam ausgeschlossen (abbedungen) werden. Da die Manager und ihre Verbände verständlicherweise nicht wollen, dass die Künstler die Verträge mit einem Federstrich nach Belieben beenden können, ist dieser Ausschluss die Regel und es kann auch in Verhandlungen meist nicht seine Streichung erreicht werden.

§ 9 Nachvertragliche Beteiligung

Der Vergütungsanspruch von MANAGER erstreckt sich 3 Jahre über die Vertragsdauer hinaus auf solche Einnahmen, auf die ein Anspruch während des Vertragszeitraumes begründet wurde. Hierbei gilt folgende Staffelung:

- Nach einem Jahr nach Vertragsende: 50 Prozent der unter § 6 festgelegten Vergütung.
- Nach zwei und drei Jahren nach Vertragsende: je 25 Prozent der unter § 6 festgelegten Vergütung.

Erläuterungen zu § 9

Es ist durchaus üblich, dass ein Manager sogar nach Ablauf des Vertrags für seine Leistung bezahlt werden will. Die Klausel, die die Zahlung nach Ablauf eines Vertrags regelt, wird Sunset-Klausel genannt. Wie ein

Sonnenuntergang den Tag beendet, so beenden solche Klauseln die Beteiligungsberechtigung des Managers. Der Manager wird argumentieren, dass er an Einkommen aus Verträgen, die während der Dauer des Vertrags abgeschlossen oder im Wesentlichen ausgehandelt wurden, beteiligt werden sollte.

In der Praxis heißt das, dass der Manager seine Beteiligung am Plattenverkauf von Tonträgern bekommt, die während der Dauer des Vertrags produziert wurden und auch an Tonträgern, die nach dem Ablauf des Managementvertrags produziert werden, wenn diese Tonträger Gegenstand eines Vertrags sind, der schon während der Dauer des Managementvertrags im Wesentlichen ausgehandelt oder unterschrieben wurde. Stellen wir uns die Situation vor: Kurz vor dem Ende der Management-Tätigkeit handelt der Manager einen Vertrag über fünf Alben aus. Das bedeutet, dass der Manager, wenigstens theoretisch, bis in die Ewigkeit seine Beteiligung ausgezahlt bekommt, was für den Künstler ein teurer Spaß sein kann – besonders dann, wenn man berücksichtigt, dass der Künstler einen neuen Manager brauchen und auch bezahlen müssen wird, nachdem er nicht mehr mit dem ersten zusammenarbeitet.

Es ist deswegen wichtig, sich ein paar Gedanken zu machen, wie diese Klausel fairer gestaltet werden könnte. Dies gilt besonders für Tonträger-Tantiemen und Verlagseinkommen. Mit der Ausnahme einer Rolle in einer Fernsehserie oder anderen nichtmusikalischen Tätigkeiten sind dies die einzigen Gebiete, in denen es über Jahre Einnahmen geben könnte, die auf die Tätigkeit des Managements zurückgehen. Es gibt mehrere Möglichkeiten für den Künstler, bessere Bedingungen auszuhandeln.

Nehmen wir zunächst die Umsätze von Tonträgern unter die Lupe: Der Künstler sollte probieren, den für ihn günstigsten Fall zu erreichen, das heißt, den Manager nur an Tonträgern zu beteiligen, die während der Dauer des Managementvertrags aufgenommen und veröffentlicht wurden. Eine weniger günstige, aber immer noch akzeptable Möglichkeit ist, wenn der Manager nur die Hälfte seiner Beteiligung an Tonträgern bekommt, die während der Dauer seiner Tätigkeit aufgenommen wurden, aber erst nach deren Ende veröffentlicht werden. Schließlich hat der Manager in einem solchen Fall nur die Hälfte der Arbeit getan. Er hat die Produktion überwacht, hat aber nichts zur Veröffentlichung und Vermarktung beigetragen.

Verlags- und GEMA-Einnahmen betreffend, ist es am besten für den Künstler, wenn er während der Sunset-Periode den Manager nur an Einnahmen von

Songs beteiligt, die während der Dauer des Managementvertrags aufgenommen und veröffentlicht wurden. Man kann auch versuchen auszuhandeln, dem Manager nur die Hälfte seiner normalen Beteiligung für Songs zu bezahlen, die zwar vor Ende des Vertrags aufgenommen wurden, aber erst danach veröffentlicht werden. Eine dritte Möglichkeit besteht darin, dass der Manager nur 50 Prozent seiner normalen Beteiligung für Songs bekommt, die während der Dauer des Managementvertrags geschrieben wurden, aber erst nach dessen Ablauf aufgenommen werden.

§ 10 Schlussvorschriften

Falls einzelne Bestimmungen dieses Vertrags unwirksam sein sollten oder dieser Vertrag Lücken enthält, wird dadurch die Wirksamkeit der übrigen Bestimmungen nicht berührt. Anstelle der unwirksamen Bestimmung gilt diejenige wirksame Bestimmung als vereinbart, die dem Sinn und Zweck der unwirksamen Bestimmung entspricht. Im Fall von Lücken gilt diejenige Bestimmung als vereinbart, die dem entspricht, was nach Sinn und Zweck dieses Vertrags vereinbart werden sollte.

Änderungen und Ergänzungen dieses Vertrags bedürfen der Schriftform. Mündliche Nebenabreden sind nicht getroffen. Werden mündliche Nebenabreden getroffen, so sind sie nur gültig, wenn sie schriftlich von beiden Parteien bestätigt werden.

______________________	______________________
(Das MANAGEMENT)	Ort, Datum
______________________	______________________
(Der KÜNSTLER)	Ort, Datum

18.4 Verträge im Live-Business

a) Konzertvertrag

Konzertvertrag

zwischen (...)

(nachfolgend VERANSTALTER genannt)

und (...)

(nachfolgend BAND genannt)

Erläuterungen zur Wahl des Vertragsformulars
Ein Künstler bzw. hier im Beispiel eine Künstlergruppe schließt mit einem Veranstalter einen Vertrag über ein oder mehrere Konzerte. Häufig werden diese Verträge auch durch eine zwischengeschaltete Booking-Agentur ausgehandelt.

gelten nachfolgende Bestimmungen als vereinbart:

Annahmefrist

Die nachstehende Vereinbarung kommt nur dann wirksam zustande, wenn sie bis spätestens zum (...) im Original unterzeichnet an die oben stehende Adresse der BAND zurückgesandt wurde. Trifft die Vereinbarung später ein, so ist die BAND frei, über den angefragten Termin anderweitig zu disponieren.

Erläuterungen zur Vorbemerkung
Häufig möchte ein Veranstalter einen Termin zunächst nur unverbindlich vereinbaren oder aber sich eine (für ihn unverbindliche, für die Künstler verbindliche) Option auf ein Konzert sichern. Für Gruppen macht dies die Planung schwierig, weshalb sie besser umgekehrt vorgehen sollten wie im Beispiel der obigen Vorbemerkung.

§ 1 Vertragsgegenstand

1.1 Der VERANSTALTER verpflichtet die BAND für einen Auftritt für folgende Veranstaltung:

Datum ______________________

Veranstaltungsort ______________________

Beginn Veranstaltung ______________________

Anzahl der Sets/Auftrittsdauer ______________________

Soundcheckzeit ______________________

Soundcheckdauer ______________________

Erläuterung zu § 1.1
Es mag kleinlich und penibel wirken, hier so detaillierte Angaben zu verlangen. Trotzdem sollte man als Künstler darauf eingehen. Gerade bei Show- und Galabands kann es vorkommen, dass Veranstalter und Band von ganz unterschiedlichen Voraussetzungen ausgehen – drei Sets zu vereinbaren ist eine Sache, aber wie lange dauern die Sets: 30 oder 60 Minuten?

1.2 VERANSTALTER ist verpflichtet, der BAND die Möglichkeit zu verschaffen, 120 Minuten vor Veranstaltungsbeginn den Aufbau der Backline und den Soundcheck ungestört durchzuführen.

Erläuterung zu § 1.2
Auch die Zeit für einen ausgiebigen Soundcheck muss einkalkuliert werden. Ein mieser Mix kann die beste Band schlecht klingen lassen.

1.3 VERANSTALTER gewährleistet, dass zum Soundcheck eine Person mit Schlüsselgewalt anwesend ist. Die BAND unterliegt weder in der Programmgestaltung noch in ihrer Darbietung Weisungen des VERANSTALTERS. Dem VERANSTALTER sind ihr Stil und ihre Art bekannt. Die BAND ist nur an die durch diesen Vertrag vereinbarten Bedingungen gebunden. Disposition und Regie unterliegen der BAND. Die Zahlung der Gesamtvergütung ist unabhängig von dem Erfolg der BAND in ihrer Darbietung beim Publikum.

§ 2 Honorar

2.1 Als Honorar erhält die Band

Gage	€	
MwSt. 19 Prozent	€	
Gesamt	€	

Erläuterungen zu § 2.1
Für die Honorarzahlung gibt es unterschiedliche Modelle. Das hier beschriebene Festgagen-Modell ist, wenn die Gage stimmt, für die Künstler sehr angenehm, weil sie sicher wissen, wie viel sie erhalten werden. Es ist vor allem im Bereich von Show- und Galabands und bei etablierten Acts üblich. Newcomer-Bands müssen sich in aller Regel mit einem prozentualen Anteil der Abendkasse begnügen. Häufig ist eine Aufteilung 70/30 (Act/Veranstalter), wobei vor der Aufteilung oft auch noch bestimmte Produktionskosten

(PA, Licht, Catering etc.) abgezogen werden. Im Einzelfall kann ein solches „Gegen die Tür spielen" lukrativ sein, aber viele Bands zahlen bei diesem Modell drauf. Um das Risiko auf Band und Veranstalter zu verteilen, gibt es daher auch Mischformen, bei denen eine relativ niedrige Garantiegage mit einer höheren Beteiligung kombiniert wird oder umgekehrt.

2.2 Das Honorar ist an die BAND unmittelbar nach dem Auftritt in bar ohne Abzug zu zahlen.

Erläuterungen zu § 2.2
Bei erfolgreichen Acts wird häufig auch eine Anzahlung per Überweisung, in Einzelfällen gar die Vorab-Überweisung der gesamten Gage vereinbart.

§ 3 Pflichten des VERANSTALTERS

3.1 Der VERANSTALTER trägt, wie vereinbart, die Kosten der Übernachtung inkl. Frühstück (exkl. sonstiger Kosten wie Mini-Bar, Pay-TV o.ä.) in einem Mittelklassehotel (max. ***) für insgesamt __________ Personen für folgende Nächte:

Datum Anreise		Einzelzimmer	
Datum Abreise		Doppelzimmer	

3.2 Der VERANSTALTER bucht das Hotel und gibt die Hotelanschrift mit Rücksendung des Vertrages rechtzeitig bekannt.

3.3 Der VERANSTALTER sorgt für das Catering der BAND am Veranstaltungstag in Form von freien Getränken (Bier, Cola, Wasser, Kaffee, Tee) und Verpflegung: eine warme Mahlzeit; belegte Brötchen.

3.4 Der VERANSTALTER gewährleistet, dass der BAND ein abschließbarer Raum zum Umkleiden zur Verfügung gestellt wird.

3.5 Der VERANSTALTER verpflichtet sich, alle anfallenden Gebühren (z.B. GEMA, KSK) abzuführen.

3.6 Den Begleitpersonen (höchstens 10) ist vom VERANSTALTER freier Eintritt für die Veranstaltung zu gewähren.

3.7 Die Werbung für die Veranstaltung übernimmt der VERANSTALTER im branchenüblichen Umfang. KÜNSTLER liefert auf eigene Kosten (...) Plakate im Format Din A 1 hochkant sowie Presseinfo und -fotos (300 dpi, farbig) bis spätestens 3 Monate vor der Veranstaltung.

§ 4 Technik/Bühne

Der als Anlage I diesem Vertrag anliegende Technical Rider samt Bühnenanweisung ist fester Bestandteil dieses Vertrages und vom VERANSTALTER zu befolgen.

§ 5 Ausfall/Haftung

5.1 Entfällt der Auftritt durch Absage des VERANSTALTERS oder aus einem anderen, durch den VERANSTALTER grob fahrlässig oder schuldhaft zu vertretenden Grund, zahlt der VERANSTALTER als Ersatz für die entstandenen Aufwendungen und geminderten Möglichkeiten eines anderweitigen Engagements gemäß den folgenden Bestimmungen:

5.2 Die Berechnung der nachfolgenden Fristen richtet sich nach dem vereinbarten Veranstaltungstermin. Der VERANSTALTER hat danach in den oben genannten Fällen folgenden pauschalierten Schadenersatz zu entrichten:

bis 30 Tage vor VA-Beginn	**50 Prozent** der unter Ziffer 2. vereinbarten Gage
bis 10 Tage vor VA-Beginn	**60 Prozent** der unter Ziffer 2. vereinbarten Gage

bis 3 Tage vor VA-Beginn	**80 Prozent** der unter Ziffer 2. vereinbarten Gage
am Tag der VA	**100 Prozent** der unter Ziffer 2. vereinbarten Gage

5.3 Dem VERANSTALTER bleibt es in den oben genannten Fällen unbenommen, nachzuweisen, dass ein niedrigerer oder auch kein Schaden entstanden ist. Entfällt der Auftritt durch Verschulden der BAND, ist diese zum Schadensersatz, begrenzt auf die Höhe der unter Ziffer 2. vereinbarten Nettogage, verpflichtet.

5.4 Ist ein Mitglied von BAND durch Krankheit verhindert, so ist dies unverzüglich mitzuteilen und durch ein ärztliches Attest nachzuweisen. Die Auftrittspflicht der BAND und die Vergütungspflicht des VERANSTALTERS entfallen in diesem Fall.

5.5 Erscheint die BAND schuldhaft nicht zur vereinbarten Zeit und der geplante Ablauf ist dadurch nicht mehr gewährleistet, so verringert sich die an die Band zu zahlende Gage um den für den VERANSTALTER nachweislich entstandenen Schaden (höchstens jedoch um 1/3 der zu zahlenden Gesamtgage).

5.6 Ist die unter Ziffer 1 vereinbarte Zeit für den Aufbau der Backline und Soundcheck nicht verfügbar, ist die BAND berechtigt, vom Vertrag zurückzutreten und das Gastspiel abzusagen. Der BAND ist der entstandene Schaden in Form der unter Ziffer 2 vereinbarten Gage zuzüglich einer Aufwandentschädigung von 300,- € zu ersetzen.

5.7 Sofern die vom VERANSTALTER gestellten technischen Einrichtungen den Anforderungen gemäß Anlage 1 (Technical Rider und Bühnenanweisung) nicht entsprechen, ist die BAND berechtigt, vom Vertrag zurückzutreten und das Gastspiel abzusagen. Der BAND ist der entstandene Schaden in Form der unter Ziffer 2 vereinbarten Gage zu ersetzen.

5.8 Ist ein ausreichender Schutz der Bandtechnik nicht gewährleistet, ist die BAND berechtigt, vom Vertrag zurückzutreten. Der BAND ist der entstandene Schaden in Form der unter Ziffer 2 vereinbarten Gage zuzüglich einer Aufwandsentschädigung in Höhe von 300,- € zu ersetzen.

5.9 Sollten die vereinbarten Getränke und die Verpflegung nicht in ausreichender Menge oder gar nicht zur Verfügung stehen, so erhöht sich die unter Ziffer 2 festgesetzte Gage um den Betrag, der zur Selbstversorgung der BAND in dem vereinbarten Rahmen erforderlich ist (entsprechende Quittungen sind dem VERANSTALTER vorzulegen).

5.10 Bei Nichteinhaltung dieser Pflicht ist die BAND berechtigt, vom Vertrag zurückzutreten und das Gastspiel abzusagen. Der BAND ist der entstandene Schaden in Form der unter Ziffer 2 vereinbarten Gage zuzüglich einer Aufwandentschädigung von 300,- € zu ersetzen.

5.11 Der VERANSTALTER verpflichtet sich, dafür Sorge zu tragen, dass weder er noch Dritte die Darbietung der KÜNSTLER ohne deren ausdrückliche Genehmigung audiovisuell (Video, Film, Ton und/oder durch ein sonstiges Aufnahmesystem) aufnehmen oder aufnehmen lassen.

5.12 Der VERANSTALTER haftet für alle etwaigen Personen- oder Sachschäden, die im Zusammenhang mit der Veranstaltung für die Mitglieder der BAND entstehen.

5.13 Der VERANSTALTER sorgt durch einen Ordnungsdienst für den ungestörten Ablauf der Veranstaltung.

§ 6 Konkurrenzverbot

Band verpflichtet sich, in einem Zeitraum von zwei Monaten vor und einen Monat nach dem Konzerttermin in einem Radius von 100 km keine Konzerte zu veranstalten.

Erläuterungen zu § 6
Natürlich ist es nicht im Sinne des Veranstalters, dass der Künstler in unmittelbarer zeitlicher und örtlicher Nähe zur eigenen Veranstaltung anderweitig auftritt. Hier kann man im Einzelfall differenzieren – für die Künstler könnte es z.B. sinnvoll sein, einen kurzfristig anberaumten Festival- oder Support-Auftritt anzunehmen, der den Erfolg der zuerst gebuchten Veranstaltung nicht unbedingt gefährden muss.

§ 7 Schlussvorschriften

7.1 Über diese Vereinbarung und deren Inhalt sowie Verträge mit Dritten, insbesondere Honorarvereinbarungen, Namen sowie sonstige Einzelheiten werden die Vertragspartner Dritten gegenüber Stillschweigen bewahren.

7.2 Änderungen und Ergänzungen dieses Vertrages bedürfen der Schriftform.

7.3 Sollte eine dieser Bestimmungen dieses Vertrages ungültig sein, so soll sie nach Absprache der Vertragsparteien untereinander durch eine solche ersetzt werden, welche der ursprünglich von den Parteien gewollten wirtschaftlich am nächsten kommt.

7.4 Als Erfüllungsort und Gerichtsstand für alle Streitigkeiten aus diesem Vertrag oder über seine Wirksamkeit gilt, sofern zulässig, (...) als vereinbart.

____________________ ____________________

(VERANSTALTER) Ort, Datum

____________________ ____________________

(BAND) Ort, Datum

b) Der Agenturvertrag

Agenturvertrag

zwischen

(Name der Agentur)
nachstehend „AGENTUR" genannt

und

(Name der Band)
vertreten durch
nachstehend „KÜNSTLER" genannt

wird folgender Vertrag geschlossen:

§ 1 Vertragsgegenstand

Der KÜNSTLER überträgt hiermit der AGENTUR für Deutschland, Österreich und die Schweiz exklusiv sämtliche Aufgaben der Planung und Koordination von Auftrittsverpflichtungen des KÜNSTLERS sowie die Vermittlung des KÜNSTLERS an Auftritte. Sie kann dazu mit anderen Agenturen zusammenarbeiten und Vermittler einschalten. Dem KÜNSTLER entstehen dadurch keine zusätzlichen Kosten. Für das übrige Europa hat AGENTUR ebenfalls exklusiv das Vermittlungs-, Planungs- und Koordinationsrecht für Auftritte des KÜNSTLERS bzw. kann dieses an Agenturen in den entsprechenden Ländern vergeben.

Der KÜNSTLER wird während der Laufzeit dieses Vertrags keine anderen Personen oder Agenten mit Aufgaben in den Exklusivterritorien beauftragen, die Gegenstand dieses Vertrages sind.

Erläuterungen zu § 1
Grundsätzlich ist es natürlich nicht zwingend, die exklusiven Bookingrechte gleich auch für Österreich und die Schweiz mit zu vergeben – dies ist Verhandlungssache. Man kann sich ferner überlegen, die Vergabe der exklusiven Rechte für Europa von der Vermittlung von Auftritten in dem jeweiligen Land abhängig zu machen, also z.B.: Vermittelt die Agentur Auftritte in Frankreich, hat sie von da ab das Vermittlungsrecht für Frankreich exklusiv usw. Der Absatz, in dem der Künstler zusagt, keine anderen Agenten zu beauftragen, muss dann natürlich angepasst werden.

§ 2 Grundsätze der Zusammenarbeit

Die Vertragspartner sind sich darüber einig, dass nur eine enge und vertrauensvolle Zusammenarbeit die Karriere des KÜNSTLERS fördern kann. Daher werden die Grundsätze der Zusammenarbeit und aller damit in Verbindung stehenden Aktionen zwischen der AGENTUR und dem KÜNSTLER abgestimmt, wobei auf die künstlerischen Belange des KÜNSTLERS stets Rücksicht genommen wird. Die AGENTUR wird sich nach bestem Wissen und im Bewusstsein ihrer Verpflichtung aus diesem Vertrag darum bemühen, eine rechtzeitig im Voraus in Absprache mit dem KÜNSTLER vereinbarte Konzertplanung zu realisieren. Diese wird erstellt unter Berücksichtigung aller relevanten Umstände (u.a. Verfügbarkeit des KÜNSTLERS, allg. Marktlage) und Interessen.

§ 3 Vollmacht

Der KÜNSTLER erteilt der AGENTUR mit Unterzeichnung dieses Vertrages Verhandlungs- und Abschlussvollmacht betreffend Engagements jeglicher Art. Die AGENTUR ist berechtigt, im Namen des KÜNSTLERS Veranstaltungsverträge abzuschließen, in diesem Zusammenhang Erklärungen abzugeben und entgegenzunehmen. Gleichzeitig erteilt der KÜNSTLER der AGENTUR die Vollmacht zum Inkasso der Einkünfte des KÜNSTLERS aus Veranstaltungseinnahmen. Die Vollmacht umfasst das Recht, Dritte zu außergerichtlicher Einziehung von dem KÜNSTLER zustehenden Forderungen aus Veranstaltungsverträgen zu beauftragen und zu bevollmächtigen. Bei gerichtlicher Geltendmachung ist eine schriftliche Zustimmung des KÜNSTLERS einzuholen. Die Kosten für eine gerichtliche Beitreibung trägt der KÜNSTLER.

Erläuterungen zu § 3
Bei einzelnen Konzerten ist es günstig, den Abschluss eines Vertrages von einer vorherigen schriftlichen Bestätigung des Künstlers abhängig zu machen. Bei gerichtlichem und außergerichtlichem Forderungseinzug sollte jede Partei die Kosten im Verhältnis ihrer Beteiligung tragen.

§ 4 Aufgaben und Verpflichtungen der Vertragsparteien

Der KÜNSTLER hat alle Verträge, welche die AGENTUR im Namen des KÜNSTLERS gemäß § 1 des vorliegenden Vertrages abgeschlossen hat nach besten Kräften zu erfüllen. Der KÜNSTLER wird die AGENTUR von Ortsabwesenheiten, Urlaub, Reisen usw. jeweils rechtzeitig informieren und Verhinderungen durch Krankheit sofort mitteilen. Ortsabwesenheiten, Reisen usw. werden zw. KÜNSTLER und AGENTUR so abgestimmt, dass bestehende oder in Aussicht stehende Auftrittsverpflichtungen nicht beeinträchtigt werden. Eine Urlaubsabwesenheit von mehr als 14 Tagen wird der KÜNSTLER mindestens drei Monate vorher mitteilen. Kosten für alle Promotionartikel (Fotos, Informationsschreiben, Plakate, CDs, Videos, u. a.) werden von der AGENTUR nicht übernommen. Diese werden der AGENTUR im üblichen Umfang vom KÜNSTLER kostenlos zugestellt. Nebenkosten für Bühnenanweisungen, Personalkosten für Begleitpersonen (Roadies, Techniker, Merchandiser, Tourbegleiter etc.) sowie Kosten der Technik (Bühnenanlage, etc.) werden ebenfalls nicht von der AGENTUR getragen.

Der KÜNSTLER liefert der AGENTUR einen Technik- und Cateringrider. Der KÜNSTLER erhält von der AGENTUR die ausgehandelten Konzertverträge zzgl. eines Tourriders. Die AGENTUR promotet die Konzerte im üblichen Rahmen.

Erläuterungen zu § 4

Hier ließe sich auch noch ein neuer Punkt hinzufügen: „Die Agentur verpflichtet sich…" – Tja, wozu eigentlich? Das liegt an dem, was der Künstler von der Agentur erwartet (nur Konzerte oder auch Moderation, TV und Film?) Auch wäre zu überdenken, ob eine dreimonatige Vorankündigung einer Abwesenheit mit den eigenen persönlichen Verhältnissen vereinbar ist. Der „übliche Umfang" der Lieferung von Promotionartikeln sollte definiert werden.

§ 5 Rechte der Parteien

Die AGENTUR hat das alleinige Recht, dem KÜNSTLER Auftritte zu vermitteln. Davon abweichend kann der KÜNSTLER im Einzelfall, nach vorheriger Absprache mit der AGENTUR und unter Einhaltung dieses Vertrages, Auftrittsangebote annehmen, wenn ihm diese von Seiten der Plattenfirma, des Verlages oder Dritten primär zu Werbungszwecken im räumlichen Geltungsbereich dieses Vertrages angeboten werden. Es darf dabei nicht zu Kollisionen mit von der AGENTUR bereits schriftlich vereinbarten Auftritten kommen. AGENTUR erhält dann je Auftritt 10 Prozent der Künstlernettogage zuzüglich der gesetzlichen Umsatzsteuer nach Abzug der belegbaren und sich im üblichen Rahmen bewegenden Produktionskosten des KÜNSTLERS, mindestens jedoch eine Aufwandspauschale i. H. von 100,- €/Auftritt.

Die AGENTUR darf mit Zustimmung des KÜNSTLERS eine dritte Partei ihrer Wahl mit der Durchführung ihrer im Vertrag übernommenen Aufgaben und Pflichten beauftragen. Die AGENTUR darf mit dem Namen des KÜNSTLERS oder einzelnen Personen der Band für ihre eigenen Zwecke auch mit dem Originalbandlogo Werbung (auf Homepage, Flyern, Prospekten) machen. Die AGENTUR entscheidet in enger Absprache mit KÜNSTLER über Supportbands bei Tourneen und Einzelkonzerten. Dies betrifft auch die finanzielle Abwicklung und Vergütung, Zahlung, Bezahlung und/oder Buy-On des Supports.

Der KÜNSTLER hat das Recht, einer Auftrittsgelegenheit zu widersprechen, wenn sie offensichtlich unökonomisch ist, für ihn keinen Werbeeffekt hat und seinem künstlerischen Fortkommen nicht dient. Das Widerspruchsrecht verfällt, wenn es nicht innerhalb einer Woche nach Bekanntgabe der Auftrittsgelegenheit schriftlich geltend gemacht wird.

Erläuterungen zu § 5
Etwas ungerechtfertigt erscheint es, dass die Agentur für Auftritte, mit denen sie nichts zu tun hat, eine Override-Zahlung von mindestens 100,- € erhalten soll.

§ 6 Vergütung

Die AGENTUR erhält zur Abgeltung der ihr gemäß diesem Vertrag zustehenden Tätigkeiten eine Umsatzbeteiligung an allen Einkünften des KÜNSTLERS aus den vermittelten Konzertauftritten, die diesem während der Laufzeit des Vertrages zufließen. Die Umsatzbeteiligung beträgt 20 Prozent von den Nettoeinnahmen (Bruttoeinnahmen) aller Einkünfte aus den Auftritten und allen Zahlungen an die Band aus den Konzertverträgen nach vorherigem Abzug etwaiger MwSt. (ausgenommen Cateringpauschalen). Die vorgenannte Umsatzbeteiligung versteht sich jeweils zzgl. der geltenden Mehrwertsteuer. Die AGENTUR erhält eine Umsatzbeteiligung auch für solche Einnahmen aus Veranstaltungsvereinbarungen des KÜNSTLERS, die zwar während der Laufzeit dieses Vertrages zustande gekommen sind, jedoch erst nach Ablauf dieses Vertrages zur Auszahlung gelangen. Insichgeschäfte nach § 181 BGB oder Umgehungsgeschäfte sind hierbei ausgeschlossen.

Die Umsatzbeteiligung wird monatlich von AGENTUR dem KÜNSTLER in Rechnung gestellt und ist spätestens innerhalb von 10 Tagen nach Rechnungsdatum an die AGENTUR zu zahlen.

Die aufgrund erteilter Inkassovollmacht von AGENTUR für den KÜNSTLER vereinnahmten Beträge hat die AGENTUR innerhalb von 10 Tagen nach Erhalt etwaiger Einnahmen nach Abzug ihr etwaig zustehender Umsatzbeteiligungen mit dem KÜNSTLER abzurechnen und auszuzahlen. AGENTUR und KÜNSTLER erkennen an, dass sie jeweils selbst ihre Steuern aus Einnahmen zu entrichten haben.

Erläuterungen zu § 6

20 Prozent von den Nettoeinnahmen ist eine durchaus branchenübliche Größe. Mit entsprechender Verhandlungsposition kann der Künstler die Beteiligung auch auf 15 Prozent herunterhandeln oder auch verhandeln, dass die Beteiligung nicht auf die Nettoeinnahmen bezogen wird, sondern auf Nettogewinn, definiert als Nettoeinnahmen abzüglich der Produktionskosten des Künstlers.

§ 7 Buchprüfungsrecht

Die AGENTUR erhält das Recht, jederzeit sämtliche Abrechnungsunterlagen des KÜNSTLERS, die er vom Veranstalter erhält, einzusehen und eine Kopie der Abrechnungsoriginale zu verlangen. Der KÜNSTLER erhält – sofern sich die entsprechenden Originale im Gewahrsam der AGENTUR befinden – das gleiche Recht.

KÜNSTLER ist berechtigt, nach Vereinbarung eines Termins auf eigene Kosten die der Abrechnungen zugrunde liegenden Unterlagen einmal jährlich durch einen von ihm beauftragten vereidigten Buchprüfer oder Wirtschaftsprüfer während der Geschäftszeit einsehen zu lassen. Ergibt eine solche Prüfung eine Diskrepanz in Höhe von 5 Prozent oder mehr zu Ungunsten des KÜNSTLERS, übernimmt die AGENTUR die Kosten der Prüfung.

§ 8 Haftung

Die AGENTUR haftet für die Zahlungsunfähigkeit eines Veranstalters nur, wenn sie grob fahrlässig dessen Zahlungsunfähigkeit oder Zahlungsunwilligkeit kannte oder hätte kennen müssen. Führt ein grob fahrlässig vertragswidriges Verhalten des KÜNSTLERS zu einem Verlust oder einer Reduzierung der Vergütungsansprüche gegen den Veranstalter oder verweigert der KÜNSTLER gegenüber der AGENTUR die Einhaltung eines durch die AGENTUR gemäß den Bestimmungen dieser Vereinbarung abgeschlossenen Vertrages, haftet der KÜNSTLER für die Zahlung der gemäß § 6, Nr. 1 vereinbarten Umsatzbeteiligung. Der KÜNSTLER haftet hierbei auch für eventuelle Schadensersatzansprüche des Veranstalters. Die AGENTUR verpflichtet den Veranstalter, in den Konzertverträgen die KSK-Abgabe ordnungsgemäß abzuführen.

§ 9 Vertragsdauer

Der vorliegende Vertrag gilt für die Dauer von zwei Jahren, gerechnet vom Datum der Unterzeichnung. Die AGENTUR erhält ein einmaliges Optionsrecht auf Verlängerung dieser Vereinbarung zu denselben Bedingungen um zwei weitere Jahre. Dieses muss AGENTUR schriftlich spätestens drei Monate vor Ablauf der vereinbarten Vertragsdauer geltend machen.

Erläuterungen zu § 9

Die Vertragsdauer kann auch zunächst ein Jahr betragen. Optionen: Der Agentur sollten höchstens zwei einjährige Optionen eingeräumt werden. Allerdings ist es empfehlenswert, die Ausübung der ersten Optionen mit der Leistung zu verbinden. Das heißt, wenn die Agentur ein festzulegendes Minimum an Einnahmen nicht erwirtschaftet hat, kann sie die Option nicht ausüben und die Künstler sind frei, sich eine andere Agentur zu suchen. Wie hoch diese Garantie für das erste Jahr sein sollte, liegt an den Künstlern und ihrem Marktwert – aber weniger als 25.000,- **€** *pro Gruppenmitglied sollten es nicht sein, denn aus diesen Einnahmen müssen die Künstler ihre beruflichen Kosten und auch ihren Lebensunterhalt bestreiten. (Denkt daran – Plattenfirmen, Verlage, GVL und GEMA rechnen nur jährlich und halbjährlich ab!) Für die Option auf ein drittes Jahr sollte das Minimum noch wesentlich höher liegen.*

§ 10 Allgemeines

Verstößt der KÜNSTLER gegen wesentliche Verpflichtungen aus diesem Vertrag (z.B. § 1), so kann die AGENTUR den Vertrag fristlos kündigen. Schadensersatzansprüche bleiben vorbehalten. Die bis dahin durch die AGENTUR für den KÜNSTLER abgeschlossenen Verträge bleiben gültig, selbst wenn die Veranstaltungen nach Vertragsbeendigung liegen.

Alle Verpflichtungen, die der KÜNSTLER übernommen hat, werden so behandelt, als ob sie gemeinsam und einzeln von allen Bandmitgliedern abgegeben wurden. Dies gilt auch für den Fall eines Mitgliederwechsels, sonstiger Änderungen der Gruppenzusammensetzung als auch bei einer Umbenennung der Gruppe vor Ablauf der Vertragszeit, wenn die musikalische Stilrichtung beibehalten wird.

Die KÜNSTLER verpflichten sich, einen neuen KÜNSTLER nur aufzunehmen, sofern er dem bestehenden Vertrag beitritt. Sollten „Bandname" sich auflösen und vorgenannte Punkte nicht zutreffen, so können beide Parteien übereinstimmend eine vorzeitige Beendigung des Vertrages vereinbaren.

Für den Fall, dass AGENTUR ihre Gesellschaftsform ändert oder sich an einer anderen Gesellschaft beteiligt, behält dieser Vertrag seine Gültigkeit, wenn garantiert ist, dass der Geschäftsführer weiterhin federführend für die Auftrittsvermittlung des KÜNSTLERS zuständig ist.

Soweit es sich bei dem KÜNSTLER um eine Gesellschaft bürgerlichen Rechts handelt, wird diese gegenüber der AGENTUR vertreten durch ihren Sprecher ______________________________ Erklärungen, die durch den Sprecher gegenüber der AGENTUR abgegeben werden, gelten als Erklärungen aller Gesellschafter. Mitteilungen, die seitens der AGENTUR gegenüber dem Sprecher gemacht werden, gelten als Mitteilungen an alle Gesellschafter. Die Sprecherfunktion kann nur durch schriftliche Mitteilung der übrigen Gesellschafter und Benennung eines neuen Sprechers widerrufen werden.

§ 11 Schlussbestimmungen

Für den Fall, dass sich Vertragsbestandteile als undurchführbar erweisen sollten oder der Vertrag Fehler aufweist, bleibt der übrige Vertrag in Kraft. Anstelle des undurchführbaren Vertragsbestandteils einigen sich die Vertragspartner auf eine durchführbare Lösung mit Rücksicht auf die ursprüngliche Vorgabe. Im Falle eines Fehlers einigen sich die Vertragspartner auf eine Lösung, die der Absicht der ursprünglichen Regelung Rechnung trägt.

Alle Änderungen müssen schriftlich festgehalten werden. Mündliche Abmachungen sind erst wirksam, wenn sie schriftlich festgehalten und von beiden Vertragspartnern unterzeichnet worden sind.

Die Rechtsbeziehungen der Vertragsparteien unterliegen deutschem Recht. Erfüllungsort und Gerichtsstand ist, soweit vereinbar,

____.

Eine außerordentliche Kündigung des Vertrages ist nur nach Maßgabe des § 626 BGB möglich. Eine fristlose Kündigung setzt in jedem Fall voraus, dass die kündigende Vertragspartei die andere Partei schriftlich abmahnt und auffordert, den vermeintlichen Grund zur fristlosen Kündigung des Vertrages zu beseitigen.

Alle KÜNSTLER und die AGENTUR erklären und stehen dafür ein, dass sie berechtigt sind, diesen Vertrag zu unterschreiben.

______________________	______________________
Für AGENTUR	Für die Band
______________________	______________________
Ort, den	Ort, den
______________________	______________________
AGENTUR	KÜNSTLER

18.5 Vertriebsverträge

a) Herstellungs- und Vertriebsvertrag

Herstellungs- und Vertriebsvertrag

Zwischen

____

dieser vertreten durch

____

– nachstehend VERTRIEB genannt –

und

____

– nachstehend LABEL genannt –

wird folgender Vertrag geschlossen:

Präambel

Gegenstand dieses Vertrages ist die Herstellung von Produkten im Auftrag von LABEL sowie der exklusive Vertrieb dieser und anderer Produkte auf Kommissionsbasis durch VERTRIEB.

Wahl des Vertragsformulars

Der Vertrag ist ein Rahmenvertrag zwischen einem LABEL, das Inhaber an den Masterrechten einer Vielzahl von Tonträgern ist und einem VERTRIEB, der diese Rechte für einen begrenzten Zeitraum erwirbt und gegen eine Vergütung den Vertrieb von physikalischen Tonträgern übernimmt.

I. Die Vertriebsrechte beziehen sich auf sämtliche von LABEL veröffentlichte Ton- und Bildtonträger in allen Formaten (nachfolgend „Tonträger" genannt), insbesondere CD, Vinyl, DVD. Der Vertrieb der digitalen Formate (MP3, WAV. etc.) ist nicht Gegenstand dieses Vertrags. Im Übrigen richten sich die Rechte und Pflichten der Vertragsparteien nach den folgenden Bestimmungen dieses Vertrages.

II. Das LABEL ist Inhaber des ausschließlichen und übertragbaren Rechts, Darbietungen von Künstlern, die mit ihm einen Künstler- bzw. Bandübernahmevertrag geschlossen haben oder mit ihm in einem vergleichbaren Vertragsverhältnis stehen, auf Tonträger aufzunehmen sowie in jeder beliebigen Weise auszuwerten und zu verwerten. Das LABEL ist berechtigt, die Tonaufnahmen auch durch Dritte herstellen, vervielfältigen, verbreiten und verwerten zu lassen. Die exklusiven Nutzungsrechte des LABELS schließen sämtliche Leistungsschutzrechte und -ansprüche sowie alle sonstigen Rechte des LABELS ein.

III. Das LABEL versichert, dass sämtliche für die Herstellung und den Vertrieb benötigten Urheber-, Leistungsschutz- und sonstigen Rechte, die an den Tonaufnahmen, den Covern, Warenzeichen, Logos usw. bestehen, eingeholt und alle entsprechenden Zahlungen an die Inhaber dieser Rechte geleistet wurden.

Erläuterung

Das Label garantiert hiermit, im Besitz sämtlicher notwendiger Rechte zur Beauftragung des Vertriebes zur Herstellung und Verbreitung der Produkte zu sein.

§ 1 Vertragsgegenstand

1.1 Gegenstand dieses Vertrages ist die Übernahme von Tonaufnahmen, die vom LABEL produziert und/oder erworben wurden oder noch werden, zum Zwecke des exklusiven Vertriebs durch den VERTRIEB. Die Herstellung der Tonträger erfolgt über den VERTRIEB. Die Vertriebsrechte des VERTRIEBS beziehen sich auf sämtliche vom LABEL während der Vertragslaufzeit veröffentlichten Tonträger.

Erläuterung
Grundsätzlich existieren zwei unterschiedliche Formen von Vertriebsverträgen: Zum einen der Vertrag, der nur den Vertrieb (Distribution) betrifft, und zum anderen der Vertrag (wie hier abgedruckt), der neben dem Vertrieb auch die Herstellung (Press & Distribution) betrifft. Üblicherweise erstreckt sich der Vertrag auf den gesamten Katalog des Labels.

1.2 Die Bestellnummern und den EAN-Code erhält das LABEL vom VERTRIEB.

1.3 LABEL versichert, dass es sämtliche diesen Vertrag betreffenden Rechte besitzt und berechtigt ist, hierüber zu verfügen und VERTRIEB frei von Rechten Dritter zu übertragen. LABEL sichert zu, dass die Herstellung und der Vertrieb der Tonträger nicht gegen Rechte Dritter und/oder gesetzliche Bestimmungen verstößt. Es stellt VERTRIEB unwiderruflich frei von Ansprüchen Dritter, übernimmt die im Falle einer etwaig notwendigen Rechtsverteidigung entstehenden Kosten und ersetzt VERTRIEB jeglichen sich aus der Verletzung dieser Garantie ergebenden Schaden.

§ 2 Vertragsgebiet/Exklusivität

2.1 LABEL gibt VERTRIEB das Recht, die Tonträger weltweit exklusiv zu vertreiben. Es verpflichtet sich in diesem Zusammenhang ausdrücklich, Anfragen Dritter unverzüglich an den VERTRIEB weiterzuleiten, Aufträge nur über den VERTRIEB abzuwickeln, insbesondere keine Kunden des VERTRIEBS direkt zu beliefern oder Tonträger über Dritte zu vertreiben und VERTRIEB unverzüglich von etwaig geplanten Lizenzierungen in Kenntnis zu setzen.

Erläuterungen zu § 2.1
Bei kleinen und insbesondere auch von den Künstlern und/oder deren Managements selbst geführten Labels sollte darauf geachtet werden, dass der Künstler im Stande bleibt – trotz Exklusivität – Tonträger auf Konzerten und über die eigene Website zu vertreiben. Hier könnte z.B. so formuliert werden:

2.2 Ungeachtet des vorstehenden Absatzes bleibt LABEL berechtigt, kleinere Stückzahlen auf Konzerten/Tourneen an Endkunden zu verkaufen. Tonträger können auch über die eigene Website von LABEL zum Verkauf angeboten werden, vorausgesetzt, der Verkauf wird über VERTRIEB abgewickelt.

Erläuterungen zu § 2.2
Außerdem ist genau zu überlegen, ob die Vertriebsrechte tatsächlich weltweit zu vergeben sind. Dies setzt jedenfalls voraus, dass der Vertrieb über ausländische Partner verfügt, die dies gewährleisten können. Ansonsten ist es für das Label besser, hier selbständig Partner zu akquirieren.

§ 3 Herstellung und Lieferung; Aufgaben des VERTRIEBS

3.1 Das LABEL liefert dem VERTRIEB folgende zur Herstellung der Tonträger notwendige Materialien bis spätestens zum ____________________ auf Kosten von LABEL an: CD-Master (U-Matic oder Premaster-CD-R o.ä.), druckfähige Druckvorlagen (PDF, 300 dpi), einen vollständigen Metadatensatz und alles sonstige für die Tonträgerherstellung benötigte Material. Ferner übergibt das LABEL alle für die ordnungsgemäße Vertragserfüllung erforderlichen Daten und Unterlagen an den VERTRIEB. Dies gilt auch für alle während der Laufzeit dieses Vertrages neu erstellten Daten und Unterlagen. Die zur Herstellung überlassenen Werkzeuge und Unterlagen usw. bleiben Eigentum des LABELS und sind nach Vertragsbeendigung unverzüglich zurückzugeben. LABEL ist verpflichtet, spätestens 8 Wochen vor Veröffentlichung dem Vertrieb die für den Vorverkauf benötigten Produktinformationen (Sales Sheets, Cover etc) sowohl in englischer als auch deutscher Sprache zu übergeben.

3.2 Die Herstellung der Tonträger erfolgt erst nach Beauftragung durch LABEL durch den VERTRIEB. LABEL ist verpflichtet, die bei der Herstellung bzw. Auslieferung anfallenden mechanischen Vervielfältigungsgebühren an die zuständige Verwertungsgesellschaft abzurechnen und zu bezahlen.

Erläuterung zu § 3.2

Auch wenn hier der Vertrieb die Herstellung der Tonträger für Label in Auftrag gibt, so ist doch das Label verantwortlich für die Zahlung der anfallenden GEMA-Gebühren für die mechanische Vervielfältigung, die Herstellung der Tonträger. Häufig ist der Grund für die Beauftragung des Vertriebs zur Herstellung der Tonträger nicht nur das einfachere Handling, sondern auch der Umstand, dass die großen Vertriebe bei CD-Herstellern sehr gute Konditionen erhalten.

3.3 Die Lieferung der Ware erfolgt grundsätzlich an das Lager des VERTRIEBS. Die finale Entscheidung über die Höhe der herzustellenden und somit maximal auszuliefernden Einheiten steht LABEL zu. Für die Herstellung der Tonträger berechnet VERTRIEB eine Bearbeitungsgebühr in Höhe von 8 Prozent der vom Presswerk VERTRIEB in Rechnung gestellten Herstellungskosten. Die Herstellungskosten werden bei Eingang der Ware LABEL in Rechnung gestellt. Das Eigentum an den von VERTRIEB hergestellten Tonträgern geht erst bei vollständiger Bezahlung bzw. Verrechnung der Herstellungskosten und der Bearbeitungsgebühr auf das LABEL über.

Erläuterung
Für das Handling im Zusammenhang mit Pressung und der Beauftragung des Presswerks nimmt der Vertrieb nicht selten eine Handlinggebühr. Wie hoch diese sein soll und ob diese überhaupt anfallen soll, ist Verhandlungssache. Eine Handlinggebühr in Höhe von 8 Prozent der in Rechnung gestellten Herstellungskosten ist aber sicherlich bereits die Obergrenze. Hier muss sich das Label ausrechnen, ob es das Presswerkhandling nicht doch (um Kosten zu sparen) gleich selbst übernimmt (für den Fall, dass es dieselben Konditionen beim Presswerk bekommt).

3.4 Der VERTRIEB wird insbesondere weitere folgende Leistungen erbringen:

- Aufnahme der Tonträger in die Verkaufsunterlagen des VERTRIEBS
- Information des Handels über die Tonträger des LABELS
- Übermittlung bzw. Versand der von LABEL überlassenen Informationen, Werbematerialien an den Außendienst bzw. Handel
- Akquisition von Aufträgen über den Außendienst/Telefonvertrieb
- Entgegennahme und Bearbeiten von Aufträgen
- Auslieferung und Versand an die Kunden; Inkasso
- Bearbeitung von Reklamationen/Retouren (keine Wiederaufbereitung),
- Auf Anfrage Erstellen von Marketing- und Inhousepromotionplänen für Schwerpunktthemen
- Einrichten eines B2B-Accounts für LABEL und Zurverfügungstellung artikelbezogener Daten (z.B. Verkaufszahlen sortiert nach Kundengruppen)

§ 4 Preissystem/Vergütung

4.1 Die Tonträger werden an den Handel aufgrund des vom VERTRIEB vorgegebenen Preissystems verkauft. Das LABEL bestimmt in Abstimmung mit dem VERTRIEB, in welche Preiskategorie die Tonträger einzuordnen sind.

4.2 Für die Vertriebsleistungen erhält VERTRIEB für jeden ausgelieferten und fakturierten Tonträger 30 Prozent vom Nettoerlös. Nettoerlös ist der jeweils fakturierte Handelsabgabepreis abzüglich MwSt. und gewährter Rabatte, Skonti und Boni. Bei Verkäufen über Subvertriebspartner/Großhändler im Ausland reduziert sich die Vertriebsvergütung für jeden ausgelieferten und fakturierten Tonträger auf 25 Prozent. Die sonstigen Erlöse stehen dem LABEL zu. Darüber hinausgehende nach Beauftragung von LABEL kostenpflichtige Leistungen von VERTRIEB werden LABEL gemäß der in jedem Einzelfall schriftlich getroffenen weiteren Absprachen gesondert in Rechnung gestellt. Oben stehende Vergütung von VERTRIEB fällt bei der Versendung sog. Free Goods (Naturalrabatten) und Promoexemplaren nicht an. Werden Tonträger vom Handel an den VERTRIEB retourniert, ist VERTRIEB nicht verpflichtet, die bei Verkauf des Tonträgers abgerechnete Vertriebsgebühr LABEL wieder gutzuschreiben.

Erläuterung

Das Label muss sich unbedingt vergegenwärtigen, dass es auch Vertriebsgebühr für Tonträger zu zahlen hat, die zwar ausgeliefert, aber letztlich nicht verkauft und dann retourniert (zurückgegeben) wurden. Aus Sicht des Vertriebs ist dies nachvollziehbar, da er seine Arbeit – den Vertrieb des Produkts – erfüllt hat. Im Gegenteil fallen in der Regel durch Retouren wegen des Mehraufwands auch Mehrkosten beim Vertrieb an.

4.3 Alle Vergütungen gemäß dieser Vereinbarung verstehen sich zuzüglich gesetzlicher Mehrwertsteuer, soweit diese anfällt.

§ 5 Abrechnung

5.1 VERTRIEB rechnet monatlich spätestens zum 15ten des Folgemonats die im Vormonat verkauften und retournierten Tonträger ab. Zur Absicherung des Rückvergütungsanspruchs von Retouren ist VERTRIEB berechtigt, eine Retourenrückstellung in Höhe von 25 Prozent des Wertes der jeweiligen Monatsabrechnung zu bilden. Diese Rückstellungen werden nach 6 (sechs) Monaten mit der jeweiligen Monatsabrechnung abgerechnet.

5.2 LABEL stellt auf Basis der Monatsabrechnung eine Rechnung. Die Zahlung der abgerechneten Tonträger erfolgt jeweils 90 Tage nach Ende des Rechnungsmonats unter Berücksichtigung der von VERTRIEB in Rechnung gestellten abzugsfähigen Kosten (z.B. Herstellungskosten oder von LABEL genehmigte und von VERTRIEB verauslagte Marketingkosten). Diese Kosten sind mit Rechnungsstellung fällig und sofort verrechenbar.

5.3 Sofern VERTRIEB Subvertriebe beauftragt hat, kann VERTRIEB die Abrechnungsmenge der von VERTRIEB belieferten Subvertriebe zugrunde legen sowie etwaige VERTRIEB in Rechnung gestellte Kosten, z.B. Frachtkosten, LABEL weiterbelasten.

5.4 Sollte das Konto des LABELS bei VERTRIEB 2 (zwei) Monate lang in Folge ein Saldo zu Gunsten VERTRIEB ausweisen, verpflichtet sich LABEL, den Saldo umgehend auszugleichen. VERTRIEB ist darüber hinaus berechtigt, fällige Zahlungen zurückzuhalten, sofern das Konto von LABEL insgesamt ein Saldo zu Gunsten von VERTRIEB ausweist oder durch Auszahlung der fälligen Forderungen ein Saldo zu Gunsten von VERTRIEB entstehen würde.

§ 6 Buchführungspflicht

6.1 Der VERTRIEB hat über Herstellung und Vertrieb Buch zu führen. Aus dieser Buchführung müssen jederzeit die produzierten und vertriebenen Stückzahlen ersichtlich sein.

6.2 Das LABEL ist jederzeit berechtigt, einmal vierteljährlich die für Herstellung und Vertrieb erheblichen Buchführungsunterlagen des vorangegangenen Vierteljahres selbst oder durch einen neutralen, vereidigten Buch- oder Wirtschaftsprüfer seiner Wahl während der Geschäftszeiten des VERTRIEBS einzusehen und zu prüfen bzw. einsehen und prüfen zu lassen.

6.3 Ergibt eine Prüfung Unrichtigkeiten der Abrechnungssalden von mehr als 5 Prozent oder mindestens 250,- € zu Lasten des LABELS, so trägt der VERTRIEB die angemessenen Kosten der Prüfung. Etwaige Fehlbeträge werden branchenüblich verzinst und mit der nächsten fälligen Abrechnung an LABEL ausgezahlt.

§ 7 Disposition

7.1 Die Veröffentlichungsdaten der Tonträger legt das LABEL in Abstimmung mit der Vertriebsleitung fest.

7.2 Die Erstbestückung des Lagers sowie den Umfang von Nachbestellungen werden die Parteien ebenfalls miteinander abstimmen. Die Vertragsparteien werden wechselseitig verantwortliche Mitarbeiter bestimmen, die die Disposition der Tonträger miteinander abzustimmen haben.

§ 8 Promotion

8.1 Das LABEL ist verantwortlich für das Endverbrauchermarketing sowie Promotionaktionen für die Tonträger. Sofern von LABEL gewünscht, wird VERTRIEB LABEL hierbei unterstützen, insbesondere geeignete Sales-, Marketing- oder Promotionmaßnahmen vorschlagen, diese koordinieren und gegebenenfalls vorfinanzieren, wobei die finale Entscheidung, ob und welche Marketing- und Promotionmaßnahmen von VERTRIEB durchzuführen sind, LABEL obliegt. Von LABEL zu tragende Marketing- und Promotionkosten bedürfen in jedem Fall der vorherigen Zustimmung von LABEL.

Erläuterung
Im Rahmen von Vertriebsverträgen ist das Label bzw. der Lieferant der Aufnahmen auch für die Promotion und die Vermarktung der Tonträger verantwortlich. Größere und erfahrene Vertriebe können hier aber auch gute zusätzliche Arbeit leisten. Diese muss dann natürlich gesondert vergütet werden.

8.2 LABEL stellt dem VERTRIEB rechtzeitig vor Auslieferung der Tonträger in angemessenem Umfang – sofern vorhanden – unentgeltlich Poster, Verkaufsinformationen, Dekorationsmaterial und sonstiges Werbematerial zur Verfügung. LABEL wird in allen Anzeigen, Presseinformationen und sonstigen Werbematerialien auf VERTRIEB hinweisen und VERTRIEB über alle den jeweiligen Tonträger betreffenden Vorgänge und Entwicklungen (z.B. Tourdaten, Medienresonanz, Promotionaktionen etc.) informieren.

§ 9 Kopplungen

Der VERTRIEB ist non-exklusiv berechtigt, die Vertragsaufnahme auf Kopplungstonträger (Compilations) jeder Art und Lizenzierungen ins Ausland dritten Firmen anzubieten. Der VERTRIEB sorgt in Absprache mit dem LABEL für die Abwicklung dieser Kopplungen. Der VERTRIEB wird dann im Auftrag vom LABEL einen entsprechenden Kopplungsvertrag bzw. Lizenzvertrag abschließen und das LABEL an den eingehenden Vorschüssen und Zahlungen mit 70 Prozent beteiligen. 30 Prozent der Einnahmen erhält der VERTRIEB für Administration, Anbahnung und Abwicklung. Jegliche Kopplungen oder Lizenzierungen müssen vom LABEL genehmigt werden. Die Abrechnungen erfolgen halbjährlich, jeweils zum 31.12. und zum 30.06. Zahlung erfolgt 30 Tage nach entsprechender Rechnungsstellung durch LABEL.

§ 10 Lizenzvermerk

10.1 Jede vertragsgegenständliche Veröffentlichung ist mit einem IRSC Code des LABELS zu versehen.

10.2 Die Tonträger tragen die LC-Nummer des LABELS.

§ 11 Vertragsdauer und Vertragsbeendigung

11.1 Der vorliegende Vertrag tritt ab ______________ in Kraft und hat eine Laufzeit von zunächst 2 (zwei) Jahren. Danach verlängert sich der Vertrag um jeweils ein weiteres Jahr, falls er nicht mit einer Frist von 6 (sechs) Monaten zum jeweiligen Vertragsende per Einschreiben mit Rückschein gekündigt wird.

11.2 Das Recht zur Kündigung aus wichtigem Grund bleibt unberührt. Ein wichtiger Grund liegt insbesondere dann vor,

- wenn eine der Vertragsparteien gegen ihre vertraglichen Verpflichtungen verstößt und die Pflichtverletzung auch nach Aufforderung durch die andere Vertragspartei nicht beseitigt wird

- wenn gegen eine der Vertragsparteien ein Insolvenzverfahren eröffnet bzw. mangels Masse abgelehnt wird
- wenn LABEL sich entgegen seiner hierin getroffenen Zusicherungen nicht im Besitz der entsprechenden Rechte befindet und aus diesem Grunde Dritte einstweiligen Rechtschutz erwirken bzw. das gerichtliche Hauptverfahren einleiten.

§ 12 Rechtsverhältnisse nach Vertragsbeendigung

12.1 Nach Beendigung des Vertrages, gleich aus welchem Grund, wird VERTRIEB LABEL innerhalb einer Frist von 14 Tagen ein Lagerbestandverzeichnis übermitteln. LABEL wird innerhalb einer weiteren Frist von 14 Tagen nach Erhalt des Lagerbestandsverzeichnisses VERTRIEB mitteilen, ob die Lagerbestände an LABEL zurückzuführen, zu vernichten oder an einen Dritten zu liefern sind. Äußert LABEL sich nicht rechtzeitig innerhalb der Frist, ist VERTRIEB berechtigt, die Lagerbestände zu vernichten, an LABEL zurückzusenden oder zu jedem beliebigen Preis und durch alle Vertriebswege zu verkaufen. Die Kosten der Rückführung, Vernichtung oder Lieferung an einen Dritten trägt LABEL.

12.2 VERTRIEB hat das Recht, Retouren bis zu maximal 6 (sechs) Monate nach Vertragsablauf von seinen Kunden zurückzunehmen. LABEL verpflichtet sich, sämtliche nach Vertragsende retournierten Tonträger rückzuvergüten. Zur Sicherung des Rückvergütungsanspruches ist VERTRIEB berechtigt, einen Betrag in Höhe von 25 Prozent des Gesamtumsatzes der letzten 12 Monate als Retourenreserve einzubehalten. VERTRIEB erstellt nach Ablauf der Retourenfrist eine Endabrechnung und löst die Retourenreserve auf.

§ 13 Schlussbestimmungen

13.1 Sollten sich einzelne Bestimmungen dieses Vertrages als unwirksam erweisen, so wird dadurch die Rechtsgültigkeit dieses Vertrages im Übrigen nicht berührt. In einem solchen Fall verpflichten sich die Parteien, einvernehmlich eine unwirksame oder ungültige Bestimmung durch eine gültige zu ersetzen, die den wirtschaftlichen Interessen der Vertragsparteien entspricht.

13.2 Änderungen und Ergänzungen dieses Vertrages sind nur dann wirksam, wenn sie von beiden Parteien schriftlich bestätigt werden. Dies gilt auch für die Aufhebung des Schriftformerfordernisses.

13.3 Mündliche Abreden zu diesem Vertrag bestehen nicht.

13.4 Für das Vertragsverhältnis gilt das Recht der Bundesrepublik Deutschland. Gerichtsstand ist ______________________ .

______________________, den ______________________

VERTRIEB

______________________, den ______________________

LABEL

b) Online-Vertriebsvertrag

Online-Vertriebsvertrag

§ 1 Digitaler Vertrieb

1.1 Gegenstand dieses Vertrags ist der digitale Vertrieb und die Vermarktung von sämtlichen von LABEL während der Vertragsdauer veröffentlichten Tonaufnahmen in digitalen Formaten (MP3, WAV, etc.) (nachfolgend „Aufnahmen") in sämtlichen digitalen Formaten, insbesondere MP3 sowie der digitale Vertrieb sonstiger, von LABEL zum Zwecke des digitalen Vertriebes zur Verfügung gestellter Inhalte, z.B. Logo von LABEL (nachfolgend „sonstige Inhalte") durch VERTRIEB. Der digitale Vertrieb wird durch einen anderen Ansprechpartner, der ausschließlich für die digitalen Formate verantwortlich ist, von VERTRIEB betreut.

1.2 LABEL versichert, dass es sämtliche diesen Vertrag betreffenden Rechte besitzt und berechtigt ist, hierüber zu verfügen und VERTRIEB frei von Rechten Dritter zu übertragen. LABEL sichert zu, dass die Herstellung und der Vertrieb der digitalen Formate nicht gegen Rechte Dritter und/oder gesetzliche Bestimmungen verstößt. Er stellt VERTRIEB unwiderruflich frei von Ansprüchen Dritter, übernimmt die im Falle einer etwaig notwendigen Rechtsverteidigung entstehenden Kosten und ersetzt VERTRIEB jeglichen sich aus der Verletzung dieser Garantie ergebenden Schaden.

§ 2 Anlieferung

2.1 LABEL verpflichtet sich, VERTRIEB in regelmäßigen Abständen über geplante digitale Veröffentlichungen zu informieren. VERTRIEB benötigt grundsätzlich mindestens 10 Wochen Vorlaufzeit, um die Veröffentlichung der digitalen Formate vorzubereiten.

2.2 LABEL liefert die Aufnahmen, Metadaten, Cover, verfügbares Promotionmaterial und die sonstigen Inhalte entsprechend den Vorgaben des VERTRIEBS, frei von Mängeln (insbesondere technischen Mängeln, aber auch inhaltlichen Fehlern) spätestens 8 Wochen vor geplanter Veröffentlichung an. VERTRIEB erwirbt das Eigentum an sämtlichen von LABEL zum Zwecke des digitalen Vertriebes angelieferten Aufnahmen, Metadaten, Cover, Promotionmaterial und sonstigen Inhalten.

2.3 Die Veröffentlichungsdaten der zur Veröffentlichung vorgesehenen Aufnahmen legt das LABEL in Abstimmung mit VERTRIEB fest.

§ 3 Rechteeinräumung

3.1 Das LABEL überträgt VERTRIEB für den Vertragszeitraum alle notwendigen Rechte für die Verbreitung des Produktes im Rahmen aller unkörperlichen digitalen Distributions- und Auswertungsmethoden (z.B. À-la-carte-Download, Abonnement-Systeme) über das Internet, Telefon-/Mobilfunknetze, Datenbanksysteme sowie alle sonstigen vergleichbaren digitalen Plattformen, z.B. für Downloads, Streams, Burn-On-Demand, Telefonklingeltöne, sog. Ring-Backtones und alle sonstigen unkörperliche Online- und Mobilfunk-Musikangebote, einschließlich der Nutzung aller betroffenen Leistungsschutz- und Urheberrechte.

3.2 VERTRIEB ist berechtigt, die von LABEL gelieferten Aufnahmen, Metadaten, Cover, Promotionmaterialien und sonstigen Inhalte in jedes für den digitale Vertrieb geeignete Format umzuwandeln, sofern erforderlich gegebenenfalls zu bearbeiten, technisch aufzubereiten, zu digitalisieren, in Datenbanken einzuspeisen, abzuspeichern, zum Abruf bereitzuhalten und zu übermitteln. VERTRIEB ist berechtigt, vorstehend eingeräumte Rechte ganz oder teilweise auf Dritte zu übertragen.

3.3 LABEL bleibt berechtigt, Aufnahmen über die eigene Website an Endkunden zu verkaufen und die Aufnahmen zum Zwecke der Promotion unentgeltlich digital zu vertreiben.

§ 4 Digitale Vertriebsleistungen

4.1 VERTRIEB wird die Aufnahmen und sonstigen Inhalte in die jeweils vom Vertriebspartner geforderten Formate umwandeln und an die Vertriebspartner ausliefern. VERTRIEB bestimmt in Absprache mit LABEL den Abgabepreis und wird sich nach besten Kräften dafür einsetzen, dass seine Vertragspartner die Vertragsaufnahmen gegen unbefugte Nutzung nach dem jeweils neuesten Stand der Technik schützen.

4.2 VERTRIEB wird sich für eine bestmögliche Vermarktung der Aufnahmen bei den Vertriebspartnern einsetzen, insbesondere mit den Vertriebspartnern geeignete Promotion und Marketingmaßnahmen besprechen, diese mit Zustimmung von LABEL koordinieren und gegebenenfalls vorfinanzieren, wobei eine Verpflichtung hierzu ausdrücklich nicht besteht. Zu diesem Zwecke sind VERTRIEB und die Partner von VERTRIEB berechtigt, die Aufnahmen unter Nutzung der Namen sämtlicher an den Aufnahmen beteiligten Urheber, Künstler, Logo und sonstigen Marken des LABELS und der sonstigen von LABEL zur Verfügung gestellten Promotionmaterialien in allen Medien zu bewerben. Von LABEL zu tragende Promotion- und Marketingkosten bedürfen in jedem Fall der vorherigen schriftlichen Zustimmung von LABEL und werden gesondert in Rechnung gestellt.

§ 5 Gebühren von Verwertungsgesellschaften

VERTRIEB ist für die ordnungsgemäße Meldung der erfolgten Nutzungen in Europa an die maßgeblichen Verwertungsgesellschaften verantwortlich. LABEL trägt die für die vertragsgegenständliche Auswertung anfallenden Urheberrechtsgebühren, sofern die Gebühren nicht bereits von den jeweiligen Vertragspartnern von VERTRIEB getragen werden. Für die Auswertung der Aufnahmen außerhalb Europas übernimmt LABEL sämtliche Berichts- und Zahlungspflichten, es sei denn, die jeweiligen Partner von VERTRIEB haben diese bereits vertraglich übernommen, und stellt VERTRIEB diesbezüglich von allen Ansprüchen Dritter frei.

§ 6 Vergütung

Für die Aufbereitung der Aufnahmen und Metadaten (sog. Encodieren) ist VERTRIEB berechtigt, eine einmalige Gebühr in Höhe von 0,80 € zzgl. MwSt. pro Track in Rechnung zu stellen. Für die sonstigen vertraglichen Vertriebsleistungen erhält VERTRIEB eine Vergütung in Höhe von 25 Prozent der Nettolizenzerlöse zzgl. MwSt. Nettolizenzerlöse sind sämtliche für die Nutzung der Aufnahmen und sonstigen Inhalte von den Vertriebspartnern an VERTRIEB abgerechneten Bruttoerlöse abzüglich MwSt. Die übrigen Erlöse aus dem digitalen Vertrieb stehen LABEL zu.

§ 7 Abrechnung und Zahlung

7.1 VERTRIEB rechnet sämtliche Nutzungen der Aufnahmen und sonstigen Inhalte eines Quartals innerhalb von 30 Tagen nach Quartalsende an LABEL ab. Zahlung erfolgt 30 Tage nach Quartalsende unter Abzug etwaig gesondert in Rechnung gestellter abzugsfähiger Kosten. Ergibt die Abrechnung einen Auszahlungsbetrag unter 100,- € ist VERTRIEB nicht zur Auszahlung verpflichtet, sondern kann diesen Betrag in die nächste Abrechnungsperiode übertragen. VERTRIEB ist nicht verpflichtet, bereits abgerechnete Nutzungen, die nicht an VERTRIEB vergütet wurden, an LABEL auszuzahlen und behält sich vor, etwaig erfolgte Zahlungen zurückzufordern.

7.2 Die Abrechnungen des VERTRIEBS gelten dem LABEL gegenüber als korrekt und bindend, falls dieses nicht innerhalb eines Jahres nach Erhalt deren Richtigkeit substantiiert bestreitet.

7.3 Das LABEL ist jederzeit berechtigt, einmal vierteljährlich die für Herstellung und Vertrieb erheblichen Buchführungsunterlagen des vorangegangenen Vierteljahres selbst oder durch einen neutralen, vereidigten Buch- oder Wirtschaftsprüfer seiner Wahl während der Geschäftszeiten des VERTRIEBS einzusehen und zu prüfen bzw. einsehen und prüfen zu lassen.

7.4 Ergibt eine Prüfung Unrichtigkeiten der Abrechnungssalden von mehr als 5 Prozent – oder mindestens 250,- € – zu Lasten des LABELS, so trägt der VERTRIEB die angemessenen Kosten der Prüfung. Etwaige Fehlbeträge werden branchenüblich verzinst und mit der nächsten fälligen Abrechnung an LABEL ausgezahlt.

§ 8 Vertragsdauer und Vertragsbeendigung

8.1 Der vorliegende Vertrag tritt ab ________________ in Kraft und hat eine Laufzeit von zunächst 1 (einem) Jahr. Danach verlängert sich der Vertrag um jeweils ein weiteres Jahr, falls er nicht mit einer Frist von 3 (drei) Monaten zum jeweiligen Vertragsende per Einschreiben mit Rückschein gekündigt wird.

8.2 Das Recht zur Kündigung aus wichtigem Grund bleibt unberührt. Ein wichtiger Grund liegt insbesondere dann vor,

- wenn eine der Vertragsparteien gegen ihre vertraglichen Verpflichtungen verstößt und die Pflichtverletzung auch nach Aufforderung durch die andere Vertragspartei nicht beseitigt wird
- wenn gegen eine der Vertragsparteien ein Insolvenzverfahren eröffnet bzw. mangels Masse abgelehnt wird
- wenn LABEL sich entgegen seiner hierin getroffenen Zusicherungen nicht im Besitz der entsprechenden Rechte befindet und aus diesem Grunde Dritte einstweiligen Rechtschutz erwirken bzw. das gerichtliche Hauptverfahren einleiten.

§ 9 Schlussbestimmungen

9.1 Sollten sich einzelne Bestimmungen dieses Vertrages als unwirksam erweisen, so wird dadurch die Rechtsgültigkeit dieses Vertrages im Übrigen nicht berührt. In einem solchen Fall verpflichten sich die Parteien, einvernehmlich eine unwirksame oder ungültige Bestimmung durch eine gültige zu ersetzen, die den wirtschaftlichen Interessen der Vertragsparteien entspricht.

9.2 Änderungen und Ergänzungen dieses Vertrages sind nur dann wirksam, wenn sie von beiden Parteien schriftlich bestätigt werden. Dies gilt auch für die Aufhebung des Schriftformerfordernisses.

9.3 Mündliche Abreden zu diesem Vertrag bestehen nicht.

9.4 Für das Vertragsverhältnis gilt das Recht der Bundesrepublik Deutschland. Gerichtsstand ist (...)

____

Ort, Datum, Unterschriften

18.6 Verträge mit Verwertungsgesellschaften

GEMA-Berechtigungsvertrag

(Abdruck mit freundlicher Genehmigung der GEMA.)

GEMA – Berechtigungsvertrag

Urheber ______________________________

Musikverleger (Musikverlag) ______________________________

Erläuterung
Handelt es sich nicht um eine Einzelperson, so ist die Angabe der Rechtsform des Verlages erforderlich (z. B. Einzelfirma, OHG, KG, GmbH, AG). Der Berechtigungsvertrag muss in solchen Fällen durch die im Handelsregister eingetragenen Vertretungsberechtigten unter Hinzufügung des Firmenstempels unterschrieben werden.

Rechtsnachfolger des ______________________________
– im folgenden kurz Berechtigter genannt –

und

der GEMA Gesellschaft für musikalische Aufführungs- und mechanische Vervielfältigungsrechte, vertreten durch ihren Vorstand
in 10787 Berlin, Bayreuther Str. 37,
– im folgenden kurz GEMA genannt –

§1

Der Berechtigte überträgt hiermit der GEMA als Treuhänderin für alle Länder alle ihm gegenwärtig zustehenden und während der Vertragsdauer noch zuwachsenden, zufallenden, wieder zufallenden oder sonst erworbenen Urheberrechte in folgendem Umfang zur Wahrnehmung nach Maßgabe der folgenden Bestimmungen:

a) Die Aufführungsrechte an Werken der Tonkunst mit oder ohne Text, jedoch unter Ausschluss der bühnenmäßigen Aufführung dramatisch-musikalischer Werke, sei es vollständig, als Querschnitt oder in größeren Teilen.
Bühnenmusiken, soweit sie nicht integrierender Bestandteil des Bühnenwerkes sind, Bühnenschauen, Filmbegleitmusik, Einlagen in Revuen, Einlagen in Operetten, Possen und Lustspielen, melodramatische und Kabarettaufführungen sind Gegenstand dieses Vertrages, soweit es sich nicht um die Aufführung von Bestandteilen dramatisch-musikalischer Werke in anderen Bühnenwerken handelt.

b) Die Rechte der Hörfunk-Sendung mit Ausnahme der Sendung dramatisch-musikalischer Werke, sei es vollständig, als Querschnitt oder in größeren Teilen 2).

c) Die Rechte der Lautsprecherwiedergabe einschließlich der Wiedergabe von dramatisch-musikalischen Werken durch Lautsprecher.

d) Die Rechte der Fernseh-Sendung mit Ausnahme von dramatisch-musikalischen Werken, sei es vollständig, als Querschnitt oder in größeren Teilen.

Erläuterung
Die Rechte zur zeitgleichen, unveränderten und vollständigen Weiterverbreitung dramatisch-musikalischer Werke in Fernseh- und Hörfunkprogrammen im Sinne und im Umfang der EG-Richtlinie 93/83 vom 27.9.1993 werden der GEMA von den betroffenen Berechtigten durch gesondertes Mandat übertragen.

e) Die Rechte der Fernseh-Wiedergabe einschließlich der Wiedergabe von dramatisch-musikalischen Werken.

f) Die Filmvorführungsrechte einschließlich der Rechte an dramatisch-musikalischen Werken.

g) Die Rechte der Aufführung und Wahrnehmbarmachung mittels der gemäß Abs. h) hergestellten Vorrichtungen, mit Ausnahme
   aa) der bühnenmäßigen Aufführung dramatisch-musikalischer Werke, sei es vollständig, als Querschnitt oder in größeren Teilen;
   bb) der Wahrnehmbarmachung dramatisch-musikalischer Werke in Theatern im Sinne von § 19 Abs. 3 UrhG.

h) Die Rechte der Aufnahme auf Ton-, Bildton-, Multimedia- und andere Datenträger einschließlich z. B. Speichercard, DataPlay Disc, DVD (Digital Versatile Disc), Twin Disc, Ton- und Bildtonträger mit ROM-part und entsprechende Träger mit Datenlink, sowie die Vervielfältigungs- und Verbreitungsrechte an diesen Trägern. Das Recht, Werke der Tonkunst (mit oder ohne Text) in Datenbanken, Dokumentationssysteme oder in Speicher ähnlicher Art einzubringen.
   Das Recht, Werke der Tonkunst (mit oder ohne Text), die in Datenbanken, Dokumentationssysteme oder in Speicher ähnlicher Art eingebracht sind, elektronisch oder in ähnlicher Weise zu übermitteln, einschließlich z. B. für mobile Internetnutzung und für Musiktauschsysteme.
   Die Rechtsübertragung erfolgt zur Nutzung der Werke der Tonkunst (mit oder ohne Text) auch als Ruftonmelodien und als Freizeichenuntermalungsmelodien.
   Die Rechtsübertragung erfolgt jeweils vorbehaltlich der Regelung nach Abs. i).
   Die vorgenannten Rechte umfassen nicht die graphischen Rechte, insbesondere nicht das Recht am Notenbild oder Textbild. Die Vergütungsansprüche aus §§ 27 Abs. 1 und 2, 52 a sowie 54, 54 d Abs. 1, 54 e, 54 f, 54 g und 54 h UrhG; dazu gehören die Vergütungsansprüche aus § 27 Abs. 2 UrhG für Musiknoten.
   Für Vervielfältigung dramatisch-musikalischer Werke – vollständig, im Querschnitt oder in größeren Teilen – zum persönlichen oder sonstigen eigenen Gebrauch durch Ton- oder Bildtonträger bleibt dem Berechtigten das Vervielfältigungsrecht vorbehalten, soweit es sich um die Wahrnehmung gegenüber Theatern handelt.

i) (1) Die Rechte zur Benutzung eines Werkes (mit oder ohne Text) zur Herstellung von Filmwerken oder jeder anderen Art von Aufnahmen auf Bildtonträger sowie jeder anderen Verbindung von Werken der Tonkunst (mit oder ohne Text) mit Werken anderer Gattungen auf Multimedia- und andere Datenträger oder in Datenbanken, Dokumentationssystemen oder in Speichern ähnlicher Art, u. a. mit der Möglichkeit interaktiver Nutzung, mit der Maßgabe, dass GEMA und Berechtigter sich gegenseitig von allen bekannt werdenden Fällen benachrichtigen. Der GEMA werden diese Rechte unter einer auflösenden Bedingung übertragen.

Die Bedingung tritt ein, wenn der Berechtigte der GEMA schriftlich mitteilt, dass er die Rechte im eigenen Namen wahrnehmen möchte. Diese Mitteilung muss innerhalb einer Frist von vier Wochen erfolgen; bei subverlegten Werken beträgt die Frist drei Monate. Die Frist wird von dem Zeitpunkt an berechnet, zu dem der Berechtigte im Einzelfall Kenntnis erlangt hat. In der Mitteilung des Berechtigten an die GEMA über einen ihm selbst bekannt gewordenen Einzelfall muss die Erklärung enthalten sein, ob er die Rechte im eigenen Namen wahrnehmen möchte. Der Rückfall tritt nur ein, soweit es sich um die Benutzung zur Herstellung eines bestimmten Filmwerkes oder sonstigen Bildtonträgers oder Multimedia- oder anderen Datenträgers oder die Verbindung mit Werken anderer Gattungen in einer bestimmten Datenbank, einem bestimmten Dokumentationssystem oder einem bestimmten Speicher ähnlicher Art handelt. Bei Filmwerken schließt der Rückfall das Recht zur Vervielfältigung und Verbreitung ein, soweit es sich um Werke handelt, die zur öffentlichen Vorführung in Lichtspieltheatern oder zur Sendung bestimmt sind. Bei sonstigen Aufnahmen auf Bildtonträger beschränkt sich der Rückfall auf die Befugnis, die Zustimmung zur Werkverbindung und zur Herstellung von 50 gesondert zu kennzeichnenden Vervielfältigungsstücken für Einführungszwecke zu erteilen. Unberührt bleiben die Rechte für Fernsehproduktionen im Sinne von Abs. (3).

i) (2) Gegenüber Wochenschau-Herstellern ist die GEMA selbst zur Vergabe der Filmherstellungsrechte befugt, soweit es sich nicht um Auftragskompositionen und -texte handelt, die von einem Berechtigten einem bestimmten Wochenschau-Unternehmen zur ausschließlichen Benutzung für Wochenschauen gegeben und dementsprechend der GEMA gemeldet worden sind.

Der Berechtigte hat jedoch das Recht, die Wochenschau-Herstellungsrechte an ausländische Wochenschau-Hersteller von sich aus ohne Zustimmung der GEMA zu vergeben.

i) (3) Bei Fernsehproduktionen vergibt die GEMA die Herstellungsrechte an Fernsehanstalten und deren eigene Werbegesellschaften insoweit, als es sich um Eigen- oder Auftragsproduktionen für eigene Sendezwecke und Übernahmesendungen handelt. Die Einwilligung des Berechtigten ist jedoch erforderlich, wenn Dritte an der Herstellung beteiligt sind oder wenn die Fernseh-Produktionen von Dritten genutzt werden sollen. Das gilt insbesondere für Koproduktionen.

i) (4) In jedem Falle bleiben jedoch die Rechte bei Fernsehproduktionen und anderen Bildtonträgern bis auf die der GEMA vorbehaltenen Rechte dem Berechtigten selbst vorbehalten, wenn es sich handelt um

aa) vorbestehende dramatisch-musikalische Werke, sei es vollständig, als Querschnitt oder in größeren Teilen;

bb) die Benutzung eines Werkes (mit oder ohne Text) zur Herstellung eines dramatisch-musikalischen Werkes;

cc) die Verwendung von Konzertliedern, Schlagern oder Einlagen aus dramatisch-musikalischen Werken in anderen dramatisch-musikalischen oder dramatischen Werken oder in Fernsehproduktionen oder bei anderen Bildtonträgern, die eine Verbindung mehrerer Musiktitel unter einem Leitgedanken und mit einem Handlungsfaden darstellen. Bei Fernsehproduktionen bleibt in allen diesen Fällen dem Berechtigten das Einwilligungsrecht vorbehalten. Die Einwilligung kann jedoch, soweit es sich um Eigen- oder Auftragsproduktionen für eigene Sendezwecke und Übernahmesendungen der Fernsehanstalten und deren eigener Werbegesellschaften handelt, vom Berechtigten nicht von der Zahlung einer Vergütung abhängig gemacht werden. Wird die Einwilligung erteilt, erfolgt Verrechnung nach Maßgabe des Verteilungsplanes.

k) Unberührt bleibt die Befugnis des Berechtigten, die Einwilligung zur Benutzung eines Werkes (mit oder ohne Text) zur Herstellung von Werbespots der Werbung betreibenden Wirtschaft, z. B. im Rundfunk (Hörfunk und Fernsehen) zu erteilen.

Nicht vom Berechtigten werden der GEMA übertragen die Rechte zur Bearbeitung, Umgestaltung und / oder Kürzung eines Werkes der Tonkunst (mit oder ohne Text) zur Verwendung als Ruftonmelodie und / oder Freizeichenuntermalungsmelodie. Die Befugnis des Berechtigten, die Einwilligung in die Verwendung solcher Werkfassungen im Einzelfall zu erteilen, bleibt unberührt. Es bleibt bei der Übertragung der unter Ziff. 1 h) aufgeführten Nutzungsrechte an die GEMA.

l) Diejenigen Rechte, die durch künftige technische Entwicklung oder durch Änderung der Gesetzgebung entstehen und erwachsen, soweit sie den Rechten in den Absätzen a) bis i) entsprechen.

§2

Soweit der Berechtigte über die Rechte gegenwärtig nicht verfügen kann, überträgt er sie für den Fall, dass ihm die Verfügungsbefugnis wieder zufällt. Die Übertragung umfasst die vorgenannten Rechte auch insoweit, als der Berechtigte sie durch Rechtsnachfolge erlangt oder erlangt hat.

§3

Die GEMA ist berechtigt, die ihr vom Berechtigten übertragenen Rechte im eigenen Namen auszuüben, sie auszuwerten, die zu zahlende Gegenleistung in Empfang zu nehmen und über den Empfang rechtsverbindlich zu quittieren, die ihr übertragenen Rechte an Dritte ganz oder zum Teil weiter zu übertragen oder die Benutzung zu untersagen, alle ihr zustehenden Rechte auch gerichtlich in jeder der GEMA zweckmäßig erscheinenden Weise im eigenen Namen geltend zu machen.

§4

Die Ansprüche des Berechtigten gegen die GEMA sind nur nach Vereinbarung mit der GEMA abtretbar. Die GEMA ist berechtigt, für die Bearbeitung von Pfändungen und Abtretungen – mit Ausnahme von Beitragsabtretungen an die Berufsverbände – zu Lasten ihres Berechtigten (Schuldners) eine den Unkosten entsprechende Verwaltungsgebühr zu erheben.

Bei Vorauszahlungen tritt der Berechtigte seine Zahlungsansprüche bis zur Tilgung der Vorauszahlungen unwiderruflich an die GEMA ab.

§5

Der Berechtigte verpflichtet sich, der GEMA alle unter diesen Vertrag fallenden Werke auf den von ihr ausgegebenen Formularen, insbesondere unter Angabe des Titels und der Gattung der Werke, der Namen der Komponisten, Textdichter, Verleger und auch eines eventuellen Pseudonyms anzumelden, ein vervielfältigtes Exemplar jedes angemeldeten Werkes zur Registrierung vorzulegen und die Richtigkeit seiner Angaben hinsichtlich seiner Urheberschaft in der von der GEMA vorgeschriebenen Form nachzuweisen.

Für Werke, die der Berechtigte nicht ordnungsgemäß anmeldet, verliert er gegenüber der GEMA den Anspruch auf Verrechnung bis zur ordnungsgemäßen Anmeldung.

Der Berechtigte verpflichtet sich, der GEMA für die Feststellung seiner Rechte jede erforderliche Auskunft zu erteilen.

§5a

Der Berechtigte darf die Tarifpartner der GEMA oder anderer Verwertungsgesellschaften weder direkt noch indirekt an seinem Aufkommen beteiligen, damit diese bei der Nutzung des GEMA-Repertoires bestimmte Werke des Berechtigten in ungerechtfertigter Weise bevorzugen. Im Falle der Zuwiderhandlung ist der Berechtigte verpflichtet, einen Betrag in der Höhe an die Sozialkasse der GEMA abzuführen, in der er den Tarifpartner an seinem Aufkommen beteiligt hat. Übersteigt der an den Tarifpartner abgeführte Betrag die auf den Berechtigten entfallende Vergütung für das betroffene Werk, so ist nur diese Vergütung an die Sozialkasse der GEMA abzuführen.

Die anderen Vorschriften der Satzung über satzungswidriges Verhalten bleiben unberührt.

§6

a) Satzung wie Verteilungsplan, auch soweit künftig die Satzung oder der Verteilungsplan geändert werden sollte, bilden einen Bestandteil dieses Vertrages.
Beschließt die Mitgliederversammlung in Zukunft Änderungen oder Ergänzungen des Berechtigungsvertrages, so gelten auch diese als Bestandteil des Berechtigungsvertrages.
Abänderungen oder Ergänzungen sind dem Berechtigten schriftlich mitzuteilen. Die Zustimmung des Berechtigten zur Änderung oder Ergänzung gilt als erteilt, wenn er nicht binnen zwölf Wochen seit Absendung der schriftlichen Mitteilung ausdrücklich schriftlich widerspricht; auf diese Rechtsfolge ist er in der Mitteilung hinzuweisen. Die schriftliche Mitteilung erfolgt in dem auf die Mitgliederversammlung folgenden, an alle Mitglieder versandten „GEMA Brief".
Der Berechtigte erklärt, Satzung und Verteilungsplan ausgehändigt erhalten zu haben.

b) Der Berechtigte, der seinen Verpflichtungen aus der Satzung, dem Verteilungsplan und dem Berechtigungsvertrag nicht nachkommt, ist verpflichtet, die der GEMA durch seinen Verzug entstandenen Kosten zu erstatten.

§7

Der Berechtigte verpflichtet sich, jeden Wechsel des Wohnsitzes und der Staatsangehörigkeit, jede Änderung der Firma, ihrer Inhaber- und Gesellschafterverhältnisse oder in der Zeichnung der Firma, jede Verlegung der Niederlassung sowie jeden Fall der Inverlagnahme oder des Verlagswechsels unverzüglich der GEMA anzuzeigen.

Wird die Anzeige der Adressenänderung vom Berechtigten oder im Todesfall durch seinen Rechtsnachfolger unterlassen und lässt sich die neue

Adresse des Berechtigten nicht durch Rückfrage bei der für den letzten Wohnsitz zuständigen Meldebehörde feststellen, so ist die GEMA berechtigt, den Berechtigungsvertrag zum Ende des Geschäftsjahres vorzeitig zu kündigen, in dem die negative Nachricht der Meldebehörde eingegangen ist. Die Kündigung erfolgt in diesem Falle durch eingeschriebenen Brief, der an die letzte der GEMA bekannt gegebene Adresse zu richten ist. Nach Ablauf eines weiteren Geschäftsjahres kann der Aufsichtsrat über die bis zur Beendigung des Vertrages etwa vorhandenen Guthaben nach eigenem Ermessen bestimmen, falls der Berechtigte bis dahin keine eigene Verfügung getroffen hat.

§8

1. Der Berechtigte verpflichtet sich, bei erstmaligem Vertragsabschluss einmalig eine vom Aufsichtsrat festzusetzende Aufnahmegebühr an die GEMA zu entrichten.
2. Der Berechtigte verpflichtet sich, einen vom Aufsichtsrat festzusetzenden jährlichen Mitgliedsbeitrag an die GEMA zu entrichten.
   Bei Vertragsabschluss ist der Mitgliedsbeitrag im Voraus zu bezahlen. In den Folgejahren wird der Mitgliedsbeitrag jährlich dem Mitgliedskonto des Berechtigten belastet und gegen die in dem betreffenden Jahr anfallenden Gutschriften verrechnet. Soweit die für den Berechtigten anfallenden Gutschriften die Höhe des Mitgliedsbeitrages nicht erreichen, ist der Berechtigte zur umgehenden Zahlung des Differenzbetrages an die GEMA verpflichtet. Erreichen die für den Berechtigten erfolgenden Gutschriften die Höhe des Mitgliedsbeitrages in drei aufeinander folgenden Jahren nicht, so kann die GEMA den Berechtigungsvertrag zum Ende des darauf folgenden Geschäftsjahres vorzeitig schriftlich kündigen oder die weitere Wahrnehmung seiner Rechte davon abhängig machen, dass der Mitgliedsbeitrag bei Beginn des Geschäftsjahres im Voraus entrichtet wird.
3. Im Gegensatz zu der Regelung über die Verteilung der Erträge aus dem Aufführungsrecht gilt vorbehaltlich anderweitiger Beschlüsse für die Verteilung der Erträge aus dem Vervielfältigungsrecht der Grundsatz, dass der GEMA aus diesen Erträgen eine Kommission in Höhe von bis zu 25 % zusteht.

§9

Für die Rechtsnachfolge im Vertragsverhältnis sind die allgemeinen gesetzlichen Bestimmungen maßgebend, soweit nicht die GEMA-Satzung und dieser Vertrag abweichende Bestimmungen enthalten.

Im Falle des Todes des Berechtigten wird der Berechtigungsvertrag mit den Erben fortgesetzt. Sind mehrere Erben vorhanden, so müssen diese ihre Rechte durch einen gemeinsamen Bevollmächtigten ausüben. Bis zum Nachweis der Erbfolge und der Bestellung

eines Bevollmächtigten ist die GEMA zu Auszahlungen nicht verpflichtet. Die GEMA kann verlangen, dass der Nachweis der Erbfolge durch einen Erbschein, die Vorlage eines Testamentsvollstreckerzeugnisses oder sonstiger vom Nachlassgericht auszustellender Urkunden geführt wird. Sie kann auch verlangen, dass die Bevollmächtigung durch öffentlich beglaubigte Urkunden nachgewiesen wird.

Werden innerhalb von zwei Jahren nach dem Tode des Berechtigten keine Erbansprüche geltend gemacht und erreichen die für die unbekannten Erben erfolgenden Gutschriften in zwei aufeinander folgenden Jahren die Höhe des Mitgliedsbeitrages nicht, so endet der Berechtigungsvertrag zum Ende des darauf folgenden Geschäftsjahres.

§10

Der Vertrag wird mit Wirkung vom ______________________________ zunächst für die Dauer von sechs Jahren geschlossen.

Falls der Vertrag nicht ein Jahr vor Ablauf schriftlich gekündigt wird, verlängert er sich jeweils um sechs Jahre.

§11

Mit Beendigung des Vertrages fallen die Rechte an den bisherigen Berechtigten zurück, ohne dass es einer besonderen Rückübertragung bedarf.

Jedoch soll zur Vermeidung einer Störung der öffentlichen Musikpflege die Auseinandersetzung bezüglich der zurückfallenden Urheberrechte in der Weise erfolgen, dass die Musikverbraucher, deren Verträge vor Beendigung dieses Berechtigungsvertrages für die Nutzung von Werken des ausgeschiedenen Berechtigten abgeschlossen wurden und über den Zeitpunkt des Ablaufs des Berechtigungsvertrages hinaus bestehen, für die ganze Dauer ihrer Verträge zur Nutzung befugt bleiben.

Die Verrechnung der demnach etwa noch auf den ausgeschiedenen Berechtigten entfallenden Erträge erfolgt nach den Bestimmungen des Verteilungsplanes der GEMA.

§12

Wird die GEMA aufgelöst, so gilt dieser Vertrag zum Ende desjenigen Vierteljahres als gekündigt, welches auf das Vierteljahr folgt, in dem der Auflösungsbeschluss durch die zuständige Staatsbehörde genehmigt ist.

§13

Der Erfüllungsort dieses Vertrages ist der Sitz der GEMA, durch den auch der Gerichtsstand für Streitigkeiten zwischen den Parteien aus diesem Vertrage bestimmt wird.

§14

Dieser Vertrag, von dem der Berechtigte eine Ausfertigung erhält, wird von beiden Teilen unterzeichnet. Soweit zwischen den vertragsschließenden Parteien bereits ein Vertragsverhältnis bestanden hat, tritt dieser Vertrag an die Stelle der bisherigen Vereinbarungen.

§15

Zu Änderungen des Berechtigungsvertrages bedarf es der für Satzungs- und Verteilungsplan-Änderungen erforderlichen Mehrheit in der Mitgliederversammlung.

§16 Besondere Vereinbarungen

Auf den Berechtigungsvertrag finden die Vorschriften des § 3 Ziff. 2 der Satzung der GEMA Anwendung. Die Rechtsübertragung erfolgt demgemäß für drei Jahre, jedoch mindestens bis zum Jahresende nach Ablauf des dritten Jahres, und verlängert sich jeweils um drei Jahre, falls keine Kündigung unter Einhaltung einer Frist von sechs Monaten zum Ende des jeweiligen Drei-Jahres-Zyklus erfolgt. Ausgenommen von der Rechtsübertragung werden folgende Länder-Nutzungsarten:

Berlin, den____

GEMA

Gesellschaft für musikalische Aufführungsund mechanische Vervielfältigungsrechte

Der Vorstand: ____

____________________________, den____________________________

DER BERECHTIGTE
(Handelt es sich nicht um eine Einzelperson, so ist Angabe der Rechtsform des Verlages erforderlich [z. B. Einzelfirma, OHG, KG, GmbH, AG]. Der Berechtigungsvertrag muss in solchen Fällen durch die im Handelsregister eingetragenen Vertretungsberechtigten unter Hinzufügung des Firmenstempels unterschrieben werden.)

GVL Wahrnehmungsvertrag für ausübende Künstler

(Abdruck mit freundlicher Genehmigung der GVL.)

Wahrnehmungsvertrag
für ausübende Künstler

Zwischen

(Name) ______________________________

(Anschrift) ______________________________

(Fach/Repertoire) ______________________________

(Pseudonym) ______________________________

(freischaffend bzw. Gruppe) ______________________________

– nachstehend „Berechtigter" genannt –

und der

Gesellschaft zur Verwertung von Leistungsschutzrechten mbH (GVL)
Podbielskiallee 64, 14195 Berlin Postfach 33 03 61, 14173 Berlin
– nachstehend „GVL" genannt –

wird folgender Wahrnehmungsvertrag geschlossen:

§1

(1) Der Berechtigte überträgt der GVL zur Wahrnehmung im eigenen Namen alle ihm gegenwärtig zustehenden und während der Vertragsdauer zufallenden Leistungsschutzrechte als ausübender Künstler, insbesondere

1. das Recht auf Einwilligung, wenn
   a) seine Darbietung außerhalb des Raumes, in dem sie stattfindet, durch Bildschirm, Lautsprecher oder ähnliche technische Einrichtungen öffentlich wahrnehmbar gemacht werden soll,
   b) seine Darbietung auf Bild- oder Tonträger aufgenommen werden soll,
   c) Bild- oder Tonträger vervielfältigt und körperlich oder unkörperlich verbreitet werden sollen,
   d) seine Darbietung durch Funk gesendet werden soll;
2. den Anspruch auf Zahlung einer Vergütung, wenn
   a) erschienene Bild- oder Tonträger durch Funk gesendet werden,
   b) seine Darbietung mittels Bild- oder Tonträger oder öffentlicher Zugänglichmachung öffentlich wahrnehmbar gemacht wird,
   c) die Funksendung seiner Darbietung öffentlich wahrnehmbar gemacht wird,
   d) seine Darbietung durch Aufnahme einer Funksendung oder durch Übertragung von einem Bild oder Tonträger auf einen anderen zum privaten und sonstigen eigenen Gebrauch vervielfältigt
   e) seine Darbietung für den Kirchen-, Schul- und Unterrichtsgebrauch oder zu gewerblichen Zwecken durch Aufnahme einer Funksendung oder durch Übertragung von einem Bild- oder Tonträger auf einen anderen vervielfältigt wird,
   f) Bild- oder Tonträger vervielfältigt und an behinderte Menschen verbreitet werden, soweit dies für die sinnliche Wahrnehmung erforderlich ist,
   g) Bild- oder Tonträger für Unterricht und Forschung öffentlich zugänglich gemacht werden,
   h) erschienene Bild- oder Tonträger vermietet oder verliehen werden, mit Wirkung vom 1. Juli 1994; für die ab 1. Juli 1995

erschienenen Bild- oder Tonträger gilt dies, soweit der Hersteller die Vermietung zugelassen hat,

i) die Funksendung seiner Darbietung durch Kabelsysteme weitergesendet wird;

3. die sich aus der Verletzung von Einwilligungsrechten ergebenden Unterlassungs-, Vernichtungs- oder Schadensersatzansprüche.

(2) Der Berechtigte kann Art und Umfang der wahrzunehmenden Rechte und Ansprüche nach seiner Wahl einschränken sowie deren Wahrnehmung auf die Bundesrepublik Deutschland begrenzen. Hat der Berechtigte eine Einschränkung oder Begrenzung der wahrzunehmenden Rechte und Ansprüche vorgenommen, ist dies bei der Verteilung entsprechend zu berücksichtigen.

§2

In Ansehung der Hersteller von Tonträgern und von Bild- und Tonträgern, für die durch den Abschluss von Wahrnehmungsverträgen mit der GVL deren Verteilungspläne verbindlich sind, findet I. keine Anwendung.

§3

Erteilt der Berechtigte eine erforderliche Einwilligung selbst, ist er gehalten, die von der GVL bekanntgegebenen Vertragsgrundsätze zu beachten.

§4

(1) Der Berechtigte ist verpflichtet, der GVL die für die Feststellung und Wahrnehmung seiner Rechte und Ansprüche erforderlichen Auskünfte und Hinweise zu erteilen, ferner die zur Aufstellung und Durchführung des Verteilungsplanes notwendigen Angaben zu machen

und die diesbezüglichen Unterlagen zur Verfügung zu stellen. Dies hat in deutscher Sprache zu erfolgen. Die GVL ist nicht verpflichtet, Mitteilungen in fremder Sprache zu versenden und Unterlagen in fremder Sprache entgegenzunehmen; soweit die GVL notwendige Übersetzungen durchführen lässt, ist sie berechtigt, die Kosten auf die Gesamtheit der ausländischen Berechtigten bei der Verteilung umzulegen.

(2) Änderungen des Wohnsitzes und der Postanschrift sowie der Bankkonten sind der GVL jeweils sofort durch eingeschriebenen Brief bekanntzugeben.

(3) Bei der Aufstellung und Durchführung des Verteilungsplanes werden nur Angaben berücksichtigt, die innerhalb der dafür bekanntgegebenen Frist gemacht und belegt sind. Zugeteilte Verteilungsquoten verfallen, wenn sie aus einem von dem Berechtigten zu vertretenden Grunde nicht innerhalb von 12 Monaten an den Empfangsberechtigten übermittelt werden können.

(4) Die GVL verschickt jährlich bis zum 31. Januar an die Berechtigten sog. Nachweisbogen. Ein Berechtigter, der durch irgendeinen Umstand nicht in den Besitz solcher Nachweisbogen gelangt, muss bei der GVL rechtzeitig (spätestens bis zum 30. April und zweckmässigerweise durch eingeschriebenen Brief) die Zusendung von Nachweisbogen anfordern, um die Einreichungsfrist bis 30. Juni einhalten zu können.

(5) Die von der GVL erhobenen Daten werden gespeichert.

§5

(1) Die Ansprüche des Berechtigten gegen die GVL sind nur mit Zustimmung der GVL abtretbar. Die GVL ist berechtigt, die Erteilung der Zustimmung von der Zahlung einer Bearbeitungsgebühr abhängig zu machen.

(2) Für die Rechtsnachfolge gelten die allgemeinen gesetzlichen Bestimmungen. Ist der Berechtigte verstorben und sind mehrere Erben vorhanden, so haben die Erben einen Bevollmächtigten zu ernennen, der sie gegenüber der GVL vertritt.

§6

(1) Der Vertrag beginnt am ______________________________
Der Berechtigte kann den Wahrnehmungsvertrag nach Ablauf von zwei Jahren mit einer Frist von sechs Monaten zum Ende des Kalenderjahres kündigen.

(2) Mit der Beendigung des Vertrages gehen die Rechte ohne besondere Übertragung zum Schluss des Kalenderjahres, in welchem der Vertrag mit der GVL endet, auf den Berechtigten zurück.

(3) Erfüllungsort und Gerichtsstand ist der Sitz der GVL. Es gilt das Recht der Bundesrepublik Deutschland.

§7

Der Gesellschaftsvertrag der GVL in seiner jeweiligen Fassung ist Bestandteil dieses Vertrages.

Vom Beirat künftig beschlossene Änderungen des Wahrnehmungsvertrages, beispielsweise hinsichtlich neuer Rechte oder neuer Nutzungsarten, werden Bestandteil dieses Vertrages, wenn sie dem Berechtigten schriftlich mitgeteilt wurden und dieser zustimmt. Die Zustimmung gilt als erteilt, wenn der Berechtigte nicht binnen sechs Wochen seit Absendung der Mitteilung ausdrücklich widerspricht, auf diese Rechtsfolge ist er in der Mitteilung hinzuweisen.

§8

Erhielt der Berechtigte infolge unrichtiger, unvollständiger oder unklarer Angaben in den Nachweisbogen Überzahlungen, ist er zu deren Erstattung an die GVL verpflichtet.

______________________, den______________________

____

Rechtsverbindliche Unterschrift des Künstlers, kein Pseudonym

Berlin, den ______________________

Gesellschaft zur Verwertung von Leistungsschutzrechten mbH (GVL),

Geschäftsführer

______________________ ______________________

(Evers) (Dr. Gerlach)

GVL Wahrnehmungsvertrag für Tonträgerhersteller

(Abdruck mit freundlicher Genehmigung der GVL.)

Wahrnehmungsvertrag für Tonträgerhersteller

Zwischen

(Name der Firma) ______________________________

(Anschrift) ______________________________

(Telefon) ______________________________

– nachstehend „Berechtigter" genannt –

und der

Gesellschaft zur Verwertung von Leistungsschutzrechten mbH (GVL)
Podbielskiallee 64, 14195 Berlin Postfach 33 03 61, 14173 Berlin
– nachstehend „GVL" genannt –

wird folgender Wahrnehmungsvertrag geschlossen:

§1

Der Berechtigte überträgt der GVL zur Wahrnehmung im eigenen Namen gegenüber Dritten folgende ihm gegenwärtig zustehende und während der Vertragsdauer zufallende Rechte:

1. die gesetzlichen Ansprüche auf angemessene Beteiligung (§ 86 UrhG) bzw. angemessene Vergütung für
   a) die herkömmliche Hörfunk- und Fernsehsendung einschließlich der Kabelweitersendung von Darbietungen auf erschienenen Tonträgern durch Sendeunternehmen (§ 78 II Nr. 1 UrhG);
   b) die öffentliche Wahrnehmbarmachung von auf Tonträgern aufgenommenen oder gesendeten Darbietungen oder von auf öffentlicher Zugänglichmachung beruhenden Wiedergaben der Darbietungen (§ 78 II Nr. 2 und 3 UrhG);
   c) die Aufnahme von Sendungen auf Ton- oder Bildtonträgern und die Übertragung von einem Ton- oder Bildtonträger auf einen anderen zum privaten und sonstigen eigenen Gebrauch (§ 54 I UrhG);
   d) die Vervielfältigung von Tonträgern, die innerhalb von Schulfunksendungen gesendet werden, sofern die hergestellten Aufnahmen nicht am Ende des folgenden Schuljahres gelöscht werden (§ 47 II UrhG);
   e) die Vervielfältigung und Verbreitung von Tonträgern, die in eine Sammlung für den Kirchen-, Schul- oder Unterrichtsgebrauch durch Schüler oder Lehrer aufgenommen werden, jedoch begrenzt bis zu 10.000 Exemplaren (§ 46 IV UrhG);
   f) die Vermietung und den Verleih von erschienenen Tonträgern (§ 27 UrhG), mit Wirkung vom 1. Juli 1994; für die ab 1. Juli 1995 erschienenen Tonträger gilt dies, soweit der Hersteller die Vermietung zugelassen hat;
   g) die nicht Erwerbszwecken dienende Vervielfältigung von Tonträgern für und deren Verbreitung an behinderte Menschen, soweit dies zur Ermöglichung des Zugangs zur sinnlichen Wahrnehmung der Tonträgeraufnahmen erforderlich ist (§ 45a II UrhG);
   h) die öffentliche Zugänglichmachung von Tonträgern für Unterricht und Forschung (§ 52a IV UrhG)
2. das Recht, die Herstellung einzelner Vervielfältigungsstücke von Tonträgern gegen Entgelt zu erlauben (§ 85 I UrhG)
   a) zum Zwecke der herkömmlichen Hörfunk- oder Fernsehsendung durch Sendeunternehmen und der Überlassung von Vervielfältigungsstücken im Rahmen der jeweils gültigen Sendeverträge;
   b) im Rahmen veröffentlichter Tarife oder abgeschlossener Gesamtverträge

aa) zum Zwecke der öffentlichen und nichtöffentlichen Wiedergabe durch den Vervielfältiger;
bb) zum Zwecke der Archivierung;
mit Ausnahme der Vervielfältigung zur Aufnahme in eine Datenbank, es sei denn, es handelt sich um eine Datenbank von weniger als 500 Musikaufnahmen zum Zweck der öffentlichen Wiedergabe gemäß § 78 II Nr. 2, 3 UrhG;

c) zum Zwecke der nichtgewerblichen Herstellung und Auswertung eines Films;
d) zum Zwecke der unkörperlichen Verbreitung von Tonträgern in Mehrkanaldiensten, insbesondere in digitaler Form;
e) zum Zwecke der nicht-interaktiven Internet-Übertragung in Form des Simulcasting oder des Webcasting gem. § 1 Ziff. 4;

3. das Recht, die unkörperliche Verbreitung von Tonträgern in Mehrkanaldiensten, insbesondere in digitaler Form, gegen Entgelt zu erlauben (§ 85 I UrhG);
4. das nicht-ausschließliche Recht, die nicht-interaktive Internet-Übertragung in Form des Simulcasting oder des Webcasting gegen Entgelt zu erlauben, letztere jedoch nur, soweit sie die den Kriterien von Anlage 1 zu diesem Vertrag entspricht;
5. in Bezug auf Bildtonträger, die auf einen Tonträger aufgenommene Musikdarbietungen oder Auszüge daraus enthalten, und die keine längere Spieldauer als 10 Minuten haben,
   a) das Recht zur herkömmlichen Sendung durch Sendeunternehmen (§ 94 I UrhG);
   b) das Recht zur unkörperlichen Verbreitung in Mehrkanaldiensten, insbesondere in digitaler Form;
   c) die gesetzlichen Ansprüche auf angemessene Vergütung aus der Vervielfältigung, der öffentlichen Wiedergabe, der Vermietung, dem Verleih und der Verbreitung entsprechend Ziff. 1b) bis 1h);
   d) das Recht zur Vervielfältigung entsprechend Ziff. 2a), 2b) und 2d);
6. die Befugnis, Ansprüche auf Unterlassung, Vernichtung und Schadensersatz bei Verletzung der gemäß Ziff. 2 bis 5 übertragenen Rechte gerichtlich und außergerichtlich geltend zu machen;
7. die ihm abgetretenen Leistungsschutzrechte der ausübenden Künstler entsprechend dem in Ziff. 1 bis 6 festgelegten Umfange, einschließlich des Senderechts (§78 I Nr. 2 UrhG) insoweit, als die Verwen-

dung erschienener Tonträger in Mehrkanaldiensten als Sendung anzusehen ist;

8. die ihm abgetretenen Nutzungsrechte der Urheber entsprechend dem in Ziff. 5 und 6 fest gelegten Umfange.

§1a

(1) Datenbank i.S.v. § 1 Ziff. 2b ist eine Sammlung von Musikaufnahmen, die methodisch oder systematisch angeordnet und mit Hilfe elektronischer Mittel oder auf andere Weise zugänglich sind und deren Aufbau eine wesentliche Investition erfordert.

(2) Mehrkanaldienste i.S.v. § 1 Ziff. 3 sind Dienste, in denen auf mindestens zwei parallelen Kanälen ohne nennenswerte Wortbeiträge Tonträgeraufnahmen ohne interaktive Elemente drahtlos oder drahtgebunden übertragen werden, mit Ausnahme der Übertragung im Internet. Der Nutzer darf keinen Einfluss auf die konkrete Ausgestaltung des von ihm empfangenen Programms haben.

(3) Simulcasting i.S.v. § 1 Ziff. 4 ist die nicht-interaktive, zeitgleiche, unveränderte und nicht zur dauerhaften Speicherung bestimmte Übertragung einer herkömmlichen terrestrischen Rundfunksendung über allgemein zugängliche Seiten im Internet World Wide Web).

(4) Webcasting i.S.v. § 1 Ziff. 4 ist die nicht-interaktive und nicht zur dauerhaften Speicherung bestimmte Übertragung von Tonträgeraufnahmen über allgemein zugängliche Seiten ausschließlich im Internet (World Wide Web) auf einem oder mehreren Kanälen, sofern der Hauptzweck des Angebots nicht darin liegt, bestimmte Produkte oder Dienstleistungen (ausgenommen solche mit Bezug zu Tonträgeraufnahmen, Live-Konzerten oder anderen musikbezogenen Veranstaltungen) zu verkaufen, zu bewerben oder anderweitig zu fördern.

§2

(1) Die Übertragung der Rechte gemäß § 1 erfolgt nur zur Wahrnehmung in der Bundesrepublik Deutschland.

(2) Diese Einschränkung gilt nicht für Verträge mit ausländischen Kabel-

funkgesellschaften und soweit die GVL in Verträgen mit Sendeunternehmen und Werbefunkgesellschaften der Bundesrepublik Deutschland auch Nutzungsrechte für Gebiete außerhalb der Bundesrepublik Deutschland einräumt. Die Einschränkung gilt ferner nicht, soweit mit ausländischen Verwertungsgesellschaften Verträge über die gegenseitige Wahrnehmung von Leistungsschutzrechten der ausübenden Künstler und/oder Tonträgerhersteller abgeschlossen werden.

(3) Der Berechtigte behält sich vor, von den im Sendevertrag vorgesehenen Befugnissen zum Ausschluss der Überlassung von Tonträgern in das Ausland (§ 2 Abs. 1d) und zum Ausschluss der Vervielfältigung von Tonträgern auf Wunsch der betreffenden Interpreten (Protokollnotiz Nr. 2 zu § 2) Gebrauch zu machen. Er behält sich außerdem vor, Tonträger von jeglicher Vervielfältigung auszuschließen, wenn einer der beteiligten Interpreten einer solchen Verwertung nicht zugestimmt hat. Entsprechende Vorbehalte sind der GVL schriftlich mitzuteilen. Von der Rechteübertragung nach diesem Vertrag nicht umfasst sind Rechte zur Lizenzierung von Webcasting-Angeboten nach § 1a Abs. 4, die nicht den Kriterien nach Anlage 1 zu diesem Vertrag entsprechen. Nicht umfasst sind ferner Rechte zur Nutzung von Tonträgern als Freizeichenmusik (sog. „ringback tones").

(4) Soweit die GVL Gesamtverträge noch nicht abgeschlossen oder Tarife noch nicht aufgestellt hat, bedarf sie zur Wahrnehmung im Einzelfall der vorherigen Zustimmung des Berechtigten.

§3

(1) Der Berechtigte ist jederzeit verpflichtet, der GVL die für die Feststellung und Wahrnehmung seiner Rechte und Ansprüche sowie der ihm von den ausübenden Künstlern abgetretenen Rechte und Ansprüche erforderlichen Auskünfte und Hinweise zu erteilen, ferner die zur Aufstellung und Durchführung des Verteilungsplanes notwendigen Angaben zu machen und die erforderlichen Unterlagen zur Verfügung zu stellen. Die GVL ist auch ermächtigt, sich die erforderlichen Auskünfte und Angaben selbst zu verschaffen.

(2) Der Berechtigte teilt der GVL seine Bankverbindung mit und hält die GVL über etwaige Änderungen auf dem Laufenden. Die GVL

haftet nicht für Fehlüberweisungen aufgrund falscher Angaben. Der Berechtigte ist verpflichtet, der GVL Überzahlungen zu erstatten, die auf unrichtige, unvollständige oder unklare Angaben zurückzuführen sind.

(3) Der Berechtigte ist verpflichtet, der GVL jeden Wechsel des Wohnsitzes oder des Unternehmenssitzes sowie jede Änderung der Firma unverzüglich mitzuteilen.

§4

Die Ansprüche des Berechtigten gegen die GVL sind nur mit Zustimmung der GVL abtretbar. Die GVL ist berechtigt, die Erteilung der Zustimmung von der Zahlung einer Bearbeitungsgebühr abhängig zu machen. Für die Rechtsnachfolge gelten die allgemeinen gesetzlichen Bestimmungen.

§5

(1) Der Vertrag beginnt mit dem Tage der Unterzeichnung durch die Parteien und wird zunächst für 2 Verteilungsjahre abgeschlossen. Für die Rechtsübertragung für nicht-interaktive Internet-Übertragungen gilt die Kündigungsmöglichkeit des Abs. 3 Satz 2 bereits ab Vertragsbeginn.

(2) Der Vertrag kann auf Antrag verlängert werden.

(3) Nach einer Verlängerung läuft der Vertrag auf unbestimmte Zeit und kann mit einer Frist von sechs Monaten zum 31. Dezember eines Jahres gekündigt werden, frühestens zum Ende des dritten Vertragsjahres nach dem Zeitpunkt der Verlängerung. Abweichend hiervon kann die Rechtsübertragung gemäß § 1 Ziff. 3 und die Übertragung des Senderechts gemäß § 1 Ziff. 7 sowie die Rechtsübertragung für nicht-interaktive Internet-Übertragungen gemäß § 1 Ziff. 4 mit einer Frist von drei Monaten zum Ende eines jeden Kalendermonats gekündigt werden.

(4) Soweit die von der GVL abgeschlossenen oder verlängerten Verträge mit den Verwertern den Zeitpunkt der Beendigung des Vertrags überschreiten, verlängert sich dieser hinsicht lich der betreffenden

Rechtsübertragung entsprechend.

(5) Mit der Beendigung des Vertrags gehen die Rechte ohne besondere Übertragung zum Schluss des Kalenderjahres an den Berechtigten zurück.

§6

(1) Der Gesellschaftsvertrag der GVL in seiner jeweiligen Fassung ist Bestandteil dieses Vertrags. Vom Beirat beschlossene künftige Änderungen des Wahrnehmungsvertrages, beispielsweise hinsichtlich neuer Rechte oder neuer Nutzungsarten, werden Bestandteil dieses Vertrages, wenn sie dem Berechtigten schriftlich mitgeteilt wurden und dieser zustimmt. Die Zustimmung gilt als erteilt, wenn der Berechtigte nicht binnen sechs Wochen seit Absendung der Mitteilung ausdrücklich widerspricht; auf diese Rechtsfolge ist er in der Mitteilung hinzuweisen.

(2) Für die Verteilung gelten folgende Grundsätze:

a) Die von der GVL vereinnahmten Vergütungen für die Verwertung von Tonträgern werden zwischen den Tonträgerherstellern und den ausübenden Künstlern hälftig geteilt.

b) Die von der GVL vereinnahmten Vergütungen für die Verwertung von Videoclips werden zwischen den Tonträgerherstellern und den ausübenden Künstlern nach einem Vorabzug von 60 % für die Tonträgerhersteller hälftig geteilt.

c) Die von der GVL vereinnahmten Vergütungen für die Vermietung und den Verleih von Filmen werden zwischen den ausübenden Künstlern und den Tonträgerherstellern nach einem Vorabzug von 40 % für die ausübenden Künstler hälftig geteilt.

d) Die von der GVL vereinnahmten Vergütungen für die Kabelweitersendung künstlerischer Darbietungen, die nicht unter lit. a) und b) fallen, stehen den ausübenden Künstlern zu.

e) Die auf die Hersteller von Tonträgern insgesamt entfallenden Vergütungen werden an die Deutsche Landesgruppe der IFPI nach näherer Maßgabe eines von dieser mit der GVL abgeschlossenen Vertrages zur treuhänderischen Weiterleitung an die Hersteller überwiesen.

§7

Erfüllungsort und Gerichtsstand ist der Sitz der GVL.

______________________________, den______________________________

DER BERECHTIGTE ____

Berlin, den ____

Gesellschaft zur Verwertung von Leistungsschutzrechten mbH (GVL),

Geschäftsführer

______________________________ ______________________________

(Zombik) (Dr. Gerlach)

Anlage 1

Nutzungsbedingungen

Ein Webcaster muss die folgenden Nutzungsbedingungen erfüllen, um eine Webcasting-Lizenz zu erhalten:

1. Keine Programmvorschau

Der Webcaster darf keine Programmvorschau oder anderweitige Bekanntmachung veröffentlichen oder deren Veröffentlichung veranlassen, in der die Titel der einzelnen Musikaufnahmen oder der Titel eines Albums, in dem die Musikaufnahmen enthalten sind, bekannt gegeben werden, die Inhalt des Programms sind. Außer zu Illustrationszwecken dürfen die Namen der ausübenden Künstler, die im Programm gespielt werden, nicht im voraus genannt werden. Dies schließt die Ankündigung nicht aus, dass ein bestimmter Künstler innerhalb eines nicht näher spezifizierten Zeitrahmens im Programm enthalten ist.

2. Musikprogramm

Der Webcaster darf innerhalb von drei Stunden seines Programms nicht übertragen:

(a) mehr als drei verschiedene Titel von einem bestimmten Album, davon nicht mehr als zwei Titel aufeinanderfolgend; oder
(b) mehr als vier verschiedene Titel eines bestimmten Künstlers oder einer Compilation von Musiktiteln, davon nicht mehr als drei aufeinanderfolgend.

3. Archiv-Programme und Programmschleifen

Die Übertragung darf nicht Teil sein von:

(a) einem Archiv-Programm von weniger als fünf Stunden Dauer; oder
(b) einem Archiv-Programm von fünf oder mehr Stunden, das für einen Zeitraum von mehr als zwei Wochen angeboten wird; oder
(c) einer Programmschleife von weniger als drei Stunden Dauer.

4. Programmwiederholung

Die Übertragung darf nicht Teil eines als solches erkennbaren Programms sein, in dem Musikaufnahmen in einer vorbestimmten Reihenfolge (außer in Archiv-Programmen und Programmschleifen) übertragen werden, wenn dieses Programm übertragen wird:

(a) öfter als drei Mal innerhalb eines im Voraus öffentlich bekannt gegeben Zeitraums von zwei Wochen, sofern es sich um ein Programm von weniger als einer Stunde Dauer handelt; oder
(b) öfter als vier Mal innerhalb eines im Voraus öffentlich bekannt gegebenen Zeitraums von zwei Wochen, sofern es sich um ein Programm von einer Stunde Dauer oder länger handelt.

5. Verbot der Nutzung zu Werbezwecken

Der Webcaster darf die Musikaufnahmen als solche oder als Bestandteil eines Dienstes, der Übertragungen von Bildern oder Filmen anbietet, nicht in einer Weise übertragen, die geeignet ist, den falschen Eindruck einer Verbindung des Urheber- oder Leistungsschutzrechtsinhabers mit dem Webcaster oder einem bestimmten Produkt oder Dienstleistung, die vom Webcaster beworben wird, zu erwecken. Der Webcaster darf ferner bei der Übertragung nicht den Eindruck erwecken, seine über die reine Übertragung von Musikaufnahmen hinausgehenden Tätigkeiten würden durch den Inhaber der Urheber- und/oder Leistungsschutzrechte (einschließlich des ausübenden Künstlers) gesponsert oder anderweitig unterstützt.

6. Verhinderung des Scannens und Aufnehmens des Programms

Sofern es nicht mit unverhältnismäßig hohen Kosten verbunden ist, muss der Webcaster im Markt allgemein erhältliche, effektive technische Maßnahmen einsetzen, die darauf abzielen, zu verhindern, dass:

(a) der Empfänger der Übertragung oder jede andere Person das Programm des Webcasters allein oder zusammen mit weiteren Übertragungen anderer Webcasters automatisch scannen kann, um so bestimmte Musikaufnahmen aus den Programmen herauszufiltern; und

(b) der Empfänger der Übertragung Vervielfältigungen der Musikaufnahmen herstellen kann (mit Ausnahme technisch bedingter, vorübergehender Vervielfältigungen).

7. Unterstützung technischer Maßnahmen

Der Webcaster soll technische Maßnahmen unterstützen, die von Tonträgerherstellern eingesetzt werden, um ihre Musikaufnahmen zu identifizieren und zu schützen, und darf diese nicht stören, sofern diese technischen Maßnahmen von dem Webcaster ohne substanzielle Kosten und ohne spürbare Beeinträchtigung des übertragenen Signals mit übertragen werden können.

8. Übermittlung von Informationen zur Rechtewahrnehmung

(a) Der Webcaster soll während, aber nicht vor der Übertragung die folgenden Informationen über die Musikaufnahmen in einer Weise übermitteln, dass diese dem Empfänger auf einer hierfür bestimmten Vorrichtung angezeigt werden: Titel der Musikaufnahme, ggf. Titel des Albums, auf dem der Track enthalten ist, und Name des ausübenden Künstlers.

(b) Die Übertragung der Musikaufnahmen soll, sofern technisch realisierbar, begleitet werden von der Übermittlung der in den jeweiligen Musikaufnahmen von den Rechteinhabern eingefügten Informationen bezüglich Titel und ausübender Künstler.

Diese Verpflichtung gilt unter den in Nr. 6 genannten Voraussetzungen.

9. Keine Übertragung unautorisierter Musikaufnahmen

Der Webcaster darf keine unautorisierten Musikaufnahmen übertragen; dazu zählen ohne Ausnahme sog. Bootlegs (unautorisierte Konzertmitschnitte) und Aufnahmen, die im Land, in dem der Webcaster seinen Sitz hat, noch nicht veröffentlicht worden sind. Der Webcaster darf die Musikaufnahmen nicht re-mixen oder in anderer Weise verändern, sodass die übertragenen Musikaufnahmen sich von den Originalaufnahmen unterscheiden.

10. Automatische Senderwechsel und personalisierte Programme

Der Webcaster darf keine Vorrichtungen unterstützen, die das automatische Springen von einem Programm-Kanal zum anderen ermöglichen. Er soll ferner keine Skip-Funktionen zum Überspringen einzelner Titel, Pause- oder „RückspuT-Tasten in sein Angebot aufnehmen. Gleiches gilt für sämtliche Funktionen, die es dem Empfänger ermöglichen, ein personalisiertes Programm (z.B. im Hinblick auf das Angebot bestimmter Künstler oder Alben) zu erstellen.

11. Bewahren der Integrität von Werken und Darbietungen

Der Webcaster soll beim Gebrauch der Musikaufnahmen die Persönlichkeitsrechte der Urheber und ausübenden Künstler wahren. Er hat insbesondere jede Entstellung oder andere Beeinträchtigung zu unterlassen, die das Ansehen und den Ruf dieser Personen gefährden könnte. Dies gilt gerade auch bei der Verbindung von Musikaufnahmen mit Bildern oder Filmen